보육학개론

박충일 · 고경필 · 김신곤 · 김현주 · 고정리 공저

학지사

머리말

최근 급변하는 우리 사회는 사회제도와 생활양식에 많은 변화를 가져 왔으며, 이로 인해 개인의 사고양식과 가치관까지도 빠르게 변해 가고 있다. 이러한 변화에 따라 나타나는 다양한 사회 현상 중에서 여성의 사회, 경제활동 참여율의 증가는 전통적 가정의 기능인 자녀 양육을 더 이상 한 여성이나 한 가정의 일로만 생각할 수 없게 만들었다. 출생에서부터 성장기에 이르기까지의 영유아에 대한 보육의 문제는 이제 우리 사회 전체가 관심을 가지고 또한 책임을 져야 할 과업으로 받아들여야 한다.

우리나라에서는 1952년 후생시설요강이 제정된 이후부터 지금까지 꾸준히 보육의 제도적 · 정책적인 면에서 수정 · 보완하면서 영유아들의 건전한 발달을 위한 노력을 계속해 오고 있다. 특히 1991년 「영유아보육법」이 제정된 이후 지속적으로 양질의 보육을 구현하기 위한 다양한 정책을 개발하고 있으며, 최근에는 보육정책의 담당 부서가 보건복지부와 여성부를 넘나들면서 합리적인 보육운영을 위해 「영유아보육법」을 개정하고, 보육현장의 질을 높이기 위한 방편으로 평가인증제를 도입하였으며, 보육현장의 보육지침이 되는 표준보육과정을 고시, 보급함으로써 보육현장에 근본적인 변화를 가져왔다.

무엇보다도 보육 과업의 중심은 영유아이며 이들에 대한 양질의 보육을 실천하기 위해서는 보육 전반에 대한 지식과 기술 그리고 자질을 겸비한 잘 훈련된 보육교사의 역할이 막중하다고 할 수 있다. 보육교사는 부모와 교사의 역할을 동시적으로 수행하며 생의 초기에 있는 영유아들에게 매우 중요한 영향을 미치는 존재다. 따라서 훌륭한 보육교사의 양성은 우리나라 국가경쟁력의 기초라고 할 수 있다.

이 책은 보육교사가 되고자 하는 학생들이 보육과 관련한 개괄적이고 기초적인 내용을 습득할 수 있도록 보육의 전 영역에 관한 내용을 망라하여 쉽게 이해할 수 있도록 하는 것에 주안점을 두고 집필하였다. 1장에서는 보육의 기초를 사회변화와 보육의 필요성을 중심으로 기술하였으며, 2장에서는 시대와 사회에 따라 변화, 발전해 온 보육사상을 시간의 흐름에 따라 살펴보고 우리나라 보육사업의 변천을 정리하였다. 3장에서는 태내에서부터 아동의 발달과정을 발달의 각 영역별로 살펴보았으며, 4장에서는 영유아 보육실제의 지침이 되는 보육과정의 구성 원리와 표준 보육과정 그리고 보육 프로그램에 대해 살펴보았고, 5장에서는 영유아를 지도하는 방법적 접근으로 영유아 교수법에 대해 다루었다. 6장에서는 영유아의 건강, 영양, 안전과 관련된 내용을 살펴보았고, 7장에서는 보육시설의 운영관리와 재정 및 사무관리에 대해 살펴보았으며, 8장에서는 보육교사를 비롯한 보육시설 종사자의 유형, 자질 및 역할, 양성 및 연수에 대해 살펴보았다. 9장에서는 아동발달에 영향을 미치는 보육환경과 보육시설의 공간 계획에 대해 살펴보았으며, 10장에서는 부모교육 및 지역사회와의 협력에 대해 살펴보았다. 11장에서는 영재유아의 특성과 판별 그리고 이들에 대한 지도방법 등에 대해 살펴보았으며, 12장에서는 보육평가의 필요성과 평가영역 및 보육시설 평가인증제에 대해 살펴보았다. 마지막으로 13장에서는 보육실습의 목적, 법적 기준, 유형 그리고 보육실습생 지도 등에 대해 살펴보았다.

이 책을 내어놓기 위해 저자들이 여러 차례 모임을 가지면서 아이디어를 모으고 각자의 관심 영역과 전공 분야에 따라 장들을 나누어 집필을 하였다. 그러나 공동 작업을 수행하다 보니 예상했던 것보다 집필기간이 길어졌으며, 저자들 간의 의견 조율이 있었음에도 간혹 중복되는 부분이 있는 등 부족함이 많으리라 생각된다. 이 책에 대한 보육관련 전문가 여러분과 특히 보육현장에 계신 보육교사 여러분의 아낌없는 조언을 바라며, 이를 통해 더 나은 책이 되도록 다듬을 것을 약속드린다.

끝으로 열악한 출판 환경 속에서도 이 책의 출판을 위해 애써 주신 학지사 김진환 사장님을 비롯한 임직원 여러분께 감사드리며, 보육교사를 꿈꾸는 많은 학생에게 도움이 되길 바란다.

2011년 2월

저자 일동

차 례

Chapter 03 아동발달 65

박충일

Chapter 01

보육의 기초

인간의 모든 활동은 특정 시대 혹은 사회가 요구하는 가치를 지향하고 있다. 보육은 영유아를 건강하고 안전하게 보호 · 양육하고 그들에게 발달특성에 맞는 교육을 제공하는 보육시설 및 가정양육 지원에 관한 사회적 활동이다. 여성 및 아동복지의 확대, 가족 및 사회구조의 변화, 평등복지사회의 구현, 저출산 사회의 극복 및 영유아기의 중요성 등에 대한 현대 사회의 요구에 따라 보육의 필요성이 점점 커지고 있다. 이 장에서는 보육의 개념과 특성 그리고 전개과정을 소개한 후 현대 사회에서 보육의 필요성에 대한 배경을 설명하고 현재 우리나라 보육정책의 방향에 대해 간략히 살펴본다.

1. 보육의 개념

보육은 영유아를 건강하고 안전하게 보호·양육하고 영유아의 발달특성에 맞는 교육을 제공하는 보육시설 및 가정양육 지원에 관한 사회복지서비스를 말한다(영유아보육법, 2009). 즉, 현대의 보육은 보호(care)와 교육(education)을 동시에 고려하는 통합적 활동이다. 과거 영유아의 보호와 양육을 중심으로 하는 탁아(day care)의 개념에서 영유아의 성장과 발달을 지원하는 교육의 기능을 포함하는 보육(educare)의 개념으로 변화되었다.

이러한 개념의 변화 배경에는 여러 가지 요인이 관련되어 있다. 즉, 산업화에 따르는 가족 구조와 기능의 변화, 기혼 여성의 취업인구의 확대, 저출산·고령화 사회로의 진입, 그리고 여성 및 아동 인권에 대한 인식 변화 등과 같은 사회적 요인과 함께 영유아기의 발달적 중요성을 제공해 주는 심리학 그리고 개인의 잠재력을 최대한 계발하고 건전한 성장과 발달을 돕는 교육학 등과의 학문적 접목이 강조되었다는 점에서 그 배경을 찾을 수 있다.

우리나라에서는 1960년경까지 '탁아' 라는 개념이 사용되어 오다가 1991년 「영유아보육법」이 제정되면서 '보육' 이라는 개념으로 바뀌었으며 보육시설의 명칭도 '탁아소' 에서 '어린이집' 으로 변경되었다. 그 후 영유아보육법은 2004년 1월 29일 전면 개정을 비롯해 수 차례의 부분 개정을 거쳐 2009년 7월에 시행된 법이 현재에 시행되고 있다.

1) 탁아와 보육

탁아는 영유아가 가정에서 정상적인 양육을 받기 어려운 경우에 하루 중의 일정한 시간 동안만 타인에 의해 제공되는 돌봄을 의미한다. 이러한 돌봄은 주로 취약계층의 부모가 취업으로 인해 양육을 할 수 없는 '낮 동안' 에 '타인에게 양육을 맡긴다' 의 의미로 '탁아' 라는 명칭을 사용해 왔다. 그리고 그 목적은 보호자가 근로 또는 질병 등으로 인해 양육해야 할 아동을 보호할 능력이 없을 경우에 보호자의 위탁을 받아 그 아동을 입소시켜 보호하기 위한 것이었다.

그 후 1991년「영유아보육법」이 제정되면서 영유아의 성장과 발달을 지원하고 가족의 기능을 최대한 보전하는 교육적 기능이 강화된 보육의 개념으로 변화되었다.

이렇게 보육이 교육적 기능을 강조하게 된 배경에는 '세계아동의 권리선언'(1959)이나 '어린이 권리에 관한 국제협약'(1989) 등이 끼친 영향이 크다. 이들 아동인권에 관한 규정에서는 모든 어린이가 기본 생활의 유지에 필요한 기초 교육을 받을 권리를 지니고 있으며, 나아가 어려운 여건에 있는 아동은 그의 상황을 극복해 줄 수 있는 보상교육을 받을 권리가 있다는 관점을 강조하고 있다. 따라서 보육의 현대적 개념에서 가장 중요하게 고려되는 것은 영유아중심의 교육 기능의 강조다. 단순히 영유아를 보호하는 데 그치지 않고 각 개인이 지닌 발달적 특성과 환경을 고려한 교육 활동을 포함한 아동복지 서비스의 개념이 그 핵심에 있다.

한편 보육은 저출산 · 고령화에 진입한 국가적 과제를 해결하면서 여성의 자아실현 구현이나 가정의 본래적 기능을 보완하는 사회적 요구를 담당하는 주요한 사회 영역으로 인식되고 있다. 또한 보육은 모성실조 혹은 사회적 기회 박탈로 인한 영유아의 문제를 해결하는 사회보장정책의 입장에서 교육복지사업으로서의 복합적이고 종합적인 서비스다.

결국 보육은 '영유아의 전인적 성장과 발달을 지원하며 가족과 사회의 제반 문제를 해결하려는 사회적 지원 체계의 한 형태'라고 개념화할 수 있을 것이다. 이러한 보육의 개념은 우리나라를 포함한 대부분 선진 국가들의 보육정책을 실천하는 데 그 바탕을 제공하였다. 우리나라는 모든 아동에게 교육복지 서비스를 제공한다는 보편주의 원칙하에 정부의 재정 지원을 확대하여 보육의 공공성을 확립하고, 아동과 가정의 다양한 욕구에 적합한 아동중심보육 서비스의 다양화를 추구하며, 민주주의 이념을 실현할 수 있는 보육 서비스의 질적 수준 향상이라는 3가지 보육정책(김남식, 2002; 유희정, 서문희, 김종해, 최혜선, 2006)을 추진하고 있다.

2) 유아교육과 보육

1991년 영유아보육법이 제정되기 전에는 1981년 제정된 아동복리법과 아동복지법에 의해 보육이 이루어져 왔으나 1982년 유아교육진흥법의 제정으로 보육은 유아교육과 매우 유사한 형태로서 운영되었다. 그러나 사회 취약계층의 복지와 이들 아동에게 교육적 보상 기회를 주기 위한 복지정책으로 영유아보육법이 제정되면서 유아교육은 교육부에 의해, 보육은 보건복지부에 의해 이원적으로 운영되는 체제를 갖게 되었다. 또한 보육활동도 2005년 표준보육과정이 만들어지기 전까지 유아교육과정에 의해 보호와 교육이 통합적으로 이루어지는 형태를 띠게 되었다. 따라서 최근에 이르기까지 보육과 유아교육은 행정적으로는 이원화된 체계이나, 보육과 유아교육 공히 교육적 기능과 보호적 기능을 유지한다는 점에서는 유사한 특성을 가진다.

최근의 보육은 부모의 역할을 대리하거나 아동과 여성의 복지 차원에서만 볼 것이 아니라 교육적인 측면도 강화해야 한다는 요구도 강해지고 있다. 육아정책연구의 주요 연구물(유희정 외, 2006)에서도 보육과 교육이 이원화되어 있는 현재의 우리나라 유아교육기관을 통합하여 보다 효과적으로 취학 전 아동의 발달을 조력하는 활동이어야 한다는 점에서는 원칙적으로 찬성하고 있으나 그동안 교육과 보육이 이원화된 정책에서 실시된 여러 제도의 통합에 따른 진통은 보육계가 해결해야 할 과제다.

3) 현대 보육의 이념

선진국의 보육에서 공통적으로 추구하는 이념은 보편주의, 아동중심주의 및 민주주의와 실증주의의 추구에 있다(김남식, 2002).

첫째, 보편주의 이념이다. 처음 보육은 취약계층의 아동을 보호하는 측면에서 실시되어 오다가 점차 기혼 여성의 경제활동 참여확대에 따른 가정의 기능을 지원하는 측면으로 바뀌었으나 최근에는 보육이 모든 아동의 성장과 발달을 추구하는 복지 서비스로 변화하게 된다. 이는 보육이 특정 아동에게만 제공되는 선별주의에 의

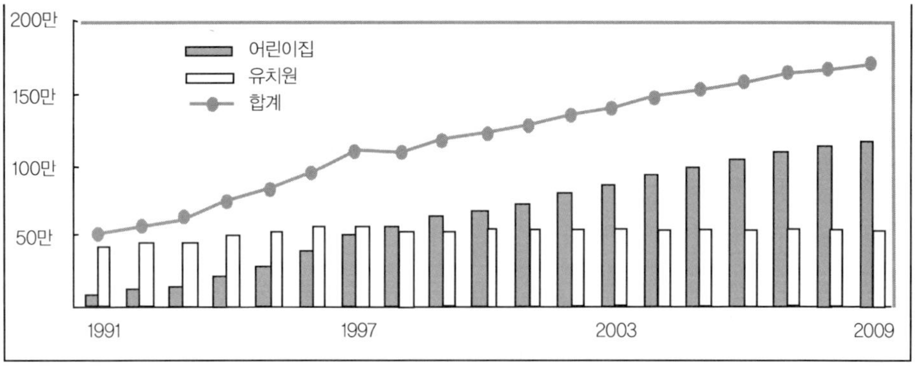

[그림 1-1] 연도별 취학 전 교육기관 현황(보건복지부, 2009 참고)

한 것이 아니라 모든 아동을 대상으로 하는 보편주의에 기반을 두고 있음을 보여주고 있다. 즉, 아동의 양육은 이제 개인의 책임이 아닌 국가의 공동 책임에 의한 양육 방식으로 공공성을 강조한다.

[그림 1-1]에서 우리나라는 1998년을 기점으로 보육과 유아교육을 전담하는 어린이집과 유치원의 취원아의 수가 역전되는 현상이 나타나고 있어 보육의 공공성 및 국가 지원의 특성을 보여 주는 것으로 해석이 가능하다.

둘째, 아동중심주의 이념이다. 종전에는 아동양육을 부모의 책임과 권한으로 여기고 가족에 의한 양육을 부분적으로 지원하거나 여성취업대책으로 국가가 아동양육에 개입하는 성인중심의 이념에서 아동의 발달적 요구를 최우선적으로 고려하는 아동중심의 이념으로 변화하고 있다.

이처럼 보육선진국에서는 아동을 보육의 대상으로만 여기지 않고 아동의 요구를 직접 반영할 수 있도록 제도적 기구를 마련하고 더 나아가 아동 자신들의 자발적인 행동을 유도하여 아동 최우선의 보육을 전개하고 있다. 우리나라에서도 엔젤 플랜(2006~2010)을 통해 보육활동의 최대 수혜자가 성인이 아닌 아동이 될 수 있도록 다양한 정책을 추진하고 있다.

셋째, 민주주의와 실증주의 이념이다. 이는 보육의 방법론적 측면으로서 중앙 또는 정부기관의 지시나 정책에 의한 결정이 아니라 수요자 요구 혹은 지방자치단체의 역할을 증대시켜 실제적으로 수요자의 요구가 반영되는 민주적 절차를 강조하는 것이다. 또한 보육정책의 실행을 위해 체계적인 분석과정과 과학적인 입증 방법 및 절차를 거치는 것이 중요하다는 사실을 보여 준다.

4) 우리나라 보육의 전개

(1) 직장여성 지원을 위한 탁아사업기(1921 ~ 1991)

1921년 일제 식민통치하에서 저소득층 자녀를 위주로 하는 탁아사업이 시작되었으며 1991년 「영유아보육법」에 의한 보육이 전개되기 이전까지 주로 탁아중심의 보육활동이 주류를 이루어 왔다. 이 시기의 보육은 1982년 이전 아동복리법이나 1982년 이후 유아교육진흥법 제정으로 어린이집, 새마을협동유아원 및 농번기 탁아소를 새마을유아원으로 흡수 · 통합하여 운영되어 왔으며 직장여성의 육아를 대신하는 탁아에 중점을 두었다.

(2) 영유아보육법에 따른 보육으로 발전기(1991 ~ 2004)

1991년 보육시설의 조속한 확대, 아동의 건전한 보호 · 교육 및 보육자의 경제적 · 사회적 활동 지원을 목적으로 주관부처를 보건복지부로 일원화하고 아동의 탁아를 중심으로 한 활동에서 복지와 교육을 통합하는 활동을 강조하게 된다.

그 후 2004년 보육업무를 여성가족부로 이관하고 참여정부의 육아지원정책에 의거하여 고령화 및 미래사회위원회에서 '보육 및 육아교육 지원의 공공성 확대' 에 대한 제1차 육아지원정책을 발표하였다. 이때 소득에 따른 육아부담 50% 경감, 1년간의 육아휴직 포함, 평가인증제 도입, 보육국가자격제도 등을 시행하게 된다.

(3) 영유아중심의 보육정책 추진기(2005 ~ 2010)

2005년 제2차 육아지원정책에 의거하여 '출산율 제고 및 여성경제활동 참가' 에 대한 대책을 발표하고 표준보육료 · 교육비 산정, 영아기본보조금 제도 시범 도입, 공보육 강화를 위한 제1차 중장기보육계획인 새싹플랜(2006~2010)을 발표하였다. 이 계획에는 국공립시설을 2010년까지 2배, 이용아동 30% 수준까지 확충, 기본 보조금 확대 지원, 차등보육료를 평균소득 130% 이하까지 확대하는 정책을 추진하였다. 그 이후 저출산고령사회위원회에서 세계 최저의 저출산문제 해결을 위해 '새로마지 플랜 2010'을 발표하고 국공립시설 30% 확충, 영아기본보조금 도입, 차등보육료 확대, 만 5세 무상보육 확대, 아동수당 도입 검토 등을 정책으로 내세웠다. 그러나 정부부처의 조정에 의해 2008년 보육정책은 다시 보건복지부로 이관되어 양적으로 큰 성장을 이룬 보육정책을 질적 수준 향상, 수요자 중심 정책으로의 전환을 추구하게 된다.

2. 사회변화와 보육의 필요성

인간은 생존과 적응을 위해 사회적 및 개인적 요구에 적합하게끔 자신의 삶을 변화시켜 가는 존재다. 인간의 역사를 통해 볼 때 현재처럼 복잡하고 역동적인 사회체계를 가진 시기는 아마 없었던 것 같다. 미래 학자 앨빈 토플러는 미래의 정보사회는 과거의 산업사회와 달리 정보의 수집과 활용의 차이가 삶의 차이를 결정한다고 하였다. 따라서 현재 사회에서 이루어지고 있는 어떤 활동을 이해하기 위해서는 다양한 배경을 이해하는 것이 필요하다.

우리 사회의 다른 영역과 같이 보육 또한 사회적 및 개인적 요구의 반영이다. 즉, 어떠한 정책이나 제도는 한 특정 사회가 무엇을 요구하고 필요로 하는가에 따라 나타나는 것이다. 따라서 보육을 보다 잘 이해하기 위해서는 먼저 현대 사회에서 보육이 왜 요구되고 필요한지에 대해 알아야 한다.

특히 최근 들어 보육이 우리 사회 내에서 주요 영역으로 자주 거론되고 있고 향후 우리의 생활에 더욱 영향력이 높은 영역으로 자리매김하게 될 것으로 보인다. 이러한 사실은 2000년 이후 보육이 국가, 사회 및 개인의 삶에 어떠한 영향을 미치고 있는지를 보여 주는 다양한 지표들을 본다면 보육의 중요성을 더욱더 이해하게 될 것이다.

1) 사회구조의 변화

(1) 정치적 측면

최근에 민주주의와 복지국가 건설에 많은 국가들이 동참하고 자유 · 평등에 기초한 국가적 이념의 달성을 위해 인간의 학습권을 강조하며 전 국민을 대상으로 하는 교육에 관심을 기울이면서 영유아의 삶의 권리를 인정하고 이를 위해 정책적, 제도적, 재정적 지원을 하고 있다. 이는 1960년 이후 여성의 인권에 대한 자각과 옹호를 의미하는 여성해방운동과 같이 그 당시 여성으로 하여금 가정에서 자녀의 양육만을 책임져 온 역할에 대해 회의를 품게 하였고, 나아가 양육의 질적 부분까지도 요구하기에 이르렀다.

한편 우리나라 인구의 약 25%를 차지하는 취학 전 아동에 대한 인간자본론의 대두는 보육의 당위성을 높여 주고 있다. 즉, 최근에는 국가경쟁력 및 경제성장이 자본이나 자원 그리고 노동력의 투입뿐만 아니라 노동력의 질을 결정하는 인력에 의해 결정된다는 점에서 국가적 차원의 장기적 지원이 뒤따르고 있다.

(2) 경제적 측면

1970년 이후부터 경제개발에 대한 요구가 급증하면서 여성인력의 취업도 급속히 늘어나고 있다. 현재 우리나라 여성의 약 52%가 취업여성으로 영유아의 양육과 교육문제가 사회적인 문제가 되고 있는 실정이다. 전통적으로 자녀의 양육은 여성의 역할로 인식되어 왔으나 산업화와 경제발전에 의해 여성의 경제활동이 증가하면서 자녀양육의 대행자로서의 보육활동이 보다 절실히 요구되고 있다.

우리나라에서도 1960년 이후 근대화운동의 일환으로 새마을운동이 전개되고 국가경제의 기반 확충을 위해 대기업 중심의 생산체제를 적극 활용하게 되면서 여성근로자의 노동력이 필요하게 되었으나 그동안 영유아의 양육을 책임지고 있는 여성을 사회로 유인하기에는 어려움이 많았다.

1980년 이후에 수출과 내수의 증진으로 거의 대부분의 기업은 노동력 부족으로 어려움을 겪고 있었으며 사회적으로는 여성이 가정주부와 직장인의 역할을 동시에

할 수 있다는 인식을 수용하는 분위기로 변화해 갔다. 또한 IMF 이후 실직자 가정과 한부모 가정 그리고 조손가정 등의 결손가정이 늘어나면서 무엇보다도 가장 크게 피해를 받는 대상은 부모의 보호가 아직 필요한 아동이었고 이들 아동들에 대한 보호와 교육은 아동복지 측면에서 가장 우선적으로 처리해야 할 주요 사안이 되었다. 1997년 김대중 정부와 2002년 노무현 정부에서 보건복지정책은 이전 어떤 정부보다도 강조되었고 정책과 재원도 대단히 확장되었다. 즉, 현대 사회에서의 보육은 다른 영역과 마찬가지로 사회적 및 개인적 요청에 의한 변화과정이었다.

2009년도 보육통계에 의하면 2009년 말 현재 35,550개소의 어린이집에서 117만 명이 보육 서비스를 이용하고 있으며 이 중 64만 명(54.7%)이 보육료를 전액(정부지원단가 기준) 지원받고 있는 것으로 나타났다(보건복지부, 2009).

(3) 사회적 측면

1990년 이후에는 가족형태의 급격한 변화에 따른 자녀양육의 문제가 사회적 이슈로 대두되면서 취학 전 아동의 양육에 대한 관점의 변화가 일어나기 시작하였다. 전통적인 가족형태인 대가족제도에서는 부모 이외의 가족이 유아를 돌볼 수 있었지만 사회가 점차 핵가족화되면서 부모 이외는 자녀를 돌볼 수 없게 되어 맞벌이 부부의 고통이 점점 심해지고 이는 양육의 문제가 개인의 문제가 아니라 사회적 문제라는 인식을 높이는 계기가 되었다.

또한 현대의 여성은 단순히 경제적 측면에서만 취업을 하는 것이 아니라 취업을 통해 자신의 삶에 대한 권리를 높이려는 욕구를 동시에 추구하고자 하는 양성평등 의식을 갖고 있다. 더구나 핵가족으로의 가족구조 변화는 가정의 교육적 기능을 제한하는 측면이 있어 보육시설의 집단생활을 통한 교육적 기능을 확대할 필요성이 제기되었다.

2) 저출산 · 고령화 사회의 도래

우리나라는 급속한 출산율 하락과 세계적으로 유례가 없는 빠른 속도의 고령화가 동시에 진행되고 있으며 출산율은 1.19명(보건복지부, 2009)으로 세계 최저 수준이고, 총인구도 2020년을 정점으로 감소할 전망이다. 다른 선진국이나 OECD 평균(1.6명)에도 미치지 못하는 실정이다. 따라서 국가는 저출산의 배경을 파악하여 출산율이 적절한 수준에서 유지될 수 있도록 적극적 정책을 시도해야 할 것이다. 이는 저출산이 고령화 사회의 원인이 되기 때문이다. 저출산 현상과 더불어 기대수명 연장(2005년 78.6세에서 2050년 86.0세로 증가 예정)으로 우리나라의 고령화는 세계 최고 속도로 진행되고 있다.

현재 우리나라의 가임 여성을 대상으로 실시한 조사에서 가장 임신을 회피하게 만드는 요인이 자녀양육에 대한 부담으로 밝혀졌다. 이는 여성이 직업을 가진 상태에서 자녀를 양육하는 데에 경제적 및 정신적 어려움이 상당히 있는 것을 의미한다. 따라서 출생에서부터 국가가 자녀의 양육을 책임지는 정책이 요구되었다.

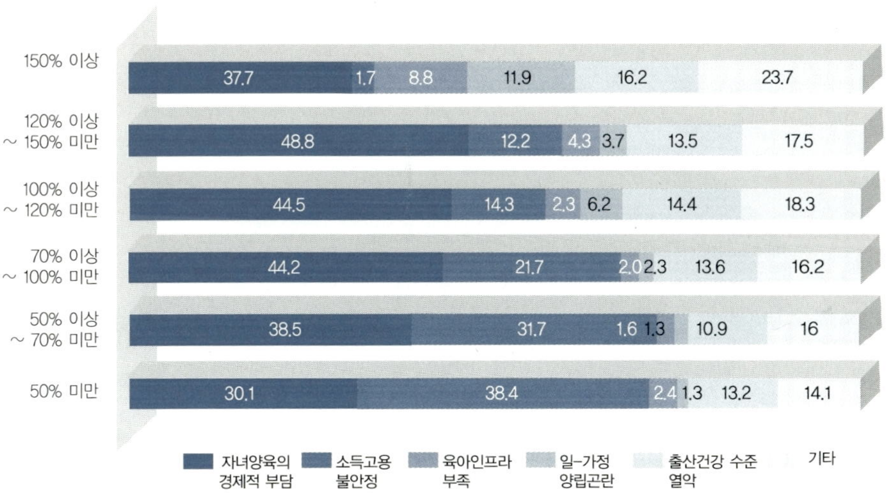

[그림 1-2] 소득수준별 출산 중단 이유(두 자녀 이하)

특히 최근 들어 양육에 대한 관심 증대, 전문적이고 질 높은 보육서비스 욕구와 조기교육 과열 현상 등으로 양육 부담이 증대되고 있다. 영유아 1인당 월 평균 자녀 양육 비용은 영아 62.9만 원, 유아 74.8만 원으로 나타났다. 이는 위 [그림 1-2]에서와 같이 양육에 대한 경제적 부담이 출산을 기피하는 가장 중요한 요인임을 보여 주고 있으며 양육비 부담 증가는 보육시설 미이용 아동의 발생을 넓히고 이는 아동의 발달과 성장에 저해요인으로 작용하고 있다(보건복지부, 2009).

한편 인구구조의 급격한 고령화는 우리나라의 성장잠재력을 약화시키고 세대 간 부양부담 문제를 야기할 가능성이 있다. 이처럼 미래 지속가능성에 대한 위협이 될 수 있는 중요한 문제이지만 인구구조는 쉽게 바꾸기 어려운 만큼 고령화 문제에 대한 선제적인 대처가 필요하다. 저출산 · 고령화 대책은 정부의 정책 지원도 중요하지만 국민들의 결혼과 출산에 대해 긍정적인 가치관이 바탕에 있어야 한다. '아이를 낳고 기르는 것이 행복이며 이것이 곧 미래에 대한 투자'라는 인식과 함께 국민들의 참여가 필요하다.

향후 우리나라는 [그림 1-3]에서 보여 주는 바와 같이 생산가능인구의 부족으로 인해 여성 경제활동의 필요성이 증가하여 보육의 수요는 점차 확대될 전망이다(보건복지부, 2009).

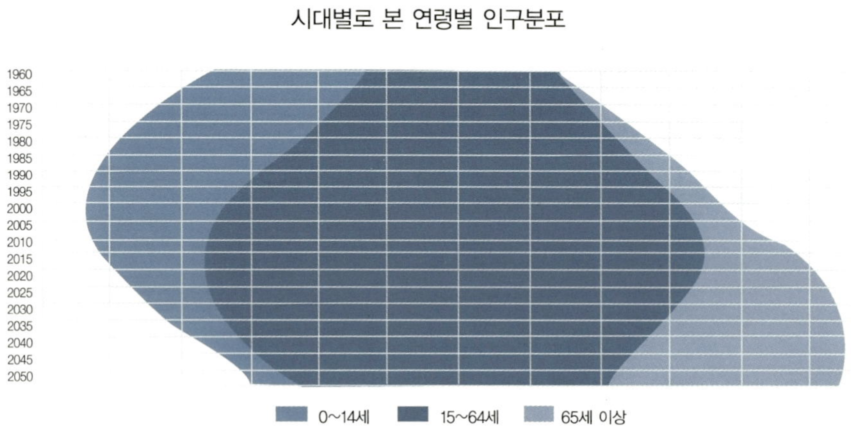

[그림 1-3] 시대별 인구분포

3) 아동권리의 인식

그동안 아동은 성인의 축소판 또는 부수물 등으로 취급되어 왔다. 그러나 1960년경 인권운동의 확산에 따라 여성 및 아동의 인권에 대한 관심이 높아졌다. 특히 세계아동의 권리선언(1959)이나 어린이 권리에 관한 국제협약(1989) 등의 제정은 아동에게도 인간의 기본권에 해당하는 생존권, 교육권 및 행복추구권 등이 있다는 데 관심을 증가시키면서 보육에 대한 인식을 증대시켰다.

우리나라에서는 1991년 이 협약에 가입한 이후 국제 기준에 부합하는 유엔아동권리협약의 이행과 추진을 위해 조문별 이행사항, 유엔아동권리위원회 권고 이행사항 등에 대한 국가보고서를 작성하여 유엔아동권리위원회에 제출하는 활동을 하고 있다.

특히 아동의 권리에 관한 국제협약의 18조 각 항에 명시된 아동의 양육받을 권리를 보장하기 위한 국가의 의무로서 국가는 부모와 아동의 공동양육의 책임을 인정해야 하고(제1항), 국가는 부모의 양육역할 지원과 양육보호시설의 보장을 의무화하고(제2항), 국가는 취업부모의 아동의 보호와 보육시설 이용의 권리를 보장해야 한다(제3항). 또한 각 항의 수준을 수량적으로 파악하고 비교할 수 있는 지표를 제시하였다. 제1항의 지표로서는 법으로 보장된 부모의 출산 및 휴직 보장일수와 부모의 주당 평균 노동시간 등이 있고 제2항의 지표로서는 보육률, 국공립 보육률, 부모의 보육료 부담률, 비취업부모 아동의 보육서비스 수혜율 등이 있으며 제3항의 지표로서는 취업모 자녀의 보육시설 이용률, 질적 보육 제공자인 보육교사 양성의 교육기관의 수, 질적 보육제공자로서의 부모와 아동의 프로그램 운영 참여율, 인준 보육시설의 비율 및 보육 프로그램 개발 건수 등이 있다(김승례, 2005).

4) 영유아기의 중요성 인식

현대 사회에서의 보육은 학문적 관심과 연구결과를 중심으로 객관적이고 과학적인 활동에 기반을 두고 있다. 과거의 보육은 단순히 부모가 없는 시간에 보호와 안전의 역할을 수행하는 탁아의 개념이 강조되었으나 현재의 보육은 영유아의 발달과정이나 기제 등에 관한 심리학적 지식과 이론을 바탕으로 이루어지는 교육 행위이면서 동시에 복지 행위로서의 통합적 활동이다.

과거 아동기에 대한 인식은 성인의 축소판으로 아동의 자율적인 발달경향성을 인정하지 않고 있다. 그러나 최근에 이르기까지 이루어진 연구에서 유아의 잠재적 소인이 그동안 너무 무시되어 왔으며 어린 시기부터 수많은 잠재력을 소지하고 태어나는 존재라는 사실을 보여 주고 있다. 따라서 아동이 가진 잠재력을 적절한 시기에 계발해 주지 않으면 더 이상 발달이 이루어지지 않는다는 사실(Berk, 2006)은 유아기의 교육 활동의 중요성과 교육 경험의 제공이 필요하다는 점을 충분히 시사해 주고 있다.

이와 아울러 개인의 소득이 점차 증가하고 자녀의 수가 줄어들면서 자녀보육에 대한 부모의 관심이 양적인 것에서 질적인 것으로 변화하고 있다. 즉, 국민 1인당 GDP가 2만 불(2008)을 넘어서면서, 양질의 보육 및 다양한 형태의 보육에 대한 부모들의 욕구가 증가하게 되었다. 소득이 높아질수록 부모의 역할을 대신해 주는 탁아사업에서 아동보육 · 교육중심으로 전환된다는 측면에서 보육의 요구는 더욱 다양하게 나타날 것이다.

(1) 초기 경험의 중요성

첫째, 유아기는 발달속도가 빠르므로 풍부한 교육적 자극이 조기에 필요하다. 어릴수록 신체 발달이 빠르며 다른 시기에 비하여 성장률이 높다. 한 연구에서 지능은 임신 이후에서 4세 사이에 50%, 4세에서 8세 사이에 약 30%, 8세에서 17세 사이에 약 20%가 발달한다고 하는데, 이는 조기교육의 중요성을 뒷받침하고 있다.

둘째, 유아기는 지적, 사회적, 정서적 발달의 결정적 발달시기(critical development period)다. 결정적 발달시기란 성숙의 과정에서 어떤 기관이 급속히 성장하는 시기를 의미한다. 영유아기는 전후 어느 시기와 비교해 보더라도 보다 적은 노력으로 보다 많은 학습 효과를 올릴 수 있는 시기라 하여 유아기의 중요성을 깊게 강조하였다. 두뇌 성장이 가장 급속히 일어나는 태아기와 처음 2세 동안에 영양이 박탈된 유아는 영구적으로 두뇌에 손상을 입을 수 있으며, 2세 이후에 영양 박탈이 일어난다면 영구적으로 뇌손상을 입을 가능성이 더 크다.

셋째, 문화실조 유아를 위한 계획적, 조직적 보상교육의 기회가 조기에 필요하다. 어린 시절에 실조된 경험으로 인해 손상을 입거나 발달의 지체 현상을 보이는 경우 이를 극복하기 위해 결손환경을 보완해 주며 계획적인 경험 및 교육기회를 제공하는 것이 보상교육이다. 1965년 미국에서 실시하였던 초기의 헤드스타트 프로그램(Head Start Program)은 사회 경제적 환경의 결손으로 실조 경험을 한 유아들에게 학교에 입학하기 전에 관련된 인지적 · 사회적 · 신체적 경험을 교육함으로써 성공한 예라고 볼 수 있다. 헤드스타트 프로그램에 참가한 유아는 적응성, 언어능력이 우수했으며 또한 2년 동안 계속해서 취학 전 교육을 받은 유아는 IQ가 14나 상승하였다.

넷째, 사회변화, 지식의 급증, 문화의 발달 등 학문적, 시대적 요청에 따라 초기 경험이 요구된다. 고도의 산업화와 도시화 경향, 대가족의 핵가족화 등 사회변화는 가정의 교육 기능을 약화시켜 보육의 필요성을 촉진시켰다. 초기 경험이 인간의 정서적 발달뿐만 아니라 지적 발달에도 결정적 영향을 줄 수 있다는 사실을 인식하기 시작한 것은 비교적 최근의 일이다.

(2) 보육의 효과성

보육은 인생 초기 양질의 보편적 발달경험을 통한 미래 인적 자산의 양성, 여성의 경제활동 제고와 부모에게 자녀양육의 권리와 일할 권리를 동시에 보장하여 출산율이 제고되는 정책 효과 때문에 선진국들의 중요 정책 대상으로서의 위상을 점하고 있다(이옥, 2010). 즉, 공공재로서의 보육정책의 효과는 지난 1970년 이후부터 20~30년 동안 추진된 결과 정치적 · 경제적 및 사회구조적 지표를 통해 그 효과성이 긍정적임이 확인되고 있다.

또한 보육이 국민경제에 미치는 파급효과를 분석한 연구(송승민, 2010)에서는 보육산업은 자체적으로뿐만 아니라 우리나라 국민경제를 구성하는 다른 산업에 대해서도 상당한 생산유발 효과, 부가가치유발 효과, 고용유발 효과를 가지는 것으로 판명되었으며, 다른 산업의 최종 산출물을 구매하는 역할을 더 크게 수행하면서 향후 최종 수요적인 서비스 산업으로 발전해서 국가선도사업의 하나가 될 가능성이 충분하다고 보고하였다.

그러나 보육이 아동발달에 미치는 효과에 대한 연구결과들은 아직도 상반된 주장으로 나누어져 있다. 즉, 보육경험이 유아의 발달에 긍정적인 영향을 미칠 수도 있고 부정적인 영향을 미칠 수 있다는 주장이다. 그동안 보육경험의 연구는 유아의 신체, 언어와 인지 영역, 사회-정서 영역 등에 대한 연구가 대부분이다. 대체적으로 언어와 인지에 대한 보육의 효과성은 대체로 긍정적으로 보고되었다(이기숙, 김영옥, 박경자, 2005; Belsky & Rovine, 1988). 즉, 보육경험은 언어 및 인지능력 검사에서 긍정적인 영향을 보였으며 보육기관에 다닌 아동이 다니지 않은 아동보다 지능지수, 시각-협응력, 물리적 지식, 언어의 유창성 및 수 개념의 인지발달에서 높은 점수를 보이는 효과를 보여 주고 있다. 또한 사회-정서 및 애착에 대한 보육의 효과성은 긍정적 또는 부정적으로 보고되고 있다(김숙령, 1996; Belsky, 2001). 1세 이전의 보육경험은 유아의 사회-정서발달에 있어 부모와의 불안정애착을 형성하는 요인으로 작용하지만 2세 이후의 보육경험은 유아의 사회-정서발달에 도움이 되며, 가정에서 부모와의 불안정애착을 형성한 유아일지라도 교사와의 애착 형성을 통해 이를 보완할 수 있음을 보여주고 있다.

한편 보육의 효과에 대한 연구가 처음 시작될 때에는 보육 시작 시기, 보육기간, 일일 보육시간 등의 양적 요인을 강조하였으나 현재에는 교사와 학생 비율, 교사-아동 간 상호작용, 교육과정 등의 요인 또는 이러한 요인과 유아의 개인적 특성 및 가정변인 간의 상호작용 등의 질적 요인을 강조(김미, 2009; 남궁수진, 김숙령, 1996; 최영희, 2008; 최혜선, 박성연, 2008)하고 있다. 특히 교사와 유아 간의 친밀감은 어머니의 양육행동보다 유아의 운동기능, 지각, 인지 및 사회-정서발달에 더 큰 영향요인이라는 연구결과(김선희, 2008)와 교사 상호작용의 질과 교사 대 유아 비율은 유아의 기질, 가족특성, 보육경험의 양보다 유아의 사회-정서발달에 더 중요한 영향을 미친다는 연구결과(조혜진, 이기숙, 2004)들은 보육교사의 역할의 중요성을 보여주는 것이다. 아울러 이러한 사실은 보육의 효과성이 단순 요인이 아닌 유아, 가정, 부모 및 교사의 다양한 심리적 특성에 의해 나타난다는 사실을 보여 주는 것이다. 그럼에도 불구하고 보육은 경제적으로 낮은 계층, 위기 가정, 낮은 발달수준의 아동에게는 효과가 더욱 큰 것으로 나타났으며 보육의 질적 요인에 의해 이러한 문제점을 줄일 수 있음(Caldwell, 1991)을 강조하고 있다.

3. 현재 보육정책의 방향

1991년 「영유아보육법」이 제정된 후 우리나라의 보육은 지속적으로 양적 성장을 거듭해 왔다. 현재 우리나라 보육 현황을 보면 전체 영유아 283만 명('07년) 중 보육시설에 재원하고 있는 수는 104만 명(37%)이고 유치원 재원생 수는 54만 명(19%)이다. 보육시설을 이용하고 있지 않은 원아 수는 약 126만 명(44%)이다. 2000년부터 보육사업이 선별주의에서 보편주의로 변화하고 있다. 선별주의가 빈곤층 취업모의 아동을 대상으로 제한하는 것이라면, 보편주의는 일반 영유아까지 보육대상으로 확장하겠다는 것이다. 이제 아동은 국가의 미래 시민이며 국가경쟁력의 기초다. 따라서 보육이 부모의 양육을 대신한다는 관점에서 국가의 잠재력을 높이는 유목적적인 활동임을 인식하고 부모와 국가가 그 양육과 교육의 책임을 가져야 한다.

그동안 보육은 유아교육과 이원화되어 운영되면서 행정적으로 일관성을 유지하기가 쉽지 않았다. 그러나 2008년 이후 보육시설의 조속한 확대, 아동의 건전한 보호 · 교육 및 보육자의 경제적 · 사회적 활동 지원을 위해 보육의 주관부처를 보건복지부로 일원화하였다.

참여정부의 육아지원정책('04.6~'08.2)에 의해 제1차 육아지원정책 및 고령화 및 미래사회위원회('04.6)에서 '보육 및 육아교육 지원의 공공성 확대(공약사항)' 에 대한 대책을 발표하였다. 그 주요 내용은 소득에 따른 육아부담 50% 경감, 1년간 육아휴직 포함, 평가인증제도입, 보육국가자격제도의 시행이었다. 제2차 육아지원정책('05.5)은 고령화 및 미래사회위원회에서 '출산율 제고 및 여성경제활동 참가' 에 대한 대책을 발표하고 표준보육료 · 교육비 산정, 영아기본보조금 제도 시범 도입의 내용을 결정하였다.

2006년 여성가족부가 보육정책을 맡은 이후 제1차 중장기보육계획인 새싹플랜('06~'10)을 발표하고, 국공립시설을 2010년까지 2배, 이용아동 30% 수준까지 확충, 기본 보조금 확대 지원, 평균소득 130% 이하까지 차등보육료 확대하기로 하였다. 그 후 저출산고령사회위원회에서 세계 최저의 저출산문제 해결을 위해 '새로마지 플랜 2010' 을 발표하고 국공립시설 30% 확충, 영아기본보조금 도입, 차등보육료 확대, 만 5세 무상보육 확대, 아동수당 도입 검토 등을 정책으로 내세웠다. 그 후 정부는 2006년에 수립했던 저출산 · 고령사회기본계획(새로마지 플랜 2010)을 보완하여 '새로마지 플랜 2010 보완판'을 확정하였다.

이 정책의 내용 중에서 보육에 관련된 것을 살펴보면 다음과 같다.

첫째, 소득 하위 50% 이하 가구는 정부지원 단가의 100%, 50% 초과~60% 이하 가구는 60%, 60% 초과~70% 이하 가구는 30%로 차등보육료를 지원하고 보육시설을 이용하는 만 0~4세 영유아에 대해 보육료를 지원한다.

둘째, 장애아 무상보육료의 실시의 일환으로서 보육시설을 이용하는 만 12세 이하의 장애아동에 대해 무상보육료를 지원하고 가구의 소득수준과 무관하며 장애인복지카드 발급 아동을 대상(만 5세 이하 아동은 장애진단서 제출로도 지원 가능)으로 한다.

셋째, 보육시설 미이용아동에 대한 지원을 위해 양육수당을 도입하여 보육시설 · 유치원 미이용아동의 건강한 성장 · 발달을 지원하고 정부 지원의 사각지대를 해소한다.

넷째, 수요자 욕구에 맞는 보육서비스를 제공하기 위해 다문화 가정 영유아 보육서비스를 강화하고 다문화 특성화 보육시설 지정 및 한국어 교육 프로그램 지원을 실시하고 보육교사 대상 다문화 관련 교육을 강화한다.

다섯째, 장애 아동에 대한 보육환경의 개선 및 법적 · 제도적 지원을 강화하기 위해 지역별 균형 있는 장애아 보육시설을 확충하고 편의시설 · 장비의 구비를 지원하며 장애아 보육시설의 특수교사 자격을 특수학교 교사 수준으로 강화하고 저소득층 아동에게 포괄적 보육서비스를 제공한다. 이는 드림스타트 사업과 연계하여 보육서비스 이외에 건강 · 영양, 가족지원, 인지능력 향상 등 서비스 제공 및 사례관리 등을 실천한다.

여섯째, 다양한 시간 유형의 보육서비스를 제공하고 이를 위해 시간연장 보육교사 지원 인원을 확대하며 보육시설은 방과 후 학교 보육교실과 지역아동센터를 통해 방과 후 아동 보호의 보완적 역할을 수행하게 한다. 또한 농산어촌 등 보육시설이 없는 지역에 국공립시설을 확충하여 영유아 수가 적은 농산어촌의 특성을 고려한 소규모 보육시설을 확충한다.

일곱째, 평가인증 활성화다. 보육서비스의 질 제고 및 인증 참여율 확대를 위해 평가 인증제의 개선방안을 마련하는 데에 있어 특히 유형기준 변경, 유사?중복 지표 조정 등 평가인증 지표를 개선하고 평가인증의 사전?사후 조력 및 정확한 정보 제공 등을 강화한다.

여덟째, 보육시설의 건강 · 영양 · 안전관리 강화를 위해 보육시설 사고 예방 및 사후 보상제도를 제정하고 보육시설 안전사고 예방사업 및 안전사고 보상 등 사후 관리 실시를 모색하며 보육시설 아동 및 종사자의 복리후생 증진을 지원한다.

아홉째, i-사랑카드의 도입이다. 현재는 보육료를 보육시설에 지원하는 방식으로 부모에게 직접 지원하지 않아 정책수혜의 인식 정도가 낮기 때문에 보육료 지원 업무 부담이 높다. 따라서 영유아 부모에게 어린이집을 이용할 수 있는 전자카드를 발급하여 부모들이 쉽고 편리하게 어린이집을 이용하도록 하여 부모는 정부 지원 내용을 알 수 있어 보육료 수혜 인지도를 제고하고 보육시설과 지자체는 보육료 신청 · 지급 업무 부담을 해소할 수 있다.

열 번째, 보육정보 포털시스템의 구축이다. 보육관련 정보들이 다양한 온-오프라인을 통해 개별적으로 제공되고 있고, 충분한 보육정보 제공 미흡 보육관련 정보 시스템을 통합하여 수요자 지향 정보 제공체계 구축-e-보육, 보육정보센터 홈페이지(39개), 보육 전자바우처 시스템 등을 통합 · 연계하여 온라인 서비스 신청, 보육정책 소개 등 온라인 서비스 통합 창구의 역할을 수행할 수 있다.

참고문헌

김남식(2002). 우리나라 보육정책의 발전 방안: 공교육의 실현을 위하여. 명지대학교 지방자치대학원 석사학위논문.

김미(2009). 조기보육경험 아동의 보육관련 특성, 심리사회적 발달 특성에 관한 연구. 한신대학교 대학원 석사학위논문.

김숙령(1997). 영유아의 보육경험과 사회 정서적 발달과의 관계에 대한 재고. 한국영유아보육학, 6, 23-56.

김승례(2005). 영유아 최선의 이익원칙 이행형황과 보육정책 개선방안. 중앙대학교 행정대학원 석사학위논문.

김지현 외(2008). 보육학개론. 파주: 학현사.

김진선 외(2008). 영유아보육학개론. 파주: 교문사.

남궁수진(2005). 보육경험 및 보육의 질과 유아의 사회·정서발달과의 관계. 수원대학교 교육대학원 석사학위논문.

남궁수진, 최영희(2008). 보육경험 및 보육의 질과 5세 유아의 사회·정서발달과의 관계. 한국지역사회과학학회지, 19(1), 45-54.

송승민(2010). 보육산업의 경제적 파급효과-산업연관분석의 활용. 산업경제연구, 23(5), 2713-2731.

심성경 외(2009). 보육학개론. 파주: 공동체.

유희정, 서문희, 김종해, 최혜선(2006). 보육정책의 전망과 과제에 관한 연구. 미래사회연구 포럼총서, 06-05. 정보통신정책연구원.

이기숙, 김영옥, 박경자(2005). 보육경험과 유아의 인지 및 사회성 발달. 유아교육연구, 25(6), 255-275.

이순형 외(2009). 보육학개론(3판). 학지사.

이옥(2010). 한국보육정책의 성과와 정책변화에 대한 비판. 아동학회지, 31(1), 197-217.

이혜영(2008). 교육시설의 질적 수준과 양적 경험에 따른 유아의 정서지능. 계명대학교 교육대학원 석사학위논문.

전남련 외(2007). 보육학개론. 파주: 학현사.

최혜선, 박성연(2008). 아동의 사회적 위축에 대한 아동의 행동억제, 보육경험 및 어머니의 통제적 양육행동의 영향. 대한가정학회지, 46(4), 15-24.

보건복지부(2009). 보육통계 〈www.mu.or.kr〉

Anderson, B. (1992). Effects of day-care on cognitive and socio-emotional competence of thirteen year old swedish school children. *Child Development, 63*(1), 20-36.

Belsky, J. (1988). The effects of infant day care reconsidered. *Early Childhood Research Quarterly, 3,* 235-272.

Belsky, J., & Rovine, M. J. (1988). Nonmaternal care in the first year of life and the security of infant-parent attachment. *Child Development, 59,* 157-167.

Berk, L. E. (2006). *Child Development* (7th ed.). Allyn & Bacon. 이종숙 외 공역(2008). 아동발달. 서울: 시그마프레스.

Caldwell, B. (1991). Educare: New products, new future. *Developmental and Behavioral Pediatrics, 12*(3), 199-205.

Chapter 02

보육사상과 역사

영유아 보육은 사회의 흐름과 밀접한 관련을 맺고 변화와 발전을 거듭해 왔다. 시대에 따른 보육의 변천은 그 시대의 사회상, 영유아를 보는 관점과 보육에 대한 인식을 반영하기 때문이다. 따라서 영유아와 그들에 관한 보육에 대하여 성인의 관점과 인식은 시대의 흐름과 사회의 변화에 따라 당시의 영유아 보육사업의 목적과 필요성, 원리, 실제 내용 및 발전 방향 등에 지대한 영향을 끼친다.

보육사상을 공부하는 것은 단순히 지나간 시대의 보육상을 더듬어 고찰하는 데 그치는 것이 아니라, 보육의 역사적 과정을 올바르게 인식함으로써 이를 바탕으로 현재의 보육 실정의 의의를 조명하고 반성함으로써 보육에 대한 이해의 폭을 넓히고, 앞으로 나아가야 할 보육의 바람직한 방향을 모색하는 데 도움을 준다.

이 장에서는 영유아 보육의 사상적 흐름을 살펴보기 위해 보육의 시대적 변화를 중심으로 고대 사회에서 현대에 이르기까지 시대에 따른 보육의 변천을 탐구하고, 우리나라의 보육사업의 변천과정에 대해 고찰하기로 한다.

1. 보육사상의 변천

보육사상은 보육의 가치와 중요성을 이해하는 역사적, 철학적 접근으로, 시대에 따른 보육사상의 변천은 그 당시의 시대상, 사회상, 영유아에 대한 관점 그리고 보육에 대한 인식을 반영한다. 따라서 고대에서 현대에 이르기까지 보육사상의 변천에 관한 고찰은 현장에서 실제 보육을 담당하는 교사에게 건실하고 공정한 아동관, 보육관과 더불어 미래 보육에 대한 비전을 확립하는 데 도움을 준다.

이 절에서는 보육사상의 변천과정을 고대 사회에서부터 현대에 이르기까지 각 시대별로 나누어 그 내용을 살펴보고자 한다.

1) 고대의 보육사상

고대 사회에서는 영유아기의 아동에게 특별한 관심을 기울이지 않았다. 이 당시는 종족의 보존과 안전을 지켜 나가는 것이 최고의 당면 과제였기 때문에 영유아는 독립된 인격체로 대우받기보다는 종족 보존을 위한 수단으로 여겨졌으며(기순신, 김경중, 2006), 심지어는 종교의 의식 절차나 전쟁 시 성인의 생명을 지키기 위해서 영유아를 신에게 제물로 바치는 등 소위 유아살해 풍속에 의해 희생되기도 하였다(김정환, 심성보 공역, 1990).

영유아에 대한 교육의 내용도 의식주를 해결하기 위한 것들, 즉 낚시질하는 법, 활 쏘는 법, 도구 만드는 법 등이 주류를 이루었다. 그것을 가르치는 사람도 부모를 비롯한 가족이나 나이 많은 주변의 현자들이었으며, 아동들은 때로는 무사도 집단과 같은 성인 단체에서 그들의 지식과 지혜 그리고 무술 등을 배우기도 하였다.

(1) 고대 그리스의 보육사상

그리스 철학자 플라톤은 그의 저서 『국가론』에서 이상 국가는 교육에 의해 실현되므로 국가는 백성 중에서 우수한 남녀를 결혼시켜 우수한 유아를 출산하도록 하고, 태어난 유아의 교육과 훈련에 대해서는 국가가 책임져야 한다고 역설하면서 아

Platon

동훈련을 위한 국가 차원의 전담기구 설립을 제안하였다.

플라톤은 영유아가 출생한 직후부터 동화, 음악, 체육 등을 통해 전인적인 발달과 좋은 습관 및 건전한 성격을 형성하도록 하고, 그 방법으로는 강제적인 교육이 아니라 타고난 능력에 따른 교육이어야 한다고 주장하였다. 또한 남아와 여아 모두에게 교육의 기회를 제공해야 한다는 진보적인 사상을 펼침으로써 훗날 사회주의 교육의 모델이 되기도 하였다(이순형 외, 2005). 그는 출생 후 7세까지는 어머니에 의해 놀이와 동화를 중심으로 가정교육이 이루어져야 한다고 주장하고, 더불어 국가의 시민으로서 기본적으로 필요한 공동생활과 사회생활 능력을 키울 수 있는 신체활동과 음률활동을 적극 권장하였다(백혜리 외, 2006).

아리스토텔레스는 영유아기 보육이 이후의 성장에 영향을 미친다는 점에서 영유아기 보육을 중요시했으며, 그의 스승인 플라톤과 같은 맥락에서 영유아 보육에 대한 국가의 책임을 강조하였다. 그는 국가의 시민을 양성하는 출발점을 가정이라 보며, 인간은 사회적 존재이므로 공동체 생활을 위한 교육이 필요하다고 보았다. 또한 영유아기에는 신체훈련을 통한 신체발달을 도모하고 더불어 도덕교육이 이루어져야 한다고 주장하였다(백혜리 외, 2006).

플라톤과 아리스토텔레스의 보육사상은 영유아에 대한 초기 보육의 중요성을 강조하고 적성에 따른 보육의 필요성을 주장한 점 그리고 영유아 보육을 국가가 담당해야 한다고 하여 보육에 대한 국가적 책임을 역설한 점에서 현대 보육에도 큰 의의를 지닌다.

(2) 로마의 보육사상

로마시대의 중요한 사상가로서는 퀸틸리아누스를 들 수 있다. 그는 인간이 선하게 태어나지만 잘못된 교육을 받음으로써 악하게 된다고 생각하였다(이순형 외, 2005). 따라서 영유아기의 타고난 선한 심성을 유지하기 위하여 유아기부터 교육이 지속적으로 이루어져야 하며, 이는 개개인의 특성에 따라 이루어져야 한다고 주장하였다.

퀸틸리아누스는 특히 유아기의 도덕교육과 언어교육의 중요성을 역설하였다. 그는 영유아기의 언어교육으로 외국어인 그리스어를 모국어인 로마어보다 먼저 가르칠 것을 주장하였다. 이는 로마의 문화가 그리스에서 도래한 것이라고 보았기 때문이다. 그러나 그는 언어교육에 강제성을 부과하지는 않았다. 즉, 유아의 언어교육은 개성과 흥미 위주의 놀이형태로 이루어져야 하며, 주입식으로 언어교육을 하는 것은 적합치 않다고 하였다. 교육방법에 있어서도 너무 엄격한 것과 체벌에는 반대하였으며, 체벌보다는 설득을 주로 해야 하며 적절한 경쟁의 방법도 도입해야 한다고 하였다(공인숙 외, 2005).

2) 중세의 보육사상

중세 사회는 로마 교황을 중심으로 한 기독교와 민족적인 봉건국가에 의해서 유지되었다. 사회적으로는 게르만 민족이 침입하고, 상류계급의 사치와 향락은 도를 더해 갔으며, 기아와 전염병이 만연함으로 인해 로마인들의 삶은 매우 열악한 수준이었다. 이러한 사회실정 속에서 그들은 자연히 정신적 안식처를 구하게 되었고 종교적 생활로써 이를 충족시켜 보려는 심정을 가지게 되었다. 이러한 로마 사회의 시대적 요청을 만족시킨 것이 기독교였다.

이러한 기독교 사상이 유럽의 사회와 문화에 절대적인 영향을 끼쳤던 중세 시대에는 인간은 태어날 때 이미 완전하게 만들어져서 출생한다는 전성설(Preformation)이 지배적이었다. 아직까지는 영유아에 대한 올바른 이해가 없었기 때문에 아기는 성인과 동일하나 크기만 작을 뿐이라고 생각하여 젖먹이 시기만 지나면 작은 성인으로 취급함으로써 아동의 존재를 무시하였다(Nourot, 1997). 또한 영유아도 영혼을 가진 존재로 인정하였기 때문에 성인에게 요구되었던 숭고한 종교적 계율 생활이 영유아에게 그대로 강요되었다. 다시 말하면 인간은 모태에서부터 원죄에 물들었기 때문에 비록 유아라 하더라도 고행으로 원죄를 씻어야 했다.

그리스 문화가 아동에게 총명한 지성을 주었다면, 중세는 숭고한 도덕심을 키우고자 했다고 볼 수 있다. 이러한 종교적 교육관은 결국 '유희는 인간을 나태로 이끄는 악마의 유혹'으로 생각하여 유아에게 놀이를 금지했고, 그 대신 성서를 암기하고 성서의 경건을 실행하도록 강요하였다(공인숙 외, 2005).

(1) 기독교 교육

중세 서양의 아동관은 성악설이라는 기독교적 인간관에 근거를 두고 있다. 인간의 본성이 악하기 때문에 교육의 목적은 악한 본성을 가진 인간을 성경에 입각한 기독교 교리를 통해 도덕적, 윤리적 인간으로 만드는 데에 있었다. 따라서 교육의 내용에 있어서 지적인 학문과 육체적 훈련, 문학, 예술, 수사학, 철학 등 세속적인 것은 모두 제외되고, 오직 도덕과 종교적 훈련만이 이루어졌다.

영아기와 유아 초기의 보육은 가정에서 이루어졌는데 어머니의 사랑과 종교적 경건함이 유아에게 그대로 전달되도록 신앙의 분위기 속에서 유아를 양육하도록 하였다. 부모는 유아가 5~7세가 되면 수도원에 속한 학교에 보내야 했으며, 수도원의 엄격한 규율 속에서 훈육을 받도록 하였다. 이는 오직 교회를 통해서만 인간이 악에서 벗어나 선의 질서를 따를 수 있다고 보았기 때문이다. 수도원 학교에서는 단식이나 고행, 매질이 다반사로 이루어졌고, 유아들은 아침 일찍부터 취침 때까지 엄격한 규율과 규칙이 따르는 힘든 과정을 겪어야만 하였다. 특히 신체적 성숙은 종교적 구원에 이르는 것을 방해한다고 하여 체육교육을 해로운 것으로 보았으며, 세속적인 음악은 인간의 정서를 오히려 혼탁하게 한다고 하여 철저히 금지하였다(공인숙 외, 2005).

(2) 유아기의 기사교육

중세 서양에서 세속적 교육의 대표적인 것이 기사교육이다. 이는 일종의 비형식적인 사회교육의 성격을 지니고 있었다. 기사교육의 중심 사상은 고상하고 용감한 인격자를 육성하여 신과 군주 그리고 귀부인에게 봉사하며 무사로서의 본분을 수행하는 것이다. 기사교육의 목적은 기독교 정신을 습득하여 기독교적인 무사를 양성하는 데 있었다. 따라서 용맹, 충성, 관용 등이 군사적인 미덕으로 교육되었고,

예절, 공손, 자비가 사회적인 미덕으로 교육되었다. 교육내용은 지적인 것보다는 활동적인 신체 훈련과 종교 교육 그리고 연장자에 대한 복종과 예법에 관한 것으로서 주로 무인으로서의 수련과 7예, 즉 승마, 수영, 궁술, 검술, 수렵, 작시, 장기 등이었다.

실제 교육은 출생에서 6세까지 어머니와 시녀의 손에 의해 주로 가정에서 이루어졌다. 어릴 때부터 가정에서 강건한 신체와 쾌활한 성격, 순종, 경건한 정신을 기르는 등 종교 위주의 교육을 받음으로써 기사의 시동이 되는 준비를 했다. 기사는 무엇보다 전사이며 무기를 가지고 영토를 지키는 것이 주된 임무이기 때문에 유아기 때부터 실외에서 놀면서 전투 흉내를 내는 일이 많았다. 이러한 유아기의 성장과 교육은 강인한 신체와 쾌활한 성격, 순종, 경건한 정신을 가지고 자유롭게 뛰놀며 유아로 하여금 현세와 내세에 대한 희망, 즉 기사와 신에 대한 이상을 갖게 하는 데 그 취지가 있었다.

한편 여아 교육에는 길쌈, 재봉, 가사를 비롯하여 초보적인 글 읽기, 대화, 음악 등이 포함되었으며, 놀이와 예절도 중요시되었다. 여아 교육은 유아기 때부터 귀부인에 응대할 수 있는 품위와 거동, 격식을 갖추도록 준비하는 데에 초점을 두었다(공인숙 외, 2005).

(3) 문예부흥기의 보육사상

문예부흥(renaissance)의 근본 사상은 중세의 기독교적 복음주의와 내세주의의 제약에서 벗어나, 인간 본연의 자세로 복귀하려는 인문주의(humanism) 사상이라고 할 수 있다. 즉, 신의 세계에서 인간의 세계로, 내세주의에서 현세주의로, 금욕주의에서 자연주의로 옮겨 인간을 구속하는 모든 외부적 권위에서 벗어나 인간으로 하여금 스스로의 주인이 되게 하려는 사상이다.

그리스 · 로마 중심의 자유로운 방식의 종교개혁 시대를 맞으면서, 학교는 무서운 곳이 아니라 즐거운 곳으로 탈바꿈해 가기 시작하고, 루터의 공교육과 취학의무론에 관심을 보이는 계기가 되었다. 또한 문예부흥 운동은 인간성의 발견에 목적을 두었기 때문에 영유아를 대상으로 하는 보육에 있어서도 그들의 인간성을 존중하는 근대적인 보육사상의 출발점이 되었다. 즉, 유아의 바람직한 행동에 대해서는 칭찬하고, 사소한 잘못에는 관대하게 대하여 성인들이 유아에게 애정을 가지고 있음을 보여 주어야 하며, 유아를 기쁘게 해 주어야 한다고 하였다. 이러한 접근은 기존의 유아를 보는 관점과는 다르게 새로운 것으로, 특히 보육의 방법적 변화를 가져온 것이라 할 수 있다.

문예부흥기의 인문주의자들은 태교 및 유아의 안전과 건강도 중요시함으로써 실용주의적인 보육론을 주장하였다. 이 시기의 대표적 인물인 에라스무스(Erasmus)의 사상을 보면, 아동보육의 목적을 경건한 심성의 훈련과 도덕 정신의 함양 및 선한 생활에 두었다. 그러나 이러한 인문주의 교육론의 한계점은 주로 신흥 상업도시의 귀족이나 자본가 등의 자제들만을 대상으로 한 것으로, 새로운 상류층의 유아를 유능하고 교양 있고 기독교적인 도덕을 갖춘 귀족이나 자본가로 기르기 위한 것이었다(공인숙 외, 2005).

3) 17~18세기의 보육사상

역사학자들은 아동기를 옛날부터 존재하였던 개념이 아니고 근대에 와서야 생겨난 개념으로 보고 있다. 즉, 아동기라는 개념은 근대 역사의 산물이라는 것이다(이시재, 1988). 이는 물론 아동이 생물학적으로 존재하지 않았다는 것이 아니라 단지 발달단계상 연령의 범주로서 아동기를 구분하여 고려하지 않았음을 뜻한다. 즉, 아동에 대한 특별한 관념도 없고, 그들의 특징이나 가치를 인정하지 않음으로써 그들을 위한 별도의 사회적, 문화적 제도가 없었다는 것을 의미한다.

17세기에 들어오면서 르네상스와 종교개혁으로 인해 교육이 종교의 지배로부터 벗어나게 되고 더불어 봉건사회가 붕괴되면서 서민계급에까지 교육이 보급되기 시작했다. 18세기는 계몽사상의 시대로서, 이성으로 구습과 전통을 비판하고 합리적인 인간 생활을 도모하려는 사상이 대두된 시대다. 중세의 전통, 사회제도, 인간관, 세계관 등 전 시대의 사상이 비판을 받으면서 인간의 이성과 합리성이 강조되었던 시대로, 이 시대에 근대 사회의 기초가 확립되었다고 볼 수 있다.

이때부터 비교적 넉넉하고 여유가 있는 귀족층과 중산층을 중심으로 아동에 대한 관심이 증가되면서 아동기의 개념이 형성되기 시작하였다. 이에 따라 영유아 보육에 대한 의식 또한 달라짐으로써 중세의 아동관과 보육관은 근본적인 변화를 맞이하게 되었다.

이 시기의 대표적인 사상가로는 에라스무스, 코메니우스, 로크, 루소 등을 들 수 있으며, 이들의 주장과 저서 등을 토대로 근대적인 아동관과 아동존중의 교육사상이 구축되었다. 17세기에 들어서면서 아동을 성인의 축소판으로 보았던 중세 시대와는 달리 아동이 지닌 고유한 특성과 그들만의 독립성에 대한 인식이 생겨나기 시작했다.

(1) 코메니우스의 보육사상

근대 교육학의 아버지로 일컬어지는 코메니우스는 감각적 실학주의자답게 무엇이든지 감각기관을 통해서 인지하고 판단할 수 있다고 믿었다. 학습은 감각적인 것을 통하여 가장 잘 성취되며, 따라서 이러한 감각교육은 모든 학습의 기초가 된다고 하였다. 그가 주장했던 감각교육의 원리는 오늘날에도 영유아 보육에서 중요하게 다루어지고 있다.

Johann A. Comenius(1592~1670)

실물을 통한 감각교육을 강조한 그는 실제로 유아의 직관적 이해를 촉진시키기 위해 그림을 삽입한 책인 『세계도회』를 저술하였는데, 이것이 바로 어린이들을 위한 최초의 그림책이라고 할 수 있다. 또한 그는 『대교수학』이라는 저서를 통해 "인간의 교육은 어릴 때에 가장 잘 이루어지며, 그래야만 성공할 수 있을 것이다."라고 하며 조기교육의 중요성을 주장하였다. 이 책을 통해 그는 갓 태어난 어린 생명체는 잘 휘어져서 원하는 형을 만들 수 있으나 시간이 지나 그 생명체가 단단히 굳어지면 변화시키기가 힘들고, 이것은 자연법칙이라는 것을 강조하고 있다.

코메니우스의 교수이론을 간단히 살펴보면 다음과 같다(심성경 외, 2009).

- 직관의 훈련을 통해 기억하고 판단하며 창조하는 과정을 거쳐 쉬운 것부터 어

려운 것으로 교육해야 한다.

- 사물이나 모형을 통한 인식이 언어를 통한 인식이나 적용보다 먼저 이루어져야 한다.
- 비약하지도 중단하지도 않는 자연과 마찬가지도 교육도 기초 학습부터 점진적으로 이루어져야 한다.
- 학습은 직관에서 출발하여 감각에 호소해야 한다.
- 불필요한 것을 하지 않는 자연과 같이 학습도 생활에 필요한 것을 해야 한다.
- 학습은 아동의 흥미에 따라 즐겁고 의욕적인 활동이 되어야 한다.

코메니우스의 사상은 신비주의적이고 종교적이라는 점에서 비판받기도 하지만 자연의 원리를 따른 교수법을 주장하고 보편교육, 감각교육, 모국어 교육을 강조한 점에서 후세의 교육자와 교육사상가들에게 많은 영향을 주었다.

(2) 로크의 보육사상

로크는 영국의 철학자이며 정치사상가로서 경험주의 철학의 시조이며, 1688년 명예혁명의 이론적 지도자였다. 로크는 1690년 「시민정부에 관한 제2논문」에서 친권에 대해서 언급하고, 이러한 친권의 일부로서 교육권을 주장하였다. 여기에서 그는 교육권이 친권의 특권이라기보다는 아동의 특권이라고 하여 아동의 자연권으로서의 교육권을 강조하였다. 따라서 부모들의 교육권은 아동들의 행복을 위해서 행사되어야만 하고, 아동의 생명 또한 소유물에 영향을 주는 것은 아니라고 하였으며, 이는 아동의 미성년기가 끝날 때까지에 한정되는 것이라고 하였다(공인숙 외, 2005).

John Locke(1632~1704)

로크는 인간이 태어날 때 그 마음의 상태가 백지(tabula rasa)와 같다고 주장했는데 이 견해는 지금까지도 그 맥을 유지하고 있다. 이 말의 의미는 인간의 마음이 마치 백지와 같고 아동의 경험 하나하나가 이 백지 위에 새겨져서 인간 형성의 중요한 요소가 되므로 훈육과 환경에 따라 인간은 크게 달라질 수 있다는 것이다.

① 교육목적 및 내용

로크의 교육사상은 『교육에 관한 의견(*Some Thoughts on Education*)』에서 잘 나타나 있는데 그는 교육의 목표를 신사 양성에 두었으며, 그 신사가 갖추어야 할 자격으로 덕성, 실천적 지식, 예의 그리고 학예 등 네 가지를 들고 있다.

로크는 이와 같은 네 가지의 교육목표를 신사로서 여러 가지 자질을 완비하는 데 있다고 보았으며 특히 인간의 본성은 환경에 따라 이렇게도 저렇게도 쓰일 수 있는 '백지설' 에 따라 백지와 같고, 잘 닦여진 칠판과 같은 마음에 아동의 경험 하나하나를 그려 나가야 하기 때문에 조기교육이 중요함을 강조하고 있다.

② 교육방법

로크는 형식적인 학교교육으로부터 아동을 가정으로 데려와 가정에서 교육을 시켜야 한다고 했다. 인위적으로 만들어진 교육의 틀에서 벗어나 아동의 본성 그대로가 자연의 원리와 화합하도록 도와야 하며, 학습의 동기는 아동의 본성 안에 있으므로 교육은 여기에서 시작되어야 한다고 했다.

로크는 지식교육에 있어 놀이방법을 도입하여 아동의 흥미를 계속 유발시킬 수 있는 방법을 제안하였다. 놀이처럼 시작된 읽기를 통해 책과 친밀해지도록 독서경험을 유도하고, 『이솝우화』나 『성서』와 같은 교재를 통해 지혜와 덕이 습득되도록 도와야 한다고 했다.

로크는 단계별 학습을 제안하면서 분명하고 단순한 것으로부터 시작하여 한번에 할 수 있을 만큼의 내용을 학습시켜야 하며 새로운 것을 가르치기 전에 이미 배운 것을 정확히 기억하고 있는지 확인해야 한다는 것을 강조하였다.

로크의 철학서인 『인간오성론』에 따르면 모든 지식은 감각경험의 사실 관찰로부터 나오므로, 학습은 감각을 통해 얻어지는 인상이라고 하였다. 그는 유아들의 순수한 놀이를 중요하게 평가하여 교육적 지도의 필요성을 강조하였다. 또한 로크는 인간의 자율성을 강조하는 계몽주의의 맥락에서 경험을 바탕으로 한 학습을 고안하여 교육을 추상적인 관념으로부터 해방시켰으며, 그 당시의 형식적이고 제도적인 학교 교육을 비판하고, 가정을 중심으로 한 신체 단련과 덕성교육을 강조하여 교육에 대한 새로운 관점을 제시하였다.

(3) 루소의 보육사상

루소는 18세기 프랑스의 철학가이자 사상가이며 또한 작가다. 루소는 인간의 본성은 선하다는 성선설을 주장하였으며, 그의 교육론도 여기에 기초하고 있다. 그의 교육학적인 불후의 명작 『에밀』에서도 인간을 선천적으로 선한 것으로 보고 있으나, 문명사회의 편견과 권위 등 나쁜 사회제도가 인간의 자연성을 말살하여 아동의 올바른 발달을 방해하고 있다고 보았다. 그의 이러한 주장은 아동의 자연적인 성장과 발달을 무시하고 불확실한 미래를 위하여 현재를 희생시키는 잔혹한 당시의 교육을 신랄하게 비판하는 교육적 인본주의라고 할 수 있다.

Jean-Jacques Rousseau(1712~1778)

루소는 인간이 자유로운 시민으로 성장하기 위해서는 유아교육이 필요하며, 나아가 아동중심의 교육론을 전개하였다. 루소는 어린이를 작은 성인으로 보았는데, 이는 당시의 잘못된 유아관에 대한 비판이었다. 따라서 어린이에게도 자유와 권리가 있으며, 교육받을 권리가 있다고 보았다. 그러므로 유아교육은 유아가 가지고 있는 자연적 욕구, 흥미, 관심에서 출발해야 하며, 유아 자신의 생활을 통하여 주체적으로 살아갈 인간으로 육성해야 한다고 주장하였던 것이다. 유아교육에 관한 이러한 주장이 바로 루소를 어린이의 발견자로 불리게 한 이유다(기순신, 김경중, 2006).

루소가 기존의 교육을 비판하고 아동의 자연성을 계발하는 아동중심의 교육을 주장했다고는 하지만 그렇다고 해서 공교육 자체를 무시한 것은 아니다. 단지 당시의 잘못된 공교육의 문제점을 지적하고 성의 강제가 개입되지 않는 가정교육을 강조하였던 것이다.

① 교육목적 및 내용

루소의 교육목적은 자연적인 선성의 보존과 개인의 자연권에 기초를 둔 사회를 구성하는 것이다. 따라서 교육의 궁극적인 목적은 자연인의 양성을 통해 자유 · 평등 · 박애의 덕이 실현될 수 있는 사회질서의 성취에 있다. 루소가 주장하는 사회 속의 자연인이란 자주적이며, 사회의 정의에 충실하고, 공동의 복지를 위해 자기를 억제하는 것을 아는 사람을 의미하며, 자연적인 자유가 아니라 사회적인 자유를, 나아가서는 도덕적인 자유를 체득한 인간을 형성하는 것을 말한다. 루소는 자연주의 교육을 통하여 인위적인 사회악으로부터 아동을 방어하여 선한 천성이 자발적이고 자연스럽게 발전하는 것을 교육의 목표로 삼았다.

루소는 종래의 지식습득을 강조하는 주지주의 교육의 입장을 비판하고 지식교육을 멀리한 소극적 교육을 주장하였다. 그는 교육내용의 선택에서 가장 중요한 원리가 생활 속에서의 유용성이라고 보았다. 교과에서 얻어진 지식이 생활과 무관하면 무가치한 것이라고 보고 물리, 지리, 천문학, 박물 등 유용성과 관련된 내용을 교육내용으로 제시하였다.

② 교육방법

루소는 유아에 대한 사물의 교육에서 감각훈련을 중요시하였다. 왜냐하면 감각이란 인간에게 있어서 최초로 형성되고 또한 완성되는 능력이기 때문이며, 따라서 감각은 무엇보다 가장 먼저 연마되어야 하는 능력이라고 보았기 때문이다. 뿐만 아니라 이러한 감각훈련에서 형성된 감각적 이성은 지적인 이성의 기초가 되기 때문이다.

루소는 감각훈련이란 감각기관에서 의해서 적절하게 판단하는 것을 배우는 것이라고 하면서, 이를 위한 훈련의 방법을 다음과 같이 열거하였다(기순신, 김경중, 2006).

- 각자의 감각기관을 최대한 이용한다.
- 하나의 감각기관에서 받은 인상을 다른 기관에 의해서 확인한다.
- 항상 결과에 대한 추정이 수단의 이용보다 앞서도록 한다.
- 늘 즐거운 놀이의 형태로 실행한다.

루소의 이러한 유아교육사상은 후일 페스탈로치, 프뢰벨 등에 강력한 영향을 미쳤다.

4) 19세기의 보육사상

19세기는 신인문주의 시대로 지칭된다. 계몽주의는 인간 오성의 만능을 신뢰하고, 실리와 실용을 가치 결정의 최고 기준으로 삼았다. 그 결과 계몽주의는 인간을 지나치게 기계적, 직업적으로 보았다. 이러한 계몽주의의 기계적 공리관에 대한 반동으로 신인문주의가 대두되었다. 전 시대의 계몽주의가 기계적이라면 신인문주의는 유기적이라고 할 수 있다. 다시 말하면, 신인문주의자들은 인간의 모든 소질의 완성, 인간의 미적이고 조화로운 인간 형성 등의 이상을 추구하였다. 그리고 인간의 소질과 능력을 외부로부터의 기계적인 것이 아닌, 내부로부터의 자연적이고 자유롭게 가장 높은 수준으로 발달시키는 것을 '인간형성'이라는 새로운 용어로 표현하였다.

이 시기의 사상가로는 페스탈로치와 프뢰벨을 들 수 있다.

(1) 페스탈로치의 보육사상

페스탈로치는 루소의 저서 『에밀』에서 읽었던 루소의 교육이상을 그의 아들에게 실현하려고 노력하였으며, 이것이 페스탈로치가 어린이를 연구하는 계기가 되었다(고후순 외, 1997). 페스탈로치는 루소의 자연주의 사상을 구체적인 교수방법으로 실현시켰으며, 교육은 인간의 내적인 능력을 끌어내어 잘 키워 주는 인간성의 계발이라고 보았다. 그리고 교육의 본질적인 수단으로써 인간을 도야하고, 도야된 인간을 통해 인간을 개혁하고, 개혁된 인간에 의해 결국 사회개혁이 이루어진다고 보았다.

Johann Heinrich Pestalozzi(1746~1827)

또한 인간 속에 내재된 무한한 잠재력의 계발을 교육의 목표로 보고, 이러한 목표를 달성하기 위해 3H, 즉 지적(head), 도덕적(heart), 기능적(hand) 영역의 발달이 요구된다고 하였다. 특히 유아기에는 도덕적인 능력의 계발을 중심으로 3H의 조화로운 발달이 중요하다고 보았다.

그의 저서 『게르투루트는 그 자녀를 어떻게 가르치는가?』에서 "아동 최초의 교수는 결코 두뇌의 일도 아니고 이성의 일도 아니다. 그것은 항상 감각의 일이고, 심정의 일이며, 어머니의 일이다."라고 서술하였다(팽영일, 2000). 페스탈로치는 유아의 도덕발달에 있어서 모성애에 의한 가정교육, 모친의 교육적 감화력을 중요시했다. 그는 가정에서 이루어지는 교육의 원리를 다음과 같이 언급하였다(조성자, 2005).

첫째, 가정은 수직적으로는 질서와 순서가 그리고 수평적으로는 충분한 애정과 사랑이 있어야 한다고 말한다. 부모들은 가정을 어린이들의 욕구, 갈등, 감정, 흥미를 존중하면서 인격을 형성할 수 있는 가장 안전하고 사랑이 많은 작은 사회로 만들어야 한다.

둘째, 가정은 어린이들의 기초교육이 훈련되는 장소다. 어린이들의 일상생활에 관계되는 모든 기초를 학습하는 곳이 가정이기 때문에 부모들은 도덕교육과 종교교육을 실천적으로 가르쳐야 한다. 어린이들은 노작교육을 통해서 도덕성과 종교심을 발달시킨다.

셋째, 가정은 도덕교육의 실습장이다. 모성을 통해서 사랑과 믿음 그리고 순종을 배우며 이러한 요소들이 다시 이웃과 사회로 환원된다.

넷째, 가정은 어린들이 가장 자유롭게 활동할 수 있는 영원한 안식처다.

페스탈로치는 가정을 일차적인 교육 현장으로 보고, 어머니는 자식에게 무한한 사랑을 조건 없이 줄 수 있는 능력이 있으며 이러한 무한한 사랑이 인격 형성의 씨앗이 된다고 보았다. 페스탈로치는 유아를 미완성의 '발달 가능체'로 보고 유아들의 발달단계에 적합한 방법으로 가르쳐야 한다고 주장하였다.

페스탈로치의 실제적이고 구체적인 교육방법론은 다음과 같다(조성자 2005; 홍순정 외, 2004).

① 직관의 원리: 인간은 감각을 통해서 직관력을 발달시킬 때 사물을 정확하게 인식할 수 있다. 외계의 인상을 수동적으로 수용만 하는 직관이 아니라, 외계의 인상을 결합하여 능동적으로 개념을 구성하는 작용으로서의 직관을 말한다.

사물을 정확히 인식하는 수단과 과정을 수(數), 형(形), 어(語)에 두었는데 이 세 가지는 모든 지식을 구성하고 있는 가장 기본적인 요소다.

② 합자연의 원리: 인간이 가지는 자연적인 힘을 내적인 힘에 의하여 자발적으로 발전하게 한다는 것으로, 아동의 내부에 있는 자연적인 힘을 발전시키는 작용이므로 아동 스스로의 교육으로 내면적인 자아의 자기발전과 자율적인 자기 형성을 가져옴을 뜻한다. 또한 교육은 일정한 단계를 거쳐서 진행되어야 하며 자연법칙에 따라 순차성, 상관성, 전인성, 법칙성, 개별성을 존중하고 따라야 한다.

③ 인간화의 원리: 교육을 통해 인간의 삶을 자각시키고 인간의 참된 모습으로 변화시키지 못한다면 아무런 의미를 가지지 못한다. 어린이들의 신체적 발달이 곧 전인적 발달을 지향하는 기초이므로 기초훈련교육을 중요시한다.

④ 학습방법의 원리: 교수는 무엇이든 근본적인 기초요소에서 출발하여 연속적으로 다른 요소로 넘어가며 끝으로 이것을 종합한다는 일정한 3단계의 방법이다. 학습은 쉬운 것에서 시작해서 어려운 것으로 나아가야 한다.

⑤ 노작교육의 원리: 노작은 일하면서 배우고 배우면서 일한다는 원리로서 생활과 직결되며, 도덕과 정신적 가치를 실현하기 위한 수단이다. 즉, 손발의 노동을 통해서 도덕성을 함양하고, 정신적인 의지를 단련하여 올바른 인간과 조화로운 교육을 가능하게 한다.

페스탈로치의 여러 가지 교육원리는 근대교육의 확립에 큰 기여를 하였으며, 참교육의 실현이 가정교육과 모성을 통한 교육에서 시작될 수 있다는 그의 주장은 현대 사회의 우리들에게 시사하는 바가 크다(유구종, 조희정, 2007).

(2) 프뢰벨의 보육사상

유치원의 창시자로 알려진 프뢰벨의 사상은 신과 인간과 자연 간 불가분의 관계를 주장한다는 점에서 루소나 페스탈로치 등과 많은 공통점을 가지고 있다. 그러나 루소에 있어서는 자연성, 페스탈로치에 있어서는 인간성이 중심이라고 한다면, 프뢰벨 사상의 중심은 신성에 있다고 할 수 있다. 서양교육사를 통해 볼 때 프뢰벨처럼 종교적 원리가 강하게 작용하고 있는 교육학자는 찾아보기 힘들다. 프뢰벨에 있

Friedrich Wilhelm Fröbel
(1782~1852)

어서 신은 우주를 지배하는 영원한 법칙의 주체로서 해석된다. 신은 만물 중에 존재함과 동시에 만물은 신 가운데 존재하고 있다는 만유재신론을 기반으로 프뢰벨은 종교와 교육을 결합시켰다. "모든 것은 하나님으로부터 생긴 것이며 만물은 신의 본성에 따라 존재하고, 운동하고, 지배된다."고 보고, 교육이란 인간에 내재된 신성을 깨우쳐 생명을 결정짓는 것이므로 신적인 통일성에 따라야 한다고 생각했다.

또한 그는 신과 자연과의 관계를 예술가와 예술작품과의 관계로 보고 있다. "예술작품에 예술가의 정신이 담겨 있는 것처럼 자연에도 신의 정신이 담겨 있다. 예술가의 정신을 이해하려면 그의 작품을 감상하고 음미하는 방법밖에 없듯이, 신을 이해하려면 신의 창조물인 자연에 침잠하여 명상하는 방법밖에 없다."(Fröbel, 1973; 김제한, 곽노의, 1995에서 재인용)고 하면서 자연에 대한 교육을 강조하였다.

교육방법에 있어서 프뢰벨은 유아의 놀이를 매우 중요시하였다. 그는 페스탈로치의 어(語), 형(形), 수(數)에 놀이를 첨가하였다. 유아의 놀이와 활동은 매우 창의적이고, 자기 표현적이며, 의미 있는 것으로 자신을 스스로 자유롭게 발달시키는 과정이므로 성인들은 이것을 방해하지 말고 잘 조장해 주어야 한다고 보았다. 왜냐하면 유아에게서 놀이와 활동은 단순히 신체나 손발의 감각을 강하게 해 주는 것만이 아니고 내면적이고 정신적인 의의를 지니기 때문이다. 즉, 유아의 놀이를 주변의 모든 사물에 대해서 자기 자신이 가지고 있는 생명력과 지각력 그리고 회화능력을 보여 주는 과정으로 보았다. 그리고 놀이에 사용되는 도구를 직접 고안, 제작하였는데 이것이 바로 '은물(Spielgabe)'이다. 은물이란 하나님께서 어린이들을 사랑하시어 주신 은혜로운 놀이 선물을 뜻하는데, 프뢰벨의 종교적이고 낭만주의적인 사상을 반영하고 있다고 할 수 있다.

또한 프뢰벨이 명명한 유치원이라는 용어가 수정 없이 그대로 사용되고 있는 것을 비롯하여, 프뢰벨의 사상과 교육방법은 오늘날까지도 지대한 영향을 미치고 있다.

(3) 산업혁명과 보육사상

19세기 후반 영국의 산업혁명은 유럽 사회에 대변혁을 초래하였다. 공업의 발전과 농업 혁명으로 도시 지역에는 대규모의 노동자가 발생하였는데, 이 도시 노동자들의 자녀들은 빈민지역에 살면서 생계유지를 위해 5, 6세 때부터 공장의 노동자로 일해야만 했다. 이 당시 아동들의 노동조건은 말할 수 없이 열악하였고, 아동을 위한 최소한의 조건이나 교육도 없는 상태였다. 이것은 결국 심각한 사회문제로까지 비화되었는데, 이러한 상황에서 빈민가 아동들을 위해 유아학교를 설립하고 자신의 사상을 실천했던 사람이 바로 오웬(Robert Owen)이다.

오웬의 보육사상의 핵심은 성격형성론이라고 할 수 있다. 그에 의하면, 인간의 성격은 본래의 자연적 자질과 환경에서 받는 후천적 영향의 상호작용에 의해서 형성된다는 것이다. 인간의 자연적 자질은 신이 창조한 것이므로 인간은 여기에 관여할 수 없다고 한다. 결국 인간은 신에 의한 제1의 창조로 태어나고, 제2의 창조는 환경에 의해 시작된다는 것이다. 천성이 착한 인간의 본성을 해치지 않고 합리적인 성격으로 완성시키는 것이 사회 환경의 역할이라고 한다. 또한 환경이 개인의 성격을 형성하는 것이지, 개인이 자신의 성격을 형성하는 게 아니라고 하였다. 즉, 저마다의 관념이나 습관에 대한 책임은 개개인에게 있는 것이 아니라 사회 환경에 있다고 보았다.

이러한 사상에 기초하여 오웬은 1816년에 '성격형성학원'을 창설하였는데(김혜경, 유희정, 2004), 그는 이를 자신의 자서전에서 유아학교라 불렀다. 유아학교에서는 유아기부터 합리적으로 생각하고 행동할 수 있는 성격을 형성하도록 하는 것에 주력하였다. 그는 주지주의적인 교육을 배격하였기 때문에 독(讀)·서(書)·산(算) 교육은 제외시키고, 대신 주위의 사물과 현상에 대한 직관교육을 중시하였다. 이후 이러한 오웬의 보육사상은 영국 사회 전체로 확산되어 갔다.

5) 20세기의 보육사상

'아동의 세기'라 불리는 20세기의 아동보육에 영향을 미친 핵심 인물은 역시 듀이와 몬테소리일 것이다. 듀이의 실용주의는 아동보육의 철학적 기초를 변화시킬 만큼 강력한 영향을 미쳤다. 듀이는 학습자에게 무의미하게 기계적, 반복적 교육을 강요하는 전통적 교육을 비판하며, 아동에게 흥미 있고 의미 있는 경험을 통한 생활중심의 교육을 강조하였다. 미국에서 듀이의 사상이 아동보육에 영향을 미치고 있을 때, 유럽에서는 몬테소리의 사상이 대두되었다.

(1) 듀이의 보육사상

듀이의 진보주의 교육을 이해하기 위해서는 그 사상적 기반이 되는 실용주의 철학을 이해해야 한다. 실용주의는 사상을 행위와의 관련에서 파악하려는 철학으로서, 특히 과학적 방법론에 강조점을 두고 있다. 따라서 듀이는 전통적인 교육의 입장인 이상주의적이고 기계적인 교육을 비판하고 교육의 실용성을 강조하고 있다. 프뢰벨의 사상을 지지하면서도, 한편으로 유치원 교육과정과 관련하여 프뢰벨의 이상주의를 비판했다. 교육이란 이상이나 관념의 추구가 아니라 실생활 속에서 이루어져야 하며, 미래를 예측하여 준비하는 것이라기보다는 현재 생활 그 자체라고 생각했기 때문이다.

John Dewey
(1859~1952)

듀이는 어린이의 성장에 합치하는 교육, 자연적으로 발달할 수 있는 자유가 보장되는 교육, 탐구를 계속적으로 유도하는 흥미중심의 교육, 현대의 사회생활에 유용한 실용 교육 등 아동중심 교육사상을 제창하였다. 아동중심, 생활중심, 경험중심, 흥미중심으로 요약되는 그의 사상은 1920년대 개혁 유치원에 영향을 주어 놀잇감과 교육 활동에 변화를 가져온다. 예를 들면, 블록이 커지고, 실생활 경험에 가까운 활동(견학)이 교육 활동으로 도입되었다.

그러나 1950년대 말부터 듀이의 진보주의 보육사상은 아동의 흥미와 욕구를 지나치게 존중하기 때문에 기본 교과의 습득을 무시한다는 비판을 받게 된다. 그 당시 소련과의 우주 경쟁에서 패배한 미국 사람들은 그 이유를 학교 교육에서 아동들의 지적인 면이 무시되었기 때문이라고 보았다. 따라서 경험중심 교육과정이 1950년대에 다시 학문중심 교육과정으로 바뀌기는 하였으나, 듀이의 아동중심 교육사상은 프뢰벨의 상징주의적 유아 교육과정에서 벗어나게 하는 전환점을 마련해 주었다(신옥순, 2005).

(2) 몬테소리의 보육사상

몬테소리는 아동은 비어 있는 그릇과 같아 어른들이 무엇인가를 채워 주어야 한다는 당시의 아동관에서 탈피하고 새로운 어린이상을 제시하였다. 아동은 천부적으로 민감성, 흡수정신, 자율성을 가지고 태어나며, 그의 성장 · 발달은 각 단계마다 독특한 특성을 가진다는 생각이 몬테소리 아동관의 핵심이 된다. 또한 지능은 고정되어 있지 않기 때문에 아동이 출생 후 풍부한 감각적 경험과 적절한 환경을 제공받는다면 얼마든지 변화 가능하다고 보았다.

교육원리로서 몬테소리는 민감기, 자유와 자기활동, 감각교육을 특히 중요하게 여겼다. 민감기란 특정 행동에 대해 특히 민감하고 어떤 기술을 더 쉽게 배울 수 있는 시기를 말하며, 유아발달에서 결정적 시기와 비슷한 개념을 지닌다. 이 기간은 주로 0~6세 사이에 해당하며, 이 시기를 놓치면 만회하기가 어렵다. 교육에서 민감기를 다루는 참뜻은 그 민감기가 일어날 때 그것을 인식하기 위해서다. 민감기를 간파해 내어 학습의 최적의 목적 달성을 위한 유의미한 학습 환경을 제공하는 것이 교사나 부모들의 역할이 된다.

또한 몬테소리는 어린이의 자발적 활동인 '자기활동' 을 중요시하였다. 어린이의 내적 홍미에 합치된 외적 조건을 제공하면 그 외적 사물에 강한 집중 현상을 나타낸다. 따라서 자기활동을 유발하는 데에는 '최적의 시기에 최적의 환경' 을 제공해야 한다는 것이다.

몬테소리 교육의 또 다른 특징은 감각교육이다. 유아기의 감각적 활동은 지력과 관련해서 형성되기 때문에, 감각기관을 사용한 관찰 및 비교, 판단의 계속적인 연습은 후일의 지적 발달의 기초를 형성한다는 것이다. 그녀가 제시한 감각교육의 특징은 감각 훈련을 목적으로 한 특별 교구를 사용해서 감각 기능의 식별 능력을 발달시키려는 것이다. 몬테소리가 제작한 감각 교구는 민감기에 따라 가장 적절한 교재가 될 수 있도록 다양하고 세부적인 단계로 구분하여 마련되었는데, 교구 활동에서 실수하였을 경우 즉각 수정이 가능하도록 되어 있기 때문에 자동 교육(auto-education)이 이루어질 수 있다(공인숙 외, 2005).

요컨대, 몬테소리 교육법은 자기활동적 감각교육이라는 특징이 있으며, 교사에게는 관찰자, 환경의 준비자, 자극자, 안내자, 협조자로서의 역할이 요구된다. 몬테소리의 이러한 사상과 교육방법은 1920년대 이후 쇠퇴하였으나 1960년대 이후의 여러 연구결과 및 이론들의 대두로 재조명되고 있다.

(3) 빈곤아동을 위한 보상교육: 미국의 헤드스타트

1965년에 시작된 헤드스타트(Head Start) 프로젝트는 미국의 영유아 보육의 발전을 위한 중요한 계기가 되었다. 이 프로젝트는 존슨 대통령이 내세운 '빈곤퇴치' 운동의 일환으로 전국의 저소득층 가정 아동들을 위해 국가에서 무상으로 영유아 보육서비스를 제공하는 프로젝트다. 저소득층 영유아를 위한 보상교육으로 연방정부의 주도하에 실시된 프로그램에는 학습경험, 건강, 영양, 부모교육 등 다양한 내용이 포함되어 있다.

헤드스타트 프로그램은 초등학교 3학년까지 계속된 팔로우 스루(Follow Through) 프로그램과 연계되어 장기적 효과를 도모하기도 했다. 이후 1997년 클린턴 대통령은 '21세기 미국 교육을 위한 행동 강령'을 발표하였고, 2002년까지 3~4세 유아를 우선 대상으로 1백만 명까지 확대하고, 0~2세 영아에게도 적용되는 헤드스타트 프로그램의 확장을 실시하였다(나정, 장영숙, 2002).

헤드스타트 프로그램을 통해 양질의 영유아 보육이, 특히 저소득층 위기 가정의 아동발달과 적응에 어떻게 긍정적인 영향을 미치는가에 대한 장단기 연구가 이루어졌고, 이는 보육의 공공적 측면에 대한 사회적 인식과 관심을 새롭게 하는 계기가 되었다. 헤드스타트는 또한 각국의 보육에 대한 공공투자와 정책의 방향 설정에 상당한 영향을 미친 것으로 여겨진다(이순형 외, 2005).

아동에 대한 관심은 오늘날 세계적인 추세다. 아동의 세기라 일컬어지는 20세기에 들어와 아동기의 중요성에 대한 인식과 더불어 건강하고 행복한 아동기를 보낼 수 있도록 아동의 권리를 보장해 주는 데 대한 사회적 책임과 역할이 더욱 강조되고 있다.

2. 우리나라 보육사업의 변천

1921년 최초의 탁아 프로그램이 실시된 이래 그동안 우리나라의 보육은 아동의 복지를 증진시키기 위한 다양한 모습으로 변화, 발전되어 왔다. 그동안 우리 사회는 산업화, 도시화 등의 과정을 거치면서 가족구조의 변화, 여성의 사회진출 증가 등 급속한 사회변화를 거쳤으며, 이에 따라 보육을 바라보는 관점에도 많은 변화가 있었다. 우리나라의 보육사업의 변천을 기간별로 나누어 정리해 보면 다음과 같다 (2007; 기순신, 김경중, 2006, 이미정 외, 2009; 전남련 외).

1) 탁아 프로그램 시기(1921~1960년)

우리나라 최초의 보육사업은 1921년 서울의 태화기독교사회관이 빈민아동을 위한 구제사업의 일환으로 탁아 프로그램을 실시한 것에서 시작되었다. 이후 1926년 부산공생탁아소와 대구의 2개 탁아시설을 시작으로 1939년에는 전국에 관립 1개소, 공립 2개소 등 11개소의 공 · 사립 보육시설이 만들어졌으며, 이들 탁아시설에서 435명의 어린이가 보육을 받은 것으로 기록되어 있다.

1945년 광복 이후부터 1960년까지는 정치적 · 사회적 혼란기로서 정부가 보육사업에 대한 관심을 가질 만큼의 여력이 없었으며, 이에 따라 보육에 대한 정부 차원의 지원은 물론이고 뚜렷한 정부 방침조차도 세우지 못한 시기였다. 1950년 6 · 25 전쟁 이후 전쟁고아들과 도움이 필요한 아동이 급증하면서 몇몇 수용보호시설이 외국의 원조로 설치되었다. 1952년에 '후생시설요강'을 제정하면서 '탁아소'라는 명칭을 사용하였고, 이에 따라 피난민들이 많았던 부산에 1953년 시립탁아소가 생기고, 몇몇 사회 단체에서 운영하는 탁아소도 설립되었다. 이 시기에 설립된 시설들은 주로 빈민층 가정의 자녀를 단순히 보호해 주는 목적을 지닌 것으로서 고아원과 큰 차이가 없었으며, 당시의 시대 상황에 따라 임시 구호적 성격을 띠었다고 할 수 있다.

2) 아동복리법 제정 시기(1961~1981년)

우리나라에서의 본격적 보육사업은 1961년 아동복리법이 제정 · 공포됨으로써 시작되었다고 할 수 있다. 이 법의 제정으로 인해 보육사업은 종전의 구빈 사업적 성격을 벗어나 아동의 복리를 증진시키기 위한 보편적 탁아사업으로 그 성격이 변화 · 발전되었다. 아동복리법에서는 '탁아소'를 '탁아시설'로 그 용어를 바꾸고 법정 아동복지시설로 인정하여 보육시설의 설치기준, 직원배치 기준, 보육기관, 보호내용 등을 구체적으로 규정하였으며, 1962년 아동복지시설 기준령에서는 아동복리 증진과 보장을 위한 내용을 명시하였다.

1960년대 후반에는 경제개발의 과정에서 대도시의 인구 증가, 기혼여성의 취업 확대, 결손가정의 증가 등으로 탁아소에 대한 수요가 증대되었으며, 이에 따라 보건사회부는 아동복리법 시행령에 근거한 '미인가 탁아시설 임시조치 요령'(1968.3.14.)을 공포하였다. 이러한 정부의 조치에 따라 종전에는 법인체만 운영할 수 있었던 탁아소의 운영을 민간에까지 확대함으로써 민간이 설립한 보육시설이 증대되었는데, 1960년 전국에 24개에 불과했던 탁아소가 1966년에는 116개소나 되었다. 그리고 1968년에 '탁아소'의 명칭이 '어린이집'으로 변경되면서 탁아시설의 보육 기능의 중요성이 부각되기 시작했다.

또한 정부에서 탁아시설의 설립자에게 시설 설치비를 지원함으로써 민간의 참여를 유도하였으며, 탁아서비스의 질적인 수준을 보강하기 위하여 보건사회부에서는 1977년 사회복지사업법 시행규칙을 개정하여 모든 시설의 법인화를 장려하였다. 이후 보건사회부는 1978년 '탁아시설운영방안'을 발표하여 어린이집을 일반아동에게 개방하고 보육료를 받을 수 있도록 하였으며, 1981년에 아동복리법을 아동복지법으로 전면 개정하여 법인 이외의 자도 신고만으로 무료 탁아시설을 설치, 운영할 수 있게 되었다. 이에 따라 1981년 5월에는 전국에 어린이집의 수가 657개에 이르렀으며, 4만 5천 여 명의 아동들이 재원하게 됨으로써 보육시설이 서서히 제자리를 잡아가기 시작하였다.

3) 유아교육진흥법 제정 시기(1982~1990년)

정부는 1982년 4월 '유아교육진흥 5개년 계획'을 발표하고 이에 따라 유아교육진흥법을 제정하였으며, 기존의 보건복지부에서 관장하던 어린이집, 농촌진흥청에서 관장하던 농번기탁아소, 1980년부터 내무부에서 설치 관장하던 새마을협동유아원 및 민간 유아원 등 유치원을 제외한 보육관련시설을 '새마을유아원'으로 통합하였고, 이를 내무부가 관장하게 되었다. 그러나 보육 수요의 증가에 비해 시설이 부족하고 새마을유아원의 운영이 종일제가 아닌 반일제로 운영되는 등 맞벌이 부부 자녀와 저소득층의 자녀양육 문제가 큰 사회 문제로 등장하게 되었다.

이러한 사회적 현상과 관련하여 1987년 12월 노동부에서는 남녀고용평등법을 제정하여 공단지역을 중심으로 직장보육시설을 설치하였고, 1989년 9월 보건복지부에서는 '아동복지법 시행령'을 개정하여 보육시설의 설치, 운영에 관한 법적 근거를 마련하였으며, 1990년 1월 '아동복지법 시행규칙'을 개정하여 대대적인 보육사업의 확충 방안에 대한 계획을 수립하였다.

4) 영유아보육법 제정 시기(1991~2003년)

1990년대에 들어서 늘어나는 보육 수요에 적극적으로 대처하기 위해 정부는 1991년 1월 대통령특별법으로 영유아보육법을 제정, 공포하였으며, 1991년 8월 시행령 및 시행규칙을 제정하고 보육사업 주관부처를 보건복지부로 일원화하였다. 영유아보육법에서는 1960년대 초부터 사용해 왔던 '탁아'라는 용어 대신 '보호'와 '교육'의 기능을 동시에 존중하는 '보육'이라는 용어로 바꾸었으며, 이에 따라 종전의 단순 '탁아' 사업에서 보호와 교육을 통합한 '보육' 사업으로 확대·발전하게 되었다. 이는 핵가족화와 취업여성이 증가하면서 기존의 육아 기능이 상당 부분 사회로 이양되었고, 단순히 취업여성을 보호하기 위한 차원에서 제공되었던 탁아사업이 영유아의 보호뿐 아니라 교육까지도 책임져야 한다는 입장으로 변화되었기 때문이라고 할 수 있다.

또한 영유아보육법에서는 보육시설을 국가, 지방자치단체, 법인, 개인이 설치할 수 있도록 확대하고 필요한 비용은 수익자가 부담하는 것을 원칙으로 하되 저소득층 자녀의 보육 비용은 국가 또는 지방자치단체가 부담하는 것을 주요 내용으로 하였다. 나아가 보육시설의 입소대상 연령을 12세까지 연장할 수 있게 만들었으며, 1992년에는 '사회복지사업법' 이 일부 개정됨으로써 1977년에 이어 다시금 보육사업이 사회복지사업의 한 영역으로 자리 잡게 되었다.

1990년대 후반에 들어서 핵가족화와 취업모의 사회참여가 지속적으로 증가하고 출생 후 초기경험이 인간발달에 결정적인 영향을 미친다는 영유아기 교육에 대한 중요성이 인식되면서 영유아가 보육시설에 다니는 것이 보편화되었으며 보육프로그램은 사회적 계층이나 부모의 취업 유무에 상관없이 취학 전 연령의 모든 영유아들을 대상으로 보호와 교육을 제공하는 것으로 보육의 성격과 개념이 변화하였다.

이에 따라 1999년에는 영유아보육법을 개정하여 보육시설 설치를 간소화하여 신고제로 전환하였다. 또한 2001년 말부터 보육이 사회적인 이슈로 부각되어 아동양육뿐 아니라 가족복지의 증진 및 여성인력 활용을 통한 국가경쟁력 강화를 위한 중요한 국가정책으로 인식되기 시작하여 보육의 국가적 책임과 지원을 강화해야 한다는 요구가 높아졌다.

5) 보육사업의 발전 시기(2004~2007년)

2004년 1월 29일 영유아보육법이 전면 개정되었고, 그해 6월 12일자로 보육업무는 보건복지부에서 여성부로 이관되었다. 2005년 1월에 시행령의 제정과 함께 시행됨으로써 보육서비스의 다양화, 질적 수준 향상, 보육에 대한 공적 책임강화를 통해 보육사업이 더욱 발전할 수 있는 발전기적 전환기를 맞았다. 또한 보육시설 설치 및 종사자 배치 기준을 대폭 강화하고 평가인증제도를 도입함으로써 보육서비스의 질적 수준 향상의 기초를 마련하고 국공립보육시설의 확충 등을 통해 보육의 공공성을 강화하고자 하였다.

2005년 12월 영유아보육법과 동법 시행규칙의 일부 개정으로 시설장의 국가 자격증제와 보육시설운영위원회 설치 의무화를 도입하고 보육시설 설치 사전 상담제를 실시하여 보육시설 운영의 책임성과 투명성, 효율성을 도모하였다. 또한 2006년

11월에는 영유아보육법 시행규칙의 개정을 통한 표준보육과정의 제정으로 영유아의 전인적 발달을 위한 국가 수준의 교육과정을 실시하게 되었다.

6) 보육사업의 질적 성장기(2008년~현재)

정부의 조직 개편에 따라 2004년에 보건복지부에서 여성가족부(당시 여성부)로 이관되었던 보육업무가 2008년 새 정부의 출범과 함께 다시 보건복지가족부로 이관되어 현재 보육업무는 아동청소년정책실 보육정책관 부서에서 담당하고 있다.

정부의 보육정책 기조는 보육의 질적 수준 향상과 더불어 수요자 중심의 보육 정책의 강화다. 이에 따라 보육료 지원확대를 통한 부모의 보육부담 경감, 보육시설 미이용아동에 대한 지원, 수요자 욕구에 맞는 보육서비스 제공, 평가인증의 활성화, 보육시설 건강 · 영양 · 안전관리 강화, i-사랑카드 도입, 보육정보 포털시스템의 구축 그리고 국공립 보육시설의 확충 등의 보육정책을 실시하고 있다.

이상에서 살펴본 것과 같이 보육은 과거의 취업모 자녀를 주 대상으로 하던 데서 범위를 넓혀 모든 가정의 자녀들을 주 대상으로 하며, 단순한 탁아의 개념에서 더 나아가 교육과 보호의 질적인 탁아로서의 관점을 지니게 되었으며, 이로 인하여 영유아와 가족의 복지를 꾀하게 되는 사회적, 국가적 제도로서의 복지서비스로 발전해 왔다. 또한 최근의 보육사업은 과거의 저소득층 대상 자녀를 중심으로 취업모의 자녀를 맡아 단순히 보호해 주는 차원에서 벗어나 출생에서부터 모든 계층의 영유아가 보육의 대상이 되며 보호와 교육을 통합하는 포괄적인 개념으로 자리를 잡아가고 있다.

참고문헌

고후순, 김동일, 조옥희(1997). 유아교육사상사. 서울: 양서원.

공인숙, 한미현, 김영주(2005). 보육학개론. 서울: 교육과학사.

권대도, 김수영, 임영심, 임춘금, 정정희(2005). 보육학개론. 서울: 양서원.

기순신, 김경중(2006). 보육학개론. 서울: 형설출판사.

김정환, 심성보 공역(1990). 세계교육사. 서울: 풀빛.

김제한, 곽노의(1995). 유아교육개론. 서울: 학문사.

김혜경, 유희정(2004). 영유아 프로그램. 서울: 창지사.

나정, 장영숙(2002). 미국의 유아교육과 보호정책. 서울: 양서원.

백혜리 외(2006). 보육과정. 서울: 창지사.

신옥순(2005). 유아교육학개론(개정판). 서울: 학지사.

심성경, 백영재, 이희자, 이영희, 변길희, 김은아, 박유미, 박주희, 최대훈, 박경신(2009). 보육학개론. 파주: 공동체.

유구종, 조희정(2007). 영유아 보육학개론. 파주: 공동체.

이미정 외(2009). 보육학개론. 서울: 창지사.

이순형 외(2005). 영유아 교육 · 보육 프로그램의 이해. 서울: 학지사.

이순형 외(2009). 보육학개론(3판). 서울: 학지사.

이시재(1988). 필립 아리에스의 심성사 연구: 사회사 연구의 이론과 방법. 한국사회사연구회 논문집, 10.

임미혜, 이혜원, 황윤세(2007). 표준보육과정에 기초한 영유아보육과정. 파주: 학현사.

전남련, 김재환, 권경미(2007). 보육학개론. 파주: 학현사.

조성자(2005). 유아교육의 역사와 철학적 이해. 서울: 창지사.

팽영일(2000). 유아교육의 역사와 사상. 서울: 양서원.

홍순정, 곽노의, 정미라(2004). 유아교육사. 서울: 방송통신대학교 출판부.

Nourot, P. M. (1997). Playing with play in four dimensions. In J. Isenberg & M. R. Jaongo (Eds.), *Major trends and issues in early childhood education* (pp. 123-148). New York: Teachers College Press.

Chapter 03

아동발달

보육은 인간을 대상으로 이루어지는 유목적적 활동이며 영유아가 주 대상이 된다. 따라서 영유아를 이해하지 않고서는 보육의 충분한 효과를 얻을 수 없다. 이 장에서는 인간의 수정부터 죽음에 이르는 전 변화과정에 대한 발달심리학의 주요 내용을 바탕으로 아동발달에 관련된 내용을 소개한다. 우선 발달의 개념과 영역 및 단계, 주요 주제, 과학적 연구법 등을 설명하고 태아기와 신생아의 발달을 알아본다. 영아기 이후의 발달에 대해서는 신체-뇌 행동발달, 인지적 행동발달 및 정의적 행동발달의 세 영역으로 나누어 아동발달이 일어나는 현상과 과정에 대해 살펴본다.

1. 아동발달의 기초

인간은 전 생애 동안 삶의 긴 여정을 변화해 가는 존재다. 그동안 우리는 개인의 삶 속에서 나타나는 다양한 행동의 변화를 이해하기 위해 관심과 연구를 계속해 왔다. 보육에 있어 발달심리학의 지식은 인간행동의 발달현상과 발달기제에 대해 과학적으로 접근함으로써 얻어진 연구결과로 보육활동의 심리적 기초를 제공하고 있다.

또한 보육은 각 개인이 지니고 태어난 잠재력을 계발하고 보다 나은 방향으로 행동을 변화시키려는 목적지향적 활동이기 때문에 이를 위해 영유아 행동에 대한 발달심리학적 지식의 이해는 질적으로 높은 수준의 보육활동을 수행하는 데에 매우 중요한 것이다.

특히 영유아기는 행동발달이 다양하고 민감하게 일어나는 중요한 시기이며 이후의 발달에 미치는 영향이 매우 크다는 점에서 운동기능과 신경계를 포함하는 신체 및 뇌 행동발달, 지각, 사고와 기억 및 언어 등의 인지적 행동발달, 성격, 기질 및 애착, 사회성 및 자아개념 등의 정의적 행동발달에 대한 구체적인 내용을 이해하는 것이 필요하다.

1) 아동발달의 이해

(1) 발달의 개념

인간은 수정의 순간부터 끊임없이 변화하는 존재다. 발달(development)은 인간의 생명이 시작되는 수정의 순간에서부터 사망에 이르기까지의 전 생애를 통해 이루어지는 모든 변화의 양상과 과정이다(송명자, 2008). 특히 아동발달(child development)은 수정에서부터 청소년기에 이르는 지속적인 변화(Berk, 2006)를 의미한다. 이러한 발달의 개념을 좀 더 명확히 이해하기 위해 발달과 유사한 개념을 이해하는 것이 필요하다.

발달의 개념과 흔히 함께 사용되거나 비교되어 온 개념으로서 성장(growth), 성숙(maturation) 및 학습(learning) 등이 있다. 성장은 인간행동 특성 중 생득적 요인에 의해 신장이나 체중이 증가하는 등의 신체적 특성의 양적 변화를 의미하고, 성숙은 생득적 요인의 특성에 따른 행동특성의 질적 혹은 기능적 변화를 의미하며, 학습은 환경적 요인인 경험에 의해 나타나는 변화를 의미한다.

성장이나 성숙이 행동발달에 있어 유전적 또는 생득적 요인을 강조하는 것임에 반해 학습은 환경적 요인을 강조한다. 그러나 발달은 유전적 요인과 환경적 요인 간의 상호작용적 변화를 강조한다. 따라서 발달은 연령의 증가에 의해 유전과 환경 요인 간의 상호작용에 따른 행동특성의 변화이면서 모든 양적 · 질적 변화의 양상과 과정을 의미한다.

또한 학습은 직접적인 경험을 통해 관찰 가능한 외적 행동의 변화 정도나 양적으로 나타낼 수 있는 수행결과를 강조하는 반면에, 발달은 행동특성의 구조적 측면이나 행동의 변화를 유발시키는 내적 능력의 변화 및 그 과정을 강조한다. 예를 들어, 학습은 갑과 을이 학습법의 차이에 따라 학업수행에 차이가 있을 때 그 결과에 초점을 둔다면 발달은 갑과 을의 학습법의 구조와 내용 및 연령에 따른 변화의 과정에 초점을 둔다.

한편 발달의 개념은 흔히 인간행동 특성들이 증가하는 청년기까지의 상승적 변화만으로 생각하기 쉬우나 노인기에 나타나는 여러 행동특성의 감소 및 퇴행인 하강적 변화까지도 포함하는 개념이다. 또한 발달은 아동기의 신경세포의 가지치기 과정이나 청년기의 자아중심성 및 도덕성의 일시적 퇴행 현상뿐만 아니라 노인기의 지혜, 통합 능력 및 문제해결 능력 등과 같이 증가하는 행동특성들의 변화과정에 관심을 둔다.

인간행동의 발달적 변화는 모든 인간에게 나타나는 보편적인 현상이면서 동시에 개인의 발달수준에 있어서는 상당한 차이를 보인다. 즉, 연령에 따라 대부분의 아동은 일정한 방향으로 발달하는 동시에 개인에 따라 상이한 발달경로를 보이기도 한다. 예를 들어, 대부분의 아동은 1세경에 한 단어를 사용하게 되고 2세경에 두 단어를 사용하게 되는 보편적 발달경향성을 보이지만 동일한 2세경의 유아일지라도 어휘사용의 내용과 수준은 차이를 보일 수 있다. 따라서 발달은 변화의 보편성과 특수성을 통합적으로 고려하는 개념으로 이해되어야 할 것이다.

(2) 발달의 영역 및 단계

① 발달의 영역

최근에는 발달의 영역을 신체, 신경계 및 뇌의 발달을 포함하는 신체-뇌 영역, 지각, 사고 및 기억, 언어 등의 인지적 영역 그리고 정서, 기질 및 애착, 사회성 및 자아개념 등의 정의적 영역 등 세 영역으로 구분하고 있다(Berk, 2006; Kail, 2007). 그러나 각 영역은 독립적으로 발달되는 것이 아니라 전체적으로 통합되어 나타나는 행동특성으로서 이해되어야 할 것이다. 예를 들어, 사고와 언어 등과 같은 인지적 행동의 발달은 신체적 기능과 신경계의 발달과 관련되어 있으며, 자아와 도덕성 발달 등의 정의적 행동과도 관련되어 있다.

〈표 3-1〉 발달의 영역

발달 영역	주요 내용
신체-뇌 행동	신체 기능, 신경계와 뇌의 발달
인지적 행동	지각, 사고 및 기억, 언어의 발달
정의적 행동	정서, 기질 및 애착, 사회성, 자아개념의 발달

② 발달의 단계

발달심리학에서 공통적으로 사용되는 아동의 연령별 단계는 출생 후부터 약 2세 경까지의 영아기, 2세부터 6~7세경까지의 유아기, 7세경부터 12~13세까지의 아동기, 아동기 후부터 22~23세까지의 청년기로 구분하지만 최근에는 발달의 단계도 세분화되어 연구되는 경향이 있다(Berk, 2006). 즉, 수정에서 출생까지의 태아기, 1세경까지의 영아기, 2세경까지의 걸음마기, 6세경까지의 유아기, 6~11세경까지의 아동기, 11~18세경까지 청소년기, 19~65세까지의 성인기, 65세부터 사망에 이르는 노인기로 구분하고 있다. 이는 발달의 경향성을 밝히는 연구가 계속되면서 변화의 양상을 구분하는 단계가 점차 줄어들고 있음을 보여 주는 것이다.

그러나 이러한 구분은 발달상의 단계를 연령별로 나타내기 위한 것으로 각 시기의 발달특성에 의한 구분이 아니다. 즉, 이 발달특성은 개인에 따라 수준의 차이가 있고 모든 인간행동의 발달이 동일하게 이루어지지 않기 때문이다. 연령적으로 유아기에 있다고 해서 모든 행동이 아동기보다 발달수준이 낮다고는 볼 수 없으며, 모든 3세 아동이 5세 아동에 비해 낮은 발달수준을 나타낸다고는 볼 수 없다.

(3) 발달의 원리

발달은 각 개인에 따라 다르게 일어나는 것이 아니라 보편적인 규칙성에 의해 변화되는 특성을 가진다. 인간의 발달에 있어 보편적 원리를 보면 다음과 같다(김지현 외, 2008; 손홍숙, 2009)

- 발달은 성숙과 환경의 상호작용의 결과다. 발달은 유전적 혹은 생득적으로 결정된 성숙요인과 개인에게 주어진 경험 혹은 학습기회 등의 환경요인 간의 상호작용에 의해 나타난다.
- 발달에는 일정한 방향과 순서가 있다. 신체발달의 경우 머리에서 다리로의 두미발달의 원칙, 중심에서 말초로의 근원발달의 원칙, 전체 활동에서 분화된 활동으로의 세분화 발달의 원칙 등으로 일정한 방향에 따라 변화한다. 또한 신체발달에도 일정한 순서가 있어 기다가 앉고 그다음에 서게 되며 뛰게 된다.
- 발달은 계속적인 과정이지만 속도는 일정하지 않다. 발달은 각 행동에 따라 다르게 발달한다. 신체발달은 1~2세경의 영아기에 급격하게 일어나지만 언어발달은 3~4세경에 급격하게 일어난다.
- 발달에는 개인차가 있다. 발달은 일정한 순서대로 이루어지지만 발달의 속도와 양상은 아동마다 다르다. 어떤 아동은 언어능력이 뛰어난 반면에 다른 아동은 수리능력에서 뛰어날 수 있다. 특히 사춘기와 같은 성적 성숙의 시기에는 상당한 개인차가 있다.
- 발달의 각 영역은 상호 밀접한 연관이 있다. 신체발달과 인지적 발달 및 정서적 발달 과정은 독립적으로 변화하는 것이 아니라 상호성을 가진다. 즉, 도덕성의 발달도 인지능력의 발달에 의해 영향을 받는다.
- 발달은 최적기가 있다. 발달은 특정 시기에 중요한 변화가 일어나는 최적의 시기가 있다. 이 시기의 환경은 개인의 유전적 능력을 최대화 혹은 최소화시키는 데에 영향을 미치고 이 시기 이후의 발달에도 매우 큰 영향을 미치게 된다. 예

를 들어, 애착의 최적기는 1세경이고, 언어발달의 최적기는 2세경이며, 창의성은 4~5세경이다. 따라서 연령에 따라 각 행동발달의 최적기를 이해하는 것은 보육활동에 있어 매우 중요하다.

- 발달은 분화와 통합의 과정이다. 초기에는 분화되어 전체적으로 반응하던 것이 보다 특수적이고 부분적인 반응으로 분화되며 이것은 다시 전체적인 연관성을 가지면서 복잡한 형태로 통합되어 나간다.

(4) 발달의 주요 주제

발달심리학이 다루는 주제는 매우 다양하다. 그러나 현재에 이르기까지 지속적으로 논의되고 있는 주제는 발달현상을 기술하는 관점과 발달의 원인에 대한 유전과 환경 간의 논쟁으로 압축된다.

① 발달은 연속적(양적, 비단계적)인가 혹은 비연속적(질적, 단계적)인가?

이 주제는 변화의 현상을 기술하는 관점의 차이로 이해할 수 있다. 어떤 이론에서는 발달을 양적, 연속적 및 비단계적 특성으로 기술하는 반면에, 다른 이론에서는 질적, 비연속적 및 단계적으로 기술한다. 예를 들어, 피아제의 인지발달이론이나 프로이트의 성격발달이론은 질적, 연속적 및 단계적 특성을 강조하고 있으나 학습이론이나 정보처리이론에서는 양적, 비연속적 및 비단계적 특성을 강조한다.

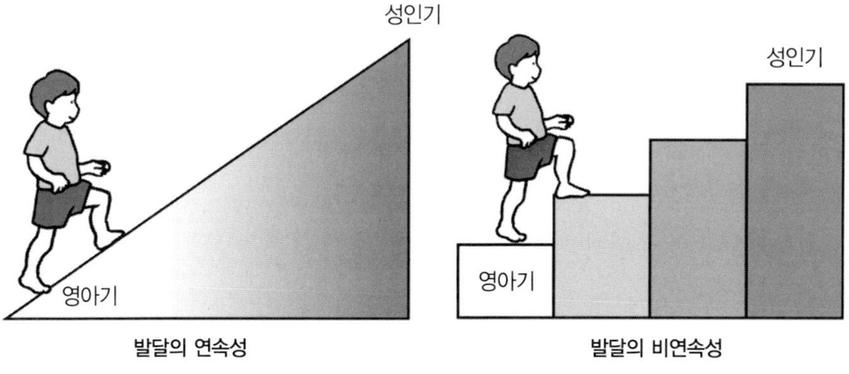

[그림 3-1] 발달의 연속성 대 비연속성(손홍숙, 2009)

② 발달의 원인은 유전과 환경 중에서 어느 쪽인가?

이 주제는 발달심리학에서뿐만 아니라 교육학이나 생물학에서도 자주 논의된 주제다. 따라서 인간발달을 연구하는 학자들은 연령에 따른 행동 변화의 진정한 원인이 무엇인가에 대해 오랫동안 관심을 가지고 이를 규명하려고 노력해 왔다.

최근에는 유전과 환경 두 요인이 인간발달에 동시적으로 영향을 미치는 것으로 인식되었으며, 이들 두 요인 간의 상호작용을 통해 인간발달이 결정된다는 입장이 지배적이다. 그러나 최근에 보다 활발히 논의되고 있는 주요 주제는 이러한 생득적 요인과 환경적 요인 간의 상호작용이 어떤 과정을 통해 일어나는가에 대한 것이다(송명자, 2008). 특히 인간발달이 유전과 환경에 의한 상호작용 과정이라는 사실은 보육활동에 있어 제공되는 경험의 양과 질에 대해 매우 중요한 시사점을 제공해 준다.

2) 아동발달의 이론

아동발달을 설명하는 발달심리학의 이론들은 아동행동의 변화과정을 기술 · 설명하고 이를 예언 · 통제하는 데에 도움을 준다. 아동발달을 설명하는 대표적인 접근과 이론들을 간략히 소개한다.

(1) 정신분석학적 접근

정신분석학적 접근으로는 프로이트와 에릭슨 이론을 대표적으로 들 수 있다. 정신분석이론(psychoanalytic theory)의 창시자인 프로이트(Freud)는 성격의 발달과정을 설명하는 데 이 이론을 적용하였으며 에릭슨(Erikson)은 이 전통을 이어 받아 성격과 사회성의 발달과정을 설명하고 있다.

정신분석학적 접근에서는 인간의 생존을 위한 기본욕구와 이를 충족시키거나 억압하는 사회 환경 간의 갈등과 그 극복과정을 통해 나타나는 성격구조를 중시하고 있다. 이들 이론에서도 인간의 연령에 따른 갈등 극복 양상과 결과적으로 나타나는 성격구조는 질적인 변화를 갖는다고 가정하고, 성격발달단계를 설정하고 있다.

그러나 프로이트와 에릭슨의 이론은 이 내적 갈등을 설명하는 요인의 어느 측면을 강조하느냐에 따라 관점을 달리하고 있다. 프로이트는 식욕이나 성욕 등의 보다 본능적이고 무의식적인 기본적 욕구와 관습이나 문화 등의 사회적 요구 간에 나타나는 갈등 과정에서 생물학적 욕구를 강조하는 반면에 에릭슨은 이들 욕구를 충족시키거나 억압하는 사회적 요인을 강조하고 있다. 이러한 점에서 프로이트의 이론을 심리성적 이론(psychosexual theory)이라 부르는 반면에 에릭슨의 이론은 심리사회적 이론(psychosocial theory)이라 부른다.

(2) 학습이론적 접근

학습이론적 관점은 행동의 변화가 주로 연합이나 강화 등의 외부적 요인에 의해 결정된다는 환경결정론(environmental determinism)에 기반을 두고 있으며 대표적인 이론으로 파블로프(Pavlov)의 고전적 조건형성(classical conditioning) 이론과 스키너(Skinner)의 조작적 조건형성(operant conditioning) 이론 및 반두라(Babdura)의 사회학습이론(social learning theory)이 있다. 이 관점에서 인간은 자신의 발달과정에 아무런 주도적인 역할을 하지 못한 채 환경에 의해 통제되는 존재에 불과하다. 또한 아동의 발달과정에 선천적으로 부여된 소인이나 개인차를 인정하지 않는다.

파블로프와 스키너의 실험에서 사용된 개와 쥐 등의 동물들은 주어진 실험환경에 의해 반응을 학습하게 되며 그 학습의 원인이 연합이나 강화 등의 요인에 의한 것임을 강조하고 있다. 예를 들어, 개에게 음식을 주면 개는 타액을 분비한다. 그리고 개에게 종소리를 들려주면 개는 소리 나는 방향으로 쳐다본다. 처음에 개에게는 음식과 종소리가 전혀 다른 사상(event)이지만, 종소리를 들려준 후 음식을 주는 환경을 지속적으로 제공하면 종소리와 음식을 연합하게 되고 나중에는 음식이 제시되지 않더라도 종소리에 타액을 분비하게 되는 것을 학습하게 된다.

반두라는 인간의 학습이 직접적인 경험에 의존하는 조건형성이론과는 달리 모방과 관찰에 의해서 일어나며 직접적인 강화가 아니라 대리적 강화를 통해서도 학습이 일어난다는 점을 강조하고 있다. 예를 들어, 공격적인 영화를 본 아이는 보지 않은 아이에 비해 공격적인 행동을 더 많이 하였는데 이는 직접적인 경험을 하지 않고서도 얻게 되는 대리적 보상에 강화를 받은 것이다.

(3) 인지론적 접근

인간의 심리적 특성들이 대부분 환경에 의해 수동적으로 획득되는 것으로 간주하는 학습이론과는 달리, 인지론(cognitive theory)에서 인간은 능동적으로 환경에 적응하고, 스스로 사고하고, 정보를 처리하면, 새로운 표상과 지식을 저장하고 구성하며 창조해 나가는 적극적이며 주도적인 존재다. 따라서 인지론적 접근에서 볼 때 발달은 객관적인 환경적 요인에 의해 결정되는 것이 아니라 인간이 어떻게 환경적 요인들을 받아들이고 처리해 가느냐의 주관적인 경험내용에 의해 결정되는 것이다.

최근에 인지론의 가장 대표적인 접근은 피아제(Piaget)와 비고츠키(Vygotsky)의 인지발달적 접근(cognitive developmental perspective)과 인간의 마음을 정보의 흐름을 통한 상징조작 체계로 설명하는 정보처리적 접근(information processing perspective)으로 나누어진다.

피아제는 생물체가 주어진 환경에 적응하기 위해 자신의 신체구조를 바꾸어 가듯이 인간은 주어진 환경 내의 사태를 이해하고 이에 적절히 적응하기 위해 자신의 내재적인 정신구조를 바꾸어 간다고 생각한다. 따라서 인간의 성장에 따른 정신구조의 변화과정을 이해하는 것이 곧 인간발달 과정을 이해하는 것이 된다.

그에 의하면 정신구조는 자신이 가진 기존의 구조에 새로운 정보를 받아들이는 동화(assimilation)와 외계의 새로운 정보에 맞추어 자신의 구조를 바꾸어 가는 조절(accomodation)의 두 과정에 의해 발달한다. 예를 들어, 빨기구조를 가진 영아가 입에 닿는 것은 무엇이든 빠는 것은 동화의 과정이며, 매번 빨 때마다 대상의 크기와 모양에 맞추어 입 모양을 바꾸어 가는 것은 조절의 과정이다. 동화와 조절이 반복되면 아동의 정신구조는 항상 전진적인 발달이 일어나게 된다. 또한 그는 아동이 성장함에 따라 이루어지는 정신구조의 발달적 변화가 질적인 차이를 갖는 일련의 단계로 구성된다고 보며, 이를 감각운동기, 전조작기, 구체적 조작기, 형식적 조작기의 네 단계로 구분하고 있다. 이들 단계는 외적 행동의 양적 변화에 내재하는 정신구조의 질적 변화에 의해 구분되는 것이다.

비고츠키는 아동의 인지발달이 개인의 인지구조의 분화와 통합이라는 관점에서 타인이나 사회와의 상호작용을 통한 사회화 과정의 한 양상으로 보았다. 그는 아동의 인지발달에 대해 아동이 특정 사회나 문화에서 사용하는 언어, 기호, 숫자 등의 상징을 내면화해 가는 과정으로 보고 성인이나 능력 있는 또래의 도움행위와의 상호작용의 중요성을 강조하였다. 이 이론에서 비계설정, 조력 및 잠재적 발달범위 등의 개념은 이러한 상호작용을 이해하는 데에 매우 중요하다. 비고츠키 이론에서 유아는 지식을 구성하고 발달은 사회적 맥락과 분리될 수 없으며 학습은 발달을 이끌고 언어는 정신발달에 핵심 역할을 한다는 등의 기본 원리를 강조한다.

한편 정보처리적 접근은 인간의 내재적인 정신작용의 변화를 발달의 주요 과제로 삼으면서도 인지발달적 접근과는 달리 정보처리적 접근에서는 아동이 바깥에서 들어오는 정보를 표상하고, 저장하며, 시간의 흐름에 따라 저장된 표상이 변용되며, 또한 효율적으로 인출하는 정보처리의 과정을 주요 연구의 대상으로 한다.

정보처리 관점에서 발달이란 주로 아동이 동시에 정보를 처리해 나갈 수 있는 정보처리역량(information processing capacity)의 변화와, 적합한 정보에 주의를 기울이고 이를 부호화하며 처리해 나갈 수 있는 정보처리방략(information processing strategy)의 효율성 변화라는 두 가지의 측면에서 다루어진다. 케이스(Case)나 파스칼-레온(Pascual-Leone) 등은 전자의 대표적인 이론가이며, 발달현상을 단계적, 비연속적으로 설명하고 있는 반면에 시글러(Siegler)는 후자의 대표적인 학자로서 발달을 비단계적, 연속적으로 설명하고 있다. 이들 이론가들은 피아제의 인지발달이론의 틀과 과제에 정보처리 관점을 접목시켜 연구하고 있다는 점에서는 흔히 신 피아제(Neo-Piagetian) 이론가라 불리기도 한다(송명자, 2008).

(4) 생태학적 접근

생태학적 접근(ecological approach)은 인간의 발달을 개인이 몸담고 있는 실제 삶의 맥락 내에서 이해하고 연구하고자 하는 접근이다. 생태학적 접근은 최근 발달심리학의 여러 영역에서 강하게 부각되고 있는 경향이며, 특히 지각발달과 성격 및 사회성 발달 연구에서 중시되고 있다. 생태학적 접근은 흔히 동물행동이론(ethological theoty)과 생태체계이론(ecological system theory)으로 구분된다.

동물행동이론은 모든 문화권의 인간이 공통적으로 갖는 발달의 생물학적 뿌리를 탐색하는 이론이며 각인을 비롯한 동물행동학의 연구결과들은 인간의 발달을 이해하는 데 많은 시사점을 제공하고 있다. 이 이론은 특정 행동이 특정한 기간 내에서만 발달하며 이 시기 이후에는 발달이 불가능하다는 발달의 결정적 시기(critical period)를 강조한다.

또한 생태체계이론은 가족, 지역사회, 문화 등 인간이 몸담고 있는 생태환경을 보다 체계적으로 구조화하고, 이들 환경체계와 개인 간의 관계를 이해하는 것을 인간발달연구의 주요 과제로 삼고 있다. 이 접근의 대표적인 학자 브론펜브레너(Bronfenbrenner)는 인간을 둘러싸고 있는 생태환경을 가장 가까운 미시환경에서부터 가장 먼 거시환경에 이르기까지 네 개의 층으로 구분하고 있다.

〈표 3-2〉 아동발달이론의 비교

	정신분석적 접근		행동주의적 접근		인지론적 접근		생태학적 접근	
	심리성적	심리사회적	조건형성	사회학습	인지발달	정보처리	동물행동학	생태체계론
학자	프로이트	에릭슨	파블로프, 스키너	반두라	피아제, 비고츠키	플라벨	로렌츠	브론펜브레너
기본 개념	생물학적 본능, 무의식	심리 · 사회적 위기	연합(파블로프) 강화(스키너)	모방 및 관찰학습	동화와 조절(피아제) 비계설정 및 잠재적 발달범위(비고츠키)	정보처리의 상징적 표상 능력	각인 및 종 특유 행동	생태환경(미시체계, 중간체계, 외체계, 거시체계)
발달의 근원	본능, 초자아, 자아의 균형성	위기의 갈등해결	자극의 연합과 강화에 의한 학습반응의 증가	대리적 강화를 통한 간접 경험	적응을 위한 인지구조의 변화(피아제) 사회적 상호작용을 통한 내면화(비고츠키)	정보처리 능력 및 방략의 발달	생득적 경향성과 환경 간의 상호작용	문화적 및 사회적 맥락의 상호작용

3) 발달심리학의 연구방법

(1) 발달연구의 유형

① 체계적 관찰방법

영유아의 행동을 가장 일반적으로 연구하는 방법은 관찰이다. 관찰은 연구자의 세심하고 분석적인 관찰에 의해 이루어지는 방법이라는 의미에서 체계적 관찰이라고도 한다.

이 관찰법은 현장이나 자연적 환경 속으로 들어가 흥미 있는 행동을 기록하는 자연관찰법(naturalistic observation)과 모든 참여자가 주어진 반응을 나타낼 기회가 동일하도록 관심 있는 행동을 불러일으킬 실험 상황을 만들어 두고 관찰하는 구조화된 관찰(structured observation)이 있다. 구조화된 관찰은 자연적 관찰보다 연구 상황에 대해 더 많은 통제를 제공하여 일상생활에서 관찰하기 힘든 상황을 연구하는 데에 유용하다. 예를 들어, 놀이터에 비디오를 설치하고 대상아동을 관찰하는 것은 자연관찰이며 어머니의 특정 행동에 대한 유아의 반응을 관찰하는 것은 구조화된 관찰이다.

이러한 구조화된 관찰을 위한 자료를 수집하는 방법으로서 사건표집, 시간표집 등이 주로 활용된다. 사건표집은 관찰자가 특정한 시간 동안 특정한 행동의 모든 사례를 기록하는 방법이고 시간표집은 표집된 시간 동안에 특정한 행동이 어느 정도 발생하는지를 기록하는 방법이다.

그러나 이 방법은 연구하고자 하는 관찰자의 영향에 의해 객관적 연구에 영향을 미칠 수 있다. 이러한 영향을 최소화하기 위해 노력해야 하고 관찰자의 기대가 포함되지 않도록 해야 한다(Kail, 2007).

② 자기보고방법

이 방법은 영유아의 인식, 사고, 능력, 태도 등의 일반적 행동을 이해하기 위해 사용된 방법으로서 면담과 질문지법이 있다. 면담은 유연한 대화방식을 통해 자연스럽게 이루어지는 임상적 면담과 동일한 질문에 동일한 방법으로 이루어지는 구조화된 면담이 있다. 임상적 면담은 일상적이고 자연스러운 방식으로 영유아의 생각을 표출하기에 용이하고 제한된 시간 내에 많은 정보를 제공하는 장점이 있는 반면에 언어적 표현이 서툰 어린 유아의 경우 자신의 생각과 느낌을 언급하기보다는 관찰자의 의도에 따라 반응하는 경향이 있다. 그러나 구조화된 면담은 임상적 면담의 단점을 보완하면서 동시에 집단을 대상으로 자료를 얻을 수 있다는 장점이 있다.

③ 심리생리학적 방법

이 방법은 심장박동수, 혈압, 호흡, 동공의 확장, 피부의 전기전도력, 호르몬의 변화 등 자율신경계의 비자발적 활동에 영향을 미치는 생리적 반응을 통해 자신의 사고와 의도를 정확히 표현할 수 없는 어린 영아를 대상으로 활용될 수 있다. 또한 최근에 이 방법은 뇌의 구조 및 기능 연구에 활용되고 있다.

④ 임상적 연구방법 혹은 사례연구방법

이 방법은 영유아의 행동을 다양한 방법을 통해 수집하고자 한다. 관찰, 면담, 검사 및 신경생리학적 측정에서 얻어진 정보를 바탕으로 한 개인의 전체적 측면을 이해하는 데에 유용하다. 이 방법은 소수의 대상에서 발견되는 다양한 행동특성을 연구하는 데에 적절하고 다양한 정보를 제공한다는 장점이 있지만 연구자의 주관과 연구결과의 일반화에는 한계가 있다.

(2) 발달연구의 설계

① 일반적 설계

- **상관설계**(correlational design) 자연스러운 상황에서 영유아의 행동특성이나 발달과의 관련성을 밝혀내는 방법이다. 한 행동특성과 다른 행동특성이 어떤 관련성을 가지고 있는지를 파악하게 해 준다. 이들 관련성은 그 정도에 따라 상관계수로 표현되며 0에서 1까지 분포한다. 상관 0은 두 변인 간에 아무런 관련성이 없음을 의미하고, 상관 1은 두 변인의 관련성이 정확하게 일치할 때를 의미한다. 두 변인이 동시에 증가하거나 감소하는 형태의 상관인 경우에는 정적 상관이라 하고, 한 변인은 증가하는 반면에 다른 변인이 감소할 때에는 부적 상관이라고 한다. 예를 들어, 연령과 아동기 신장의 크기 간의 관계는 정적 상관이고, 어머니의 통제적 반응과 아동의 자율성 간의 관계는 부적 상관이다.

상관설계는 두 변인 간의 관련성의 정도를 파악할 수 있으나 두 변인의 인과적 관계를 파악하는 데에는 한계가 있다.

- **실험설계**(experimental design) 어떤 현상의 원인–결과 관계를 파악하기 위해서 둘 이상의 조건을 만들어 놓고 나타나는 변수의 양적 변화를 통해 이를 추론하는 방법이다. 이 변수는 변화의 원인으로 기대하는 독립변수와 이에 따라 나타나는 종속변수로 나누어진다. 독립변수는 연구자가 의도하는 변인이 포함된 집단과 이를 비교하기 위해 제시된 집단이 보여 주는 수행의 결과치를 통해 특정 변인이 다른 변인보다 더욱 잘 설명하고 있음을 보여 주는 것이다.

  그러나 이 방법은 엄격한 실험실적 통제가 요구되기에 자연적인 배치가 어렵고 인간행동을 연구하기에 제한적일 수 있다. 따라서 현장의 자연적 상황과 매우 유사하게 실험장면을 구성하고 통제의 범위도 비교적 덜 엄격하게 하는 수정된 실험설계 방식을 자주 활용한다.

② 발달적 설계

- **종단설계**(longitudinal design) 동일 대상에 대해 장시간에 걸쳐 변화의 양상을 파악하는 방법이다. 이 방법은 시간의 흐름에 따라 각 개인의 변화를 추적하기 때문에 발달의 개인차 또는 공통적 경향성을 밝힐 수 있으며 이전 및 이후 사건 및 행동과의 관계를 조사하는 데에 유용하다. 비록 이 방법은 행동의 변화 경향성을 파악하게 해 주지만 대상의 자연적 감소, 표집의 편파성, 연습효과 및 동시대 집단효과 등을 파악하지 못하는 한계가 있다. 이러한 한계를 극복하는 한 방법이 횡단설계다.
- **횡단설계**(cross–sectional design) 다양한 연령을 대상으로 단기적으로 행동 경향성을 파악할 수 있는 방법이다. 이 방법은 한번에 다양한 연령의 대상에 대해 발달적 경향성을 동시에 파악하기 때문에 시대적 배경과 그에 따른 발달적 요인을 설명하는 데에는 매우 효율적인 방법이긴 하지만 발달이 실제로 발생하는 개인의 발달단계에 대한 증거를 제공하기에는 한계가 있다.
- **종단순열적 설계**(longitudinal–sequencetial design) 종단설계 및 횡단설계가 지닌 단점을 보완하고 결합한 방법이다. 이 설계는 단기간 동안에 동일 대상의 발달경향

성을 파악하는 방법이다. 이 방법은 다른 시기에 태어난 같은 연령의 아동을 비교할 수 있고 종단 및 횡단 비교가 가능하며 설계가 효율적이다.

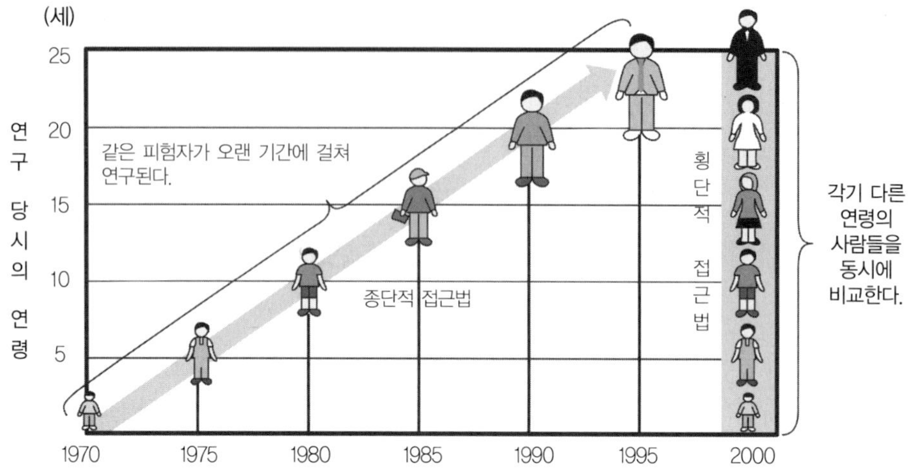

[그림 3-2] 횡단적 접근법과 종단적 접근법

(3) 발달연구의 윤리적 책임

연구자들은 연구에 참여하는 아동의 권리를 침해하지 않는 것이 무엇보다도 중요하다. 따라서 연구에 참여하는 아동의 권리를 명시한 지침을 정해 두고 있다 (Kail, 2007).

① 연구참여자의 위험을 최소화한다.
② 연구참여자에게 연구에 대해 충분한 정보를 주어 참가 여부를 결정할 수 있도록 한다. 연구대상자들이 연구에 대한 동의를 할 수 있도록 한다.
③ 연구참여자들을 속이지 않는다.
④ 연구결과를 무기명으로 하거나 비밀로 보관한다.

2. 태내발달

1) 수정

인간발달은 난자(ovum)와 정자(sperm)가 결합하는 수정(fertilization)의 순간부터 시작된다. 난자는 여성의 생식세포로서 인체에서 가장 큰 세포(0.14~0.2mm)이며, 정자는 남성의 생식세포로서 난자의 1/40에 해당하는 크기를 가진다. 수정체는 신체의 조직을 만드는 체세포(body cell)와 성을 결정짓는 성세포(germ cell)로 구성된다. 체세포는 유사분열(mitosis)에 의해 세포가 증가하며 성세포는 감수분열(meiosis)에 의해 부모로부터 유전자를 각각 23개씩 받아 개체의 특성을 형성하게 된다.

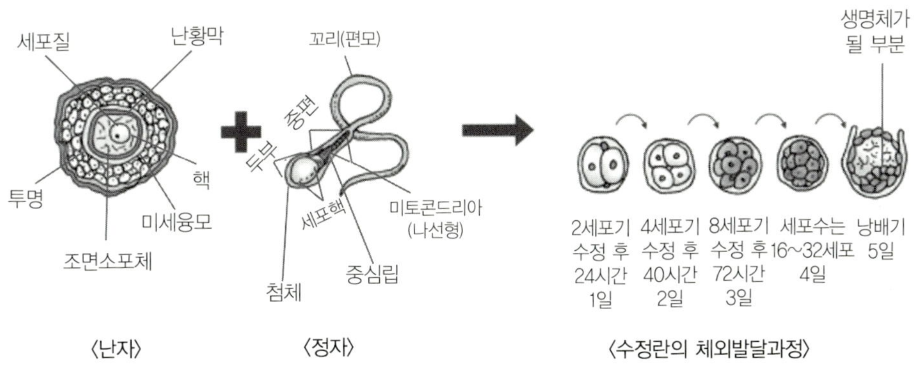

[그림 3-3] 수정

2) 염색체

사람의 염색체는 난자와 정자로부터 물려받은 23쌍, 즉 46개 염색체로 구성되며 22쌍은 상염색체(autosomes), 한 쌍은 성염색체(sex chromosomes)로서 여자는 XX, 남자는 XY다.

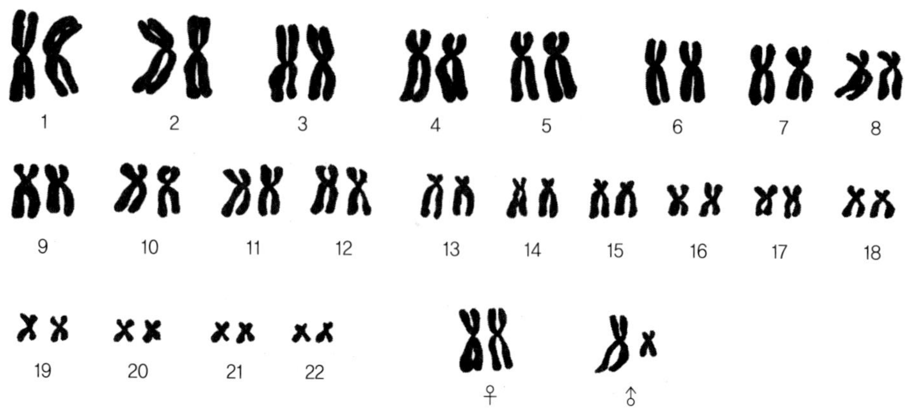

[그림 3-4] 유전인자의 구성(상염색체와 성염색체)

3) 유전정보

염색체 속에는 유전의 기본단위로서 DNA(deoxyribo nucleic acid)와 RNA(ribonucleic acid)가 있다. DNA는 유전자를 이루는 화학물질로서, 부모의 어떤 특성이 자손에게 전해질 것인가를 결정하고 일생을 통한 성장과 발달을 관리한다. RNA는 DNA의 지시를 세포 바깥쪽에 있는 세포질에 전달하는 역할을 한다. 즉, 46개의 염색체들은 약 25,000여 개의 유전정보들을 가지고 있다. 이 정보에 의해 인간의 모든 특성과 능력이 통제된다. 개인이 가진 유전정보를 인자형(genotype)이라 하고 이 인자형이 환경과 결합하여 나타나는 개인의 신체적, 행동적, 심리적 특성을 표현형(phenotype)이라 한다.

4) 태아발달의 단계

태내기란 정자와 난자가 만나 수정된 순간부터 출산에 이르기까지의 약 38주의 기간을 말한다. 수정란이 자궁벽에 착상하는 시기까지 접합체(zygote)라고 하며, 수정 후 4일경 세포분열이 진행된 상태를 배반포(blastocyst)라고 한다. 이 배반포가 자궁벽에 착상하게 되면 배아(embryo)라고 부른다. 이 태내기의 발달은 배종기(1~2주), 배아기(3~8주), 태아기(9~38주)의 3단계로 진행된다. 다음 [그림 3-

5]는 태내기에 일어나는 각 단계별 발달과정과 각 영역의 주요 발달시기를 도형화한 것이다. 즉, 중추신경계는 수정에서부터 6주경의 배아기 기간에 가장 많이 발달한다.

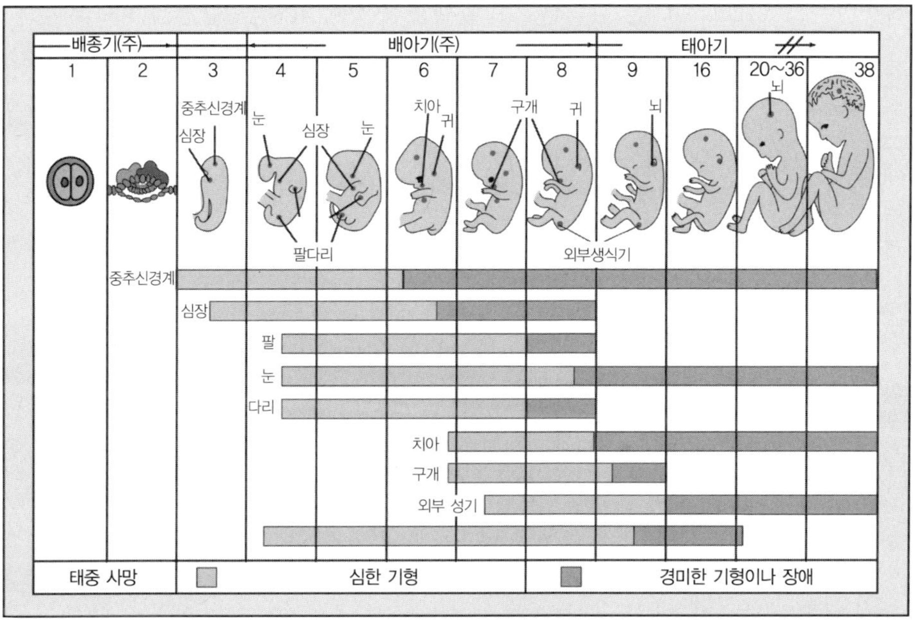

[그림 3-5] 태내발달

5) 태내 환경

(1) 영양

모의 영양상태는 태아의 발달에 매우 중요한 요인이다. 철분은 혈액 속의 적혈구를 생성하므로 부족할 시 빈혈과 임신중독증의 원인이 되므로 태아가 모체의 철분을 흡수해서 자신의 혈액을 만들기 시작하므로 충분히 공급해야 한다. 특히 칼슘, 단백질, 철분, 비타민 등은 임부의 건강과 태아의 성장, 발육에 필수적이므로 충분히 섭취해야 한다. 특히 비타민 B군 중 하나인 엽산의 부족은 뇌와 신경계의 발달을 저해한다.

(2) 약물(음주와 흡연 포함) 복용

약물 복용은 흡연, 음주 등과 복합적으로 이루어지며 태아에게 인지, 운동, 언어, 사회성, 정서 발달의 여러 영역에 걸쳐 심각한 결함을 초래한다. 신경안정제인 탈리도마리드(thalidomide)는 강력한 기형발생물질이며, 피임약, 항생제, 아스피린 및 헤로인, 코카인 복용도 태아의 발달에 심각한 영향을 미친다. 흡연은 전형적인 기형발생물질로서 흡연으로 인한 니코틴 섭취는 혈관을 수축시켜 태반을 통해 태아에게 도달되는 산소와 영양분을 감소시킨다. 간접흡연을 한 임신부는 저체중의 아이를 출산할 수 있다(Berk, 2006; Kail, 2007).

알코올을 섭취한 임신부는 종종 태아알코올 증후군(fetal alcohol syndrome)을 가진 아이를 출산할 수 있다. 이 아이는 성장이 느리고 심장과 얼굴의 기형을 지닐 수 있으며 정신지체를 일으키는 주요한 원인이다. 작은 양의 음주일지라도 주의집중, 기억 및 지능장애를 유발하는 알코올 관련 신경발달 장애(alcohol-related neurodevelopmental disorder)를 가질 수 있다.

(3) 질병

모의 질병도 태내결함을 유발하는 중요한 원인이 된다. 풍진, 임부의 매독, 임질 등의 성병, AIDS, B형간염, 심장질환, 당뇨도 태아에게 영향을 미친다. 이러한 질병은 산모의 혈액을 통해 태아에게 감염되기 때문에 임신 전에 치료하는 것이 매우 중요하다.

(4) 정서상태

어머니의 정서적 스트레스는 부신피질호르몬의 분비를 증가시키고 혈관을 수축시켜 태아에게 산소나 영양의 공급 부족을 초래할 수 있으며, 태아의 심장박동률 변화를 보인다. 산모가 스트레스를 받을 경우 태아의 산소 공급을 방해하는 호르몬이 분비되고 면역체계를 약화시키며 이로 인해 술과 담배를 할 수 있는 기회를 높인다. 한 대학 연구소의 보고에 의하면 조용하고 영양과 산소가 풍부한 자궁에서 자란 태아의 지능지수가 훨씬 높고, 자궁 내의 환경이 지능지수의 52%를 결정한다고 한다(강인언 외 2009, 재인용).

(5) 연령

10대의 임신부는 아이를 양육할 준비가 되어 있지 않으며 아이에게도 적절하지 못한 환경에 놓이는 경우가 많다. 또한 40대 이후의 임신은 20대에 비해 임신 성공률이 절반밖에 되지 않으며 유산과 사산의 위험이 높으며 다운증후군을 가진 아이를 출산할 확률이 높다. 따라서 여성은 20~35세 사이에 임신을 하는 것이 좋다.

3. 신생아 발달

1) 신체적 특징

신생아의 경우 평균적으로 신장은 50~52cm, 체중은 3.2~3.5kg이다. 신체는 머리가 크고 하체가 작은 형태이나 연령이 증가하면서 점차 정상적인 형태로 변화한다. 신생아는 성인에 비해 두개골이 크고 얼굴은 작고 길쭉하며 머리둘레와 가슴둘레는 비슷하다. 신생아의 울음, 호흡 및 수면은 다른 영아기에 비해 더 많은 정보를 제공한다. 울음은 신생아의 정서상태를 반영해 준다. 기본적인 울음, 화가 난 울음 및 고통스러운 울음을 구분하여 즉각적인 반응이 필요하다. 호흡은 매우 빠르게 뛰는 편이고 1분에 35~45회 정도 불규칙적으로 뛴다. 또한 수면시간은 하루에 16~20시간이며 수면주기는 낮에는 짧아지고 밤에는 길어진다.

2) 반사운동

신생아는 출생 시 생존반사와 원시반사 운동을 보인다. 생존반사는 생애 동안 지속되는 반사운동이지만 원시반사는 생후 1세경에는 사라진다. 다음 〈표 3-3〉은 반사운동의 유형과 발달과정을 소개하고 있다.

〈표 3-3〉 신생아의 반사운동(손홍숙, 2009)

	구분	자극	반응	사라지는 시기	기능
생존 반사	젖 찾기 반사	입 주위에 자극을 줌	물체를 향해 고개를 돌림	3~4개월	젖꼭지를 찾게 함
	빨기 반사	손가락이나 젖꼭지를 입에 넣어 줌	규칙적으로 빤다.	사라지지 않음	수유를 하게 함
	삼키기 반사	입 속에 무엇을 넣어 줌	무엇이든지 삼킴	사라지지 않음	수유 기능을 도와줌
	위축 반사	발바닥에 자극을 줌	발버둥 침	사라지지 않음	보호기능
	순목 반사	밝은 빛을 비추거나 손뼉을 침	눈을 깜박거림	사라지지 않음	보호기능
	재채기, 기침 반사	상기도 코에 이물질 자극	재채기, 기침	사라지지 않음	보호기능
	하품 반사	갑자기 공기가 필요	하품	사라지지 않음	보호기능
	구역 반사	혀근육 부분 자극	구역질	사라지지 않음	보호기능
원시 반사	파악 반사	젓가락이나 손가락을 손바닥에 둠	쥔다.	3~4개월에 약해지고 1년 뒤에 사라짐	잡을 수 있는 능력을 준비함
	모로 반사	안고 있던 머리와 누운 아기 몸 근처를 세게 두드림	몸을 활 모양으로 휜다.	6개월	어머니에게 매달리게 하는 기능이라고 추측
	바빈스키 반사	발바닥을 살살 간질임	발가락을 폈다가 오므림	6~12개월	기능이 불명확
	바브킨 반사	손바닥을 누름	눈을 감고 입을 연다.	3~4개월	기능이 불명확
	걷기 반사	아이를 세워 발을 땅바닥에 닿게 함	걸어 다니듯 걷는다.	2~3개월	걷는 능력 준비
	슬개건 반사	무릎뼈 아래를 가볍게 두드림	가볍게 무릎을 뻗음	사라지지 않는다.	근육질환 점검
	수영 반사	얼굴을 수면으로 닿게 하면서 놓음	수영하는 모습	4~6개월	물속에 빠졌을 때 생존하도록 함
	긴장성 목 반사	머리를 한쪽으로 뉘어 놓음	한쪽 팔을 쭉 뻗으면서 다른 팔을 구부림	4~5개월	기능이 불명확

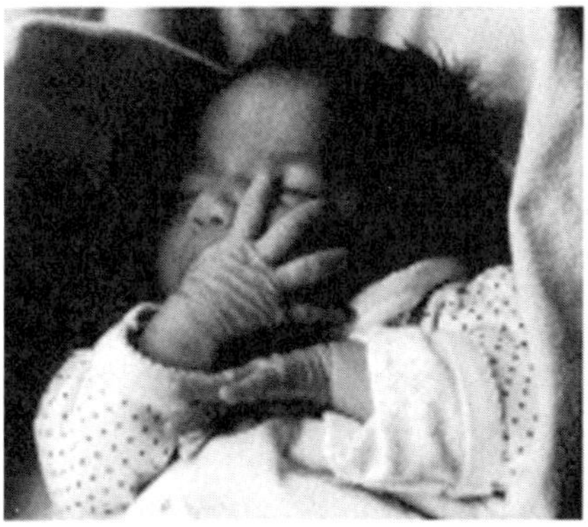

빨기 반사

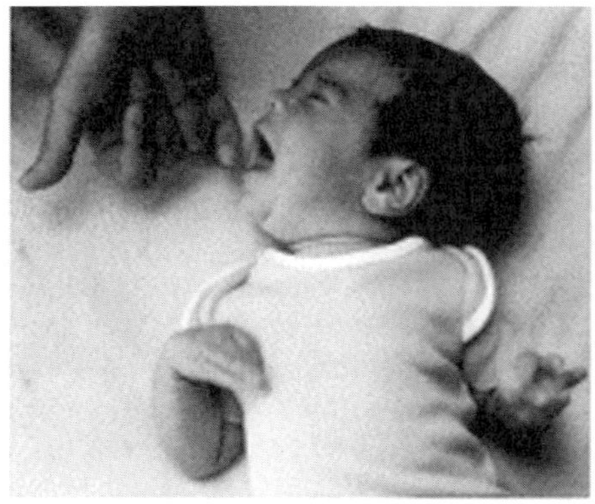

근원 반사

모로 반사

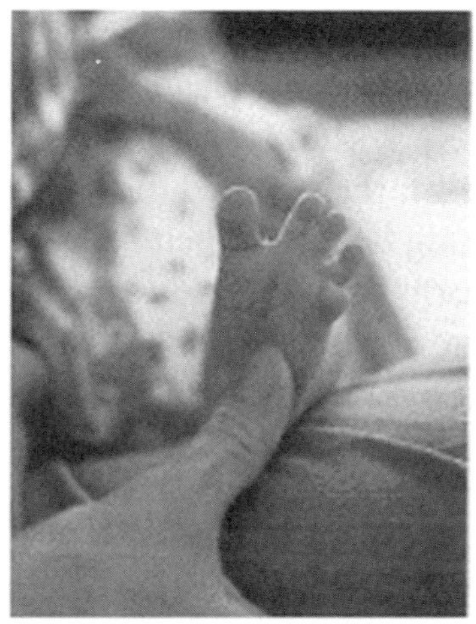

바빈스키 반사

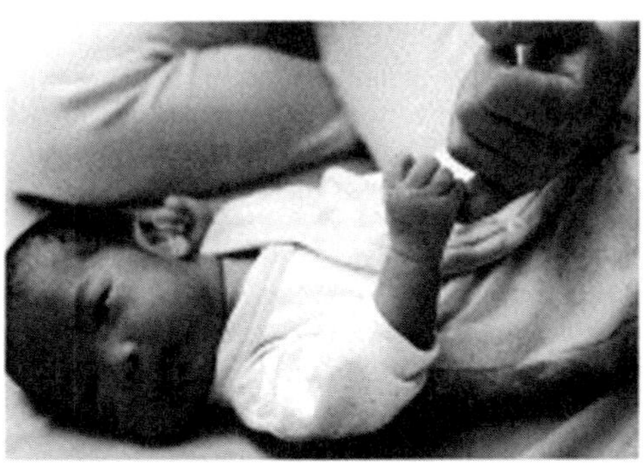

파악 반사

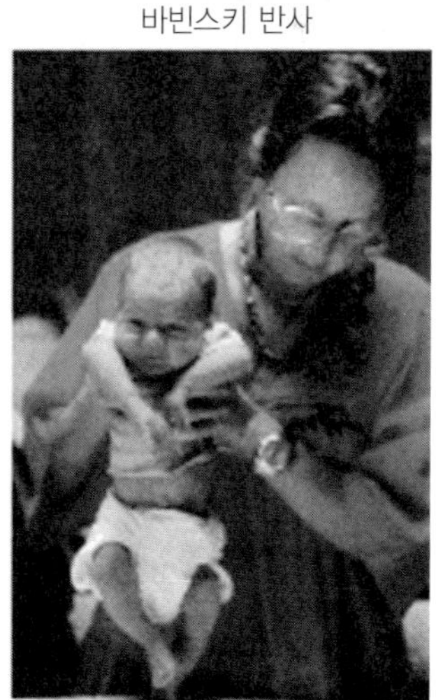

걸음마 반사

[그림 3-6] 반사행동

3) 신생아의 행동평가

(1) 아프가 척도

아프가 척도(Apgar Scale)는 출생 1분 후와 5분 후 두 번에 걸쳐 신생아의 건강상태를 평가하기 위해 실시되는 것으로 맥박, 호흡, 근육상태, 반사능력, 피부색 등의 다섯 가지 영역에서 각 영역별로 2점씩 총 10점 만점으로 평가되고 7점 이상이면 건강상태가 양호한 것으로 본다.

(2) 브래즐턴 신생아 행동평가 척도

브래즐턴 신생아 행동평가 척도(Brazelton Neonatal Behavioral Assessment Scale: BNBAS)는 신생아가 주위 환경에 어떻게 반응하는가를 알아보는 행동검사로서 출생 후 일주일경 실시하고 소요시간은 30분 정도다. 주의집중력, 활동수준, 근육상태, 스트레스에 대한 생리적 반응 등을 평가한다.

〈표 3-4〉 신생아의 평가 척도

(1) 아프카 척도 (Apgar Scale)	• 출생 후 1분 후, 다시 5분 후에 아프가 척도 검사 • 출생 직후 아기의 신체적 상태를 점수화하여 신생아의 이상 및 신경계 이상 유무 판별
(2) 브래즐턴 신생아 행동평가 척도	• 출생 후 3일에 최초로 실시, 2~3일 후 반복 측정 • 신생아의 예민성, 긴장도, 원시반사 및 반사신경 등 신경계 기능과 사람에 대한 반응을 중심으로 진단 • 지극히 낮은 점수를 받은 신생아는 뇌손상이나 뇌신경기능 • 이상이 있을 가능성이 높음

4. 신체 및 뇌 발달

1) 신체발달

(1) 신장과 체중의 변화

신생아의 신장은 출생 시 남아 평균 50.8cm, 여아 평균 50.1cm이고, 체중은 출생 시 남아 평균 3.4kg, 여아 평균 3.2kg이다. 신생아의 호흡은 1분당 35~45회 정도이고, 맥박은 1분에 120~160회 정도다. 체온은 성인보다 다소 높은 37~37.5℃이며, 수면은 하루에 18시간 정도이나 24개월경이 되면 12시간 정도로 감소한다.

영아기 생후 첫 1년간의 특징은 빠른 신체적 성장이며 신장은 1년 동안 1.5배, 체중은 3배 정도 증가한다. 아동기의 신체발달은 성장속도가 둔화되기는 하지만 성장은 꾸준히 계속된다. 특히 아동기 말에는 사춘기 성장 급등으로 인해 신장, 체중이 급격히 증가하는 시기이므로 성장기에 필요한 영양소를 골고루 섭취해야 한다 (곽금주 외, 2005).

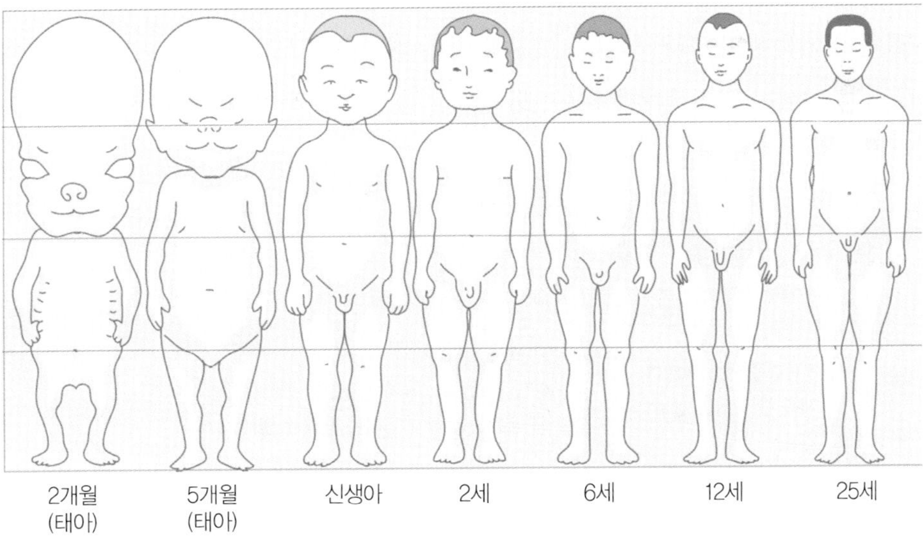

[그림 3-7] 신체 비율의 변화

신체의 각 부분은 다른 시기에 다른 비율로 성장하며, 두미 발달의 원칙 때문에 출생 시에 신체에 비해 머리가 크고, 근원 발달의 원칙에 의해서 몸통이 먼저 성장하고 그다음 팔, 다리, 손, 발 순서로 발달한다. 태아기에는 머리의 크기가 전체 신체의 50% 비율이 되나 점차 15% 정도로 줄어든다. 아동기에는 머리의 크기가 급속도로 증가하여 5세경이면 뇌 무게는 성인의 90% 수준에 이른다. 팔다리의 성장이 몸통의 성장보다 빨라서, 아동기의 전형적인 신체특징인 팔다리가 가늘고 긴 모습을 보인다. 유아기에는 얼굴의 윗부분이 아랫부분보다 빨리 성장했지만, 아동기에는 턱 아랫부분이 더 빨리 성장한다. 목살이 빠지면서 얼굴이 길어진다.

(2) 운동기능의 변화

생후 첫 2년 동안의 운동기능의 정상적인 발달은 신경계 및 인지발달의 정상적 발달과도 밀접하게 관련된다. 영아기는 골격의 크기가 작고 수도 적으며 매우 유연하고 부드러우며 두미 발달의 원칙과 근원발달의 원칙에 따라 발달한다. 골격과 마찬가지로 근육조직도 영아기에는 작고 약하며 청년기까지 꾸준하게 발달한다. 소근육은 손과 손가락 사용 등과 같이 부분 근육을 사용하는 기능이고 대근육은 자전거 타기, 아이스 스케이팅, 수영, 줄넘기, 야구, 농구 등의 전체 근육을 사용하는 운동 관련 기능을 말한다. 남아는 야구와 같은 대근육을 사용하는 스포츠에 우세하다. 아동기에는 중추신경계의 수초화 증가로 소근육 운동기능이 증가하고 손과 손가락 사용으로 다양한 악기 연주나 수공예가 가능하다.

〈표 3-5〉 운동기능의 발달

	2세	3세	4세	5세
소근육 운동	• 장난감을 쌓을 수 있다. • 책을 한 장씩 넘길 수 있다. • 숟가락을 입으로 똑바로 가져간다. • 한 손으로 유리잔을 잡는다. • 간단한 옷을 입을 수 있다.	• 9개 정도의 블록 장난감을 쌓을 수 있다. • 팔을 쭉 펴고 공을 잡는다. • 주전자의 물을 붓는다. • 단추를 풀고 신발을 신을 수 있다. • 원을 베낄 수 있다. • 직선을 그린다.	• 가위로 그어진 선을 따라 자를 수 있다. • 조그만 공을 받을 수 있다. • 스스로 옷을 입는다. • 머리 위로 공을 던질 수 있다.	• 사각형과 삼각형을 베낄 수 있다. • 작은 공을 받을 수 있다. • 똑바로 던질 수 있다. • 단추를 채울 수 있다.

대근육 운동	• 달린다. • 큰 공을 찬다. • 큰 사다리를 내려간다.	• 발뒤꿈치로 걸을 수 있다. • 한 층계에서 뛸 수 있다. • 한 발로 서 있는다. • 두 발로 깡충 뛴다. • 세발자전거를 탄다. • 계단을 내려간다.	• 질주한다. • 세발자전거를 아주 능란하게 탈 수 있다. • 사다리나 계단을 쉽게 내려간다. • 깨금발로 뛸 수 있다.	• 열 번 이상 깨금발로 뛸 수 있다. • 쉽사리 발을 바꾸면서 큰 사다리를 내려간다. • 그어진 선을 따라 똑바로 걸을 수 있다.

2) 뇌 발달

(1) 뇌의 구조와 기능

최근 뇌의 구조와 기능에 관한 뇌과학 연구는 교육 및 인력개발 정책의 기초로 활용되고 있으며 이를 요약하면 다음과 같다(김성일, 2006). 첫째, 뇌의 구조에 따른 기능은 사전에 결정된 것이 아니므로 학습과 경험에 의해 변화될 수 있다. 둘째, 뇌 발달 시기에 맞추어 적절한 경험과 환경에 노출되면 효과적인 학습이 일어나는 민감기가 있다. 셋째, 유아 초기에도 추상적인 사고능력이 있으므로 일상심리학, 일상물리학, 일상생물학, 언어 등을 가르쳐야 하는데, 과학을 가르치는 것이 아니라 유아의 관심을 토대로 유아 스스로가 과학자가 되는 기회를 제공하여야 한다. 마지막으로 정서적 능력이 인지과정에 미치는 영향이 중요하므로 정서적 능력을 향상시키는 학교 프로그램을 개발하는 것이 필요하다.

최근에 이르기까지 뇌의 구조와 기능을 설명하는 이론은 맥클린(MacLean, 1990)의 삼위일체 뇌(triune brain) 이론이다(조주연, 2001). 이 이론은 뇌의 구조를 전체적으로 뇌간, 대뇌변연계, 대뇌피질 등 세 부위로 나누어 설명하고 있다. 뇌간(brainstem)은 감각수용, 호흡, 체온조절, 생명유지 및 생존본능을 통제하고 생존에 위협을 주는 요소를 인식하면 다른 기능을 차단하는 기본적인 생명유지 활동을 한다. 대뇌변연계(limbic system)는 해마, 편도체, 시상하부 및 송과선 등을 통칭하는 구조다. 이는 심혈관 활동, 호르몬 작용을 조절하고 감정, 성욕 및 기쁨 등의 정서를 조절한다. 대뇌피질(cerebral cortex)은 가장 최근에 진화된 영역으로서 좌반구와 우반구로 형성되며 이 양 반구는 뇌량을 통해 서로의 정보를 교환한다. 대뇌피질은 언어 및 사고, 지혜의 중추이며 학습이 일으키는 기능을 한다. 특히 피질의 앞쪽에 있는 전두엽은 외부 감각 정보와 변연계에서 오는 감정 및 기억 등을 종합적으로 판단하여 최종 결정을 내리는 영역이다.

뇌는 출생 시에 성인 뇌의 25%이지만 5세경이 되면 95% 수준에 이른다. 특히 2세까지의 뇌의 급진적 발달기를 거쳐 3세경에는 뇌의 분화가 거의 완성된다. 양 반구를 연결하는 뇌량은 생후 1세경에 증가하여 3~6세경에 절정에 이르고 청소년기에 서서히 증가한다. 뇌량의 발달은 인간행동의 통합성을 높여 주고 문제해결 능력의 발달의 기초가 된다(Nelson & Thomas, 2008).

(2) 신경계의 발달

인간의 뇌는 약 1,000억 개의 신경세포로 구성되어 있다. 뇌의 한 부분에서 다른 부분으로 정보를 받아들이고 전달하는 뉴런과 신경원 세포에 영양을 공급하고 신경을 결합시키는 접착제 역할을 하는 신경교(myelin, 수초)라는 기본 세포로 구성되어 있으며, 뉴런 사이에는 시냅스(synapse)라는 아주 작은 공간이 있고 이 공간은 신경전달물질이라는 화학물질에 의해 정보가 전달된다.

영아기와 유아기에는 신경계의 발달이 폭발적으로 일어난다. 그러나 신체 성장의 측면과는 달리 신경계는 환경 자극에 의해 뉴런이 증가되거나 감소되는 가지치

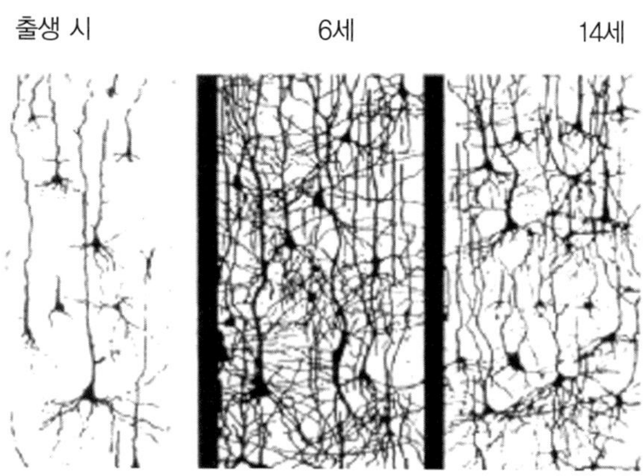

[그림 3-8] 신경계의 발달

기 과정(pruning)을 거친다. 즉, 필요한 뉴런의 정교화나 불필요한 뉴런의 소멸화 과정을 통해 신경계의 발달이 역동적으로 진행한다. 이 신경계는 생후 2세를 전후에서 가장 많은 발달을 보이다가 6세 이후부터는 점차 감소한다. 따라서 뇌의 기능을 최대한 발휘하기 위해서는 시냅스의 형성이 절정에 이르는 영아기에 뇌에 적절한 자극을 제공하는 것이 중요하다.

(3) 대뇌피질의 발달

대뇌피질은 뇌 무게의 85%로 추정되고 매우 많은 뉴런과 시냅스를 포함하여 인간의 독특한 지능을 가능하게 한다. 뇌는 계속해서 성장하기 때문에 환경의 영향에 민감하며, 대뇌피질이 발달하는 순서는 영아기에 나타나는 여러 가지 능력과 일치한다(Berk, 2006; 서유헌, 2009). 또한 대뇌피질은 좌우반구로 나누어져 각기 다른 기능을 지닌다. 좌반구는 주로 언어능력 및 사고를 담당하고 우반구는 공간능력 및 정서를 담당한다. 각 반구는 전두엽, 두정엽, 측두엽 및 후두엽 등 네 영역으로 구분되고 각각의 기능은 다르다.

대뇌피질은 1세경에는 시각과 청각 및 운동기술을 관장하는 피질의 시냅스의 성장과 수초화의 형성이 급속히 이루어진다. 2세부터 6세경까지 언어발달이 급속도

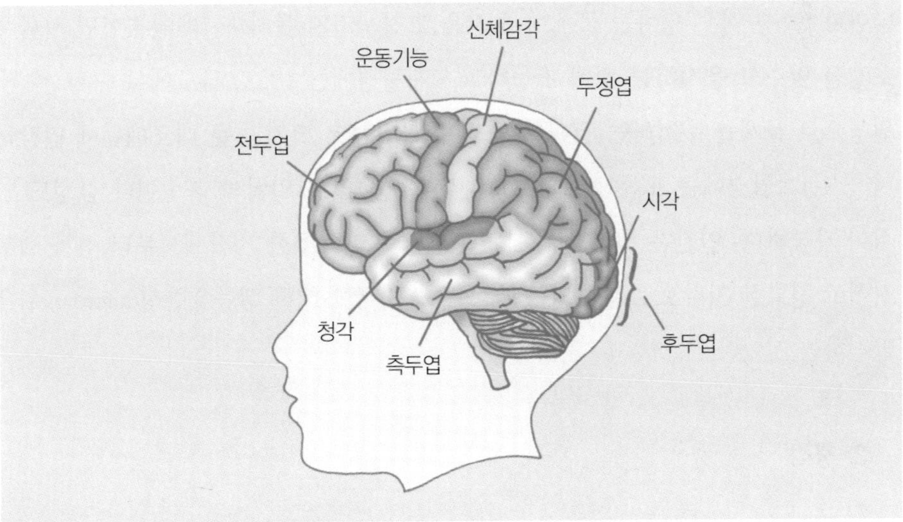

[그림 3-9] 대뇌피질의 구조의 기능

로 이루어지며, 영아기부터 아동기까지 사고와 행동을 통제하는 전두엽의 발달이 장기간에 걸쳐 이루어진다. 전두엽의 발달은 영아기 후반부터 효율적으로 기능하기 시작해서 성인기까지 성장이 계속된다.

5. 인지적 발달

1) 지각발달

지각(perception)은 감각기관에 들어온 자극에 통합성을 부여하여 경험으로 자각하기까지의 과정을 의미한다(송명자, 2008). 인간은 자신의 환경 내의 사상에 대한 정확한 인식과 변별을 통해 생존과 적응이 가능하기 때문에 지각의 발달은 중요한 의미를 지닌다. 따라서 지각의 초기 과정인 감각(perception) 기능 중 가장 기초적 행동을 살펴보면 다음과 같다.

(1) 시각

신생아의 시각은 비교적 발달되지 않는 상태이며 감각기관 중에서 가장 늦게 발달한다. 출생 직후 영아는 물체에 초점을 고정시키지 못하나 1개월경이면 사물에 초점을 맞추고 응시하는 것이 가능하고, 2개월경에는 180도 각도에서 수평, 수직, 원형으로 물체를 추적하는 것이 가능하며, 복잡하고 크기가 큰 대조패턴에 민감하며, 3~4개월경에는 모든 색에 대한 지각이 가능하고 얼굴의 특성이나 감정도 인식이 가능하다. 인간은 생후 처음에는 전체적이고 모호한 지각에서부터 점차 세부적이고 정확한 지각으로 분화되는데 이는 그 자극에 대한 행동유발성(affordance)을 발견하는 것이다.

(2) 청각

신생아의 청각은 출산과정에서 내이도로 침투된 양수 때문에 작은 소리는 잘 듣지 못하나, 소리의 크기 또는 음조뿐만 아니라 말소리의 구분은 가능하다. 생후 3일경에 모의 음성과 다른 여성의 음성을 구분할 수 있으며 생후 2주경이면 사람의 목소리와 다른 소리를 구분하고 3주경이면 낯선 사람이나 아버지 또는 어머니의 목소리에 민감하게 반응한다. 또한 6개월경이면 자신의 모국어에 나타나지 않은 언어의 지각을 영아가 성인보다 더욱 정확하게 인지하며 언어적 패턴 및 규칙성을 이해할 수 있다. 7개월경이면 소리를 듣고 위치를 파악한다.

(3) 촉각

신생아의 촉각은 입술과 혀를 제외하고는 그다지 발달되어 있지 않으며, 안아 주고 얼러 주는 신체 접촉은 다른 양육행동 못지않게 신생아의 촉각발달에 도움을 준다. 생후 6개월경에 손과 입의 접촉을 통한 지각이 최고조에 달한다.

(4) 미각 및 후각

출생 시 신생아의 미각은 여러 가지 맛의 액체를 구분할 수 있으며 다른 맛에 비해 단맛에 민감히 반응한다. 출생 시부터 미각을 소유하고 있으며 특히 바나나 및 초콜릿 향을 선호한다. 그리고 이러한 선호는 태아기 동안 모의 영양과 관련성이 있다.

한편 후각은 선천적으로 지니고 태어나는 능력이다. 생후 4일 된 신생아는 어머니의 모유 냄새와 다른 여성의 모유 냄새를 구별하며 어머니의 양수 냄새를 선호하여 이 냄새를 통해 심리적 안정을 가져올 수 있다.

2) 사고발달

인간의 인지적 발달은 감각을 통해 입력된 정보를 지각, 분석 및 통합하는 과정을 통해 문제해결을 이끌고 영유아기 아동의 생존과 적응을 돕는 영역으로 사고와 기억 및 언어 등의 변화과정을 다룬다.

사고발달을 설명하는 대표적 이론으로 피아제의 인지발달이론과 비고츠키의 사회문화이론이 있다. 피아제의 이론은 인간의 사고발달 단계를 인지적 조작의 수준에 따라 감각운동기(0~2세), 전조작기(2~7세), 구체적 조작기(7~11세), 형식적 조작기(11세 이후)로 구분하여 설명하고 있다. 비고츠키의 이론은 아동의 사고가 성인이나 능력 있는 동료와의 사회적 상호작용, 안내된 참여에 의해 개인적 지식 수준에서 사회적으로 공유되는 지식 수준으로 이행하는 것으로 설명하고 있다.

(1) 피아제의 인지발달이론

① 감각운동기의 단계

- 반사운동기(출생~1개월): 영아는 세상에 대한 지식을 습득하는 일차적 자원으로서 빨기, 잡기, 큰 소리에 반응하기와 같은 반사적 행동에 의존한다. 젖꼭지를 빠는 것과 같이 제한된 운동기능을 사용하여 탐색한다.
- 일차 순환반응기(1~4개월): 유아가 우연한 행동을 통해 재미있는 결과를 초래하게 되면 계속해서 그 행동을 반복하는 시기다. 물리적 속성을 인지하고 지연모방이 가능하며 자극을 분류할 수 있다.
- 이차 순환반응기(4~8개월): 영아의 관심이 자신의 신체 외부에 있는 대상과 사건에 있는 시기이며, 외부에서 흥미로운 사건들을 발견하고 이를 다시 반복한다. 물지적 지식과 수학지식이 향상되고 개념적으로 유사한 대상과 사건을 분류할 수 있다.
- 이차 순환반응의 협응기(8~12개월): 이 단계에서 영아의 관심은 자신의 신체가 아니라 주위 환경에 있으며, 자신의 목표를 달성하기 위해 두 가지 행동을 협응하기 때문에 이 단계를 이차 순환반응의 협응기라고 한다. 이 단계에서 영아는 인지발달에서 중요한 인과 개념과 대상영속성 개념을 획득한다.
- 삼차 순환반응기(12~18개월): 삼차 순환반응기가 되면 영아는 실험적 사고에 열중하여 새로운 결과를 얻기 위해 여러 가지 새로운 방법을 시도해 본다. 여러 장소에서 숨겨진 대상을 찾을 수 있고 대상을 한 개의 유목으로 분류할 수 있다.
- 정신적 표상기(18~24개월): 영아의 지적 능력이 크게 성장하는 시기로 눈앞에 없는 사물이나 사건들을 정신적으로 그려 내기(표상) 시작하고, 행동을 하기 전에 머릿속에서 먼저 생각을 한 후에 행동한다. 이전 단계까지는 불가능하던 지연모방이 가능하게 되고 대상을 두 개의 유목으로 분류할 수 있다.

〈표 3-6〉 감각운동기의 인지발달 단계

발달단계	연령	영아의 행동	부모의 활동
반사운동기	출생~1개월	• 신생아기 • 생득적 반사 행동	• 자녀의 감각에 반응, 자극(미각, 청각, 시각, 후각, 피부접촉의 촉진)
일차 순환 반응기	1~4개월	• 관심이 신체에 극한 • 우연히 일어났던 활동 반복	• 딸랑이, 모빌 등을 제공
이차 순환 반응기	4~10개월	• 외부 세계에 관심을 갖고 같은 행동 반복 • 물체 조작	• 여러 가지 모양, 질감, 색깔의 장난감 제공
이차 순환 반응의 협응기	10~12개월	• 물체의 영속성 개념 • 모방의 시작	• 아동이 보는 앞에서 장난감 숨기기 • 인형, 공, 여러 크기의 상자 제공 • 모방을 격려
삼차 순환 반응기	12~18개월	• 물체의 실험시도 • 물체를 따라 눈길을 줌	• 물놀이, 모래놀이 장려 • 조작할 수 있는 놀잇감 제공 (열고, 닫고, 뒤집는 등)
정신적 표상기	18~24개월	• 사고의 시작기, 정신적 표상기, 통찰기 • 행동하기 전에 사고, 행동결과를 미리 예측 • 모방행동, 시행착오	• 물체를 이해하는 행동을 같이함 (예: 공을 마루에 던져 보고, 요에 던져 보게 하는 등) • 의사놀이, 군인놀이, 소꿉놀이용 제공

② 전조작기(유아기)의 사고발달

피아제에 의하면, 이 시기의 유아는 한 번에 한 가지 측면에만 관심이 제한되고, 사물을 외관만으로 판단하여 논리적인 조작이 불가능하기 때문에 전조작기라도 부른다. 즉, 유아는 환경 내의 대상을 상징화하고 이를 내면화시키는 과정에서 성숙한 논리적 개념을 발달시키지 못함으로써 제한적인 사고를 수행하게 된다. 이 시기의 사고의 특성은 다음과 같다.

- 상징적 사고: 피아제는 전조작기의 가장 중요한 인지적 성취가 상징적 사고(symbolic thinking)의 출현이라 했다. 상징적 사고는 가상적인 사물이나 상황을 실제 사물이나 상황으로 상징화하는 가상놀이(소꿉놀이, 병원놀이, 학교놀이)다. 이 시기의 유아는 상징물과 실체의 차이를 잘 구분하지 못하며 논리적 사고를 정확히 수행할 수 없다.
- 자기중심적 사고: 자기중심적 사고(egocentric thinking)는 유아가 이기적으로 다

른 사람의 입장을 배려하지 못하는 것이 아니라 자신의 관점을 다른 사람의 관점과 분리시키지 못하는 것을 의미한다. 또한 유아기의 자기중심성은 자기중심적 언어에서도 잘 나타나며 이는 타인과의 대화에서 의사소통을 할 목적이나 의도가 없이 독백과 같이 자기 말만 하는 것이 특징이다. 이러한 대화 형태를 피아제는 집단적 독백이라 부른다.

- 물활론적 사고: 물활론적 사고(animistic thinking)는 생명이 없는 대상에게 생명과 감정을 부여하는 것을 의미한다. 사람에게 영향을 주는 모든 사물은 살아 있다고 생각하거나 움직이는 것은 살아 있고, 움직이지 않는 것은 죽었다고 생각한다.
- 보존개념의 결여: 전조작기는 어떤 사물을 판단할 때 그 사물의 두드러진 속성이나 지각적 특성을 바탕으로 사고하는 시기로서 어떤 대상의 외양이 바뀌어도 그 속성이 바뀌지 않는다는 것을 이해하는 능력인 보존(conservation)개념이 결여되어 있다. 상위유목과 하위유목 간의 관계, 전체와 부분의 관계를 이해하는 능력인 유목포함 능력에도 한계가 있으며 서열화 및 논리적 사고에도 불안정한 특성을 보이는 시기다.

③ 구체적 조작기(아동기)의 사고발달

이 시기 아동의 사고는 유아기의 사고와는 달리 사고의 수준이 보다 논리적이며 정교하고 조직화되어 성인의 사고능력과 매우 유사하다. 이 시기에는 문제를 해결하거나 이유를 생각하는 데에 있어 최초로 정신적 조작(operation)이 가능하다. 정신적 조작이란 문제를 해결하거나 추리하는 과정에서 좀 더 체계적이며 효율적인 전략과 규칙을 사용하는 것을 의미하며, 이 시기의 사고의 특성을 살펴보면 다음과 같다.

- 보존과제의 조작이 가능하다: 사물의 지각적 특징이 바뀌어도 그 본질은 변하지 않음을 정신적으로 조작할 수 있는 가역성의 발달을 통해 보존개념이 가능하다.
- 분류, 서열화, 공간추론이 가능하다: 사물의 특성에 따른 분류가 가능하며 체계적인 순서를 정할 수 있으며 구체적 사물이 주어지면 공간적 추론 등도 가능하다.

④ 형식적 조작기(청소년기)의 사고발달

이 시기는 추상적 대상에 대해서도 정신적 조작이 가능한 인지능력을 보여 주는 시기로서 가장 수준 높은 단계다.

- 가설-연역적 사고가 가능하다: 문제해결이나 추론의 과정에서 가능성이 있는 모든 요인을 복합하여 정신적으로 조작하는 사고가 가능하다. 이 사고는 과학적 탐구의 과정과 유사하다.
- 추상적 사고 및 명제적 사고가 가능하다: 이 시기의 청소년은 언어에 기초하면서 현실적이지 않은 상징체계를 사용하며, 구체적인 경험에 의한 사고를 하는 것이 아니라 주어진 명제와 그 관련성에 의해 논리적 결론을 내릴 수 있다. 이러한 사고의 결과로 청소년기 자기중심성, 이상주의, 비판주의 등의 사고 특성을 나타낸다.

(2) 비고츠키의 사회문화이론

비고츠키에 의하면 영아는 다른 동물과 공유하는 기본적인 감각, 주의집중, 기억능력을 가지고 태어난다. 이것은 환경과 직접적인 접촉을 통하여 생후 첫 2년 동안 발달하고 그다음에는 언어의 급격한 성장이 사고의 큰 변화를 가져온다. 사고는 유아에게 문화적으로 중요한 과업을 숙달하도록 격려해 주는 유능한 사람과 사회적인 대화를 하게 되면서 더 확장된다. 곧 어린 아동은 자신이 다른 사람과 대화하는 것과 같은 방식으로 대화하기 시작한다. 그 결과 기본적인 정신능력은 유일한 인간의 고등 인지과정으로 변형된다(Berk, 2006).

비고츠키를 비롯한 사회문화이론가들은 인지발달의 사회적 본질을 상호주관성(intersujectivity)이라는 개념으로 설명한다. 상호주관성은 특정한 활동 또는 과제에서 참여자들 간의 상호적이고 공유된 이해를 의미한다. 그리고 이 상호작용은 아동보다 더 나은 지식을 가진 교사나 유능한 동료들의 안내된 참여(guided participation)를 통해 일어난다. 이 안내된 참여는 아동이 스스로 풀 수 있는 수준과 타인의 조력을 통해 풀 수 있는 수준 간의 차이인 근접발달영역(zone of proximal development) 내에서 일어난다. 아동을 조력하는 도움행위의 총체적인 교수양식을 스캐폴딩

(scaffolding)이라 한다. 처음에는 기초적이고 많은 정보를 제공하지만 시간이 지날수록 도움의 양은 줄어들고 차츰 아동 스스로 과제를 수행하게 된다.

이 이론은 아동의 사고발달이 주어진 사회 환경 내에서 상호작용하는 가치, 상징 및 지식 등의 체계적인 사회화 과정이며, 교사와 동료로부터 도움을 받으면서 최초의 개인적 수준의 사고 수준을 점차 사회적으로 승인된 사고 수준으로 변화시켜 가는 과정으로 설명하고 있다.

① 근접발달영역

아동은 주어진 문제를 독립적으로 풀 수 있는 능력에서부터 성인이나 자신보다 능력 있는 동료와의 상호작용을 통해 해결이 가능한 능력의 범위에 있다. 이 두 능력의 차이를 근접발달영역이라하며 이 영역의 이해는 아동의 사고발달을 돕는 기초적 지식으로 활용된다. 즉, 아동의 현재 사고 수준을 이해하면 다음 사고 수준으로의 이행을 위해 어떠한 중재행위가 가능한지를 알 수 있다.

② 스캐폴딩

스캐폴딩은 아동이 문제해결하는 데 필요한 도움의 양, 방법과 내용을 적절하게 조정하여 제공하는 다양한 교수양식을 의미한다. 처음에는 교사의 도움이 많이 필요하지만 차츰 아동 스스로 문제를 해결함으로써 교사의 도움의 적어진다. 즉, 산수문제를 풀 때 처음에는 교사가 문제해결에 필요한 지식과 해결과정을 많이 제공하지만 아동이 차츰 독립적으로 문제를 해결할 수 있게 되는 과정을 거친다. 따라서 아동의 현재 수준을 파악하고 이에 적합한 도움행위를 제공하는 것이 필요하다.

3) 기억발달

인간의 기억은 컴퓨터가 작업을 수행하는 과정과 같이 체계적인 일련의 과정으로 밝혀 보려는 정보처리이론에 기반을 두고 있다. 특히 이 이론은 전문가와 초보자, 성인과 아동 간의 정보처리과정을 분석하고 차이를 밝혀 인간의 기억과 망각 그리고 문제해결력을 높이려는 목표를 가지고 있다.

(1) 정보처리의 과정

① 부호화

부호화(encoding)는 나중에 필요할 때에 잘 기억해 낼 수 있는 형태로 정보를 기록하는 과정이다.

② 저장

저장(store)은 정보를 기억 속에 쌓아 두는 과정이다.

- 감각기억(sensory memory): 뇌는 우리가 보고, 듣고, 냄새 맡고, 맛보고, 만지는 것 등 감각을 통해 들어오는 모든 것을 기록하여 감각기억이라고 불리는 일시적인 기억 저장소에 정보를 담아 두는데, 그곳에서 정보는 매우 짧은 시간 동안만(1초 이내) 머물게 된다.
- 단기기억(short-term memory): 단기기억은 정보를 조직하는 일시적 단계로서 우리가 새로운 정보를 처리하는 데 있어 매우 중요한 것이다.
- 장기기억(long-term memory): 장기기억은 정보를 장기간 저장하는 용량을 가진 것으로 보이며 오랜 시간 동안 정보를 보유할 수 있다.

③ 인출

인출(retrival)은 저장된 정보를 필요한 때에 꺼내는 과정이다.

이러한 과정은 인간의 정보처리과정을 가장 일반적으로 설명하고 있는 저장모형에 의한 것이다. 이 모형을 통해 정보처리의 발달이 이 과정의 세 단계를 통해 이루어지고 있음을 보여 주고 있다.

(2) 유아의 기억발달

대부분의 영아는 대략 출생 후 1세경이면 대상영속성을 보이기 시작하는데, 사라진 물체를 찾는 영아의 행동과 자연모방 능력은 영아도 회상기억이 가능하다는 것을 증명하는 것이다.

2세가 되면 2개 단어를 동시에 기억할 수 있고, 3세경에는 저장할 수 있는 저장

공간의 크기, 즉 기억용량의 증가와 정보를 체계적으로 저장하고 인출할 수 있는 기억전략의 발달이 두드러진다. 이 시기 이후에는 기억하려는 것을 반복 연습하여 시연하고 관련 있는 것끼리 집단화시키고 유목화하는 조직화가 가능하며, 기억해야 할 정보에 다른 것을 연결시켜 정보가 갖는 의미의 깊이와 폭을 더욱 확장시키는 정교화도 가능하다. 기억에 도움이 될 수 있는 단서를 사용하는 인출 전략을 사용할 수 있다. 또한 기억과 기억과정에 대한 지식인 상위기억이 발달하고 연령증가에 따른 지식 기반의 확대로 문제해결과정에서 기억능력이 확대된다.

발달에 있어 기억 분야는 정보처리이론에 근거한 인지발달 기제에 보다 많은 관심을 기울이고 있다. 즉, 영아와 유아 그리고 아동 간의 수행 차이가 정보의 기본처리용량, 정보처리의 효율성, 정보의 부호화, 인지억제력, 전략의 실행, 지식의 활용 및 상위인지 등의 요인에 의한 것이며, 이 요인이 어느 연령에서 나타나며 어떤 요인에 의해 변화되는가에 초점을 맞추고 있다. 따라서 지각, 사고와 기억의 발달연구와 함께 지능 및 창의성의 발달연구가 통합적으로 이루어진다면 영유아의 보육활동에 있어 효율성이 높아질 것이다.

4) 언어발달

(1) 언어의 구성요소

① 음운론적 발달

영아기에 소리를 내기 시작하면서 음소의 발달이 이루어지는데, 말소리의 구조와 순서를 지각하고 처리하는 과정에서 영아는 말의 흐름 속에서 단어가 결합되는 법칙(음운론, phonology)을 발견하게 된다. 이는 주로 생후 6개월 이후부터 2세경 사이에 나타나며 4세경까지도 지속적으로 발달한다.

② 형태론적 발달

형태론(morphology)은 단어를 형성하는 체계를 의미하는 것으로, 영아는 음소를 발성할 수 있게 된 후에라야 형태소를 발성할 수 있다. 이는 2~3세경에 시작하여 5세경까지 지속된다.

③ 구문론적 발달

구문론(syntax)은 문법적으로 정확한 순서로 단어를 배열하여 문장으로 만드는 능력과 문법의 규칙을 이해하고 구사하는 능력이 발달하는 것을 의미한다. 이러한 전보식 말(telegraphic speech)은 2세경에 나타난다.

④ 의미론적 발달

의미론(semantics)은 단어와 문장의 이해 등의 발달을 의미한다. 2세경부터 단어의 의미를 이해하고 두 단어 이상을 의사소통과정에서 사용하게 되면 문법을 이해하고 그 후 타인과 의사소통을 위해 언어적으로 이해하려고 노력할 수 있다. 3세경에는 자신이 의도하고자 하는 의미를 포함하는 신조어를 만들 수 있다.

⑤ 화용론적 발달

화용론(pragmatics)은 의사소통을 효율적으로 하기 위해 언어를 적절하게 사용하는 규칙을 말한다. 이는 대화기술의 획득과 의사소통의 명확성 및 사회적 참조 등을 통해 발달한다. 최근의 연구에 의하면(Berk, 2006), 6세경 유아들도 상대방의 수준에 따라서 대화의 내용을 다르게 할 수 있다. 이 능력은 초등학교에 입학하면서 더욱 발달하게 된다.

(2) 언어발달의 이론

① 학습이론

학습이론자들은 아동의 언어습득은 강화와 모방이라는 학습 기제를 통해 이루어진다고 설명한다. 즉, 강화 받은 소리는 계속적으로 발전시켜 나가며, 강화 받지 못한 소리는 소멸되는 과정을 통해 언어를 학습하게 된다는 것이다. 대표적인 학자로는 스키너가 있다.

② 생득이론

생득이론은 성인을 통해 언어를 배우기보다는 아동 스스로 배울 수 있는 가능성을 가지고 태어난다고 생각하기 때문에, 언어습득과정에서 환경적인 요인보다 생물학적 요인을 더 강조한다. 대표적인 학자로는 선천적으로 언어획득기제(language acquisition device)를 가지고 있다고 주장하는 촘스키(Chomsky)가 있다.

③ 상호작용이론

상호작용이론은 언어발달에서 생물학적 성숙도 중요하지만, 아동의 언어능력이 사회적 상황에서 얼마나 언어에 노출되는가에도 달려 있다고 주장한다. 생물학적 요인이 언어발달의 윤곽을 대강 결정하지만, 언어발달의 구체적인 과정은 아동이 노출되는 언어환경과 강화에 의해 상호작용한다는 주장이다.

〈표 3-7〉 언어발달이론(손홍숙, 2009)

학습이론	• 언어발달에 환경의 중요성을 인정하지만, 생물학적 · 유전적 요인은 전혀 인정하지 않음 • 왓슨, 파블로프, 스키너, 반두라에 의한 행동주의 이론에서 언어발달은 자극과 반응, 강화, 모방에 의해서 이루어짐
생득이론	• 언어발달에서 환경의 중요성보다 유전적 · 선천적 요인을 강조 • 말을 할 경우 문법적인 표면구조는 별로 의식하지 않고 말이 지니고 있는 의미로 받아들임
상호작용이론	• 언어발달은 환경적 · 유전적 요인 어느 하나를 중요하게 여기는 것이 아니고 사고 과정이 상호작용을 강조 • 피아제, 비고츠키는 언어를 아동이 환경에 적응하기 위해 자신의 스스로 의미를 구성해 가는 과정으로 봄

(3) 언어발달의 단계

① 울음

언어발달의 첫 단계는 울음으로, 울음은 아기가 자신의 욕구를 표현할 수 있는 유일한 의사소통 수단이다. 출생 후 1개월경에 주로 사용하는 언어적 표현이다.

② 쿠잉과 옹알이

출생 후 약 1개월 이후에 신생아는 모음으로 구성된 불규칙한 소리인 쿠잉을 만든다. 또한 3~5개월경에 나타는 옹알이는 언어와 유사한 최초의 말소리로 이는 신체적 성숙으로 인해 나타나는 근육활동의 결과다.

③ 한 단어기

생후 1년경이 되면 영아는 분명하게 이해할 수 있는 단어를 사용할 수 있으며, 그 단어가 자신의 생각을 표현하는 수단이 된다.

④ 두 단어기

24개월경에는 영아는 문장을 만들기 위해 두 개 이상의 단어를 연결시킬 수 있다. 두 단어 문장은 한 단어 문장에 비해 보다 정교하고 명료하며, 두 단어 가운데 강세의 위치가 어디에 있는가에 따라 자신이 원하는 바를 강조하게 된다.

⑤ 세 단어 이후기

2세 이후에는 상징을 사용할 수 있는 능력인 언어가 정교해지면서 언어를 통해 타인과 상호작용하고, 새로운 정보를 서로 교환하고, 자신들이 바라는 바를 표현하고, 타인의 행동을 통제하고, 자신의 독특한 견해, 감정 및 태도 등을 나타낸다.

이 시기에는 유아가 사용하는 단어의 수가 빠른 속도로 증가하며 유아기 후기에는 보통 10,000개의 새로운 단어를 습득하게 되며, 이는 하루 평균 6개 정도의 새로운 단어를 습득하는 셈이다. 하지만 단어 습득 속도나 학습능력에는 상당한 개인차가 있다.

유아가 새로운 단어의 의미를 습득하는 방법 중 하나로는 '신속표상대응(추상적 정보보다 구체적 사물에 대해서 보다 정확하고 빠르게 습득)' 이 있으며, 유아가 새로운 단어를 듣는 경우, 그것이 무엇을 의미하는지에 대해 몇 가지 가정을 하게 되는데, 이 가정은 유아로 하여금 새로운 단어의 의미를 습득하게 해 준다. 유아의 연령이 증가함에 따라 언어의 사용이나 이해가 점차 증가하며, 한 단어 문장을 거쳐, 전보식 형태를 보이는 두 단어 문장을 사용하게 된 후, 3세경에 이르면 세 단어 이상을 이용한 문장을 만들 수 있다. 3~5세경에는 문장의 평균 길이가 3단어에서 5단어로 증가하며 형태소의 수도 8개에서 18개로 증가한다.

이 시기 이후에는 문법적 형태소의 발달 및 복잡한 구문의 발달이 가능하다. 점차 의문문이나 부정문의 형태도 사용할 수 있게 되며, 자신들의 생각이나 욕구를 표현하는 데도 융통성을 갖게 된다. 2세경("이게 뭐야?" "먹어?")에서 4세경('뭐, 어디, 누가, 언제, 왜, 어떻게')이면 점차 다양한 의문사를 사용할 수 있게 된다.

또한 언어능력의 발달 면에서 6세 아동은 타인에 대한 공격적인 도구로 말하기를 사용하며 지껄이는 것을 좋아하고 천한 말을 많이 사용한다. 7세 아동들은 불평의 표현이 많고 목소리의 조절이 가능해진다. 8세 아동들은 언어발달이 활발해져 비슷한 발음을 낼 수 있으며, 9세 이후가 되면 말이 하나의 도구가 되어 본격적인 언어능력이 발달하게 된다. 1~2학년은 문장력, 3~4학년은 발표력과 문법능력, 5~6학년은 독해력 등이 발달하게 된다(강인언 외, 2009).

6. 정의적 행동발달

1) 정서발달

정서(emotion)란 자극에 직면하여 발생하거나 자극에 수반되는 여러 가지 생리적 변화라든가 눈에 보이는 행동 등의 반응을 말한다. 이러한 반응은 기쁨, 슬픔, 공포 등 신생아가 가지고 태어나는 일차적 정서와 그 이후 경험과 학습을 통해 분화된 수치감, 죄책감, 협오감 및 자신감 등의 이차적 정서로 구분된다. 또한 기쁨과 미소 등의 긍정적 정서 그리고 분노와 공포 등의 부정적 정서로 구분되기도 한다. 또한 유아기 정서는 정서적 행동뿐만 아니라 인지적 행동에도 영향을 미치는 것으로 최근 정서지능(emotional intelligence) 연구를 통해 관심을 끌고 있다.

영아의 정서는 미분화상태에서 성숙과 학습경험을 통해 점차 분화되며 자신의 감정표현 그리고 타인과의 의사소통에 활용하게 된다. 출생 시부터 기쁨, 분노, 공포 등의 일차적 정서는 가지고 태어나며, 2개월경이면 웃음과 울음을 통해 정서를 표현한다. 3개월경에는 분노를, 5개월경에는 혐오감과 공포감을 표출하며, 12개월경에는 자신감을 표현하게 된다. 2세경에는 애정과 질투 등의 감정을 나타낸다.

특히 영아기의 정서는 다음과 같은 기능을 한다. 첫째, 영아의 정서표현은 영아의 상태를 다른 사람, 특히 양육자에게 알림으로써 양육자로 하여금 영아를 보살피게 하는 기능을 한다. 둘째, 영아기의 정서는 특정 자극에 대해 특정한 행동을 하도록 동기를 부여한다. 대부분의 학자들은 기쁨이나 슬픔과 같은 정서는 출생부터 존재하지만, 그것은 덜 분화된 상태에 있는 것이며, 연령이 증가함에 따라 점차 분화된다고 주장한다.

(1) 기쁨

출생 후 1개월경이 되면 신생아는 사회적 미소(social smile)를 지을 수 있으며 3개월경에는 친근한 사람에게 자주 미소를 지을 수 있다. 10개월경에는 상황에 적절한 웃음을 지으며 2세경에는 사회적 신호로서의 미소를 짓는다.

(2) 분노와 슬픔

분노는 4개월경의 영아에게서 다양한 상황에서 일어나며 슬픔보다도 자주 그리고 강렬하게 나타난다.

(3) 공포

공포는 생후 1년경에 나타나는 정서로서 6개월경 부모의 안정기지로부터의 위협 혹은 1세경 타인에 대한 불안감으로 인해 생겨난다. 이러한 공포에 대한 경험을 점차 줄여 나가는 것은 정서발달의 주요 목적이기도 하다.

(4) 복합정서

생후 18~24개월이 되면 기초 정서와 출생 후 경험을 통해 생성되는 자신감 혹은 실패감을 동시에 느끼게 된다. 이러한 복합정서는 인지적 능력과 동시에 발달하며 개인의 성격 및 적응행동에 반영되어 나타난다.

2) 기질의 발달

기질(temperament)은 각 개인이 생득적으로 갖고 태어난 성향 혹은 성격으로 나중에 이것이 아동과 성인의 성격을 형성하는 모체가 된다. 기질과 성격의 구분은 인자형과 표현형의 구분과 유사하다. 인자형은 기본패턴을 결정하지만, 궁극적으로 나타나는 표현형은 인자형의 잠재력이 환경에 의해 영향을 받은 결과다. 따라서 기질연구가들은 기질은 타고난 것으로 유전의 영향을 많이 받는다고 믿는다. 유전적으로 많은 영향을 받는 것으로 보이는 기질특성도 환경의 영향에 의해 변할 수 있다는 것을 의미한다.

(1) 기질의 구성요소

① NYLS 모형

이 모형은 Thomas와 Chess(1977)의 9가지 특성을 기준으로 하여 영아의 기질을 순한 영아(easy child), 까다로운 영아(difficult child), 반응이 느린 영아(slow-to-warming-up child)로 구분하고 있다. 순한 영아는 행복하게 잠을 깨고 장난감을 가지고 혼자 잘 놀고, 낯선 사람에게도 미소를 보이며 이들로부터 음식도 잘 받아먹는다. 까다로운 영아는 눈을 뜨기 전부터 울고, 생물학적 기능이 불규칙적이다. 느린 영아는 수동적이고 새로운 상황에 대해 움츠러드는 경향을 보인다.

② Rothbart 모형

Rothbart는 기질의 구성요소로 반응성(reactivity)과 자기조절(self-regulation)을 제시한다. 자기조절은 영아가 스스로 자신의 반응을 증가시키거나 감소기키는 통제 능력을 의미한다. 반응성은 EAS 모형의 정서성과 유사한 것으로 자극에 대해 영아가 얼마나 쉽게 그리고 얼마나 강렬하게 반응하는가를 말한다. NYLS 모형이나 EAS 모형과 마찬가지로 Rothbart 모형 또한 영아의 기질적 특성이 환경과 상호작용하여 영아의 사회적 상호작용의 질을 결정한다고 본다(Rothbart & Bates, 2008).

(2) 영아의 기질과 부모의 양육행동

Thomas와 Chess(1977)는 영아의 기질과 환경이 상호작용하여 바람직한 결과를 산출한다는 '조화의 적합성' 모델(goodness of fit model)을 제시하였다. 즉, 영아의 이상적 발달은 영아의 기질과 부모의 기질이 얼마나 조화를 이루는가에 달려 있다. 부모가 영아의 기질에 따라 양육행동을 조절한다면 결과적으로 보다 조화로운 관계가 형성된다. 적합성 모델은 모든 영아가 독특한 특성을 가지고 이 세상에 태어나며 성인이 이를 수용해야 한다는 사실을 깨닫고 문제 환경을 아동의 강점을 만들 수 있는 환경으로 변경할 수 있음을 보여 준다(Berk, 2006).

3) 애착의 발달

애착(attachment)이란 영아와 양육자 간에 형성되는 친밀한 정서적 유대감을 말한다. 영아는 생후 6개월이면 애착을 느끼고 2세경까지 형성된 애착의 수준은 그 이후의 발달에도 주요한 영향을 미치는 요인으로 강조되고 있다.

(1) 애착발달의 이론

① 정신분석론

Freud는 어머니가 영아에게 수유를 함으로써 빨기와 같은 구강 자극에 대한 만족감이라는 본능적 욕구를 충족시키고, 따라서 어머니는 영아의 애정 대상이 되어 정서적 관계를 유지한다는 것이다.

② 학습이론

학습이론에서는 애착행동을 다른 행동과 마찬가지로 학습경험의 축적이라고 본다. 어머니는 아기를 품에 안고 젖을 먹임으로써 배고픔을 해결해 줄 뿐만 아니라, 수유하는 동안 눈을 맞추고 신체접촉을 통해 따뜻하고 포근한 느낌이나 청각적 자극 또는 촉각적 만족을 끊임없이 제공한다.

③ 인지발달이론

인지발달이론에서는 영아의 사회적 행동이 영아의 기본적인 인지과정과 관련이 있으므로 영아의 지적 발달이 선행되어야 특정 인물에 대한 애착을 형성할 수 있다고 본다.

④ 동물행동학 이론

애착행동은 인간의 생득적인 반응인 빨기, 울음, 미소, 매달리기, 따라다니기와 같은 초기 사회적 신호체계를 모체로 한다. 어머니 또한 영아를 마주 보고 안거나, 영아와 접촉하는 것을 통해 만족감을 느끼는 것 등의 내재적인 특별한 반응양식이 있어 어머니와 아동 간의 사회적 상호작용을 통해 애착이 발달한다고 보았다.

(2) 애착형성의 단계

① 전 애착 단계(출생 후~6주)

이 시기의 영아는 붙잡기, 미소 짓기, 울기, 눈 응시하기 등 다양한 신호체계를 통해 주위 사람들과 가까운 관계를 유지하지만 아직 애착이 형성되지 않았다. 따라서 낯선 사람과 혼자 남겨져도 영아는 별로 개의치 않는다.

② 애착형성 단계(6주~8개월)

이 단계에서 여아는 친숙한 사람과 낯선 사람에게 다르게 반응하기 시작한다.

③ 애착 단계(8~18개월)

이 단계에서는 영아가 이미 애착이 형성된 사람에게 적극적으로 접근한다. 따라서 애착대상이 떠나면 분리불안을 보인다.

④ 상호관계의 형성 단계(18개월~2세)

2세 말경이 되면 영아는 정서적 표상과 언어발달로 인해 이미 애착을 형성한 사람의 행동을 예측할 수 있게 된다.

(3) 애착의 유형

① 안정애착

안정애착(secure attachment) 영아는 어머니와 분리되었을 때에도 다른 방법을 이용하여 능동적으로 위안을 찾으며 어머니가 돌아오면 반갑게 맞이하고 쉽게 편안해진다.

② 회피애착

회피애착(avoidanct attachment) 영아는 어머니와의 관계에서 친밀감을 추구하지 않으며, 낯선 사람과 어머니에게 비슷한 반응을 보인다. 부모와 만나더라도 거부하며 적극적으로 상호작용하지 않는다.

③ 저항애착

저항애착(residant attachment) 영아는 어머니가 방을 떠나기 전부터 불안해하고,

어머니 옆에 붙어서 탐색을 별로 하지 않는다. 부모가 떠나면 괴로워하고 돌아오면 저항하고 분노한다.

④ 혼란애착

혼란애착(disorganized attachment) 유형은 불안정애착의 가장 심한 형태로 회피애착과 저항애착이 결합된 것이다. 어머니와 재결합했을 때, 얼어붙은 표정으로 어머니에게 접근하거나 어머니가 안아 줘도 먼 곳을 쳐다본다.

(4) 안정애착의 형성

안정애착은 생의 초기에 심리적 안정감과 타인에 대한 신뢰감의 원천으로서 성인이 된 후의 적응 및 정신적 수준에도 영향을 미치고 있음이 보고되고 있다. 즉, 조산이나 발달지체, 신체장애 또는 심리적 장애가 있는 영아와 불안정애착 간에는 상관이 있다. 영아의 적응성은 안정애착과 정적 상관이 있으며, 영아의 과활동성은 불안정애착과 정적 상관이 있는 것으로 나타난다.

대부분의 영아는 양육자가 영아의 기질에 적합한 양육을 하면 안정애착을 형성할 수 있게 되지만, 그렇지 못한 경우 까다로운 기질의 영아에게는 애착문제가 발생할 수 있다. 영아의 기질이나 특성뿐만 아니라 어머니의 특성도 애착 형성에 영향을 미치는 요인으로 작용한다.

안정애착을 형성한 영아의 어머니는 아기의 신호에 빨리 반응하고, 적절한 도움을 주는 등 민감한 상호작용을 한다. 불안정애착이나 회피애착 영아의 어머니는 화를 잘 내고 아기와의 밀접한 신체접촉을 회피하고 자신의 감정을 표현하는데 어려움이 있는 것으로 나타났다. 어린 시절 자신의 부모와의 관계가 성인이 된 후의 자녀와의 관계에 지속적으로 영향을 미치는 애착의 세대 간의 전이가 일어나게 된다는 사실을 통해 영유아보육 현장에서의 애착형성은 매우 중요한 발달과업이다.

4) 자아발달

자신에 대한 이해는 자기인식에서 출발한다. 아동의 자기인식은 자아개념과 자아존중감의 발달을 초래한다. 자기인식의 발달은 영아가 다른 대상과 구분되는 독립된 실체로서 자신을 인식하는 것에서부터 시작한다. 자아개념과 자아존중감의 발달은 자기효능감의 발달을 이끌고, 타인의 행복에 대해 관심을 갖고 배려하는 이타적 행동이 사회적 행동으로 나타나는 친사회적 행동(prosocial behavior)과 매우 높은 관련성을 지닌다.

(1) 자아개념

자아개념(self-concept)은 개인의 신체적 특징, 개인적 기술, 특성, 가치관, 희망, 역할, 사회적 신분들을 포함한 '나'는 누구이며, 무엇인가를 깨닫는 것을 의미한다. 자아개념은 자신이 독특하고 타인과 구별되는 분리된 실체라고 인식하는 데에서 발달하기 시작한다. 2세경의 자아개념은 행동으로 자신을 묘사한다. 아동기의 자아개념은 큰 변화가 일어나는데 이때부터 자신이 가진 개인적 특성으로 자신을 묘사하기 시작한다. 아동 초기까지는 주로 자신의 신체적 특성이나 소유물을 좋아하는 놀이활동 등을 통해 자신을 묘사하는 반면, 아동기 말이 되면 심리적 특성이나 다른 사람과의 관계 등을 중심으로 자신을 묘사한다.

아동의 어휘력 증가와 다양한 경험으로 연령이 증가할수록 자기이해가 증가한다. 즉, 신체적 자아와 활동적 자아에 대한 자기묘사는 감소하고 사회적 자아와 심리적 자아의 묘사가 증가하는 것을 알 수 있다.

(2) 자아존중감

자신의 존재에 대해 인지적으로 형성된 것이 자아개념이고, 자기 존재에 대한 긍정적 자아개념이 자아존중감(self-esteeem)이다. 자아존중감은 자신에게 중요하게 여겨지는 사람과의 상호작용으로부터 싹트고 작은 성취나 칭찬 또는 성공을 통해서 형성된다.

자아존중감은 인간의 정신건강에 결정적인 역할을 하는 것으로 보인다. 자아존중감은 인간의 기본욕구로서 이 욕구의 충족 여부는 매우 중요한 문제라고 한다. 인본주의자인 매슬로에 의하면, 이 욕구를 충족시킨 사람은 자신감이 있고 자신을 가치 있고 유용한 사람이라 생각하는 반면에 그렇지 못한 부정적 감정은 정신질환을 유발할 가능성이 있다고 한다.

유아기에는 일반적으로 자아존중감이 높은 편이나 아동기에 들면서 여러 영역에 걸쳐 자신을 객관적으로 평가하게 됨으로써 현실적인 수준으로 조종되며, 학동기의 아동은 자아존중감이 세분화된다.

아동기의 자아존중감 형성에 영향을 미치는 것은 다음과 같다. 첫째, 부모가 온정적, 수용적인 양육태도를 취할 경우 아동의 자아존중감이 높은 반면, 거부, 제재, 위협적인 태도를 보일 경우에는 자아존중감이 낮은 것으로 나타났다. 특히 남아의 자아존중감은 어머니의 양육행동과, 여아의 자아존중감은 아버지의 양육행동과 높은 상관이 있는 것으로 보인다. 둘째, 출생순위별로 맏이나 외동이 자아존중감이 높다. 또한 형제관계가 친밀하고 온정적인 경우에는 자아존중감이 높고 갈등상황인 경우에는 자아존중감이 낮은 것으로 나타났다. 셋째, 사회경제적 지위가 낮은 집단은 높은 집단에 비해 경제적인 스트레스 때문에 아동에게 적대적인 양육행동을 보이므로 자아존중감이 낮게 나타난다. 넷째, 또래, 가족, 교사로부터 사회적 지지를 많이 받는 아동이 자아존중감이 높게 나왔다.

(3) 자기효능감과 자기통제감

자기효능감(self-efficacy)은 자신이 스스로 상황을 극복할 수 있고 자신에게 주어진 과제를 성공적으로 수행할 수 있다는 신념이나 기대를 의미한다. 높은 자기효능감은 긍정적인 자아개념을 촉진하고 낮은 자기효능감은 부정적인 자아개념을 갖게 한다. 자기효능감은 일반적으로 아동기에 증가하는데 낮은 자기효능감은 실패의 경험에서 발생하는 것으로 자신이 아무리 노력해도 성공할 수 없을 것이라 느끼게 되는 학습된 무력감을 갖게 되어 어떤 과제가 주어졌을 때 시도도 해 보지 않고 일찌감치 포기해 버린다.

가정의 사회경제적 수준, 어머니의 심리적 요인(어머니의 효능감, 결혼만족도)은 어머니의 양육행동에 영향을 미침으로써 아동의 자기효능감에 영향을 미친다.

한편 자기통제(self-control)는 목표를 달성하기 위해 순간의 충동적인 욕구나 행동을 억제할 수 있는 능력을 말한다. 자기통제능력은 유혹에 저항하는 능력, 만족을 지연시키는 능력, 충동을 억제하는 능력으로 구성되어 있다.

자기통제능력이 아동기에 급격하게 증가하는 이유는 첫째, 아동이 인지적으로 성숙함에 따라 자신의 사고와 행동을 규제할 수 있는 보다 효율적인 전략을 사용할 수 있기 때문이고, 둘째, 자기조절과 자기통제의 가치를 강조하는 규준을 내면하기 때문이다.

아동이 미래의 성취를 위해 즉각적인 욕구만족이나 충동을 억제하는 일은 성숙한 인간으로 성장하는 과정에서 매우 중요한 의미가 있으며, 청년기 자아존중감을 예측해 주는 인지적 능력, 사회적 기술, 자신감과 관련이 있고 성인기에는 직업적 성공과 대인관계에서의 성공을 예측할 수 있는 특성과 관련이 있다고 본다.

아동의 자기통제능력에 대해서는 사려성 높은 아이, 친구와 잘 적응하는 아이가 자기통제능력도 높게 나왔으며 어머니가 아동에게 권위주의적이고 통제를 많이 할수록 아동의 자기통제는 더 낮아지는 것으로 나타났다.

(4) 친사회성 발달

친사회적 행동은 다른 사람을 이롭게 하는 행동으로서 친구에게 자기 소유물을 나누어 주거나, 곤경에 처한 사람을 돕거나, 자기 자랑보다는 남을 칭찬하고 다른 사람의 복리증진에 관심을 갖는 것을 포함한다. 자아개념과 공감 및 사회 환경 등과 친사회적 행동 간에는 관련성이 있어서 이들 수준이 높을수록 친사회적 행동을 더 많이 하는 것으로 나타났다.

이타적 행동은 다른 사람이 나에게 해 주기를 원하는 것을 다른 사람에게 그대로 해 주는 호혜성과 관련이 있다. 친사회적 행동의 동기가 어디에 있느냐에 따라 이타적 행동인지 아닌지를 구분하는데, 자신에게 돌아올 어떤 보상을 기대하지 않고 다른 사람을 이롭게 할 경우에만 이타적 행동으로 간주한다. 나이가 어릴수록 쾌락주의적 추론을 하는 경향이 있고 연령이 증가함에 따라 점점 수혜자의 욕구를 이해하는 경향이 있다.

공감은 다른 사람이 느끼고 있는 감정을 그대로 느끼는 것을 말한다. 영아는 자신과 다른 사람의 존재를 구분하지 못하므로 다른 영아에게 일어난 일이 마치 자신에게 일어난 것으로 행동하다가 점차 자신이 아니라 다른 사람이 고통을 당하고 있다는 것을 이해한다. 유아는 인지 및 사회적 조망 수용능력의 발달로 인해 타인이 자신과는 다른 행동을 할 수 있다는 것을 알게 되고 다른 사람의 고통의 원인을 찾아 해결하려고 하며, 아동기에는 다른 사람이 고통받는 것을 직접 눈으로 보지 않더라도 상상하는 것만으로 감정이입이 가능하다.

이러한 친사회성의 획득은 건전한 인간관계와 사회생활의 적응을 높이는 요인이 된다. 또한 아동기까지의 친사회적 행동의 형성은 개인과 집단생활의 기초가 되며 유아기의 주요 발달과업으로서 보육 프로그램의 주요 영역이 되고 있다.

참고문헌

강인언, 이한우, 정정란(2009). 최신 아동발달. 서울: 학지사.

곽금주 외(2005). 한국영아발달연구. 서울: 학지사.

김경철(2005). 유아 교수-학습 원리의 뇌 과학적 의의. 열린유아교육연구, 10(4), 199-224.

김성일(2006). 뇌기반 학습과학: 뇌과학이 교육에 대해 말해 주는 것은 무엇인가? 인지과학, 17(40), 375-398.

김수희, 김지현, 나용선, 전대성(2006). 아동발달. 서울: 양서원.

김지현, 김수희, 김정숙(2008). 보육학개론. 파주: 학현사.

서유헌(2009). 뇌 기반 적기 교육과 영재교육. 한국수학교육학회 학술세미나 프로시딩 자료, 1-10.

손홍숙(2009) 아동발달론. 파주: 공동체.

송명자(2008). 발달심리학. 서울: 학지사.

심성경 외(2010). 아동발달. 서울: 학지사.

이명조(2005). 영유아 발달과 교육. 서울: 양서원.

이순형 외(2009). 보육학개론(3판). 서울: 학지사.

전남련, 김재환, 권경미(2007). 보육학개론. 파주: 학현사.

정옥분(2002). 아동발달의 이해. 서울: 학지사.

조주연(2001). 뇌과학에 기초한 창의성 교육의 원리와 방향. 학생생활연구, 27, 115-141. 서울교육대학교 학생생활연구소.

Berk, L. E. (2006). *Child Development* (7th ed.). Allyn & Bacon. 이종숙 외 공역(2008). 아동발달. 시그마프레스.

Kail, R. V. (2007). *Children and their development* (4th ed.). Prentice Hall. 권민균 외 공역(2008). 아동과 발달. 시그마프레스.

MacLean, P. D. (1990). *The triune brain in evolution: Role in paleo-cerebral functions.* New York: Plenum Press.

Nelson, C. A., & Thomas, K. M. (2008). Neural bases 0f cognitive development. In W. D. Damon, & R. M. Lerner (Eds.), *Child and adolescent development: An advanced course.* John Wiley & Sons, Inc., 19-53.

Rothbart, M, K., & Bates, J. E. (2008). Temperament. In W. D. Damon, & R. M. Lerner (Eds.), *Child and adolescent development: An advanced course.* John Wiley & Sons, Inc., 54-92.

Thomas, A., & Chess, S. (1977). *Temperament and development.* NY: Brunner/Mazel.

Chapter 04

보육과정

목표가 있는 제도를 실행하기 위해서는 무엇을 어떻게 수행할 것인가를 생각해야 한다. 보육시설에서 보육을 행하기 위해서도 무엇을 어떻게 수행할 것인지에 대해 총체적이고 종합적인 계획을 세워야 한다. 영유아에게 적합하고 적절한 교육을 제공하기 위해 총체적으로 세우는 계획이 보육과정이다. 즉, 보육과정이란 어린이집에서의 교육과정이라 할 수 있다. 보육과정은 영유아보육에서 다루어야 하는 주요 내용을 핵심적으로 다루는 영역이다. 따라서 보육과정은 영유아 보육의 핵심 요소로서 영유아에게 어떤 내용을 어떻게 가르칠 것인가에 중점을 두어야 한다. 보육과정은 영유아 보육의 특성, 영유아 보육의 목적과 내용, 교수-학습방법, 평가 등을 다루게 된다. 질적인 보육서비스를 제공하기 위해서는 보육과정을 구성하는 각각의 요소들이 일관성과 연계성이 있고 적절하게 계획되어야 한다. 따라서 이러한 보육과정은 전체적으로 보육의 방향을 제시해 준다고 볼 수 있다. 그러므로 이 장에서는 보육의 개념, 목표, 내용, 방법 등을 알아봄으로써 보육과정의 이해를 도모하고자 한다.

1. 보육과정의 개념 및 특성

영유아 보육의 개념은 출생 후 초기에 해당하는 영유아기에 제공되는 보호, 돌봄과 교육이다. 인간이 낳는 아기는 동물들과는 달리 출생 후 일정시간이 지나야 스스로 이동할 수 있다. 스스로 이동하는 것뿐 아니라 어느 정도 자립하기까지 아기는 최소한 수년 동안 부모나 성인의 돌봄이 필요하다. 보통은 부모가 영유아를 보육하지만 부모가 직업을 가지고 있거나, 아기를 돌볼 수 없는 경우에는 부모를 대신하는 대리부모에 의한 보육이 필요하다.

보육은 기본적으로 식사와 영양 제공, 목욕과 청소 등의 위생적 돌봄을 사회적으로 상호작용하고 영유아에게 교육을 하는 활동을 의미한다고 할 수 있다.

보육이란 '보살펴 기름' '유아의 정상적인 발달을 목적으로 유치원, 보육원 등에서 베푸는 교육' 이라는 사전적 의미와 "어린 생명을 보호, 육성하는 것, 유아를 보호, 교육하는 것"(한국유아교육학회, 1997), "주로 취업모의 자녀를 대상으로 하여 장기간 운영하는 프로그램"(이기숙, 2000)이라는 의미를 지니고 있다.

영유아보육법 제2조(정의)에서도 보육은 "영유아를 건강하고 안전하게 보호, 양육하고 영유아의 발달특성에 적합한 교육을 제공하는 사회, 복지 서비스"로 명시하고 있다. 따라서 보육은 과거의 단순히 보호한다는 개념에서 더 나아가 보호와 교육의 의미를 함께 지니는 것으로 여겨지고 있다.

그렇다면 보육과정의 개념은 어떠한 것인가?

보육과정은 영어로 'curriculum of child care and education' 으로 표기할 수 있다. 즉, 보육과정이란 보육시설에서 시행되는 교육과정(curriculum)을 의미하며, 이는 영유아가 '어떻게 되어야 하고 어떻게 된다(ought to be and become)' 는 가치를 반영하는 프로그램의 목적에 따라 계획되고 조직된 영유아의 경험의 목록(Saracho & Spodek, 1992)을 의미한다.

보육과정은 보육시설에서 영유아를 보육하는 전체적인 틀이자 기준으로 보육목적을 달성할 수 있는 구체적 양식이다. 보육의 진정한 목적은 영유아의 성장과 발달에 대한 철학을 기본 전제로 한다. 따라서 영유아 성장과 발달에 관한 분명하고

도 합리적인 철학적 기초를 바탕으로 보육목적을 설정해야 한다. 따라서 보육과정은 보육철학, 보육목적, 보육내용, 보육방법, 보육평가 등으로 구성된다.

보육과정에 대한 개념은 학자에 따라 다양하게 정의되고 있다.

NAEYC(1991)에서는 보육과정에 대해 "영유아가 학습할 내용, 보육목표를 성취해 나가는 과정, 영유아의 이러한 목표성취를 돕기 위한 교사의 역할, 교수와 학습이 발생하는 맥락에 관해 서술한 조직화된 틀이다."라고 정의하고 있다.

김명순, 이기숙, 이옥(2005)은 "출생부터 만 5세까지 모든 영유아의 성장과 발달을 촉진하고 전인적 인간형성 및 기본생활형성을 돕는 보육시설에서 영유아가 경험한 모든 내용의 총체다."라고 정의한다.

이순형 외(2009)는 "영유아를 대상으로 보호하고 교육하기 위한 활동에 대한 목적 및 목표의 설정, 활동내용의 선정과 조직, 활동 과정과 결과에 대한 평가 등에 대한 전체적 계획과 조직 또는 전체적 설계도다."라고 정의한다.

한국유아교육학회(1996)는 "영유아의 전인적 성장과 발달을 돕기 위해 보육시설에서 영유아가 학습할 내용, 보육목표를 성취해 나가는 과정, 유아의 목표성취를 돕기 위한 교사의 역할, 교수와 학습이 발생하는 상황에 관해 계획한 조직화된 틀이다."라고 정의하고 있다.

따라서 보육과정은 보육시설에서 보육교사가 영유아를 보육하는 전문적 활동이라 할 수 있다. 즉, 영유아를 대상으로 보육활동에 대한 목적 및 목표를 설정하고, 활동내용을 선정, 조직, 운영하며, 운영 전반을 평가하는 보육의 모든 것으로 정의할 수 있다. 그러므로 보육과정은 보육의 전체적인 방향을 제시해 주는 것이고, 영유아 발달 및 교육에 대한 철학, 보육 목적 및 목표, 내용, 방법, 평가가 포함된 기본적인 설계도라고 할 수 있다.

영유아보육법 제29조 1항에서는 "보육과정은 신체, 정서, 언어 및 인지적 발달을 도모할 수 있는 내용을 포함하여야 한다."고 밝히고 있으며. 2항과 3항에는 보건복지부 장관이 표준보육과정을 개발, 보급하고 보육시설장은 표준보육과정에 따라 영유아를 보육하도록 규정하고 있다.

영유아 보육은 대상 연령이 다양하고, 발달특성에 있어 개인차가 크며, 수요자들의 요구도 다양하여 매우 복잡하다고 할 수 있다. 따라서 영유아 보육과정은 다음과 같은 몇 가지 특성이 있다.

첫째, 영유아 보육과정은 그 대상이 다양하다. 대상은 0세에서 만 5세의 모든 영유아이고, 장애아와 일반아가 함께 포함되며, 부모가 돌보아 줄 상황이 못 되는 영유아와 그렇지 않은 영유아를 포함하므로 다양한 대상의 발달적, 교육적 요구를 고려해야 한다. 영유아는 연령에 따라 발달상의 차이가 있고, 같은 연령의 영유아라 하더라도 개인차가 있기 때문에 보육의 대상 범위가 매우 넓다고 할 수 있다. 이렇듯 보육대상이 광범위하기 때문에 영유아보육법에서도 보육과정을 다양하게 제시하고 있다. 영유아보육법 시행규칙 제28조에 의하면 영아는 만 2세까지이고, 유아는 만 3세 이상에서 만 6세 미만으로 구분짓고 있다. 따라서 영아와 유아의 발달상의 차이를 고려하며 영아의 경우 월령에 따라 다른 보육활동으로 접근할 수 있도록 보육과정을 고려해야 한다. 즉, 영아 보육과정은 영아의 월령별 발달특성에 근거하여 긍정적 자아개념 형성과 주변 세계 탐색의 내용으로 구성되어야 한다. 유아 보육과정은 타인과의 의사소통이 활발해지고 사회적인 관계형성이 폭넓게 이루어지기 시작하는 연령이기 때문에 사회생활 경험의 장을 제공해야 하고, 신체, 정서, 사회, 언어, 인지 발달에 있어서 가장 중요한 시기이므로 전체적이고 전인적인 발달이 이루어질 수 있도록 구성되어야 한다.

둘째, 영유아 보육과정은 보육내용이 다양하다. 보육은 보호와 양육 그리고 교육 등 세 가지를 모두 포함한다. 보호는 단순한 돌봄이라 할 수 있고 양육은 단순한 돌봄과 더불어 영유아에게 목욕시키기, 배변시키기, 수유하기 등까지 위생, 건강, 영양, 안전 등에 관한 활동을 의미한다. 교육은 연령과 개인에 적합하게 인지, 언어, 신체, 정서, 사회 발달을 가져오는 모든 교육 활동을 의미한다. 그러므로 영유아 보육과정은 가정 내 부모의 역할을 대신하고, 보충, 보완하여 영유아의 전반적인 발달을 도모하기 위해 전인적 발달을 지원하고 교육한다.

셋째, 영유아 보육과정은 가정과 사회 전체를 지지해 준다. 영유아보육법 제1조에 의하면 보육은 "심신의 보호와 건전한 교육을 통하여 영유아를 건강한 사회성원으로 육성함과 아울러 보호자의 경제적, 사회적 활동을 원활하게 함으로써 가정복지 증진에 기여함을 목적으로 한다."라고 하여 보육이 보편적인 영유아 모두를 대상으로 한다는 것을 명시하고 있다. 또한 '보호자의 경제적 · 사회적 활동을 원활하게 함으로써 가정복지 증진에 기여함' 을 목적으로 하고 있으므로 영유아 보육은 영유아와 부모를 모두 지지해 줌과 더불어 궁극적으로 사회에 기여하는 역할을 수행해야 함을 알 수 있다.

넷째, 영유아 보육과정은 가정과 같이 편안하고 융통성 있게 구성되어야 한다. 보육시설에 있는 대부분의 영유아는 하루에 10시간 이상의 긴 시간 동안 보육시설에서 생활한다. 그러므로 이들이 생활하는 환경은 가정에서와 마찬가지로 편안해야 하며, 신체적, 심리적으로 안전하고 안정되어 있다는 신뢰를 가질 수 있어야 한다. 이를 위해 영유아 보육과정의 계획과 운영에서는 영유아의 신체적 · 생리적 · 심리적 욕구가 반영되어야 하며, 개별적인 발달 욕구 역시 고려되어야 한다. 이처럼 가정의 역할을 대신하고 보충, 보완한다는 점에서 보육시설에서는 가정 및 부모와의 연계를 중요시해야 한다. 그러므로 보육과정은 영유아의 교육뿐 아니라 영양, 건강, 지역사회와의 연계, 부모와의 연계를 통해 가정에 대한 지원을 포함하는 포괄적 서비스를 제공해야 한다.

다섯째, 영유아 보육과정은 수요자의 요구에 따라 다양하다. 영유아 보육과정은 다양한 가족 상황에 있는 다양한 영유아의 보육 욕구를 고려해야 하므로 그 특수성과 개별성이 고려되어야 한다.

2. 보육과정의 구성

1) 구성원리

영유아 보육과정 구성자는 분명한 교육철학을 갖고, 영유아에게 필요하고 적절한 교육 경험의 기회를 제공하며, 영유아가 능동적으로 참여할 수 있는 학습을 위한 보육과정을 구성하도록 해야 한다. 영유아 보육과정의 구성에 있어서 가장 기본적으로 고려해야 할 원리로는 영유아의 발달특성을 토대로 한 발달적 요구에 부응하는 보육이 있다. 영유아의 발달적 요구는 아동중심 보육활동의 기준이 되므로(이순형 외, 2000) 영유아의 발달특성과 발달수준에 따른 요구를 민감하게 관찰해야 한다.

한편, 영유아의 발달적 요구는 그 시기에 따라 강조되어야 하는 측면이 다르다. 따라서 보육과정을 구성할 때 이러한 영유아의 각 시기별 발달수준과 발달적 요구를 반영해야 할 필요가 있다.

미국의 NAEYC는 3~8세의 영유아 교육내용에 대한 지침을 다음과 같이 제시(NAEYC & NAECS/SDE, 1991; 양옥승 외, 1999 재인용)하고 있는데 보육과정을 구성할 때 이를 고려할 필요가 있다.

- 보육과정은 유아의 학습방법에 대한 폭넓고 전문적인 의견과 연구로 이루어진 이론적 기초에 근거하여 명료하게 표현되어야 한다.
- 보육과정의 내용은 유아의 사회, 정서, 인지, 신체 등의 모든 영역에 대해 장기적인 목적을 성취할 수 있고 민주사회 구성원으로서의 역할을 충분히 발휘하도록 고안되어야 한다.
- 보육과정에는 지식과 이해, 과정과 기술, 성향과 태도에 대한 발달이 포함되어야 한다.
- 보육과정은 유아에게 적절하고 의미 있으며 참여해 볼 수 있도록 광범위한 범위로 진술되어야 한다.
- 보육과정의 목적은 실현 가능하고 대부분의 유아가 성취할 수 있어야 한다.
- 보육과정의 내용은 집단 내 개별 유아의 욕구와 흥미를 반영해야 한다. 보육과정은 다양한 학습경험, 자료, 장비, 교수전략과 통합되어야 하며 유아의 사전경험, 성숙, 학습형태, 욕구, 흥미의 정도에 따라 조정된다.
- 보육과정은 개인차, 문화의 차이, 언어적 다양성을 존중하고 지지한다. 보육과정은 유아의 가족과의 긍정적인 관계수립을 지원하고 격려해야 한다.
- 보육과정은 유아의 학습을 통합시키고 새로운 개념과 기술의 획득을 장려하기 위하여 유아의 사전지식과 능력을 고려해야 한다.
- 보육과정은 유아의 사전지식과 경험에 기초한 정신구조가 시간이 지남에 따라 복합적으로 구성될 수 있도록 그 개념적 틀을 제공해야 한다.
- 보육과정은 특별한 주제나 내용에 초점을 둘 수 있으며 풍부한 개념 발달의 기회를 제공하는 학습경험이나 주제에 대한 계획을 함으로써 전통적인 주제들

간의 통합을 허용해야 한다.

- 보육과정의 내용은 관련된 주제와 일치되도록 지적인 통합성을 가져야 한다.
- 보육과정의 내용은 알 만한 가치가 있어야 한다. 즉, 보육과정은 유아의 지적 능력을 존중하고 시간을 허비하지 않도록 해야 한다.
- 보육과정은 아동이 학습과정에 능동적으로 참여하도록 해야 하며 유아는 의미 있는 선택의 기회를 가져야 한다.
- 보육과정은 학습과정에 동반되는 실수를 가치 있는 것으로 인정하고 올바른 답을 찾기 위한 탐구와 실험을 제한하지 않아야 한다.
- 보육과정은 유아의 사고, 추리능력, 판단력, 문제해결력의 발달을 강조한다.
- 보육과정은 모든 영역에서 학습할 수 있는 사회적 상호작용의 가치를 강조하며 또래로부터의 학습기회를 제공한다.
- 보육과정은 활동, 감각적 자극, 신선한 공기, 휴식, 섭식, 영양 등에 관한 유아의 생물학적 욕구를 충족시켜야 한다.
- 보육과정은 유아의 심리적 안전을 도모해야 한다. 즉, 놀라움, 걱정, 거부보다는 행복한 느낌, 편안함, 안락함을 느낄 수 있도록 해야 한다.
- 보육과정은 유아의 관점에서 성공할 수 있는 경험을 제공함으로써 학습의 즐거움과 성취감을 강화해야 한다.
- 보육과정은 교사가 개별 유아나 집단을 적절히 수용하도록 융통성이 있어야 한다.

이와 같이 영유아를 위한 보육과정은 발달에 적합하고, 발달적 요구에 부응할 수 있는 보육내용을 포함시켜 구성해야 한다. 따라서 보육과정을 구성할 때는 영유아 보육법에 명시된 범위 내에서 기본 방향과 목적을 설정한 후 다음과 같은 특성들을 고려하여 보육과정이 일관성 있고 연계성 있게 계획되도록 해야 한다.

첫째, 보육의 대상을 고려해야 한다. 영유아의 연령별 보육과정을 계획함과 더불어 같은 연령이라도 개인차를 고려해야 하고, 연령에 따라 달라지는 보육교사 대 영유아 비율에 대한 검토도 이루어져야 한다.

둘째, 보육일수와 보육시간을 검토해야 한다. 영유아보육법에 규정된 것처럼 보육시설은 주 6일, 평균 12시간 이상의 운영이란 원칙하에 보호자의 근로시간 등을 고려하여 융통성 있게 조정, 운영할 수 있다. 또한 관공서의 공휴일에 관한 규정에 의한 공휴일을 제외하고 연중 계속 운영하고, 지역 및 시설 여건에 따라 보호자와 시설장의 협의에 의하여 공휴일에도 운영할 수 있다고 명시되어 있다. 따라서 보육시설종사자는 이 기준에 맞추어서 보육시설에 다니게 될 영유아의 특성과 학부모의 요구, 지역사회의 특성 및 요구 등을 고려하여 가장 적절한 보육 프로그램을 계획, 운영할 수 있어야 한다.

셋째, 편제를 고려해야 한다. 표준보육과정의 6개 영역, 즉 사회관계, 의사소통, 자연탐구, 예술경험, 신체운동 및 기본생활 등의 영역에 기초하여 편성해야 한다. 이외에도 시설 및 공간과 학습자료 역시 발달에 적합한 것으로 고려되어야 한다.

영유아를 위한 보육과정의 구성은 영유아의 전인적 발달이라는 궁극적인 목적 아래 보육목표를 설정한 후, 이에 기초하여 보육내용 선정 및 조직이 뒤따라야 하고, 보육내용들을 가장 효과적으로 학습할 수 있는 교수-학습방법을 검토하고 선정하여 보육활동을 실행한 후, 최종적으로 전체 보육과정을 평가하는 단계들로 이루어진다. 보육과정을 구성하는 이 네 요소들은 연계성 있고, 순환적이며 상호적으로 구성되어야 하는데, 이러한 구성요소들을 살펴보기로 한다.

2) 구성요소

(1) 보육목표의 설정

영유아를 위한 보육목표 설정의 원천에 대하여 간략히 살펴보면 다음과 같다(김정원 외, 2006).

첫째, 영유아가 학습자라는 사실이다.

영유아 보육은 어디까지나 학습자가 있는 곳에서 출발하여야 하며 학습자를 충분히 고려하는 입장에서 검토되고 계획되어야 한다. 특히 영유아 보육의 대상은 매우 어리고, 발달의 속도가 매우 빠르며, 개인차가 크다는 특징을 지녔기 때문에 다른 어느 연령대보다도 학습자에 대한 연구가 철저히 이루어진 후에 보육목표가 설정되어야만 한다.

둘째, 사회를 이해해야 한다는 사실이다.

학습자로서의 영유아에 대한 이해와 함께 보육목표를 설정하기 위해서 고려해야 하는 또 한 가지는 우리가 몸담고 살아가는 사회에 대한 사실이다. 어린 세대의 보육은 일종의 사회화 과정으로서 개인으로 하여금 그가 속한 사회에 잘 적응할 수 있도록 하는 것이므로, 보육시설에서는 각 사회에서 중요하게 다루어지는 사회적 가치나 기대를 보육과정에 반영해야만 한다. 미래사회에서 중요한 역할을 담당해야 할 어린 세대인 영유아의 보육을 위해서 장기적 안목으로 현재뿐만 아니라 미래의 사회변화와 그 사회의 요구를 예견하고 그것에 맞추어 바람직한 인간상을 설정하고 보육목표를 계획하는 것은 대단히 중요한 일이다.

셋째, 교과 전문가의 제안이다.

유아교육 전문가들은 교사들이 영유아를 위하여 무엇을 가르쳐야 할지에 대하여 끊임없이 연구하여 영유아의 각 연령 발달에 따라 적합하면서 동시에 가르칠 가치가 있는 보육목표와 내용들에 관하여 제안해 왔다. 그러므로 보육목표를 설정하기 위하여 이들 전문가의 제안을 기초로 하는 것은 반드시 필요한 일이다.

넷째, 보육철학에 대한 검토다.

앞에 제시한 세 가지 목표설정의 자원은 서로 상충되는 목표를 제시할 수도 있으며 조사된 학습자의 필요나 흥미, 사회적 요구가 바람직하지 않을 수도 있다. 따라서 이들 목표설정의 원천에서 도출한 목표가 가치 있는 것인가의 여부를 검토해 보아야 하며, 이들 중에서 보다 더 중요한 목표를 골라내야 한다. 이때에는 보육시설에서 철학적 가치기준에 따라서 가장 가치 있는 보육목표를 설정한다.

다섯째, 학습심리에 대한 검토다.

학습심리에 대한 근거는 학습심리학이 제공해 줄 수 있다. 특히 영유아의 발달특성은 그 어느 단계보다도 독특하므로 그들의 발달과 학습특성을 충분히 고려하는 것은 그 어느 단계보다도 보육목표를 성공적으로 달성하는 데 반드시 필요한 요소라 할 수 있다.

보육목표는 보육과정의 전체적인 방향을 설정하고, 보육과정의 실행을 통해 달성하여야 할 내용을 의미한다. 질 높은 보육과정 구성에 있어서 적절한 보육목표의 설정은 가장 기본이 되며 결정적인 요소로서, 국가 경쟁력인 능력 있는 민주시민

양성의 초석으로 삼는 데 중요하다. 따라서 보육목표를 설정할 때 국가 및 교육이념이 반영된 교육철학, 사회 · 문화적 맥락, 학습자인 영유아의 심리적 특성 등을 고려해야 한다.

목적과 목표의 한 예로서 미국의 NAEYC에서 3~8세 유아들을 위하여 설정, 제시한 교육목표를 살펴보면 다음과 같다(NAEYC, 1991, p. 28).

① 영유아교육의 목적

영유아의 발달에 적합할 뿐 아니라 21세기를 살아가기 위해 비판적으로 사고하고, 함께 협동하며 창조적으로 문제를 해결할 수 있는 민주시민을 육성하기 위한 교육을 추구하고 있다.

② 목적 달성을 위한 영유아교육의 목표

- 학습에 대한 긍정적 자아개념과 태도, 자기조절력과 소속감을 기른다.
- 세상에 대한 호기심, 학습자로서의 자신감, 창의성과 상상력, 자기주도성을 기른다.
- 교사 및 또래와의 상호 신뢰감과 존경의 관계, 타인의 입장에 대한 이해, 집단생활의 규칙을 지키고 타협할 수 있는 능력을 기른다.
- 사회적, 문화적 다양성을 이해하고 존중한다.
- 지역사회와 사회적 역할에 대해 안다.
- 효율적으로 의사소통을 하며 사고와 학습을 촉진시키기 위해서 언어를 사용한다.
- 읽기와 쓰기로부터 정보뿐만 아니라 만족감을 얻는 유능한 인간이 된다.
- 가상놀이, 춤과 동작, 음악, 미술 및 구성활동을 통해 감정과 느낌, 생각을 표상한다.
- 비판적으로 생각하고 추론하며 문제를 해결한다.
- 사건, 사물, 사람과의 관계에서 분류, 서열, 수, 공간, 시간과 같은 개념을 이해한다.
- 물리적 세계에 대한 지식을 구성하고, 사물을 조작하며, 인과관계를 이해한다.
- 예술, 문학, 과학에 대한 감상과 이해를 한다.

- 신체조절에 능숙하고, 대소근육의 기초적인 신체기술을 익힌다.
- 자신의 신체를 보호하기 위한 지식을 갖고 바람직한 건강과 체력을 유지한다.

(2) 보육내용 선정 및 조직

보육내용의 선정은 무엇을 가르칠 것인가의 문제로서 보육시설의 보육철학, 시대 · 사회 · 문화적 배경과 가치, 부모의 요구, 영유아의 특성 등에 따라서 결정된다. 보육내용을 선정할 때에는 보육목표와 일관되고 연계성 있는 내용을 선정해야 하며, 영유아의 전인적 성장을 위해 신체 · 정서 · 사회 · 언어 · 인지적 측면이 모두 포함되는 내용을 넣어야 한다. 보육내용은 보육목표에 따라서 달라지지만 크게 지식, 태도, 가치, 기술 등을 포함하여 영유아가 실행 가능한 것으로 선정해야 한다.

보육내용을 선정하는 데 있어서 기본적으로 고려해야 할 점은 다음과 같다(이순형 외, 2009).

첫째, 목표 달성에 필요한 활동을 영유아가 직접 해 볼 수 있는 기회를 충분히 마련해야 한다.

둘째, 현재의 발달수준에서 영유아가 수행할 수 있고 더불어 만족스러운 경험을 할 수 있는 다양한 활동으로 구성하여야 한다는 것이다. 따라서 영유아의 사전지식과 능력을 고려하고 현재의 발달수준, 학습형태, 욕구, 흥미를 살펴야 한다. 어린 영유아일수록 영유아가 직접 경험했던 내용이나 이미 알고 있는 것 그리고 할 수 있는 것과 밀접한 내용을 선정해야 한다. 영유아의 자발적 자기표현능력을 기르고자 한다면 영유아들이 언어나 동작, 미술 등 다양한 방법으로 자기를 표현할 수 있는 기회가 시간적으로나 공간적으로 충분히 마련되어야 하고 그 기회를 개별 영유아들이 충분히 가질 수 있어야 한다. 또한 다양한 매체로 표현하는 과정에서 표현에 대한 압력에서 벗어나 자유로이 자신을 표현할 수 있을 만한 허용적 분위기도 갖추어져야 할 것이다.

목표 달성을 위한 보육내용을 선정하면 이어서 보육내용을 조직해야 한다.

보육활동의 내용을 효과적으로 조직하기 위해 고려해야 할 점들은 다음과 같다(이순형 외, 2009).

우선 목표 달성을 위한 활동이 반복적으로 제시되어야 하고 영유아들이 그 활동을 반복적으로 수행할 수 있도록 해야 한다. 이때 활동과정에 수반되는 실수와 오류를 인정해 주고 영유아들에게 지속적으로 탐구하고 실험하는 태도를 허용하는 것이 중요하다.

둘째, 동일 목표를 위한 활동이라도 영아의 활동에 비해 3세나 5세 유아의 활동은 질적으로 심화된 활동이 되도록 해야 한다. 특히 어릴수록 보다 구체적이고 단순한 활동을 접하게 하고 점차 추상적이고 복잡한 활동을 접하도록 조직해야 한다. 또한 어릴수록 이미 알고 있는 내용, 단순한 사실을 바탕으로 한 활동을 먼저 접한 뒤 점차 낯설고 새로운 내용, 개념을 포함하는 활동을 접하도록 조직해야 한다.

셋째, 목표 달성을 위한 활동이 여러 영역에서 반복적으로 경험될 수 있어야 하고 교육의 장뿐 아니라 실생활의 장에서도 경험될 수 있어야 한다. 즉, 책에 대한 흥미를 기르고자 한다면, 책을 접할 기회를 충분히 마련해야 할 뿐 아니라 다양한 활동을 통해 책을 접할 기회를 마련해야 한다. 영아기에는 감각적 탐색과 접근이 가능한 책을 소개할 수 있으며, 유아기에는 자신들의 책을 만들거나 책 속 이야기의 맛을 느끼고 책에서 정보를 얻는 경험을 갖게 할 수 있다. 언어, 수, 과학, 음률, 요리, 표현활동 등을 하는 가운데 책을 활용하거나 접하게 할 수 있으며 가정이나 서점, 도서관, 출판사, 인쇄소 등 실생활에서 책을 접할 기회를 마련할 수 있다.

넷째, 활동들은 영유아의 사회적, 정서적, 인지적, 신체적 발달을 도모할 수 있도록 통합적이면서 균형 있게 조직되어야 한다. 유아에게 있어 지적 기능이나 사회적 기술 중 어느 것 하나가 우위를 점해서는 안 될 것이다. 또한 신체적 활동에 대한 욕구가 매우 높은 영유아들에게 제한된 공간이나 시설 여건 때문에 신체적 활동기회가 제한되어서도 안 될 것이다. 통합적 발달을 위해 활동이 선정되고 그 활동은 실내 및 실외 활동의 형식으로, 개별활동이나 대·소집단 활동의 형식으로, 정적인 활동이나 동적인 활동의 형식으로 균형 있게 조직되어야 한다.

(3) 교수-학습방법

보육목표를 달성하기 위해 보육시설에서 실제로 보육내용을 수행하고 적용하는 방법상의 문제인 교수-학습방법은 보육내용이 가장 효과적으로 학습될 수 있고,

영유아에게 의미 있는 경험이 되도록 접근되어야 한다.

교수-학습방법은 학자들의 이론, 보육교사 자신의 신념과 교수 유형에 따라서 매우 다양하게 적용될 수 있는데, 대 · 소집단 활동, 협동학습, 모델링, 토의, 실험, 설명하기, 프로젝트 활동 등의 방법으로 영유아의 연령이나 발달특성, 사회문화적 맥락에 맞게 접근할 수 있다.

이기숙(2000)은 교수-학습 원리로서 다음을 제시하고 있다.

첫째는 구체성이다.

영유아의 학습은 구체적인 학습으로부터 추상적인 학습으로 진전되므로, 학습활동과 자료는 구체적이어야 하고 실제적이며 영유아의 생활과 관련된 것이어야 한다. 미국의 NAEYC는 유아를 위한 교수-학습 전략으로서 유아의 구체적인 조작 없이 연습지, 시험지, 색칠공부, 미술활동 등에 있어 성인이 만든 모델을 모방하게 하는 것은 적합하지 않다고 지적하였다(Bredekamp, 1986, p. 4). 따라서 영유아교육은 구체적인 경험을 통하여 학습이 이루어지도록 노력해야 한다.

둘째는 다양성 및 융통성이다.

영유아들은 다양한 교수방법과 교수자료를 활용할 때에 효과적으로 학습을 할 수 있다. 연령이 어리면 어릴수록 교수전략이 더 다양화되어야 하고 교수내용도 더욱 융통성 있어야 한다. 또한 영유아기는 발달의 개인차가 큰 시기이기도 하므로 각 영유아의 개인차에 부응하는 교육을 위해서 영유아가 자신에 맞는 활동을 선택할 수 있도록 교수 자료와 전략이 다양해야만 한다.

셋째는 다양한 활동의 선택경험이다.

교사는 영유아에게 다양한 활동과 자료 중에서 선택하여 활동할 기회를 주어야 하며, 영유아가 탐구를 통해 문제해결력을 키워 줄 수 있도록 개방적 질문과 제안을 해 주어야 한다.

넷째는 통합성이다.

영유아의 전인적 성장과 발달을 도모하기 위해서 모든 활동은 통합적인 노력 위에서 전개되어야만 한다. 영유아는 신체, 정서, 언어, 인지, 사회 등의 발달이 통합적으로 이루어져야 하고, 이러한 통합적 발달을 위하여 보육시설에서는 생활주제를 중심으로 흥미영역에 제공되는 놀잇감, 하루 일과 속에서 이루어지는 활동들의 내용 등이 서로 연계되어 통합될 수 있도록 경험을 제공해 주어야 한다.

다섯째는 활동의 균형성이다.

영유아에게 제시되는 활동은 균형을 이루어 다양하게 전개되어야 하는데, 이는 구체적으로 동적 활동과 정적 활동, 실내 활동과 실외 활동, 개별활동과 대 · 소집단 활동, 교사 주도 활동과 영유아 주도 활동 등이다. 보육시설에서의 하루 일과는 이러한 활동들 간에 다양한 균형을 통하여 이루어질 수 있어야 한다.

여섯째는 능동적 상호작용이다.

영유아는 수동적 활동보다는 능동적 활동과 상호작용에 참여함으로써 효율적인 학습을 할 수 있다. 영유아의 능동적인 탐색과 자기발견은 영유아가 실물을 통하여 직접 경험함으로써 많은 것을 배울 수 있도록 도와주기 때문에 중요한 요소가 된다. 대부분의 영유아는 많은 시간을 호기심에 차서 활동을 하며 탐색적인 일에 몰두하는 경향이 있으므로 교사는 이를 능동적인 학습과정으로 격려해 줄 필요가 있다.

일곱째는 동기유발의 중요성이다.

영유아의 지식습득은 놀이를 중심으로 창의성, 호기심, 내적 동기유발에 기초할 때에 효율적으로 이루어진다. 따라서 영유아를 위한 교수방법은 영유아에게 친숙하며 흥미에 기초하여 적절한 대화를 할 수 있는 활동과 자료를 포함하여야 한다.

(4) 보육평가

보육평가는 계획하고 실행된 보육과정이 보육목표를 제대로 달성하였는지를 확인해 보고, 다음 보육과정 계획을 수립하기 위한 기초적인 자료로 활용하기 위한 과정이다. 따라서 보육평가는 영유아의 지식습득 정도를 파악하여 다른 영유아와 비교하고자 하는 것이 아니라, 개별 영유아의 발달 상황을 알고 도와줄 수 있는 긍정적인 측면에서 이루어지도록 해야 한다. 보육평가는 보육과정의 평가, 영유아 평가, 교사 평가, 환경 평가, 부모 평가 등의 영역에서 이루어진다. 이러한 평가는 다양한 방법으로 객관성 있는 양식을 선정하여 적절히 접근해야 하고 다음의 보육계획에 피드백을 주어 질적인 보육으로 나아가는 데 도움이 되어야 한다.

3. 보육과정의 내용

1) 표준보육과정 구성원리

표준보육과정은 '영유아가 어린이집에서 경험할 국가 수준에서의 바람직한 태도와 가치, 지식, 기술을 제시하여 어린이집에서 이들을 보호하고 교육하는 데 지침으로 사용하도록 하기 위해' 개발된 것이다.

이러한 표준보육과정의 구성원리를 살펴보면 다음과 같다.

첫째, 모든 영유아는 어떤 상황이나 환경에서도 자신의 발달과 경험을 스스로 구성해 갈 수 있는 능력이 있다.

둘째, 영유아의 발달이나 경험은 사회, 정서, 언어, 건강, 신체 및 인지 측면이 상호 연결되어 다차원적으로 발달한다. 따라서 한 영역의 발달이나 경험만을 강조해서는 바람직한 성장을 이룰 수 없다.

셋째, 영유아는 자신의 학습속도와 기질, 상황, 사전 경험, 환경에 따라 개인차를 나타내는데 이런 개인차를 고려해 줄 때 자신의 잠재력을 최대한으로 발휘할 수 있다.

넷째, 영유아 개인의 성장과 경험에 중요한 영향을 미치는 요인들은 보육환경과 교사뿐만이 아니라 또래, 가족 및 지역사회 구성원이다. 환경은 영유아의 발달에 적합하고 우리나라 사회 · 문화에 적합하며 개별적 흥미가 고려될 때 영유아에게 더 바람직한 영향을 미친다.

다섯째, 영유아는 자신의 선택에 의해 놀이를 할 때 그리고 주변의 환경을 직접 탐색하도록 격려될 때 관련된 지식, 기술 및 태도를 가장 잘 습득할 수 있다. 이 시기의 영유아는 대집단에서 교사 주도로 이끌려 가는 수동적 경험보다 자신의 오감각을 사용하여 실생활에서 직접 놀이할 때 가장 바람직한 행동변화를 수반한다.

여섯째, 질적으로 우수한 교사는 자연스런 상황에서 영유아에게 다양한 경험 기회를 제공하고 편안하고 안전하게 영유아를 보호한다. 또한 영유아가 또래나 교구들과의 상호작용을 통해 새로운 지식이나 기술을 습득할 수 있도록 세심한 관찰을 통해 개별적이고 민감한 지원을 한다.

2) 표준보육과정 구성체계

보육과정의 기본틀은 신체, 인지, 언어, 정서, 사회성 발달 등 영유아의 발달적 요구의 충족을 통해 궁극적으로 전인적 발달을 도모하려는 영유아 보육의 목적에 근거하여 기본생활, 신체운동, 사회관계, 의사소통, 자연탐구, 예술경험의 6가지 영역으로 구성되어 있다.

보육과정의 6가지 영역에 속한 모든 내용체계는 영유아의 발달특성을 고려하여 2세 미만 영아, 2세 영아, 3~5세 유아의 세 집단으로 구분하고 각 집단 내의 보육내용은 1수준에서 3수준까지 세분화하였다.

연령별 발달특성에 따른 수준별 교육내용은 영유아의 발달과정에서 나타나는 개인차를 고려하여 적용한다.

3) 표준보육과정 목적 및 목표

(1) 목적

표준보육과정의 목적은 영유아의 전인적인 성장과 발달을 돕고 민주시민으로서의 자질을 길러 주어 영유아가 심신이 건강하고 조화로운 사회구성원으로 자랄 수 있도록 하는 데 있다. 표준보육과정을 통해 추구하는 인간상은 다음과 같다.

- 자율적인 인간
- 창의적인 인간
- 다양성을 인정하는 사람
- 민주적인 사람
- 우리 문화를 사랑하는 사람

(2) 목표

표준보육과정의 목표는 다음과 같다.

- 건강하고 안전하며 바르게 생활하는 태도와 습관을 기른다.
- 자신의 신체에 대해 긍정적으로 인식하고 기본운동능력을 기른다.
- 자신을 존중하고 다른 사람과 더불어 생활하는 태도를 기른다.
- 기초적인 언어능력을 기르고 바른 언어생활 태도와 습관을 기른다.
- 주변 환경에 호기심을 가지고 탐구하는 능력과 태도를 기른다.
- 자연과 예술작품의 아름다움에 관심을 가지고 창의적으로 표현한다.

4) 영역별 보육내용

(1) 기본생활 보육과정

① 기본생활 보육과정의 개념 및 특성

▶ 개념

기본생활 보육과정은 일생의 기초가 되는 영유아기의 건강과 안전, 바른 생활태도의 형성을 위해 그들이 가지고 있는 잠재능력을 최대한 발휘하도록 건강과 안전, 바른 생활에 대한 지식과 태도를 기르고 스스로 건강을 관리하고 바른 생활을 할 뿐 아니라 타인의 건강과 안전을 배려하고 바른 생활을 할 수 있는 능력을 기르기 위한 영역으로 정의할 수 있다. 기본생활 보육과정을 통해 형성되는 기본생활습관은 한 개인의 생활에 있어서 기본이 되는 것을 익혀서 습관화하는 것이다.

▶ 특성

영유아기는 올바른 생활습관 형성의 결정적 시기로 이후의 생활에 기초를 형성한다는 점에서 중요한 의의를 가진다. 영유아 시기의 올바른 생활을 도모하기 위한 기본생활 보육과정은 건강한 생활, 안전한 생활, 바른 생활로 구성된다.

② 기본생활 보육과정의 목적 및 목표

기본생활 보육과정의 목적은 건강하고 안전하며 바른 생활습관을 통해 자신의 건강을 스스로 관리하고 위험으로부터 자신을 보호하는 능력을 기르며, 다른 사람과 더불어 즐겁게 생활하는 것이다. 목표는 다음으로 구체화될 수 있다. 첫째, 청결과 위생, 수면과 휴식, 바른 식생활과 의생활 및 심신의 건강을 바탕으로 발달을 촉진하고 건강을 증진한다. 둘째, 위험한 요인과 상황에 대해 알고 안전하게 대처하는 능력을 길러서 자신과 타인을 보호한다. 셋째, 일상 속에서 예절, 질서 및 절약을 생활화하여 즐겁게 생활하는 태도를 가지고 실천한다.

③ 기본생활 보육과정의 내용

기본생활 보육과정의 내용은 표준보육과정을 기준으로 건강한 생활, 안전한 생활, 바른생활의 세 가지 내용 범주와 만 2세 미만, 만 2세, 만 3~5세의 세 수준의 연령으로 구성된다.

〈표 4-1〉 연령별 목표와 내용

내용 범주	만 2세 미만	만 2세	만 3~5세
건강한 생활	• 몸을 깨끗이 하기 • 즐겁게 먹기 • 알맞게 잠자기와 휴식하기 • 즐겁게 생활하기 • 규칙적인 배설 습관 갖기	• 몸을 깨끗이 하기 • 올바른 태도로 먹기 • 알맞게 잠자기와 휴식하기 • 즐겁게 활동하기 • 규칙적인 배설 습관 갖기 • 스스로 옷 입고 벗기 • 건강에 관심 갖기	• 몸과 주변 환경을 깨끗이 하기 • 식생활을 바르게 하기 • 적당한 잠자기와 휴식하기 • 적극적으로 활동하기 • 규칙적인 배설 습관 갖기 • 옷을 상황에 맞게 입기 • 건강에 관심을 갖고 건강한 생활 실천하기
안전한 생활	• 놀잇감을 안전하게 사용하기 • 위험한 상황을 알기	• 놀이규칙에 따라 안전하게 놀이하기 • 위험한 상황을 알고 조심하기 • 탈것의 위험을 알고 안전하게 다니기	• 안전하게 놀이하고 다른 사람의 안전을 배려하기 • 위험한 상황에 처했을 때 안전하게 행동하기 • 교통안전 실천하기 • 안전교육의 중요성을 알고 참여하기
바른 생활	• 예절 바르게 생활하기 • 질서 지키며 생활하기	• 예절 바르게 생활하기 • 질서 지키며 생활하기	• 예절 바르게 생활하기 • 질서 지키며 생활하기 • 아끼며 생활하기

(2) 신체운동 보육과정

① 신체운동 보육과정의 개념 및 특성

▶ 개념

영유아로 하여금 발달적으로 적합한 다양한 신체활동을 통하여 자신의 신체에 대해 긍정적으로 인식하고 일상생활에 필요한 신체조절 및 기본운동 능력을 습득하게 함으로써 영유아 자신이 행복한 삶을 누릴 수 있도록 돕는 영역이다.

▶ 특성

영유아기의 신체 및 운동 발달은 자신을 이해하고 자아를 실현하는 수단으로뿐만 아니라 인지, 사회성, 자아개념 등 다른 영역의 발달과도 밀접하게 관련되어 영유아의 전인적 발달에 중요한 토대가 된다. 신체 및 운동 발달이 미숙한 영유아는 인지발달 자체는 물론, 또래들과의 놀이나 활동 참여에 제한을 받게 되면서 사회성 발달에 어려움을 겪게 되며 또래집단에 동화되지 못하고 또래들로부터 소외되는 과정에서 부정적인 자아개념을 형성하게 됨으로써 결과적으로 전인적 발달을 이루기가 어렵다.

② 신체운동 보육과정의 목적 및 목표

신체운동 보육과정의 목적은 활발한 신체활동 참여를 통하여 자신의 신체에 대해 긍정적으로 인식하고 신체조절 및 기본운동 능력을 습득하며 신체적, 정신적, 사회적으로 건강하고 행복한 삶을 누리는 데 있다. 구체적인 목표로는 첫째, 다양한 감각 경험을 통해 기본적인 감각능력을 기르고 자신의 신체를 긍정적으로 인식한다. 둘째, 다양한 신체놀이 활동을 통해 신체를 조절하고 균형감을 기르며 기본운동능력을 기른다. 셋째, 일상생활 속에서 다양한 신체활동에 자발적으로 즐겁게 참여한다.

③ 신체운동 보육과정의 내용

신체운동 보육과정은 감각 및 신체 인식, 신체조절 및 기본운동, 신체활동 참여의 세 가지 내용 범주와 만 2세 미만 영아, 만 2세 영아, 만 3~5세 유아의 세 수준의 연령으로 구성된다.

〈표 4-2〉 연령별 목표와 내용

내용 범주	만 2세 미만	만 2세	만 3~5세
감각과 신체 인식	• 감각적 자극에 반응하기 • 감각기관으로 탐색하기 • 신체 탐색하기	• 감각능력 기르기 • 감각기관 활용하기 • 신체를 인식하고 움직이기	• 감각능력 기르기 • 감각기관 활용하기 • 신체를 인식하고 움직이기
신체조절과 기본운동	• 대근육 조절하기 • 소근육 조절하기 • 협응력 기르기 • 균형감 기르기 • 이동 운동 시도하기 • 비이동 운동 시도하기	• 신체조절력 기르기 • 신체균형감 기르기 • 이동 운동하기 • 비이동 운동하기 • 조작 운동하기	• 신체조절력과 균형감 기르기 • 이동 운동하기 • 비이동 운동하기 • 조작 운동하기 • 움직임의 요소를 인식하고 움직이기
신체활동 참여	• 몸 움직임 즐기기 • 기구를 이용하여 신체활동 시도하기	• 신체활동에 참여하기 • 기구를 이용하여 신체활동하기 • 안전하게 신체활동하기	• 자발적으로 신체활동에 참여하기 • 여러 기구를 이용하여 신체활동하기 • 안전하게 신체활동하기

(3) 사회관계 보육과정

① 사회관계 보육과정의 개념 및 특성

▶ 개념

사회관계 보육과정은 인간과 사회의 바람직한 관계를 연구하면서 사회문제를 학습하고 사회생활에 필요한 국민의 자질을 형성하는 교육으로서 최근 우리 사회가 민주화, 정보화, 세계화되는 추세와 더불어 그 내용과 범위가 변화, 확대되어 가고 있다. 영유아기는 정서와 자아 발달, 부모와의 사회적 관계를 토대로 또래, 이웃으로 관계망을 넓혀 가며 타인을 이해하고 긍정적인 관계를 형성하며 유능한 사회구성원으로 기능하기 위한 사회적 지식을 획득해야 하는 시기다. 영유아가 자신에 대한 긍정적인 관점을 지니고 자신의 감정과 욕구를 조절하며 가족 및 또래 등 타인을 이해하고 친사회적 행동의 기초를 다지도록 교육해야 한다.

▶ 특성

사회관계 영역은 자기존중, 정서 인식과 조절, 사회적 관계, 사회적 지식의 내용 범주로 구성된다.

② 사회관계 보육과정의 목적 및 목표

사회관계 보육과정의 목표는 첫째, 자신의 독특한 자아에 대해 인식하고 자신감과 독립심을 기른다. 둘째, 자신과 타인의 정서를 이해하고 표현하며, 자신의 정서를 조절하고 활용한다.

셋째, 다른 사람과의 관계를 이해하고 더불어 살아가는 능력을 기른다. 넷째, 자신을 둘러싼 사회현상에 관심을 가지고 이해한다.

③ 사회관계 보육과정의 내용

사회관계 보육과정의 내용은 표준보육과정을 기준으로 자기존중, 정서인식과 조절, 사회적 관계, 사회적 지식의 네 가지 내용 범주와 만 2세 미만, 만 2세, 만 3~5세의 세 수준의 연령으로 구성된다.

〈표 4-3〉 연령별 목표와 내용

내용 범주	만 2세 미만	만 2세	만 3~5세
자기존중	• 자신을 분리된 존재로서 인식하기	• 자신을 다른 사람과 구별하기 • 자신에 대해 긍정적으로 생각하기 • 독립적으로 행동하기	• 자신의 소중함을 알기 • 자신감과 독립심 기르기 • 성정체감 형성하기
정서 인식과 조절	• 자신의 정서를 느끼고 표현하기	• 자신의 정서를 적절하게 표현하기 • 다른 사람의 정서에 관심 가지기	• 자신과 다른 사람의 다양한 정서를 인식하고 표현하기 • 자신의 정서를 조절하고 활용하기
사회적 관계	• 다른 사람에게 관심 가지기 • 양육자와 애착 형성하기	• 가족관계 이해하기 • 또래에게 관심 가지기 • 자신이 속한 집단 알기	• 가족과 화목하게 지내기 • 또래와 사이좋게 지내기 • 공동체 정신 기르기
사회적 지식			• 지역사회에 관심 가지고 이해하기 • 우리나라에 관심 가지고 이해하기 • 세계와 여러 문화에 관심 가지기 • 경제생활에 관심 가지고 이해하기

(4) 의사소통 보육과정

① 의사소통 보육과정의 개념 및 특성

▶ 개념

의사소통 보육과정은 영유아의 언어발달과정을 토대로 하며 자신의 견해를 표현하고 타인의 견해를 이해하는 언어 이해 및 표현 능력을 향상시키기 위한 영역이다. 의사소통 보육과정의 영역은 듣기, 말하기, 읽기, 쓰기 영역으로 구분된다.

▶ 특성

첫째, 의사소통 보육과정에서는 언어를 습득하는 영유아의 능동적 역할을 강조한다. 둘째, 의사소통 보육과정은 영유아의 언어발달과정을 고려하여 듣기, 말하기, 읽기, 쓰기로 구성되어 있다. 셋째, 의사소통 보육과정에서는 모든 보육활동이 언어라는 의사소통 도구에 의해서 이루어진다는 점을 강조한다.

② 의사소통 보육과정의 목적 및 목표

의사소통 보육과정은 다양한 의사소통 경험과 언어활동을 통하여 영유아가 듣고 말하는 것을 즐거워하고 상황에 맞는 언어를 익히도록 하며, 일상생활에 필요한 의사소통 능력과 기초적인 문해 능력을 기르고, 바르고 즐거운 언어생활 태도와 습관을 형성하도록 돕기 위한 목적을 가진다. 구체적인 목표로는 첫째, 다른 사람의 말을 경청하고 이해하는 능력과 태도를 기르게 한다. 둘째, 자신의 생각과 느낌을 말로 표현하는 능력과 태도를 기르게 한다. 셋째, 읽기와 쓰기 능력을 향상시킨다.

③ 의사소통 보육과정의 내용

의사소통 보육과정의 내용 선정을 위한 기본원칙은 첫째, 듣기, 말하기, 읽기, 쓰기 영역의 내용을 선정할 때에는 각각의 영역에 초점을 맞추면서도 통합적인 면을 중시해야 한다. 둘째, 유아의 언어발달과정에서 나타나는 개인차를 중시해야 하므로 수준별로 제시되는 내용에 대해 포괄성, 순환성, 연속성을 가지도록 유의하여 선정해야 한다. 셋째, 하위 영역에 따라 수준별로 제시되어 있는 내용에서 듣기, 말하기, 읽기, 쓰기의 습득과정을 최대한으로 고려해야 한다. 넷째, 언어에 대한 관심과 흥미를 가질 수 있도록 다양한 활동과 자료가 포함되어 있는 내용을 선정해야 한다. 다섯째, 읽기,

쓰기 지도 지침 마련에 역점을 둔다. 여섯째, 내용을 선정할 때에는 교사-유아, 유아-유아의 관계에서 개별적인 경우와 집단의 경우를 모두 포함하는 활동이 되도록 유의해야 한다. 일곱째, 언어 모델로서의 교사의 역할과 유아의 언어발달과정을 충분히 이해하는 교사의 수용적 태도가 중시되도록 한다. 여덟째, 부모의 도움을 받음으로써 보다 효율적인 결실을 얻을 수 있는 점을 고려하여 그에 맞는 내용을 선정한다.

의사소통 보육과정의 내용은 표준보육과정을 기준으로 듣기, 말하기, 읽기, 쓰기의 세 가지 내용 범주와 만 2세 미만, 만 2세, 만 3~5세의 세 수준의 연령으로 구성된다.

〈표 4-4〉 연령별 목표와 내용

내용범주	만 2세 미만	만 2세	만 3~5세
듣기	• 소리 구분하여 듣기 • 경험과 관련된 말의 의미 알기 • 운율이 있는 말 듣기	• 말소리 구분하여 듣기 • 말소리 듣고 의미 알기 • 운율이 있는 말 듣고 즐기기	• 낱말의 발음 경청하기 • 낱말과 문장을 듣고 이해하기 • 이야기 듣고 이해하기 • 동요, 동시, 동화 듣기 • 바른 태도로 듣기
말하기	• 발성과 발음으로 소리내기 • 친숙한 사물의 이름 말하기 • 말소리와 몸짓으로 의사표현하기	• 바르게 발음해 보기 • 사물의 이름 말하기 • 자신의 느낌과 생각 말하기 • 행동에 맞게 말하기	• 바르게 발음하여 말하기 • 낱말과 문장으로 말하기 • 자신의 느낌, 생각, 경험 말하기 • 상황에 맞는 언어 사용하기 • 바른 태도로 말하기
읽기	• 읽어 주는 짧은 글에 흥미 가지기 • 그림책에 흥미 가지기	• 글자 모양에 흥미 가지기 • 읽어 주는 글 즐기기 • 그림책에 흥미 가지기	• 읽기에 흥미 가지기 • 동요, 동시, 동화 읽기 • 읽어 주는 글 이해하기 • 그림책 읽기를 즐기기

(5) 자연탐구 보육과정

① 자연탐구 보육과정의 개념 및 특성

▶ 개념

자연탐구 보육과정은 영유아가 다양한 감각과 호기심으로 주변 사물과 자연환경의 특징을 지각하고 탐색하며 이러한 과정에서 발생하는 의문점을 해결하는 데 필요한 기초적인 탐구능력과 태도를 기르는 영역이다. 자연탐구 보육과정에서의 활동은 어떤 정보나 지식 또는 개념을 획득하는 데 중점을 두기보다 그 결과에 도달하기까지의 탐구 및 사고과정을 중점적으로 다루어야 한다.

▶ 특성

자연탐구 보육과정에서는 인간이 자연과 더불어 조화롭게 살아가려는 궁극적인 목표를 달성하기 위해서 영유아기부터 주변의 사물과 자연환경에 대하여 관심을 가지고 논리적으로 사고하고 탐구하며 문제를 해결해 나가도록 한다. 영유아가 수학적 개념 또는 과학적 개념을 습득하는 것만 추구하기보다는 개념 습득의 토대가 되는 사고발달과 탐구과정, 탐구기술을 동시에 중시한다.

② 자연탐구 보육과정의 목적 및 목표

자연탐구 보육과정의 목표는 첫째, 주변의 여러 가지 사물과 자연환경에 대해 지속적으로 호기심을 가진다. 둘째, 구체물을 이용한 다양한 조작활동을 통해 일상생활의 여러 상황과 문제를 수학적으로 이해하고 해결하기 위한 기초능력을 기른다. 셋째, 주변의 여러 가지 사물과 자연환경을 탐구하고 이해하는 데 필요한 과학적 기초능력을 기른다.

③ 자연탐구 보육과정의 내용

자연탐구 보육과정의 내용은 표준보육과정을 기준으로 탐구적 태도, 수학적 탐구, 과학적 탐구의 세 가지 내용 범주와 만 2세 미만, 만 2세, 만 3~5세의 세 수준

〈표 4-5〉 연령별 목표와 내용

내용범주	만 2세 미만	만 2세	만 3~5세
탐구적 태도	• 주변의 사물과 자연현상에 관심 가지기 • 반복하여 탐색하기	• 주변의 사물과 자연현상에 호기심 가지기 • 반복하여 탐색 즐기기 • 문제해결에 관심 가지기	• 주변의 사물과 자연현상에 지속적으로 호기심 가지기 • 탐구과정 즐기기 • 기초 탐구기술 활용하기
수학적 탐구	• 수량 지각하기 • 주변 공간 탐색하기 • 비교하기 • 간단한 규칙성 지각하기	• 수량 인식하기 • 공간과 도형 인식하기 • 비교하기 및 순서 인식하기 • 간단한 규칙성 인식하기 • 구분하기	• 수 개념 형성하기 • 공간과 도형 개념 형성하기 • 측정하기 • 규칙성 이해하기 • 자료 수집하기와 분석하기
과학적 탐구	• 주변의 사물 지각하기 • 주변 생명체에 관심 가지기 • 자연현상 지각하기	• 물체와 물질의 특성 탐색하기 • 주변 생명체의 외적 특성 알기 • 자연현상 인식하기 • 생활 도구에 관심 가지기	• 물체와 물질의 기본 특성 알기 • 생명체와 환경과의 관계 알기 • 자연현상 이해하기 • 도구와 기계 활용하기

의 연령으로 구성된다.

(6) 예술경험 보육과정

① 예술경험 보육과정의 개념 및 특성

▶ 개념

예술경험은 출생 후부터 영유아가 주변 환경 및 생활 속에서 다양한 예술적 요소들을 흥미롭게 경험하고 즐기도록 하는 영역이다. 사물이나 소리, 자연, 예술작품들을 관찰하고 탐색하며 자신의 생각과 느낌을 극, 동작, 음악, 미술로 표현하고 이렇게 표현된 것들을 보고 즐김으로써 심미감과 풍부한 감성 및 창의성을 기른다. 일생 동안 예술에 관심을 가지는 기초가 된다. 이 영역은 심미적 탐색, 예술적 표현, 예술 감상으로 구성되어 있다.

▶ 특성

예술경험 보육과정은 특정 예술 영역의 개념이나 기술을 가르치기 위한 영역이 아니라 영유아의 풍부한 감성과 창의적 표현력을 기르기 위한 영역이므로 다양한 창의적, 심미적 경험을 위한 활동이 제공되어야 한다.

② 예술경험 보육과정의 목적 및 목표

구체적인 목표는 첫째, 주변의 단순한 예술적 요소에서부터 점차 다양한 요소까지 관심을 보이고 탐색한다. 둘째, 자신의 생각과 느낌을 음악, 동작, 극놀이, 미술로 표현하는 것을 즐기며 점차 다양한 양식을 사용하여 창의적으로 표현한다. 셋째, 생활 속에서 자연과 사물 및 예술작품들을 보고 즐긴다.

③ 예술경험 보육과정의 내용

예술경험 보육과정의 내용은 표준보육과정을 기준으로 심미적 탐색, 예술적 표현, 예술 감상의 세 가지 내용 범주와 만 2세 미만, 만 2세, 만 3~5세의 세 수준의 연령으로 구성된다.

〈표 4-6〉 연령별 목표와 내용

내용 범주	만 2세 미만	만 2세	만 3~5세
심미적 탐색	• 소리, 움직임, 시각적 자료에 호기심 가지기	• 주변 환경의 예술적 요소 탐색하기	• 음악적 요소 탐색하기 • 움직임과 춤 탐색하기 • 가작화 요소 탐색하기 • 미술적 요소 탐색하기
예술적 표현	• 리듬 있는 소리로 반응하기 • 몸동작으로 반응하기 • 모방행동 즐기기 • 단순한 미술 경험 시도하기	• 리듬 있는 소리, 노래, 춤으로 표현하기 • 모방과 단순한 가작놀이하기 • 단순한 미술활동 즐기기	• 리듬 만들기 • 노래 부르기 • 춤으로 표현하기 • 극놀이로 표현하기 • 미술활동 즐기기 • 다양한 미술재료 사용하기 • 통합적으로 표현하기
예술 감상	• 소리나 노래 즐겨 듣기 • 주변의 아름다움 경험하기	• 주변 환경의 예술적 요소에 관심 갖고 즐기기	• 음악 감상하기 • 춤 감상하기 • 극놀이 감상하기 • 미술작품 감상하기

4. 보육과정의 운영

보육시설은 각 기관의 철학에 따라 목표를 정하고 그 목표를 효과적이고 체계적으로 달성하기 위해 다양한 운영체제를 사용한다. 피터슨(Petersen, 2003)은 보육과정 운영방식을 흥미중심, 기술중심 그리고 이 두 가지 보육과정 체제를 통합하여 운영하는 통합보육과정으로 제시한다. 이러한 보육과정의 특징은 다음과 같다.

첫째, 흥미중심 보육과정은 영유아의 관심과 흥미에서 출발하는 보육과정이다.

전통적으로 흥미중심 보육과정은 생활 속에서 영유아가 관심을 가지는 주제들을 중심으로 일과를 운영하는 것이다.

둘째, 기술중심 보육과정은 학습과정에 필요한 기술을 강조하는 보육과정이다. 이 입장은 흥미중심 보육과정이 주로 영유아의 흥미에 치중하여 학습과정에 필요한 기본 개념이나 기술습득의 부진을 초래하였다고 본다. 따라서 기술중심 보육과정은 영유아가 학습해 나가는 데 필요한 기본적인 기술들로 보육내용을 구성한다. 그러나 이런 주장은 학교에서의 성공을 위한 3R's 기술습득만을 지나치게 강조하여 단편적인 기술 주입에 치중하는 프로그램으로 흘러가 버리기도 한다.

셋째, 통합보육과정은 흥미와 기술의 균형을 강조하는 보육과정이다. 이 보육과정의 운영방식은 영유아의 흥미를 기초로 출발함을 원칙으로 하되 동시에 영유아가 학습해 나가는 과정에서 필요로 하는 다양한 학습기술을 빠뜨리지 않고 포함하는 보육과정이다. 오늘날 통합보육과정은 영유아를 깊이 이해하고 영유아의 잠재능력을 믿는 교사들에 의해 많이 사용되고 있는 보육과정이다.

영유아를 위한 보육을 계획하기 위해서는 다양한 측면이 고려되어야 한다. 여기에는 보육과정 전반의 목표와 내용, 계절적 특성, 영유아의 경험과 관심 · 흥미, 개인적 · 연령적 · 문화적 적합성, 학부모의 요구, 지역사회의 특성 등이 포함된다. 또한 보육활동의 계획과 운영은 보육대상 집단의 연령과 발달수준, 영유아 집단의 크기 및 교사 대 아동의 비율, 실내외 공간의 면적, 공간의 크기 및 배치, 교재 · 교구의 다양성과 적합성, 보육인력의 양과 질에 의해 영향을 받는다.

영유아를 위한 보육과정은 대상연령의 폭이 넓고, 동일연령 내에서도 개인차가 있으므로 이를 고려하여 다양하고 융통성 있게 계획할 수 있다. 따라서 보육과정 계획은 영유아의 연령이나 발달특성별로 구분하여 연간, 월간, 주간, 일일 보육계획을 일관성 있고 연계성 있게 작성하고 운영해야 한다.

1) 연 · 월간 보육계획

연간 보육계획은 보육시설에서 1년 동안 이루어지는 프로그램에 대한 전체적이고 포괄적인 계획이다. 연간 보육계획은 각 연령별로 다루어야 할 주제, 소주제, 보육목표, 연간 행사 등을 계획하는 데 기초가 되며, 보육과정이 지향하는 목적과 철학에 근거하여 작성한다. 또한 표준보육과정에서 제시하고 있는 보육의 목표, 내용 등을 고려하여 기관의 철학, 영유아의 관심 및 흥미 · 특성, 지역사회의 실정, 학부모의 요구를 고려하여 작성한다. 연간 보육계획은 친숙한 주제에서 추상적인 주제로 확대되도록 연간 주제를 선정하고, 연간 주제에 기초하여 소주제를 선정한다.

연간 보육계획안의 작성 원칙을 살펴보면 다음과 같다.

첫째, 올해의 계획은 작년의 계획에 대한 평가를 바탕으로 이루어져야 하며 계속적인 연계성이 고려되어야 한다. 이를 위해서는 보육과정을 운영하면서 주제를 마무리할 때마다 평가를 하여 다음 계획에 참고자료로 활용해야 한다. 특히 여러 연령이 재원하고 있는 보육시설에서는 연계성과 일관성을 고려한 장기계획의 흐름 속에서 모든 것이 계획되어야 한다.

둘째, 연간 계획은 계절이나 영유아가 가정이나 시설에서 겪는 경험 등을 기초로 월 단위의 대주제와 주 단위의 소주제로 구성되며 공휴일, 각 반 집단면담 및 개인면담, 각반 연구수업, 운동회, 견학, 성탄축하 등 1년 동안 이루어져야 할 모든 행사 일정이 포함되어야 한다(이정환, 1999). 주제들은 학기 초의 적응과 나에 대한 주제에서 점차 가족, 친숙한 주변 환경 등 점차 그 범위를 넓혀 나간다.

월간 보육계획은 연간 보육계획과 연계성 있게 작성하며, 기관의 행사, 견학, 생일잔치 등 특별한 활동이나 행사 등의 계획이 포함된다.

다음은 연령별 연간 보육계획에서 고려되어야 할 사항들이다(최애경 외, 2010).

① 영아(0~만 2세): 영아를 위한 연간 보육계획은 영아의 발달특성에 맞게 학기 초에 영아가 새로운 환경에 적응할 수 있도록 도와주는 초기 적응과 관련된 주제, 즉 교사와의 애착 형성, 인사하기, 낮잠, 놀이 등을 선정할 수 있다. 또한 영양섭취, 수면, 배변 등의 신체적인 욕구충족이 고려된 내용 및 신체적 보호와 안전을 위한 내용을 고려한다. 이렇게 영아를 위한 연간 보육계획은 학습을 위한 주제를 선정하기보다는 영아의 발달특성을 고려하여 영아에게 친숙한 것부터 반드시 획득되어야 할 개념 위주로 선정하는 것이 좋다. 영아를 위한 월간 보육계획은 영아의 발달에 적합한 활동인지를 우선적으로 고려해야 한다.

② 유아(만 3~5세): 유아를 위한 연간 보육계획은 연령에 따라 차이가 있을 수 있다. 좀 더 어린 시기인 3세의 경우 다소 포괄적인 주제를 다루고, 기본생활습관, 긍정적인 자아개념을 기를 수 있는 활동들을 반복적으로 경험하도록 계획할 수 있다. 4세의 경우는 3세보다 더 구체적인 주제를 선정하는 것이 바람직하다. 그리고 5세 유아는 전인적인 발달을 촉진하기 위해 유아의 흥미와 욕구를 고려하여 보다 구체적이고 세분화된 주제를 선정하고 체계적으로 계획해야 한다.

〈표 4-7〉은 연간 보육계획의 예다.

월간 보육계획은 연간 보육계획에서 선정된 주제와 연계성 있는 주제로 통합적인 면과 균형적인 면을 고려하여 작성한다. 더불어 각 어린이집의 유아의 특징, 학부모의 요구, 지역사회의 특성, 기관의 철학 등을 고려하여 월간 보육계획을 세운다.

〈표 4-7〉 연간 보육계획의 예(예상 주제)

월	영아반	유아반
3	즐거운 어린이집	즐거운 어린이집, 나와 친구
4	봄(식물의 성장)	봄(날씨, 꽃, 나무, 새싹, 개구리)
5	나와 가족	우리 가족(집)
6	색깔과 모양	우리 이웃(우리 동네, 시장, 지역사회기관, 직업)
7	여름과 물놀이	여름(여름 과일, 물놀이, 물고기, 바다)
8	과일	
9	교통기관과 여행	가을(가을 과일, 추수, 열매)
10	가을	우리나라와 세계(우리말과 글, 태극기와 무궁화, 세계 여러 나라)
11	동물	교통기관(운송수단, 교통규칙)
12	겨울	겨울(날씨, 성탄절, 얼음, 옷, 불)
1	선배가 되었어요	동물
2	민속놀이	우리의 전통놀이 선배가 되었어요

출처: 서울대학교 생활과학대학 어린이집(http://kidshome.snu.ac.kr)

2) 주간 보육계획

주간 보육계획은 연간, 월간 보육계획에 기초하여 작성하고, 그 주에 실시하게 될 모든 활동들이 구체적이고 상세하며 세부적으로 계획되는 것으로, 자세한 내용까지 포함된다. 주간 보육계획을 통해 실제 보육활동에 필요한 교재 · 교구나 활동의 방법, 환경구성이 결정되므로 사전에 충분히 연구하여 체계적으로 주간 계획을 수립해야 한다. 또한 주간계획을 실행하는 경우에 날씨, 영유아의 흥미나 관심의 변화, 외적 상황의 변화, 개인차의 영향, 기관의 상황 등도 고려해야 한다. 주간 보육계획은 표준보육과정에서 제시하고 있는 6개 보육영역을 중심으로 관련된 활동을 다양하고 구체적으로 계획한다.

〈표 4-8〉 주간 보육계획의 예(만 4세)

주제		안전한 생활				
주제선정 이유		주변에서 일어나기 쉬운 위험한 상황에 대해 알아보고, 놀잇감과 놀이기구를 안전하게 이용할 수 있도록 하기 위함				
활동/요일		월	화	수	목	금
대·소집단 활동	이야기 나누기	주말 지낸 이야기	다친 적이 있어요	실내에서의 생활	바르게 사용해요	안전하게 생활해요
	음률 활동/신체 표현	안녕	그냥 두고 나갔더니	홀쭉이와 뚱뚱이		통통통
	동화동시그림책	나누면 좋아요		꼭 참고 줄을 서야지	비 오는 날의 소풍	민희야 어디 있니?
	실외활동/기타	걷기와 달리기		그대로 멈춰라		
	미술/과학 활동	주말 지낸 일 그리기	여러 모양으로 그려 보기	신문지 구기기	색종이 접기	
자유선택활동	언어 역할/ 미술 조작	친구 이름 찾기 상 차리기 색종이 접기(집, 피아노) 같은 블록으로 다르게 쌓기/길 만들기				
기본생활습관 및 안전지도		버스에서 차례로 타고 내리기				
가정통신문		매주 월요일은 체육복을 입고 오는 날이니 체육복을 입혀서 등원시켜 주시기 바랍니다(현장학습, 행사)				

3) 일일 보육계획

일일 보육계획은 영유아의 활동에 대한 관심, 흥미, 영유아의 상태, 각 활동의 소요시간 등을 고려하여 융통성 있고 적절하게 수립하되, 주간 보육계획과 연계하여 작성한다. 또한 영유아의 연령에 적합하게 다양하고 융통성 있게 접근될 수 있다.

① 영아(0~만 2세): 영아를 위한 일일 보육계획은 식사나 간식, 배변, 휴식, 수면 등 영아의 신체적 리듬을 가장 중점적으로 고려하여 계획되어야 한다. 또한 대집단 활동보다는 개별적인 활동이나 소집단 활동을 위주로 계획하는 것이 바람직하다. 즉, 영아를 위한 일일 보육계획은 개별적인 요구를 최대한 고려하여 따뜻하고 안정적인 보호와 교육적인 경험을 동시에 접근할 수 있도록 하는 것이 필수적이다. 특히 학기 초의 경우 보육시설에의 적응이 가장 중요한 시기다. 따라서 개별적 신체리듬을 고려하고, 각 유아에 적절하고 융통성 있게 하루 일과를 운영해야 한다. 그러므로 일일 보육계획안의 계획과 운영 시에는 융통성을 발휘해야 한다.

〈표 4-9〉 일일 보육계획의 예(만 4세)

일일 교육계획안			
생활주제	소주제	일일주제	날짜
나와 어린이집	안전한 생활	바르게 사용해요	
일일 교육목표	어린이집 물건을 바르게 사용할 수 있다.		

시간	활동명	활동내용	자료 및 유의점
~09:00	등원 및 건강상태 점검	• 유아와 정답게 인사를 나눈다.	원아수첩, 스티커
09:00~10:10	자유선택활동 및 정리정돈	• 자유선택활동을 계획하고 선택놀이를 한다.	영역별 자료
10:10~10:20	자유선택활동 평가 및 반성	• 자유선택활동이 계획대로 되었는지 평가해 본다.	
10:20~10:30	화장실 다녀오기	• 화장실 다녀온 후 다함께 모인다.	
10:30~10:50	이야기 나누기	• 교실에 있는 물건을 바르게 사용하는 방법을 알아본다.	교실에 있는 물건(가위, 풀 등)
10:50~11:10	동화감상	〈비오는 날의 수채화〉 • 동화를 듣고 기억에 남는 장면을 이야기 나눈다.	동화 그림자료
11:20~12:00	점심 및 양치하기	• 점심을 먹고 정리한 후 양치를 하고 실외놀이를 한다.	칫솔, 치약, 컵
12:00~12:40	실외놀이	• 질서를 지키고 안전에 유의하여 실외놀이를 한다.	
12:40~13:00	손 씻기 및 간식	• 손을 씻고 우유와 고구마를 먹는다.	
13:00~13:40	색종이 접기	〈집 접기〉 • 집을 순서에 따라 접어서 스케치북에 꾸며 본다.	색종이, 풀, 스케치북, 사인펜
13:40~14:00	평가 및 귀가지도	• 하루의 생활을 정리하고 안전하게 귀가한다.	
평가/기타			

4) 일과 운영

(1) 일과 운영의 기본 원리

하루 일과의 운영에서 기본적으로 고려해야 할 점은 프로그램이 지향하는 철학과 목표를 분명히 하는 것이다(이기숙, 2000). 일일 활동계획을 세우고 운영하는 데 필요한 일과계획, 운영의 기본원리는 다음과 같다(이기숙, 2000).

첫째, 매일의 일과계획은 대체로 일관성이 있어야 한다. 일과의 일관성이 있어야 영유아들이 쉽게 이해할 수 있고 안정감을 가지며 이어지는 다음의 활동을 스스로 예측하고 그에 맞추어 적응하고 자신을 조절할 수 있게 된다.

둘째, 일과계획은 반드시 영유아의 생리적, 신체적 요구를 충족시켜 줄 수 있도록 이루어져야 한다. 특히 영아는 배변과 섭식 습관이 유아와 크게 다르다. 또한 어릴수록 쉽게 피로하며 자신의 상태를 깨닫고 조절하는 것에는 더 미숙하다. 따라서 영유아가 자신들의 생리적, 신체적 요구를 조절할 수 있는 일과구성이 요구된다.

셋째, 일과계획은 프로그램의 철학과 목적에 근거를 두지만 일과 활동의 내용과 순서는 균형을 고려하여 계획해야 한다. 휴식과 놀이, 실내와 실외 활동, 정적인 활동과 동적인 활동, 개별활동과 집단활동, 교사 주도와 아동 주도, 구조화된 활동과 비구조화된 활동 등으로 구분할 때 다양한 활동들이 상호 균형을 이룰 수 있도록 일과 활동의 내용과 순서를 계획해야 한다.

넷째, 계획된 일과의 운영에는 융통성이 있어야 한다. 유아의 요구와 가족 및 지역사회의 요구, 계절 및 시기에 따라 활동이 대체될 수도 있고 시간이나 장소 등이 조절될 가능성을 충분히 고려해야 한다.

다섯째, 일과계획에 따른 운영 이후에는 활동 전반에 대한 평가가 이루어져야 하며 그 평가결과를 바탕으로 다시 일과계획을 조정하거나 개선함으로써 일과의 계획과 운영 및 평가가 순환적으로 이루어지도록 해야 한다.

(2) 일과의 구성

하루 일과는 보육시설의 실정과 보육계획 등에 따라 차이가 있을 수 있으나 대개는 등원, 자유선택활동, 정리정돈, 대·소집단 활동, 간식 및 점심, 휴식 및 낮잠, 손 씻기와 배변, 귀가 등으로 구성된다.

① 등원

보육시설의 영유아는 부모의 출근시간에 맞추어 대체적으로 일찍 등원하게 된다. 따라서 보육교사는 이러한 점을 고려하여 등원시간을 탄력적으로 운영해야 한다. 이 시간에 보육교사는 부모로부터 영유아의 그날의 건강상태, 투약 여부 및 시간, 귀가 시 변동사항 등의 개인적인 정보를 받아 메모해 두어야 한다. 영유아의 하루 일과는 등원하면서부터 시작된다. 교사는 실내외 환경을 점검하고 영유아를 반갑게 맞이한다. 등원할 때 교사는 영유아에게 개별적이고 따뜻한 관심을 보이며 상호작용을 한다. 부모 전달사항을 확인하여 메모하여 보드에 붙이고, 영유아가 보호자와 편안하고 자연스럽게 헤어질 수 있도록 한다.

유아의 경우 스스로 신발과 옷을 정리할 수 있도록 지지하고 격려한다. 자유선택활동을 계획하고 활동하도록 하여 영유아들이 원에 도착하는 대로 놀이하도록 한다. 이때 정리하는 시간이 많이 걸리는 활동, 즉 조형영역, 역할영역, 쌓기영역의 놀이 등은 미리 정리하는 시간을 알려 주어 여유롭고 안정감 있게 정리하도록 지도한다. 교사들은 영유아들이 등·하원 차량을 이용하는 경우에 교대로 동승하여 등원 및 귀가지도를 안전하게 하여야 한다. 차량에는 탑승한 영유아 명단, 차량 노선표, 안전띠, 구급상자 등 차량안전설비를 갖추도록 하여야 한다.

② 자유선택활동

영유아들의 놀이에 대한 자연스러운 욕구를 학습으로 연결시킬 수 있는 시간으로 일과 중 가장 중요하고 핵심이 되는 시간이다. 영유아의 자율성과 주도성, 책임감이 요구되는 시간이며 사회적 관계를 경험하는 시간이다. 교사는 영유아의 발달에 적합하고 흥미와 관심을 반영하며, 교육적으로 적절한 놀이환경을 제공해 주어야 한다. 영유아는 실내외의 다양한 놀이활동을 경험해 보며 그중에서 자신의 관심과 흥미에 따라 스스로 놀이를 선택하여 활동을 계획하고 수행하며 평가해 보는 경험을 가진다. 교사는 각 연령과 개인차에 적합한 다양한 교재와 교구를 흥미영역별로 계획, 준비, 배치한다. 흥미영역에는 언어, 쌓기, 역할, 수, 조작, 조형, 과학, 음률, 목공, 물, 모래놀이와 컴퓨터 영역 등이 있다.

교사는 영유아가 스스로 그리고 개별적으로 선택하여 놀이하도록 지지한다. 교사는 영유아가 자유선택활동을 하면서 유아-유아, 유아-교구, 유아-교사 간 언어적·비언어적 상호작용이 적절하게 이루어지도록 영유아의 활동을 잘 관찰한다. 즉, 교사는 영유아가 놀이를 할 때 환경제공자, 관찰자, 안내자, 촉진자 등의 역할을 적절하게 수행하여 놀이를 활성화시킨다. 실내 자유선택활동은 영유아들에게 어린이집의 하루 일과를 자연스럽고 편안하게 시작할 수 있게 해 준다. 비교적 오랜 시간 보육시설에서 생활하는 영유아들에게 실내 자유선택활동은 하루 중 오전과 오후를 합쳐 2~3회 정도 주어져야 하며, 오후에 하는 자유선택활동은 새로운 활동을 시도하기보다는 오전에 이루어졌던 놀이나 활동을 반복, 심화, 확장시킬 수 있는 것이어야 한다. 그러나 때로는 사정에 따라 새로운 활동을 시도할 수도 있다. 오후에는 놀이 장소를 바꾸어 교실 이외의 장소에서 놀이를 할 수 있도록 하여 신선함을 줄 수도 있다.

실외 자유선택활동은 제한된 실내 공간에서 벗어나 맑은 공기를 마시며 마음껏 놀이하면서 긴장감을 해소해 줄 수 있는 가장 좋은 학습의 장이다. 영유아들에게는 실외활동의 기회를 충분히 제공하여 실외 자유선택활동이 매일의 하루 일과에 1시간 이상 제공되어야 한다. 날씨 등으로 실외활동을 하기 어려운 경우에는 유희실이나

[그림 4-1] 실외 자유선택활동

활동실 등에서 대체할 수 있는 활동이 계획되어야 한다. 실외 자유선택활동은 실내 자유선택활동의 연장으로 대근육 및 신체운동능력을 발달시킬 수 있고 바깥놀이를 할 수 있는 동적인 활동과 바깥에서 책을 읽거나 조형활동을 하는 등의 정적인 활동, 동식물의 사육과 재배, 자연현상의 관찰과 탐색이 가능한 탐색활동으로 구성하고 영유아의 흥미와 관심, 발달에 적합한 여러 활동이 전개될 수 있도록 하여야 한다.

③ 정리정돈

자유선택활동이나 일과활동을 마무리하면서 사용한 교구나 재료를 영유아 스스로 정리 정돈한다. 영유아는 놀잇감을 같은 모양, 색, 크기 등으로 분류하고 서열화하여 정리하는 과정에서 수학적 개념형성에 도움을 받는다. 또한 서로 같이 정리정돈함으로써 협동하는 능력도 기를 수 있다. 교사는 정리정돈의 필요성, 정리방법에 관해 영유아들과 함께 이야기를 나누고 함께 규칙을 정한다. 정리정돈을 한 후에는 약속대로 정리정돈이 잘 되어 있는지를 개별적으로 또는 집단으로 평가한다. 그러나 정리정돈을 지나치게 강조하면 놀이를 하려고 하지 않거나 놀이에 관심이 없어지는 경우도 있으므로 교사가 적절히 융통성 있게 접근할 수 있도록 한다. 영유아가 노력한다면 그러한 과정과 의도를 인정해 줌으로써 정리정돈하는 습관이 잘 형성되도록 한다. 더불어 영유아들이 스스로 정리할 수 있는 환경적 단서를 잘 제공한다면 영유아에게 자율적 정리정돈 습관이 쉽게 이루어질 것이다.

④ 대 · 소집단 활동

영유아들은 그날의 주제 또는 하루 일과 등에 따라 대집단 또는 소집단으로 활동한다. 영유아의 특성과 각 활동의 성격을 고려하여 대 · 소집단 활동을 효율적으로 구성한다. 대집단 활동은 한 반의 유아가 모두 함께 모여서 하는 활동으로 출석 부르기, 날씨, 일과계획, 주제 이야기 나누기, 동화, 게임 등으로 이루어진다. 소집단 활동은 실험 및 관찰, 동극, 요리, 조형활동 등으로 이루어진다. 대 · 소집단 활동을 통해 유아들은 동일한 활동에 대해 동일하게 또는 다양하고 융통성 있게 접할 수도 있다. 대 · 소집단 활동은 영유아의 개별적 요구나 개인차를 반영하기가 쉽지 않고, 영유아의 연령에 따라 주의집중하는 시간이 다르므로 활동시간을 융통성 있게 접근할 필요가 있다.

[그림 4-2] 대집단 활동(이야기 나누기)

⑤ 간식 및 점심

영유아기는 신체발달이 급속히 이루어지는 시기이고 운동량이 많으므로 영양이 균형 잡힌 식사와 간식이 제공되어야 한다. 식사 및 간식 시간은 영유아에게 필요한 영양을 공급할 뿐 아니라 사회성을 기를 수 있고, 음식에 대한 지식과 태도 및 합리적인 식생활에 관한 지식과 태도도 길러 준다.

영유아들에게 제공되는 급식의 식단은 과일과 채소를 비롯해 탄수화물과 단백질, 칼슘, 비타민, 무기질 등이 함유된 식품이 균형을 이루어야 하며, 조리방법도 다양하게 하여 제공되어야 한다. 간식은 오전과 오후에 되도록 자연식으로 제공하며 상황에 따라서 제공되는 횟수는 달라질 수도 있다. 과일 및 채소 같은 신선한 식품이 주 3회 이상 제공되는 것이 바람직하다.

별도의 조리실과 연결된 식당이 있는 보육시설도 있지만 그렇지 않은 경우에는 영유아들이 교실에서 식사를 하게 된다. 이때 교사는 먼저 손을 씻고 소독한 행주로 책상을 청결하게 닦아야 한다. 교사는 식사나 간식을 먹기 전에 유아들과 함께 손 깨끗이 씻기, 책상을 청결하게 닦기, 흘리지 않고 먹기, 먹고 난 후에 이 닦기 등 지켜야 할 규칙에 대해 이야기를 나누고 그것을 잘 지키는 생활습관을 기르도록 지도한다. 식사 및 간식량은 영유아의 연령과 개인에 따라 다르므로 융통성 있게 조절한다. 하루 일과 중 간식과 점심 시간은 균형 있는 영양섭취뿐 아니라 올바른 식습관을 기르는 시간이다. 더욱 중요한 것은 이 시간이 올바른 생활습관을 기르면서 영유아들에게는 매우 즐거운 시간으로 접근되어야 한다는 것이다. 바른 습관을 기르면서도 즐거운 시간이 될 수 있도록 교사의 세심한 배려가 필요하다. 어린이집에서의 경험은 바른 습관을 길러 주는 것과 더불어 즐거워야 하기 때문이다.

⑥ 휴식 및 낮잠

영유아에게 휴식 및 낮잠은 꼭 필요한 시간이다. 일정한 시간대에 휴식 및 낮잠을 계획하고 운영함으로써 안정감을 느끼게 할 수 있고, 날씨나 영유아의 상태 등에 따라서 융통성 있게 이 시간을 운영하여 영유아들이 편안하고 건강하게 지낼 수 있도록 배려한다.

⑦ 손 씻기 및 배변

손 씻기 및 배변은 하루 일과 속에서 지속적으로 실시하여 습관화되도록 함으로써 건강한 생활을 할 수 있도록 지도한다.

⑧ 귀가

하루 일과를 평가하고 다음날의 일과를 소개하며 안전하게 귀가할 수 있도록 지도한다. 안내문이나 가정통신문도 배부한다. 귀가 시 영유아들의 상태도 확인한다. 보호자가 데리러 올 때는 영유아의 하루 일과에 대해 간단히 대화하고 귀가지도를 한다.

5. 주요 보육 프로그램

1) 프뢰벨 프로그램

(1) 배경

프뢰벨의 유아교육철학은 19세기 낭만주의적 시대 배경에서 태어났다. 프뢰벨은 페스탈로치(Pestalozzi)로부터 많은 영향을 받았다. 자연과학도였던 프뢰벨의 삶을 교육자로 바꾸어 놓은 것은 페스탈로치와의 만남이었다. 부르크도르프 고아원의 원장직을 수행하면서부터 프뢰벨은 유아교육에 관심을 갖게 되었다. 그가 유아기의 교육이 이후의 성장에 중요한 역할을 한다고 믿게 된 것도 이곳에서의 경험을 통해서다. 교육기관의 명칭을 '어린이의 정원(Kindergarten)' 이라고 붙이게 된 것도 숲 속 자연의 모습에 매료되어서였다. 프뢰벨은 코메니우스(Comenius)에서 페스탈로치로 계승되는 '개화(unfolding)' 의 개념에 기초하여 아동의 본성과 학습을 이해하였다. 또한 교육의 목표는 인간 내부의 신성이 자연스럽게 펼쳐질 수 있도록 가급적 방해하지 않는 것이라는 루소(Rousseau)의 '소극적 교육' 이념에도 영향을 받았다. 프뢰벨은 이러한 이념들을 토대로 무리한 간섭을 하지 않고 자연스럽게 개화하여 전인적인 발달을 추구하는 '발달순응적 교육' 이념을 발전시켜 나갔다.

프뢰벨 프로그램에서 보는 영유아는 자기 주도적이고 스스로 발전하려는 의지를 가진 존재다. 따라서 교사가 지식을 가르치는 것은 영유아의 자기 주도적 탐구심을 오히려 억제하고 발달시키지 못하는 것이 되므로 영유아가 자기 스스로 길을 찾아가도록 안내하고 지원해야 한다. 영유아는 신의 섭리와 우주의 원리를 자연을 통해 깨달을 수 있으므로, 교구는 자연물을 가지고, 자연을 형상화해서 만들어져야 한다.

(2) 교구

공, 입방체, 막대기 등 기하물로 교구를 만든다. 영유아는 은물을 가지고 활동을 함으로써 신과 인간과 자연이 하나가 됨을 경험하여, 신에게로 향하는 것이 궁극적인 프뢰벨의 교육목적이다.

(3) 교육목표 및 원리

- 영유아의 타고난 본성을 중요시해야 한다.
- 영유아는 기본적으로 발전 가능성을 가지고 있다.
- 영유아는 발달단계를 지나면서 나선형으로 성장한다.
- 영유아는 발달을 위해서 발달과업으로 요구되는 것을 이루려고 노력해야 한다.
- 부모나 성인은 영유아의 발달을 지원하고 안내하는 역할을 수행해야 한다.
- 신이 만든 자연과 우주의 법칙을 더 잘 이해하기 위해 영유아는 수학을 통해서

그 법칙과 논리를 배워야 한다.

(4) 교육내용 및 활동

① 은물

프뢰벨의 교육활동은 10가지 교구를 중심으로 구성된 은물과 11종의 작업이 있다. 프뢰벨은 은물을 기초로 하여 여러 가지 게임과 노래도 개발하였다.

- 첫 번째 단계: 단순한 구 형체를 통해 크기, 형태, 색깔, 움직임을 관찰하고 비교할 수 있는 기회를 얻을 수 있다.
- 두 번째 단계: 입체도형인 구, 원기둥, 정육면체를 이용해 면, 모서리, 꼭짓점을 비교하고 물체의 회전을 알 수 있다.
- 세 번째 단계: 입방체를 이용해 분할과 조합을 익힌다.
- 네 번째, 다섯 번째, 여섯 번째 단계: 다르게 분할된 입방체를 이용해 구성과 건축, 비례에 대한 경험을 할 수 있다.
- 일곱 번째 단계: 정사각형과 삼각형 모양의 면 평판을 이용해 입체에서 평판으로의 이동을 경험하고, 제시되는 색으로 영유아의 마음에 색감을 일깨우고 발달시키는 데 도움을 준다.
- 여덟 번째, 아홉 번째 단계: 각각 직선과 곡선을 이용해 하나의 형태를 이전의 형태에서 발전시키는 방법을 경험하고 여러 가지 각들을 효과적으로 연구하는 출발점을 제시해 준다.
- 열 번째 단계: 점 같은 작은 막대기를 통해 구체적인 것에서 추상적인 것으로의 경험을 하게 한다.

② 일과 및 활동 구성

하루 일과에는 오전, 오후 모두 은물활동이 포함되고, 밭에서 꽃이나 농작물을 키우는 노작활동이 포함된다.

프뢰벨 은물활동 지침서에 따르면 은물활동은 여러 측면의 다양한 활동을 포함하며 단계 1(은물 설명), 단계 2(묘사), 단계 3(활용수준), 단계 4(훈련방법), 단계 5(교수방법), 단계 6(사물의 개념학습 또는 언어를 통한 환상화)으로 구성되어 있다.

(5) 교사 및 부모의 역할

프뢰벨 프로그램에서 교사 및 부모의 역할은 영유아의 자연스러운 개화현상을 잘 관찰하고, 이미 배울 준비가 되어 있는 영유아에게 적절한 활동을 안내하고 제공함으로써 유아의 타고난 학습 성향이 바람직하게 개발될 수 있도록 도와주는 것이다. 프뢰벨은 영유아의 발달을 싹에서 꽃이 피어나는 개화의 개념을 토대로 설명하였다. 그러므로 유아는 작고 연약한 씨앗에서 과일이 열리는 성숙한 식물로 성장해 나가는 하나의 씨앗에 비유된다.

그는 '어린의의 정원(Kindergarten)' 에서 유아의 타고난 본성과 우주의 본성이 조화를 이룰 수 있도록 교육하고자 하였으며, 따라서 교사의 역할을 정원사(gardener)에 비유하였다(Morrison, 1998).

프뢰벨은 놀이의 가치를 인정하긴 했지만 비구조화된 놀이가 잠재적으로 위험하다고 여겼다. 이것은 페스탈로치가 자신의 아들 장 자크(Jean–jacques)를 통해 유아를 아무런 계획 없이 자신의 방식대로 그냥 놀도록 내버려두면 유익하지 못하다는 것을 깨달은 것과 유사하다고 할 수 있다. 따라서 프뢰벨은 영유아가 이 사회의 구성원으로서 기여할 수 있고 창의적인 사람이 되도록 교사가 영유아를 안내하고 지원할 책임이 있다고 하였다. 프뢰벨은 이러한 목적을 달성하기 위해서 체계적으로 계획된 교육과정을 개발한 것이다.

전통적인 프뢰벨 유치원 교사는 영유아를 관찰하고 안내하며, 그의 활동을 방해하지 않는 역할을 수행한다. 교사는 적절한 지식, 노래와 정서적인 경험이 포함되도록 적절한 계획을 세우고, 영유아의 발달수준을 파악할 수 있는 민감성을 가질 필요가 있다.

(6) 시사점

프뢰벨 프로그램은 놀이를 통해 영유아의 학습을 촉진시키고, 교사는 영유아의 자기 주도적인 활동을 방해하지 않고 단지 유아를 관찰하고 안내하며 지원하는 것이 주 목적이다. 그러나 프뢰벨 프로그램이 기업에 의해 제공되면서 본래의 의도가 왜곡된 측면이 있다. 우리나라에서 은물이 주목을 받게 된 것도 학습을 위한 교육적 목적이 큰 비중을 차지하였다. 은물이 초등학교의 수학학습에 도움이 된다고 하여 초등학교 준비를 위한 선행학습으로 은물이 사용된 것이다. 또한 영유아기에 은물을 사용한 뒤 모서리 몇 개, 면 몇 개, 선 몇 개식으로의 학습이 이루어지도록 하는 학습지가 있고 이것을 사용하는 기관도 있는 것이 사실이다. 그러나 프뢰벨의 은물활동에서 가장 중요한 것은 교사의 주입식 교육이나 모서리 몇 개를 아는 것이 아니라 유아 스스로 자발적인 참여와 놀이를 통해 자연스럽게 배우는 것이다. 은물의 특징은 놀잇감이면서 더불어 지적, 정신적 통합을 자연스럽게 이끌어 줄 수 있는 도구라는 것이다. 그러므로 현재 우리는 은물을 개발한 프뢰벨의 의도와 정신을 바르게 반영하려는 노력이 필요하다.

2) 몬테소리 프로그램

(1) 배경

마리아 몬테소리(Maria Montessori, 1870～1952)의 교육철학은 몬테소리의 저서와 그녀가 이탈리아의 빈민촌에 개원한 '어린이의 집(casa dei bambini)' 에 그 근거를 두고 있다. 몬테소리는 이탈리아의 엄격한 가톨릭 집안에서 태어나서 1907년 산 로렌초의 빈민가에 최초로 어린이집을 개원하였다. 그 후 다른 곳에도 어린이집이 점차 세워지면서 대상 아동이 빈민가의 자녀에서 중 · 상류층의 자녀로 확대되었으며 대상 연령의 폭도 확대되었다. 그리하여 0～3세 영아용 프로그램과 3～6세용 유아용 프로그램, 초등학교 프로그램(6～12세)과 청소년 프로그램(12～18세)이 세계 각국에서 실시되고 있다.

몬테소리는 영유아가 사물을 직접 만지거나 느끼는 과정에서 가장 잘 학습한다는 원리에 바탕을 두고 정신병원에 있는 정신지체 영유아를 위한 교육방법을 개발하였다. 그리고 빈곤지역 일반 영유아에게도 이 교육법을 적용하였다. 몬테소리는 영유아가 자유로운 환경에서 자기 스스로 발달해 나갈 수 있는 잠재적 능력을 가지고 있다는 철학을 세심한 관찰을 통해 가지게 되었다. 그리하여 몬테소리는 영유아가 자신의 성숙기제에 따라 스스로 학습한다는 자율교육 개념을 정립, 제시하였다.

(2) 프로그램의 교육목표

몬테소리 프로그램에서는 영유아의 자율적 본성에 근거하여 '정상화(normalization)'를 강조한다. 정상화란 준비된 환경 내에서 유아가 자기 내면의 발달속도에 따라 환경의 의미를 이해해 나가는 것을 의미한다. 그리고 정상화된 어린이란 영유아가 교구를 가지고 몰입하여 놀면서 기쁨을 느끼는 상태를 의미한다.

흡수정신과 민감기의 개념은 몬테소리 교육목표인 정상화의 기초가 된다. 정상화를 이루기 위한 몬테소리 이론의 핵심은 민감기와 흡수정신이다. 민감기는 결정적 시기와 유사한 개념으로 영유아가 어떠한 특정 과제를 수행하고자 하는 열의가 강하고 수행할 수 있는 능력도 있는 기간이며 유전적으로 계획된 기간을 말한다. 보통 민감기는 출생 이후부터 6세까지를 의미한다. 그러나 민감기는 영유아마다, 영유아의 관심영역마다 나타나는 시기가 다를 수 있으므로, 교사는 유아 스스로 자신의 발달속도에 맞게 최적의 발달을 이루도록 지원하고 지지해 주어야 한다.

흡수정신은 영유아가 어떠한 환경에 있을 때 그 환경을 무의식적으로 흡수하여 지식을 획득하는 능력을 말한다. 즉, 영유아가 환경으로부터 정신적인 양식이 될 만한 요소를 흡수하여 스스로를 능동적으로 성장시켜 나가는 무의식적인 정신상태를 의미한다. 따라서 몬테소리는 환경이 영유아의 학습 요구를 충족시켜 주도록 하는 것이 중요하다고 보았다.

(3) 교육내용 및 활동

몬테소리 프로그램의 교육내용은 일상생활, 감각, 수학, 언어 네 영역으로 구분된다(Humphryes, 1998). 국제 몬테소리협회에서는 3~6세용 몬테소리 프로그램에 위의 네 영역과 여기에 문화를 추가하여 일상생활훈련, 감각교육, 수학교육, 언어교육, 문화교육의 다섯 영역으로 구분하여 제시하였다(www.montssoriami.org).

일상생활훈련이란 유아가 일상생활을 하는 데 필요한 기술들을 훈련시키는 것이다. 여기에는 개인관리, 동작의 조정과 분석, 환경관리, 사회적 관계 등이 포함된다. 감각교육은 영유아의 감각자극을 발달시키기 위한 교육이다. 여기에는 단일감각을 훈련시키기 위한 교구와 복합감각을 훈련시키기 위한 교구가 있다. 수학교육은 논리적 사고를 발달시키는 것을 목표로 한다. 수학교육은 서열, 양, 차이의 개념 등을 학습하게 되는데 숫자막대, 모래종이 숫자카드, 숫자막대와 카드, 방추형 막대상자, 수의 기억게임, 수 세기와 카드 등의 교구를 활용한다. 언어교육은 말하기 언어교육과 읽고 쓰기를 위한 언어교육으로 구분된다. 문화교육은 여러 사회의 예술, 문학 양식, 습관 등의 다양한 삶이 포함되어 있으며, 생물, 지리, 역사, 물리, 음악에 관해 사진과 세계지도를 이용하여 학습하도록 되어 있다.

(4) 교사의 역할

몬테소리 교사의 일차적인 역할은 '준비된 환경'을 제공해 주어서 유아의 자기주도적인 활동이 이루어질 수 있도록 하는 것이다. 준비된 환경이란 유아의 신체크기에 맞는 적절한 시설, 설비, 교구나 타고난 호기심을 만족시켜 줄 수 있는 체계적이고 조직화된 환경을 의미한다. 교사는 영유아가 준비된 환경에서 자신의 발달속도에 따라 정상화를 이루며 자율적인 영유아로 성장할 수 있도록 개입시기를 적절하게 조절해 주고 영유아를 관찰하여 지지해 주는 역할을 한다. 이를 위해 몬테소리는 교사의 역할 중 관찰자로서의 역할을 특히 강조하였다. 이러한 교사의 역할은 유아의 타고난 탐구능력이 발휘될 수 있도록 하고, 유아를 올바르게 이해하는 기초이기 때문이다. 한편, 아무리 훌륭하게 '준비된 환경'이 제공된다 하더라도, 유아 혼자서 환경으로부터 모든 것을 스스로 학습하기는 어려우므로 의미 있는 활동과 학습이 이루어지기 위해서는 안내자로서의 교사의 역할도 중요하다.

교사는 안내자로서 새로운 교구와 과제를 제시하기도 하는데, 영유아가 독립적이고 스스로 학습할 수 있도록 한 걸음 뒤로 물러나 있어야 한다. 또한 교사는 관찰자, 환경제공자로서 역할을 수행한다. 이러한 역할은 교사가 필요한 교재 · 교구를 갖춘 환경을 조성하여 영유아에게 스스로 어떤 과제를 완수하고 새로운 기술을 익힐 수 있도록 하고 잘 관찰한다. 이렇게 함으로써 영유아에게 수준 높은 탐색의 기회를 주고 교사는 이를 잘 관찰하여 개별 영유아에 대한 이해를 깊게 할 수 있다.

(5) 시사점

몬테소리 프로그램은 유아 스스로의 자율적이고 주도적인 능력을 인정하고 있다는 점에서 매우 긍정적으로 평가받고 있다. 또한 훈련된 교사들이 민감기에 있는 영유아에게 다양한 영역에서 반복적인 경험을 제공해 주는 것은 영유아기의 발달 특성을 잘 반영했다고 볼 수 있다.

그러나 프로그램 자체는 매우 광범위하게 보급되었음에도 불구하고, 현재 이루어지고 있는 몬테소리 프로그램을 폭넓게 전문적으로 소화할 수 있는 교사는 많지 않아서 제대로 된 교육이 이루어지지 않는 것이 문제점으로 지적된다. 또한 넛브라운(Nutbrown, 2006)은 몬테소리 어린이집을 다닌 영유아가 몬테소리 프로그램이 아닌 환경을 접하거나 초등학교에 입학하게 되었을 때 적응상의 문제를 보이기도 한다고 지적하였다. 몬테소리 프로그램이 처음에는 정신지체아나 학습문제를 가지고 있는 아동을 대상으로 개발된 프로그램이기 때문에 준비된 환경 속에서 과학적 교구를 통한 활동이 주를 이루고 있다. 따라서 또래나 교사와의 상호작용이 상대적으로 부족하며 인지발달에 비해 사회정서발달이 비교적 덜 강조되고 있으므로 이에 대한 보완이 필요하다.

3) 프로젝트 접근법

(1) 배경

듀이(Dewey)는 중요한 교육방법 중의 하나로 프로젝트 접근법을 도입하고자 했다. 듀이는 프로젝트 접근법과 유사한 교수방법을 자신이 설립한 실험학교에 도입하였다. 기존에 연구되어 온 프로젝트에 의한 활동들과 듀이(1916)의 이론을 중심으로 킬패드릭(Kilpatrick, 1918)은 「프로젝트 방법, 구안법(The Project Method)」이라는 논문을 컬럼비아 대학교의 논문집에 발표함으로써 프로젝트 접근법을 체계화시켰다.

프뢰벨과 마찬가지로 듀이도 놀이의 중요성은 인정하였으나, 은물에 대해서는 비판적이었다. 듀이는 『학교와 사회』라는 자신의 저서를 통해서 단계적 교육, 실물

교육, 가정에서의 생산적 경험을 통한 교육, 행함으로써 배우는 교육을 강조하였다. 따라서 듀이는 교사 주도의 전통적 교수방법과 유아 주도의 놀이중심 교수방법의 교량적이고 중간자적인 역할을 하는 방법을 택하였으며, 이러한 그의 생각은 프로젝트 방법으로 나타나게 되었다.

이후 진보주의 교육의 쇠퇴와 더불어 프로젝트 접근법도 쇠퇴하기 시작하였다. 그러나 1960~1970년대에 이르러 영국의 개방교육이 번지고 미국의 뱅크 스트리트 프로그램이 활발하게 이루어지면서 개방교육의 핵심 방법으로 프로젝트 방법이 다시 부각되기 시작하였다. 이러한 프로젝트 방법은 카츠와 차드(Katz & Chard, 1989)에 의해 1980년대 말부터 미국과 캐나다를 중심으로 세계 각국에 소개되었고, 그 후로 '프로젝트 접근법(Project Approach)'이라는 용어로 이러한 교수법이 세계 각국에서 적용되고 있다.

1886년 듀이가 세운 실험학교에서 시작된 프로젝트는 대집단, 소집단 또는 개별 영유아가 교사의 안내하에 학습할 만한 가치 있는 특정 주제를 능동적이고 깊이 있게 탐구하는 교육 형태다. 프로젝트 접근법은 1960년대 후반 인간중심교육에 대한 관심이 높아지면서 다시 부각되었다. 영유아가 학습할 가치가 있다고 여겨지는 특정 주제에 대해 깊이 있게 탐구하는 교수-학습방법, 즉 한 주제에 대한 깊이 있는 탐구를 하는 프로젝트 접근법은 카츠와 차드에 의해 재구성되어 1990년 이후부터 전 세계적으로 주목받아 왔다.

(2) 교육목표

프로젝트 접근법의 목적은 '삶으로서의 학습', 즉 영유아의 학습이 '의미 있는' 경험이 되도록 하는 데 있다. 따라서 프로젝트 활동은 단순히 새로운 정보와 지식, 기술을 습득하기 위한 것이 아니라, 영유아가 자신들의 경험과 관심에서 시작된 흥미를 반복, 심화, 확장시켜 삶 속에서 의미 있는 경험을 하고 느낄 수 있는 기회를 제공하는 접근이라 할 수 있다.

따라서 경험을 통한 이해와 지식습득, 신체적 · 인지적 · 의사소통 능력 발달에 필요한 기술습득, 다양한 느낌의 발달과 바람직한 태도의 발달을 주요 교육목표로 한다.

(3) 교육과정

① 1단계: 시작

1단계는 주제에 대한 영유아의 사전지식을 살펴보는 단계다. 주제와 관련된 이전 경험을 이야기하거나, 표상(그림, 쓰기, 경험 나누기, 극놀이)을 통해 주제에 대한 지식을 재방문, 재검토한다.

② 2단계: 전개

2단계는 영유아가 프로젝트 활동을 하면서 주제와 관련된 구체적인 목표를 세우고 이를 달성하기 위해 다양한 활동을 하는 단계다. 이때 조사 · 탐구활동이 함께 이루어지기도 한다. 이 단계에서 영유아는 실제적인 직접 경험, 현장학습을 통해 새로운 정보를 얻는다. 정보 수집은 견학과 같은 직접 경험과 전문가 초빙, 책, 인터넷 등 다양한 방법으로 이루어질 수 있다.

③ 3단계: 마무리

3단계는 개별적 혹은 집단적으로 영유아가 학습한 것을 정리하는 단계다. 자신들의 프로젝트 결과물을 전시하고 발표하는 기회를 가지며, 서로 감상하는 시간을 통해 경험을 공유하여 지식의 재구성, 경험의 재구성을 하고, 각자의 안목과 시야를 넓힌다.

(4) 교사의 역할

프로젝트 접근법에서 교사의 역할 중 가장 중요한 것은 환경제공자, 관찰자로서의 역할이다. 교사는 프로젝트 준비 단계에서 주제를 선정하기 전에 유아들과 주제망을 구성해 보고, 주제와 관련된 기본 어휘와 중심개념을 정리 · 확인하고, 학습활동 목록을 작성한다. 그리고 프로젝트 활동에 필요한 자원목록을 구체적으로 작성하고, 기존에 있는 자원은 미리 준비하고, 없는 자원은 여러 방법으로 구해 본다. 이때 부모들에게도 프로젝트에 대해 알리고 프로젝트 전반에 걸친 협조를 구한다. 그러나 부모와의 협력 및 협조는 부모 사정에 따라 부담이 되지 않는 범위 내에서 하는 것이 바람직하다. 프로젝트 시작 단계에서 교사는 교사와 유아, 유아들 상호

간에 주제에 대한 이전 경험과 지식이 충분히 표현되고 공유될 수 있도록 한다. 또한 유아의 이전 경험은 다양한 방식으로 표상해 볼 수 있다. 전개 단계에서 교사는 유아 자신이 흥미 있어 하는 활동에 각 유아를 참여시키고, 유아들의 활동과정을 지속적으로 관찰하고 안내, 지도한다. 그리고 프로젝트가 주제를 향하여 올바른 방향으로 가고 있는지를 수시로 확인하고 안내한다. 마무리 단계에서 교사는 주제망과 질문목록을 검토하고, 여기에 적합한 내용이 다루어졌는지를 평가해 보고, 유아들이 계획하고 수행한 활동이 잘 마무리되었는지 살펴본다. 그리고 모든 유아들이 전시회나 발표회에 어떠한 방법으로든지 골고루 참여하도록 배려한다. 전시회가 끝난 후에는 유아들의 작품을 잘 보관하거나 사진을 찍어 둔다. 이러한 일련의 활동에서 교사는 민감한 관찰자, 안내자, 촉진자 역할을 하는 것이 중요하다.

(5) 시사점

프로젝트 접근법은 구조화되고 교사 주도적인 전통적 교육과정과는 달리 유아의 의견과 관심, 흥미를 충분히 반영하기 때문에 창의성과 자기 주도성, 자발적인 참여, 사회성 발달, 자신감 발달 등에 긍정적인 영향을 미치는 것으로 평가받는다. 또한 유아들 간의 활발한 상호작용을 통해 주제를 선정하고 최종 결과물을 공유함으로써 형성되는 의사소통기술의 함양, 사회성 발달, 공동체 정신은 프로젝트 접근법의 가장 큰 장점이라고 볼 수 있다. 그러나 이러한 접근은 집단의 크기나 적용 조건 및 방법, 교사의 능력에 따라 그 효과가 많이 달라질 수 있기 때문에 프로그램을 이끌어 가는 교사의 능력이 매우 중요한 문제로 부각되고 있다. 최근에는 이러한 문제점을 극복하기 위해 여러 종류의 교사용 지침서와 현장적용 프로그램 등이 개발되어 교사들의 실제 현장 적용을 돕고 있다. 특히 한국에서는 교사 대 아동의 비율이 비교적 높아 교사가 개별 영유아에게 일일이 관심을 가지기 어렵다는 것이 프로젝트 현장적용의 문제점으로 지적된다.

4) 발도로프 프로그램

(1) 배경

발도로프 교육은 19세기 중엽 자유학교운동이라는 시대적 흐름 속에서 인지학의 창시자인 루돌프 슈타이너(Rudolf Steiner, 1861~1925)에 의해 시작되었다. 슈타이너는 독일의 슈투트가르트 발도로프 아스토리아 담배공장 노동자들의 자녀를 위하여 1919년 4월 '자유 발도로프 학교'를 설립하였으며, 그 이후로부터 발도로프라는 이름을 얻게 되었다. 최초의 발도로프 유치원은 엘리자베스 그린레스가 1926년 설립하였으며, 오늘날 발도로프 유아교육기관은 전 세계 40여 국가에 1,600개 이상 설치되어 있고 점점 더 그 영역을 확대해 가고 있다. 우리나라에서는 서남재단이 2002년 6월 국제적인 인증을 얻어 '별나라 어린이집'을 운영한 것이 발도로프 교육의 시초다. 여기서는 영유아를 대상으로 두 반의 혼합연령 학급을 운영하고 있다.

(2) 교육목표 및 원리

① 모방과 본보기 교육
② 감각 중시 교육
③ 리듬과 반복을 중시하는 교육
④ 상상력 발달을 중시하는 창의성과 감성 교육

(3) 교육내용 및 활동

① 놀이와 놀잇감: 바느질, 조각, 매듭 등의 놀이를 하며 놀잇감으로는 나무로 만든 블록, 그릇 등이 있다.
② 예술작업: 인형 만들기, 수놓기, 특별한 날 준비하기, 절기음식 만들기 등이 있다.
③ 리듬을 경험하는 교육: 발도로프 교육은 인간의 영성과 자연, 우주적 교감과 통일성을 강조하는데, 교사는 영유아가 삶의 리듬을 스스로 느낄 수 있도록

생활을 구성한다. 즉, 계절과 절기에 따른 연간 생활, 주의 생활, 하루의 생활로 나누어져 있다(윤선영, 2002).

④ 예술교육: 몸을 움직이는 놀이인 오이리트미가 대표적이다. 오이리트미는 몸의 움직임을 통하여 마음과 영혼을 보여 주는 움직임의 예술이다. 영유아는 간단한 리듬에 따라 몸을 움직이거나 막대를 이용하여 간단한 오이리트미를 시작하다가 점차 복잡한 시, 동화의 내용까지 몸의 움직임으로 표현한다. 또한 도화지를 물에 담갔다가 물기를 닦아 내고, 물에 젖은 붓을 물감에 찍어 도화지에 그리는 수채화 그리기도 역시 예술적 요소를 이용한 교육이다. 발도로프에서 영유아의 수채화 그리기는 특정 대상을 그리는 것이 아니라 색을 탐구하는 기회를 가지는 것이다.

⑤ 창의성과 상상력을 중시하는 교육: 동화나 이야기 들려주기를 통하여 영유아의 상상력을 키워 준다. 이야기를 들려줄 때에는 그림 없이 들려주고 이야기가 끝난 후에도 교훈은 절대 주입하지 않는다. 이는 동화 자체의 순수한 문학적 의미를 보존하고, 영유아 스스로 상상력을 발휘하여 이야기를 재창조할 수 있도록 하기 위해서다.

⑥ 손놀림의 노작교육: 음악과 미술, 뜨개질 등 손놀림의 노작교육을 통해 기술적이고 정신적인 능력 계발이 이루어진다.

(4) 교사의 역할

발도로프 유아용 프로그램은 한 반에 모든 연령이 함께 있는 혼합연령 학급을 구성하며, 영유아가 어린이집을 다니는 기간 동안 동일한 교사가 계속해서 영유아들을 지도한다. 교사들은 영유아들이 실내나 실외에서 놀이활동을 하면서 상상력을 발휘하도록 격려하고, 세심한 주의집중이 필요한 수공예 작업이나 창의성이 요구되는 일에 참여하도록 안내한다. 그리고 영유아의 활동을 자세히 관찰하여 새로운 과제를 시도해 보도록 하고, 작업이 일상적인 경험이 되도록 교사가 직접 본보기를 보인다. 본보기나 모방의 교육은 발도로프에서 중요한 것이다. 교사의 역할에서 부모회나 동료 협의체와 긴밀한 협력관계를 유지하는 것도 중요하다. 자기교육을 끊임없이 실천하는 교사, 영혼과 정신과 신체를 통합하려는 교육을 실시하는 교사가 요구된다.

(5) 시사점

전인교육과 상상력, 정신의 자유로움을 추구하는 발도로프의 교육이념은 정신과 신체의 균형 있는 발달을 지향하고 더 나아가서 이후의 문제행동까지도 예방할 수 있다는 점에서 보여 주기 위한 교육, 인지 위주의 우리나라 교육에 많은 시사점을 준다고 할 수 있다. 이러한 발도로프 프로그램은 현재 우리나라에 혼합연령 보육 프로그램 등이 도입되면서 부분적으로 적용되고 있는 곳도 있다. 다만, 한국의 여건으로 그러한 시설과 교구를 갖출 수 있을지, 이 이념을 교사진들이 얼마나 소화를 하고 접근할 수 있을지가 관건으로 여겨진다.

5) 레지오 에밀리아 접근법

(1) 배경

제2차 세계 대전 이후 말라구치(Malaguzzi)는 고향인 레지오 에밀리아로 돌아와서 황폐화된 상황에 큰 충격을 받았다. 그는 유아교육기관 같은 교육기관이 사람들에게 희망을 심어 주고 마을의 결속력을 높여줄 수 있는 수단이 될 수 있다고 생각하였다. 레지오 에밀리아 학교는 이러한 말라구치의 생각에 동조하는 부모들과 여러 출처를 통해 모집된 자금을 토대로 하여 1940년대 중반 문을 열었다. 레지오 에밀리아 접근법에서는 교육목표를 미리 완전히 계획하기보다는 지역의 사회문화적인 배경요인과 유아, 교사, 부모, 지역사회 구성원 간의 관계를 통해 상호 협력적, 발현적으로 구성한다. 그러므로 레지오 에밀리아 프로그램은 특정 이론을 토대로 만들어졌다기보다는 교육현장에서 유아를 중심으로 부모와 교사, 지역사회가 그 사회문화적 맥락에서 실제 경험을 통해 얻은 교육적 직관을 토대로 발전된 프로그램이다. 그러나 레지오 에밀리아 접근법이 '지식은 아동 스스로 구성한다' 는 능동적인 아동의 이미지와 지식습득에 있어서 아동의 주체성을 강조하였다는 점에서는 피아제와 비고츠키의 구성주의 영향을 많이 받았다고 볼 수 있다. 특히 사회문화적 맥락을 강조하고 주변 인물과의 상호작용을 강조하였다는 점에서 비고츠키의 영향을 많이 받았다고 할 수 있다.

즉, 레지오 에밀리아 접근법은 피아제의 인지적 구성주의와 비고츠키의 사회문화적 구성주의의 영향을 많이 받아 지식이 영유아에 의해 스스로 능동적으로 구성되는 과정을 중요시한다. 즉, 영유아는 스스로 혹은 다른 영유아, 부모, 교사, 지역사회 구성원 간의 관계 속에서 생활하고 학습하면서 상징적인 표상과 새로운 개념 이해를 한다는 원리에 기초하여 교육의 실제를 구성해 왔다.

레지오 에밀리아 접근법은 이탈리아에서 1940년대 중반 이후부터 지금까지 영유아, 교사, 부모, 지역사회가 같이 협력하여 발전되어 온 유아교육체제다. 레지오 에밀리아 접근법은 영유아 보육에 있어서 교육철학 및 교육과정, 교육내용, 교수법 그리고 학교 조직방법, 환경구성을 총칭하는 것이다.

(2) 교육목표

레지오 에밀리아 프로그램은 유아가 출생에서부터 자신만의 고유한 생각을 가지고 있고, 또래나 부모, 교사와의 상호작용을 통해 스스로 지식을 구성할 수 있는 능력을 가지고 있다고 본다. 따라서 이 프로그램의 목표는 아동이 자신의 생각이나 감정, 관심사를 주도적이고 독창적으로 표현하도록 하게 하는 것이다.

특히 레지오 에밀리아 프로그램에서는 부모와 교사, 지역사회의 적극적인 참여가 강조되며 교육의 중요한 요소로 여겨진다. 따라서 레지오 에밀리아 프로그램에서는 사회적 상호관계를 통한 교육을 중요시하고, 상호 협력을 통해 공동체 의식을 키우며 지역사회 구성원으로서의 자질을 키우는 것에 중점을 둔다. 교육은 가족, 또래, 교사, 학교환경, 지역사회와의 관계를 통해 이루어지며, 유아, 부모, 교사, 지역사회 모두가 교육의 주체이므로, 유아의 요구뿐만 아니라 이들 모두의 요구에도 귀를 기울인다. 교사는 영유아에게 필요한 인적, 물적 자원을 가급적 언제든지 제공할 수 있도록 해야 한다.

(3) 교육내용 및 활동

① **귀 기울임의 교육**: 학습은 영유아와 교사 간의 애정 어린 관계 안에서 가장 잘 이루어지고, 교사가 영유아의 말에 귀를 기울이는 것이 중요하다고 보는 가치

관이다.

② **프로젝트 중심의 발현적이고 상호 조정적인 교육과정:** 교사가 일반적이고 개략적인 보육의 목표는 정하지만 프로젝트나 활동의 구체적인 수업안은 세밀하게 계획하지 않고, 교사와 영유아 간의 계속적인 협상에 의해 교육과정이 만들어진다.

③ **의사소통을 통한 협동:** 또래나 교사와의 사회적 상호작용을 중요한 학습 수단으로 본다.

④ **다상징적 표상활동의 활용:** 주제에 관해서 다양한 매체를 이용하고, 그림, 점토, 구조물과 같은 주제 표현활동을 통해 표상과 재표상을 거치면서 주제에 대한 영유아의 이해를 깊게 하는 학습이 이루어진다.

⑤ **기록화와 분석:** 미술교사(Atelierista)는 학급 프로젝트를 진행해 가는 교사와 협력하여 영유아의 프로젝트 진행과정을 기록화하고 분석한다. 이 과정은 영유아에게 경험의 재발견을 통해서 지식을 재구성할 수 있는 기회가 된다. 이러한 과정은 레지오 에밀리아 프로그램에서 상징화주기로 나타난다.

(4) 시사점

유아에게 경험한 것을 다시 경험해 보고, 관찰한 것을 다시 관찰해 보고, 표상한 것을 재표상해 보도록 격려하는 레지오 에밀리아의 나선형 교육과정은 반복, 확대, 심층적인 학습이 가능하다. 또한 레지오 에밀리아에서 부모교육이나 참여, 지역사회의 연계 등 사회문화적 맥락을 중요시하는 것이 전체 교육의 흐름으로 자리 잡게 되었다. 그러나 환경 여건의 열악함, 교사 대 아동의 높은 비율, 경제적 부담 등이 적용상의 어려움으로 지적되고 있다.

6) 생태 프로그램

(1) 배경과 개념

생태유아교육의 목적은 사람과 자연이 하나 되는 세상, 사람과 사람이 더불어 함께 사는 세상, 아이들이 행복한 세상을 향하며, 신명나는 어린이를 키우는 것이다.

즉, 개성과 창의력을 가지고, 흥겨움과 우리 멋을 중시하며, 자연, 사람과 더불어 행복한 삶을 누리는 어린이다운 어린이를 키우고자 하는 것이다(임재택 외, 2006).

이를 위해 생태유아교육은 자연의 순리를 따르는 자연교육을 지향하며, 유아중심교육에서 생명중심교육으로, 개인중심교육에서 공동체중심교육으로 이성중심교육에서 전인교육으로의 실천적 방향성을 지닌다(최애경 외, 2010).

생태주의는 생태학의 원리를 수용하는 사회 이론과 실천을 모두 포함하는 용어다. 생태학의 관점은 인간과 자연의 관계에 대한 대안적 관점이라고 볼 수 있다(이순형 외, 2009).

생태 프로그램은 우리의 민간신앙과 전통 육아의 지침, 여러 종교적 사상 등에 기초를 두고 있다. 또한 생태 프로그램은 자연친화적 프로그램으로 그 기본틀을 상징하는 소재도 나무다. 나무는 자연의 일부이며, 주역에서 말하는 오행의 하나로 우주만물을 생성하는 주요소다. 나무는 태어나서 자라고 결실을 맺고 소멸하는 순환의 과정을 반복하는 생명체로서 인간이 성장하는 모습을 상징하며, 뿌리, 잎, 줄기, 꽃, 열매 등으로 구성되어 있어 생태 프로그램의 골격을 표현하기에 적절하다(임재택 외, 2006).

(2) 기본 전제와 교육목적

생태주의 교육은 자연과 인간에 대한 생태적 이해와 연관성, 환경적 자각과 존중뿐만 아니라 지구적 책임감을 향상시켜 준다. 즉, 생태학 원리에 대한 지식, 체계적 사유방식, 생태적 가치의 실천을 획득하도록 하는 것이 생태주의 교육의 목적이다.

생태 프로그램에서는 현대의 아동들이 자연과 놀이, 아름다움을 잃어버린 채 자라고 있다고 생각한다. 따라서 생태 프로그램에서는 아이들에게 잃어버린 자연과 놀이, 아이다움을 되찾아 주는 것에 역점을 두고 있다. 이를 기초로 생태 프로그램에서 궁극적으로 지향하는 교육목표는 '신명나는 어린이' 상을 구현하는 것이다. 신명나는 어린이상은 몸과 영혼이 건강한 어린이상을 의미하는 것으로, 이를 구체적으로 살펴보면 튼튼한 어린이, 즐거운 어린이, 스스로 하는 어린이, 새로운 것을 생각하는 어린이, 예의 바른 어린이, 생명을 존중하는 어린이, 일을 귀하게 여기는 어린이, 지구를 지키는 어린이, 더불어 사는 어린이를 의미한다(임재택 외, 2006).

(3) 교육내용

생태유아교육의 내용은 다음과 같다(임재택, 하정연, 2004).

① 바깥놀이 프로그램: 일상생활로서 영유아가 자연을 통해 생명의 소중함을 느끼고 자신의 지식, 개념, 경험을 자유롭게 펼친다.

② 산책 프로그램: 영유아가 온갖 자연물을 보고, 만지고, 느끼는 체험적 교육활동으로 일과 중 10분, 길게는 2시간 이상이 소요되기도 한다.

③ 텃밭 가꾸기 프로그램: 1년 내내 텃밭에서 채소를 길러 보면서 계절과 날씨의 변화, 식물의 생장과 수확에 대한 기쁨을 알고 자연을 이해하게 된다.

④ 노인 · 아동 상호작용 프로그램: 노인들이 보육활동에 자원봉사자로 참여하여 영유아와 생활하면서 노인과 아동 간의 상호작용 기회를 제공한다.

⑤ 세시풍속 프로그램: 영유아가 겨레의 얼을 느끼도록 하는 과정이다.

⑥ 동물 기르기 프로그램: 영유아가 동물을 기르며 생명의 세계를 경험하게 한다.

⑦ 명상 프로그램: 영유아의 몸, 마음, 영혼을 치유하고자 노력하는 명상을 다양하게 접근한다.

⑧ 절제 · 절약 프로그램: 생태의 핵심인 순환과 돌림의 경제를 인식시키고 실천하도록 도와주는 데 목적이 있다.

[그림 4-3] 생태 프로그램

⑨ **먹을거리 프로그램**: 영유아는 먹으면서 자라므로 영유아의 급식 및 간식을 유기농 먹을거리로 제공한다.

⑩ **도시 · 농촌 프로그램**: 자연과 먹을거리의 소중함을 느끼는 경험을 영유아에게 제공하고, 농촌과 도시 영유아가 함께할 수 있는 경험을 제공한다.

⑪ **손끝놀이 프로그램**: 손의 사용을 통해 전인적인 존재가 되도록 영유아가 손끝을 사용해서 놀 수 있는 놀이를 제공한다.

⑫ **몸짓놀이 프로그램**: 몸을 자극하여 오장육부를 튼튼하게 하고 몸을 유연하게 하도록 하는 놀이를 제공한다.

⑬ **초기 적응 프로그램**: 어린이집에 입학하는 영유아가 새로운 환경에 원만하게 적응할 수 있도록 돕는 과정이다.

참고문헌

김명순, 이기숙, 이옥(2005). 한국 유아교육, 보육과정의 역사와 미래, 한국유아교육과 보육의 자리매김. 한국유아교육학회 정기학술대회 자료집, 151-186.

김정원, 이경화, 이연규, 전선옥, 조순옥, 조혜진(2006). 보육과정. 서울: 파란마음.

양옥승, 김영옥, 김현희, 신화식, 위영희, 이옥, 이정란, 이차숙, 정미라, 지성애, 홍혜경(1999). 영유아보육개론. 서울: 학지사.

여성가족부(2005). 영유아보육법 시행규칙 개정령.

여성가족부(2005). 영유아보육법.

윤선영(2002). 발도로프 유아교육의 첫걸음: 유아교사를 위한 안내서. 서울: 문음사.

이기숙(2000). 유아교육과정. 서울: 교문사.

이순형, 이경화, 문무경, 이영미, 한유진, 이성옥, 권혜진, 김영명, 권기남, 김혜라, 안소영, 임송미, 엄성애(2000). 발달수준별 주제탐구표현활동 프로그램의 운영. 서울: 창지사.

이순형, 이혜승, 이성옥, 황혜신, 이완정, 이소은, 권혜진, 이영미, 정윤주, 한유진, 성미영(2009a). 보육학개론(3판). 서울: 학지사.

이순형, 이성옥, 권혜진, 이소은, 황혜신, 이혜승, 한유진, 정윤주, 이영미, 이옥경, 성미영, 권기남, 김지현(2009b). 보육과정(3판). 서울: 학지사.

이정환(1999). 유아교육 교수학습방법(개정판). 서울: 교문사.

임재택, 김은주, 하정연, 권미량, 조채영(2006). 생태유아교육프로그램 운영. 파주: 공동체.

임재택, 하정연(2004). 부산대학교 부설 어린이집 프로그램: 생태 유아교육 프로그램. 한국유아교육학회 발표 논문.

최애경, 송연숙, 남미경(2010). 보육학개론. 서울: 파란마음.

한국유아교육학회(1996). 유아교육사전(용어편). 서울: 교문사.

한국유아교육학회(1997). 유아교육사전. 서울: 한국사전연구사.

2003년 유아교육 활동 보고서.

국제몬테소리협회(AMI) 〈www.montessoriami.org〉

서울대학교 생활과학대학 어린이집 〈http://kidshome.snu.ac.kr〉

Bredekamp, S. (1986). *Developmentally appropriate practice*. Washington, DC: NAEYC.

Humphryes, J. (1998). The developmental appropriateness of high-quality Montessori programs. *Young Children, 53*(43), 4-16.

Katz, L. G., & Chard, S. C. (1989). *Engaging children's mind: The project approach*. Norwood, NJ: Ablex.

Morrison, G. S. (1998). *Early childhood education today*. Upper Saddle River, NJ: Prence-Hill.

NAEYC (1991). Accreditation criteria and procedure. National Association for the Education for Young Children. URL: http://www.naeyc.org

Nutbrown, C. (2006). *Key concept in early childhood education and care*. London: Sage.

Petersen, E. A. (2003). *Early childhood curriculum: Linking thematic, emergent, and skill-based planning to children's outcome* (2nd ed.). Boston: Allyn and Bacon.

Saracho, O. N., & Spodek, B. (1992). Introduction: Child care in early education. In O. N. Saracho & B. Spodek (Eds.), *Issues in child care*. New York, NY: Teachers College.

Chapter 05

영유아 교수법과 보육

교육실천에 앞서서 교사들은 주어진 내용을 어떻게 가르칠 것인가 하는 문제에 부딪치게 된다. 이러한 고민을 해소하기 위해서 교사들은 교육 현장에서 끊임없이 좋은 교육방법을 탐구하고 적용하려고 한다. 좋은 교육방법이란 학습자에게 효과적이고 효율적이며 매력적인 방법으로 접근하는 것을 의미한다.

영유아를 대상으로 하는 보육에 있어서 교사는 영유아의 연령, 집단의 크기, 주어진 상황에 따라 보다 적절한 교수법을 활용하기 위해 다양한 교수-학습방법에 대한 이해와 실제적인 적용방안에 대해 숙지해야 할 필요가 있다. 또한 교사는 보육실천에서 설정된 목표를 달성하기 위해 필요한 보육과정을 계획해야 하며, 집단의 특성과 상황에 적합한 효율적인 지도방법을 선택해야 하며, 유아들이 흥미와 관심을 충분히 가질 수 있는 교육매체를 사용하여 인간적이고 건전한 상호작용과정이 되도록 해야 한다.

이 장에서는 교사와 영유아 간에 효율적인 상호작용을 하기 위한 영유아 교수법의 개념과 역할, 영유아 교수법의 내용, 영유아 교수법의 유형 그리고 효과적인 영유아 교수법의 실제 등에 대해 탐구한다.

1. 영유아 교수법의 개념 및 원리

1) 영유아 교수법의 개념

영유아 교수법이란 영유아에 대해 교사가 준비된 교육내용을 가르치고 영유아가 그것을 배우는 과정에서 교사가 수행하는 교수행위에 대한 방법적 접근을 의미한다. 이러한 과정에서 교사의 가르치는 교수활동과 영유아가 배우는 학습활동이 존재하게 되고 이를 교수-학습과정이라고 한다.

교사의 가르치는 행위를 '교수(instruction)' 라고 할 때 좁은 의미에서 교수는 '학문이나 기술을 가르치는 행위' 를 말하며, 넓은 의미에서는 '교사가 의도적으로 계획한 교육적 활동' 을 의미한다. 따라서 교수란 가르치는 기술을 나타내는 좁은 의미의 기능적인 측면에 덧붙여 인성적인 측면까지 포괄적으로 모두 포함하는 것이다(이성호, 1999).

한편, 영유아가 배우는 행위인 '학습(learning)' 의 의미는, 경험의 결과로 인하여 학습자의 지식, 행동 또는 태도가 비교적 지속적으로 변화되는 것이다(Hilgard & Bower, 1981). 이때 나타나는 행동의 변화는 장기적이어야 한다는 것, 변화의 대상은 영유아의 지식구조 또는 행동이라는 것, 그 변화가 영유아의 환경으로부터 얻는 경험에 의한 것이어야 한다.

이상에서 살펴본 바와 같이 교수와 학습은 그 개념에 있어서 서로 다른 점이 있음에도 불구하고 서로 밀접히 관련되어 있다. 이는 교사의 교수행위가 영유아의 학습을 전제로 하여 이루어지며, 영유아의 학습이 교사의 교수에 의해 이루어지기 때문이다. 따라서 교수와 학습이 별개의 개념이 아니라 교사의 지도하에 영유아가 일정한 교육내용을 습득해 가는 통합적 의미로서 '교수-학습과정' 으로 일컬어지고 있다.

교수와 학습이 불가분의 관계로 이해되기 시작한 것은 20세기 이후부터다. 그 이전까지는 교사의 교수활동만을 강조하거나 유아의 학습활동만을 강조하였다. 20세기에 나타난 진보주의, 아동중심교육의 영향으로 교수-학습의 개념은 교사가 유아에게 지식을 전달하고 주입시키는 방법이 아니라 유아가 활동을 통해서 지식이나 기능, 가치를 창조하게 하는 방향으로 크게 변화되었다(김진영 외, 2000).

이러한 교수-학습에 대한 인식이 변함에 따라 가르치고 배우는 것이 분리되기보다는 실제로 교실에서 교사의 교수활동과 영유아의 학습활동이 통일적으로 연결된 과정으로 나타나게 되었다. 이에 따라, 영유아의 흥미나 필요 또는 능력의 유무에 관계없이 과제를 제시하거나 연습을 강요하는 방법은 지양되고, 영유아의 능력과 욕구에 적절한 교재를 선택하여 유아의 자발적인 학습활동을 장려함으로써 행함에 의한 학습, 즉 경험학습을 강조하게 되었다. 나아가 영유아가 능동적으로 지식과 활동을 스스로 구성하도록 하는 방향으로 발전하고 있다.

2) 영유아 교수-학습의 원리

교수-학습과정에서 교사가 영유아의 학습을 촉진하고 보다 효율적인 학습을 이루기 위해 기본적으로 고려해야 할 원리는 다음과 같다.

(1) 개별화의 원리

개별화의 원리는 교수방법의 핵심적인 원리로 모든 학습지도의 출발점이다. 학습의 효과를 극대화하는 가장 바람직한 방법 중 하나는 영유아를 존중하고 그들의 개인차를 인정하여 그것에 적합한 교수법을 적용하는 것이다. 영유아는 개인마다 서로 다른 발달적 특성이나 패턴을 가지고 있으며, 그러한 특성이 발현되는 속도도 다르다.

또한 영유아들은 지능, 적성, 흥미, 태도, 가치관, 선행학습 등의 내면적인 심리적 특성뿐만 아니라 부모나 양육자의 교육적 · 사회적 · 경제적 지위가 다르며 신체의 구조적 특징과 같은 외현적 특성에 있어서도 서로 다르다. 이에 따라 영유아들은 세계를 받아들이고 이를 이해하고 또한 이해된 것을 표현하는 방식에 있어서 서로 다른 형태를 취하게 된다. 그러므로 학습활동에서 영유아의 개인차를 이해하고 교육 활동을 계획하는 단계에서부터 이것을 학습목표와 관련시켜 유아 개개인이 지닌 역량과 능력을 충분히 발휘할 수 있도록 해야 한다.

(2) 자발성의 원리

자발성이란 자기가 해야 할 학습을 자기의 책임하에 해결하려는 것으로 이러한 자주성의 확립은 학습지도의 직접적인 목표라고 할 수 있다. 학습은 성인이 시켜서 수동적으로 할 때보다 영유아가 학습활동에 의욕을 가지고 능동적으로 참여할 때 그 성과가 극대화될 수 있다.

자발성의 원리는 교수-학습과정에서 아동중심의 교육을 강조하는 원리다. 이 원리가 적용될 때 영유아가 가지고 있는 본래의 소질이나 특성을 최대한으로 키워 줄 수 있는 것이다.

(3) 사회화의 원리

사회화(socialization)란 개인이 자기가 소속해 있는 사회집단의 행동양식, 가치관, 규범과 같은 문화를 학습하여 내면화하고, 자기 자신의 독특한 개성과 자아를 형성하는 과정을 말한다. 영유아는 하나의 독립된 인간으로서 그들이 속한 각종 사회에 참가하여 원만한 인간관계를 맺어 가면서 개인적으로 보람 있고 사회적으로 유용한 일원이 되는 데 필요한 것들을 학습해야 한다. 이를 위해 집단 안에서의 공동 학습활동을 통하여 협동하는 방법 그리고 책임의식을 기를 수 있는 교육내용과 학습기회를 제공하고 또 그러한 분위기를 조성할 필요가 있다.

(4) 통합성의 원리

통합성의 원리는 학습활동에서 지식이나 기능의 어느 한쪽 부분의 능력만을 발전시키는 것이 아니라 지, 덕, 체 또는 지, 정, 의와 같은 학습자의 행동특성을 조화롭게 발전시키는 원리다. 즉, 학습자의 전인적 발달을 위한 전인교육을 의미하는 것이다. 통합성의 원리는 특정한 방법이나 자료에 의존하는 것이 아니라 다양한 방법과 기술을 활용하고 영유아가 일상생활에서 접하게 되는 일들과 관련된 것을 주제로 하여 생활중심의 통합교육이 이루어지도록 한다.

(5) 직접 경험의 원리

직접 경험의 원리는 어떤 사물에 대한 개념을 인식시킬 때 언어로 설명하는 것보다는 구체적인 사물을 직접 제시하거나 경험하게 함으로써 학습효과를 얻을 수 있다는 원리를 말한다. 듀이(Dewey)는 교육을 "행함으로써 배운다."라고 하여 진정한 학습은 실제 경험을 통하여 지식이나 기능을 습득하고 이를 계속적으로 재구성해 나가는 것이라고 하였다. 특히 영유아기에는 감각을 통한 직접 경험의 학습기회가 다른 어느 발달단계의 학습자보다 더 요구된다고 하겠다.

한편, 영유아의 발달특성을 고려하여 그에 알맞은 교수-학습이 이루어져야 함을 강조하면서 미국유아교육협회(NAEYC)에서는 발달에 적합한 실제(Developmentally Appropriate Practice: DAP)를 제시하고 있다. NAEYC(1991)에서는 이러한 이론적 근거를 찾기 위하여 피아제(Piaget), 비고츠키(Vygotsky), 에릭슨(Erikson) 등의 이론들을 중심으로 하여 유아교육에서 연구된 유아의 학습과정에 관한 이론적인 관점들을 정리하여 다음과 같이 영유아의 교수-학습과정에 관한 기본원리를 제시하고 있다.

① 영유아는 신체적 욕구가 충족되고 심리적으로 안전하다고 느꼈을 때 가장 잘 학습한다. 발달에 적합한 교육과정은 영유아의 생리적 욕구를 존중한다. 예를 들어, 바람직한 프로그램에서는 대부분의 시간을 영유아가 앉아서 성인의 강의를 듣거나 연습지를 하도록 요구하지 않는데, 그 이유는 그러한 활동은 영유아의 신체적 욕구에 적합하지 않기 때문이다.

② 영유아는 스스로 지식을 구성한다. 영유아는 사람과 사물과의 능동적 상호작용을 경험함으로써 스스로 지식을 구성해 나간다. 영유아가 능동적으로 실험을 하거나 작업을 수행하는 과정에서 실수는 하는 경우도 있고, 그것이 성인이 볼 때에는 잘못된 것 같지만 이러한 수행들은 관계를 이해하고 자신의 경험에 기초하여 개념을 형성하고자 하는 영유아의 시도를 보여 주는 것이다.

③ 영유아는 성인과 다른 영유아와의 사회적 상호작용을 통해 학습한다. 영유아의 건강한 발달은 다른 사람과의 관계 속에서 시작된다. 부모-자녀 관계는 매우 어릴 때부터 사회적 상호작용을 통해 영유아가 발달하고 학습해 가는 기초적인 예가 된다. 학습의 원리는 영유아가 먼저 도움을 받을 수 있는 상황 내에

서 어떤 것을 할 수 있으며, 그 후에는 독립적으로 그리고 다양한 상황에서 무엇인가를 스스로 할 수 있게 되는 것이다. 성인이나 보다 유능한 또래의 지지는 영유아가 독립적인 기능의 다음 수준으로 발달해 나아가는 데 필수적인 조력이 되거나 혹은 비계설정을 해 준다. 교사의 역할은 단순히 지식의 전달자로서가 아니라, 발달과 학습을 지지하고 안내하고 촉진하는 것이다. 사회적 상호작용은 지적 발달을 위해서도 필요하지만 영유아의 사회적 유능감과 자아존중감을 발달시키기 위해서도 필수적이다.

④ 영유아의 학습과정은 인식에서부터 시작하여 탐색과 조사로 진전되며, 끝으로 활용으로 옮겨가는 순환적 주기를 따른다. 영유아가 무언가를 처음 배우기 위해서는 먼저 그 현상을 인식해야 한다. 학습의 다음 단계는 탐색이다. 탐색이란 가능한 수단을 동원하여 학습하고자 하는 것의 구성요소를 이해하는 과정이다. 조사란 영유아가 자신의 행동이나 개념을 사회에서 관찰한 것과 비교하고 분석해 가는 과정이다. 학습의 마지막 측면은 활용으로, 영유아는 자신이 배운 것을 여러 가지 목적으로 사용할 수 있고 새로운 상황에 적용시킬 수 있다. 이러한 주기는 순서대로 일어나는 것이 아니라 동시에 일어날 수 있다.

⑤ 영유아는 놀이를 통해서 배운다. 영유아의 자발적 놀이는 지식 구성에 필수적인 탐색, 실험 및 조작을 위한 기회를 제공한다. 놀이를 하는 동안 영유아는 감정을 조절하는 것, 타인과 상호작용하는 것, 갈등을 해결하는 것 등을 배운다. 무엇보다 중요한 것은 놀이를 통해 상상력과 창의력을 발달시킬 수 있다는 것이다. 또한 영유아의 놀이는 새로 습득한 기술이나 지식을 여러 상황에서 자발적으로 연습할 수 있는 기회를 제공한다.

⑥ 유아의 홍미와 '알고자 하는 욕구'는 학습을 자극한다. 영유아는 자신의 능력을 연습하고 자신이 경험한 바를 이해하고자 하는 타고난 욕구를 가지고 있다. 교사는 영유아에게 홍미를 자아내고 영유아의 홍미에 기초한 활동을 통해 학습에 대한 내적 동기를 제공할 수 있다. 영유아의 홍미 그리고 알고자 하는 내적 동기에 기초한 교육과정은 창의성, 호기심, 주의력, 근면성, 능률성과 같은 바람직한 성향과 느낌의 발달을 촉진한다.

⑦ 인간의 발달과 학습은 개개인에 따라 다양하다는 것이 특징이다. 이제까지 영

유아라는 용어를 사용하면서 서술된 앞의 학습에 대한 가정은 마치 모든 영유아에게 똑같이 적용되는 일반화된 이론처럼 보인다. 그러나 분명한 것은 어떠한 발달과 학습도 개인의 다양성 원리를 벗어날 수는 없다는 것이다. 각 개인은 개인적인 학습 형태뿐만 아니라 성장과 발달에 있어서도 개별적인 형태와 시간, 속도를 갖는다. 개개인의 가족 경험과 문화적 배경 역시 다양하다. 이와 같은 개인의 다양성에 대한 인식은 교육과정 결정에 있어서도 가능한 한 개별화할 것을 요구하게 된다.

2. 교수-학습의 접근방법

교사가 영유아에게 무엇을 어떻게 가르칠 것인가 하는 것은 교사 자신의 교육적 신념이나 아동관 또는 발달과 학습에 관한 관점을 토대로 선택되고 결정된다. 교사의 교육적 신념이나 교육적 관점은 교사에 따라 상이하며, 이는 학습활동의 방향이나 영유아와의 상호작용 및 교육적 의사결정 등 광범위하게 영향을 미친다(위영희 외, 2008).

일반적으로 교사가 가지게 되는 교육적 신념이나 관점은 철학적, 심리학적으로 지금까지 연구된 유아의 발달과 학습에 관한 이론을 통해 습득하거나 영향을 받음으로써 형성된다. 교수-학습의 이론적 기초가 되는 영유아의 발달과 학습에 대한 관점을 분류해 보면 Schickedanz, York 그리고 Stewart(1983)는 성숙주의, 행동주의, 상호작용주의로 분류하였으며, 이기숙(2000)은 행동주의, 성숙주의, 정신분석, 구성주의 등 네 가지로 나눈다. 여기에서는 교수-학습에 대한 접근방법을 성숙주의 이론, 행동주의 이론 그리고 구성주의 이론으로 나누어 살펴보고자 한다.

1) 성숙주의 이론

성숙주의 이론은 철학적으로는 루소(Rousseau)에 근원을 두며, 심리학적으로는 인간발달이 예정된 패턴대로 전개되어 나아간다는 다윈(Darwin)과 홀(Hall)의 이론과 표준행동 발달 기준을 제시한 게젤(Gesell)의 이론에 기초를 둔다. 성숙주의 이론에서 발달은 유전적으로 프로그래밍된 내적인 성장의 힘에 따라 구조가 성숙되는 결과로 보았으며, 발달의 순서 역시 이러한 생물학적 성숙 과정에 의해 조절된다고 본다.

성숙주의는 유아가 무엇을 배울 준비가 되었을 때 배우고자 하는 열망을 느끼게 된다는 학습준비도 개념을 제시하고 있다. 이에 따라 교사는 유아가 자신의 욕구와 흥미에 따라 학습동기가 생길 때까지 기다려야 하며, 성인의 지나친 개입으로 성숙의 시기보다 발달을 앞당기려는 시도는 바람직하지 못한 것이다.

따라서 성숙주의 이론에 따른 교수-학습의 방법은 영유아의 욕구와 흥미, 내적 학습동기를 강조하며, 개인적 기질이나 성장 유형의 특성에 맞게 개별화된 교육을 실시하는 것이다(위영희 외, 2008). 그리고 영유아가 틀린 반응을 보이더라도 교정해 주지 않으며, 교사의 의도적이고 계획적인 교수활동은 최소화된다. 또한 성숙주의에 기초한 유아교육 프로그램은 인지발달보다는 사회정서 영역에 강조를 두기 때문에 따뜻하고 안정된 환경을 제공하는 것을 강조한다.

2) 행동주의 이론

행동주의 이론은 철학적으로 로크(Locke)에 근원을 두며, 심리학적으로는 손다이크(Thorndike), 왓슨(Watson), 특히 스키너(Skinner)의 S-R 이론에 의해 형성되었다. 성숙주의자의 유전론과는 달리 영유아의 준비도와 능력은 경험에 의하며 발달과 학습의 요인을 환경적인 것에 있다고 보기 때문에 환경적 조작을 통해 영유아의 행동을 변화시킬 수 있다고 여긴다.

지식은 영유아 내부의 성숙에 의해 형성되는 것이 아니라 외부 환경에 의해 복잡한 개념이 유아에게 체계적이고 연속적으로 전달되기 때문에 학습은 작은 단계로 미리 계획되어야 한다(권영례, 2006). 또한 학습의 기회가 많이 제공될수록 영유아는 많이 배우게 되고, 교사가 학습내용을 구조화하여 단계적으로 제공할 때 학습의 효과가 크게 나타난다. 영유아의 바람직한 행동은 강화를 받게 되면 재현 빈도가 증가하게 되므로 교사는 영유아의 행동에 대해 직접 지시하거나 수정하는 등 강화해 줄 필요가 있다.

3) 구성주의 이론

구성주의는 상호작용주의라고도 하며, 이 이론은 철학적으로는 칸트(Kant)와 듀이의 사상에 근원을 두며, 심리학적으로는 헌트(Hunt)와 블룸(Bloom)의 이론에 기초하여 피아제와 비고츠키에 의해 전개된 이론이다. 이 이론에서는 발달을 유전적인 것과 환경적 요소들 사이의 상호작용 결과로 본다.

인간의 발달과정은 고정된 것이지만 발달 속도와 시간은 개인에 따라 다르며 다양하다. 지식은 고정적이고 획일적인 것이 아니라 영유아가 주위 환경과의 상호작용을 통해 스스로 구성하고 이를 바탕으로 자신의 사고체계를 형성해 나가는 것이다.

교사는 영유아의 독특한 발달속도와 학습양식을 존중하여 그에 적합한 교수방법을 적용해야 하며, 영유아가 학습할 때 자발적으로 참여하도록 동기화하고 실험학습의 기회를 제공해 주어야 한다. 또한 영유아의 호기심을 자극하는 풍부한 환경을 제공하여 환경과의 상호작용이 이루어지도록 조성해 주어야 한다.

이상에서 살펴본 각 이론의 기본 입장과 교수-학습방법에 대한 시사점을 몇 가지 하위요소로 정리해 보면 다음 〈표 5-1〉과 같다.

〈표 5-1〉 교수-학습 접근방법의 비교

구분	성숙주의	행동주의	구성주의
철학적, 심리적 기초	루소, 다윈, 홀, 게젤	로크, 손다이크, 왓슨, 스키너	칸트, 듀이, 헌트, 블룸, 피아제, 비고츠키
발달 및 지식관	내적 성숙, 준비도	외부 환경에 의한 경험이 중요	유전과 환경의 상호작용, 개인차, 구성적 지식, 반성적 지식
학습형태 및 방법	흥미와 준비도 고려, 자유놀이 형태의 경험 제공	계획적 · 구조적 · 체계적 전달 지도, 강화 · 반복 · 연습, 대집단 통제학습	자발적 참여, 상호작용, 실험학습, 탐구학습
교사의 역할	준비된 환경, 따뜻하고 안정된 분위기 제공자, 안내자	능동적, 지시적 지식 전달자	풍부한 환경 제공, 다양한 교사 역할(토의자, 촉진자, 참여자, 비계설정 등)
교육 프로그램	사회, 정서 영역 강조	학문 기초기술, 기능 중심	지적 목표 강조 및 사회-정서 발달과 연결된 개념, 통합교육과정

출처: 김진영 외(2006), p. 58.

3. 영유아 교수–학습과정에서 상호작용 전략

교사와 영유아가 긍정적이고 지원적이며 개별적인 상호작용을 할 때 영유아는 최적의 발달을 이룬다. 반응적 교사와 상호작용하는 영유아는 교사와 좀 더 안정된 애착을 형성할 수 있으며 또래와의 관계에서도 사회적으로 능력 있는 행동을 보인다.

교사–영유아 간 상호작용 유형은 일반적으로 비지시적 유형, 중재적 유형 그리고 지시적 유형으로 구분할 수 있다. 비지시적 유형으로는 인정하기(acknowledge), 모델링(modeling), 촉진하기(facilitate)를 들 수 있으며, 중재적 유형으로는 지원하기(support), 비계설정하기(scaffold), 함께 구성하기(co–construct) 그리고 지시적 유형으로는 시범 보이기(demonstration)와 지시하기(direct)를 들 수 있다. 이들 상호작용 전략은 비시적인 것부터 지시적인 것까지의 양극단 사이에 존재하는 일련의 연속체로서 실제 교실에서 상황에 맞도록 다양하게 사용되어야 한다. 이들 교사와 영유아의 상호작용 전략을 보다 구체적으로 살펴보면 다음과 같다(Bredekamp & Rosegrant, 1992).

1) 비지시적 유형

(1) 인정하기

인정하기는 교사가 영유아에게 관심을 보이고, 또한 그들이 활동을 지속할 수 있도록 긍정적인 격려를 제공해 주는 행동이다. 교사가 영유아를 인정하고 격려해 줌으로써 영유아들은 더욱더 활동에 적극적으로 즐겁게 임할 수 있게 된다. 하지만 긍정적인 칭찬, 격려, 인정은 사실에 근거하여 적절한 수준에서 긍정적이고 명확하게 행하는 것이 바람직하며, 지나친 칭찬은 오히려 활동에 대한 영유아의 동기를 약화시킬 수 있다.

(2) 모델링

모델링은 교사가 교실에서 일어나기를 바라는 바람직한 행동을 직접 영유아에게 보여 주는 것이다. 모델링을 제시하는 방법에는 크게 암시적 모델링과 명시적 모델 보이기의 두 가지가 있다. 우선, 암시적 모델 보이기는 교사가 행동이나 자극 등을 사용하여 영유아에게 필요한 기술이나 적절한 행동양식을 보여 주는 것으로, 지시적인 성격을 띠지 않는다는 점에서 비지시적 유형에 속한다. 예를 들어, 교사가 조용한 목소리로 교실에서 이야기하기, 친구에게 필요한 물건을 빌릴 때는 공손하게 부탁하기 등 영유아에게 기대하는 행동을 매일의 일상생활에서 실천함으로써 암시적으로 모델 행동을 보이는 경우가 이에 속한다. 반면에 명시적 모델링이란 영유아의 활동에서 꼭 필요한 정보 및 힌트를 제공하거나 조언을 하는 등을 의미하기 때문에 다소 지시적인 성격을 띨 수 있다. 학기 초에 화장실 사용법을 알려 주거나 또는 교구 및 교재 사용법을 가르쳐 줄 때 명시적 모델링을 사용할 수 있다.

(3) 촉진하기

촉진하기는 영유아의 다음 수준이나 단계의 기능을 원활하게 수행할 수 있도록 일시적으로 교사가 개입하여 도움을 제공하는 것이다. 즉, 영유아의 활동을 격려하며 영유아 스스로 문제를 해결할 수 있도록 다리를 놓아 주는 역할을 하는 것이다. 예를 들어, 영유아가 자전거를 탈 때 교사가 잠깐 뒤에서 잡아 주어 영유아 혼자서 자전거를 탈 수 있도록 도와주는 행동이 여기에 포함된다.

2) 중재적 유형

(1) 지원하기

지원하기는 지속적으로 도움을 제공한다는 의미에서는 촉진하기와 비슷하지만 교사의 참여 정도에 있어 차이가 있다. 즉, 촉진하기는 영유아가 어떤 상황에서 자기 행동의 시작과 끝을 주도적으로 이끌어 가지만, 반면에 지원하기에서는 영유아가 적극적으로 행동할 수 있도록 교사가 도움을 제공한다. 앞에서의 촉진하기에서와 같은 예를 들어 비교하자면, 유아가 자전거를 탈 수 있도록 교사가 보조바퀴를 달아 주는 것과 아울러 유아가 완전히 자전거를 타게 된 후 바퀴를 떼어 주는 행동을 의미한다.

(2) 비계설정하기

비계설정하기는 비고츠키의 이론에 근거한 것으로 영유아의 현재 능력이 교사가 기대하는 능력에 도달할 수 있도록, 교사가 도움을 제공하고 도전해 볼 수 있는 기회를 제공해 주는 것을 의미한다. 영유아가 가진 잠재적인 가능성을 충분히 발휘할 수 있도록 하기 위해 필요한 교수법이다. 효과적인 비계설정을 위해 교사는 항상 영유아의 현재 수준을 파악하고 좀 더 높은 수준으로 발전할 수 있도록 영유아와 지속적으로 상호작용을 해야 한다.

(3) 함께 구성하기

함께 구성하기란 학급에서 발생하는 문제나 과업을 영유아와 교사가 함께 배우고 해결해 나가는 것을 의미한다. 이때 영유아와 교사는 함께 활동을 하거나 과업을 함께 해결해 가는 동안에 모두가 학습자이면서 교사가 된다. 예를 들면, 영유아의 흥미, 지식, 경험, 아이디어 등을 수렴하여 교사와 함께 프로젝트를 수행할 때 영유아는 공동의 학습자가 되는 것을 말한다.

3) 지시적 유형

(1) 시범 보이기

시범 보이기는 앞의 함께 구성하기보다 교사가 더 적극적으로 참여하거나 직접 행동을 시범 보이는 것을 의미한다. 어떤 행동이나 활동에 대해 교사가 능동적으로 시범을 보이고 영유아는 그것을 관찰하는 상호작용 전략이다. 함께 구성하기에 비해 더 지시적이고 상당히 의도적인 교수법이다.

(2) 지시하기

지시하기는 교사가 영유아에게 기대하는 행동의 방향을 구체적으로 지시하는 것을 의미한다. 이때 교사는 가능한 한 시행착오 없이 학습이 이루어지도록 지시를 명확히 해야 한다.

교사는 일과활동 중 상황에 따라 앞에서 설명한 교수활동, 즉 가장 적절한 교수법을 선택하여 사용하여야 한다. 각 전략들은 나름대로의 장단점을 가지고 있기 때문에 어느 한 가지 전략이 이상적이라거나 가장 바람직한 것이라고 말할 수는 없다. 각각의 유형은 매일 매일의 교실상황, 개별 영유아의 발달수준, 환경, 교육자료, 교사의 교육적인 의도 등 다양한 요인에 의해 다양하게 사용되어야 하며, 어느 한 가지 유형에만 의존하는 것은 적절하지 못하다. 또한 어느 유형의 전략을 선택해서 교수-학습과정에 적용한다고 하더라도 학습의 주체인 영유아가 스스로 발달과 학습을 주도할 수 있도록 교사는 지원자의 역할을 수행하여야 한다.

교수-학습과정에서 교사가 활용하는 상호작용 전략의 의미와 그것에 해당하는 예는 다음 〈표 5-2〉와 같다.

〈표 5-2〉 교사의 상호작용 전략 유형

유형	정의	교사의 상호작용의 예
인정하기	어떤 활동에서 유아의 참여가 지속되도록 주의를 기울이거나 긍정적 격려를 하는 것	C: (빵을 보여 주며) 맛있겠죠? T: 참 맛있어 보이는구나.
모델링	교사가 바람직한 행동방법을 제시하거나 모델 보이는 것	교사가 음식을 먹을 때의 태도를 보여 준다(바르게 앉아 먹기).
촉진하기	다음 수준의 기능을 할 수 있도록 돕기 위해 잠시 도움을 제공하는 것	(교사가 빵 만들기 재료를 준비해 준다.). "어떤 재료들이 있니? 같이 한번 이름을 말해 보자."
지원하기	촉진하기와 유사하나 교사의 참여 정도에서 다르다. 어떤 상황에서 행동의 시작과 끝을 유아와 교사가 함께 결정한다.	C: 이 빵에 이스트를 넣었으면 좋겠어요. T: 그래, 그것도 좋은 방법이야(허용한다.).
비계설정하기	교사가 도전적 활동을 준비하고, 유아가 현재의 능력에 따라 활동할 수 있도록 도움을 주어 현재 발달수준을 높이는 데 도움을 제공하는 것	(아이가 빵 부풀리는 방법을 모를 때) T: 지난번에 너희가 과자를 만들 때(과거의 경험을 돌이켜 생각하게 함) 과자를 부풀리려고 무엇을 넣었는지 기억나니? C: 하얀 가루.

함께 구성하기	비계설정하기보다 좀 더 지시적인 교수유형으로 프로젝트 활동을 유아와 함께하는 것	T: 그래, 그 하얀 가루가 베이킹파우더야. 그것 말고 다른 방법으로 빵을 부풀릴 수 있는 방법은 없을까? T: 건포도를 넣으면 더 맛있을 것 같은데. C: 저는 초코를 넣을 거예요. (함께 활동한다.)
시범 보이기	교사는 능동적인 참여자이고 유아는 시범의 결과를 관찰하는 것	오븐 사용법을 설명하고 시범을 보인다(기구 사용). T: 이렇게 하는 거야.
지시하기	한 가지 방법으로 어떤 것을 하도록 특별한 명령을 내리는 것	T: 순서에 맞추어 오븐에 넣어 보자. 건포도를 넣자. 오븐 온도를 3으로 맞추자.

출처: 문연심, 이화영(2005), pp. 187-188.

4. 영유아 교수–학습방법의 유형

교수–학습방법의 유형은 매우 다양하다. 교사가 많은 교수방법들에 대해 하나하나의 특성을 분명히 이해하여 영유아의 발달적 요구와 가르치고자 하는 내용은 물론이고 매일 매일 영유아의 흥미와 상황에 적절하게 적용할 수 있을 때 최적의 교수–학습방법을 찾을 수 있을 것이다. 여기에서 영유아교육 현장에서 활용 가능한 여러 가지 교수–학습방법의 유형을 살펴보고자 한다.

1) 직접교수법

직접교수법의 이론적 배경은 헤르바르트(Herbart)의 단계이론, 반두라(Bandura)의 관찰학습과 모델링, 비고츠키의 비계설정의 원리 등에 있다. 영유아의 질문에 대해 설명적 답변할 때, 논쟁의 여지가 없는 사실적 정보나 개념들을 분명하게 전달하고자 할 때 사용된다. 지식의 유형 중 물리적, 논리 수학적 지식이 탐구적 발견학습법을 통해서 효과적으로 달성된다면 설명적 직접교수법은 사회적 지식습득에 효과적이다.

직접교수법은 대개 대집단의 유아들에 대한 설명식 교수형태로 나타난다. 설명법은 교사가 유아에게 교육내용을 잘 이해할 수 있도록 말로써 설명해 주는 방식으로 교수–학습 상황에서 오랫동안 매우 흔하게 사용되어 온 방법이다. 이 방법은 한 번에 많은 유아들에게 많은 내용을 전달할 수 있기 때문에 효율적이라고 할 수 있다. 예를 들어, 견학을 가기 전에 교사는 모든 유아들에게 견학준비물, 주의사항, 살펴볼 내용 등에 대해 설명해 줄 수 있다.

직접교수법에 있어서 효율적인 교수를 위해서는 철저한 사전 준비를 해야 하며, 유아들이 비교적 긴 시간 동안 주의를 집중할 수 있게 하는 전략을 준비하고, 주로 언어로 내용이 전달되기 때문에 정확한 발음과 충분한 화술 등을 고려해야 한다. 또한 교수과정에서 교사는 목소리의 질, 크기, 음조, 속도 등에 변화를 주어 적절히 조절하여야 하고, 얼굴표정이나 눈빛, 몸동작 등을 잘 살려 메시지를 전달해야 한다.

2) 개념학습법

개념이란 어떤 사상(事象)이 지니고 있는 공통성을 정리하고 추상화하여 범주화한 것으로, 영유아가 대상이나 사건들에 관하여 사고를 형성해 가는 가장 기본적인 생각이다. 개념학습이란 어떤 사물이나 사태 등을 유목화시킬 수 있거나 같은 유목에 드는 것을 보고 그 유목을 지적할 수 있는 것을 말한다.

영유아가 이해하는 개념에는 친구, 가족, 개, 자동차 등이 있다. 예를 들어, 자동차의 개념을 학습한 영유아는 바퀴나 엔진, 좌석 등 차의 속성을 갖는 대상물의 집합체를 만들 수 있다. 이 개념을 학습하지 않은 유아는 트럭이나 버스, 포장마차, 수화물차와 같이 자동차의 속성은 가졌으나 모든 속성을 가지지 않은 것을 자동차로 분류하기도 한다.

영유아가 개념을 정확히 사용할 수 있도록 학습시키는 것은 쉬운 일이 아니다. 효율적인 개념수업은 개념학습 기능의 발달을 촉진시켜 주는 것이어야 하며, 개념학습 기능은 학습자가 스스로 경험한 세계를 어떤 범주나 구성으로 조직, 분류할 수 있는 기능을 말한다(권영례, 2006).

영유아의 효율적인 개념습득을 위한 전략은 다음과 같다(김진영 외, 2006).

- 가능하면 직접 보거나 만져 볼 수 있는 실제적이고 구체적인 사례를 제공한다.
- 영유아들이 자신의 추론과정을 설명할 수 있도록 격려해 준다.
- 경험이나 지각과 관계없는 추상적인 것이나 가설적인 상황에 대하여 영유아에

게 추론하게 하는 것은 무리가 있다.

- 이미 조직된 형태로 개념을 제시하기보다는 먼저 예를 제시해 주고 영유아들이 개념의 규칙을 스스로 찾아낼 수 있도록 한다.
- 관찰과 기술의 기능을 개발시키도록 도와준다.
- 혼동할 수 있는 자료나 정보보다는 사례를 사용하는 것이 효과적이다.
- 변별하기 쉬운 사물에서 시작하여 점점 어려운 것으로 진행해 간다.

한편, 개념 발달을 위해 교사가 할 수 있는 발문의 예는 다음과 같다(김진영 외, 2006).

- "너는 지금 무엇을 보고, 느끼고, 발견했니?"
- "여기에 무엇 무엇이 있니?"
- "여기 이 물건들이 모두 한 곳에 속하니?"
- "왜 이렇게 나누었니?"
- "네가 나눈 이 물건들을 뭐라고 부를 거니?"
- "여기 있는 물건이 다른 곳에도 속할 수 있다고 생각하니?"
- "여기 이 물건들을 다른 이름으로 부를 수 있니? 있다면 그 이유는 무엇이니?"

3) 발문교수법

발문이란 수업과정에서 영유아의 사고활동의 계기를 마련해 주며, 사고활동을 촉진해 주는 역할을 한다. 따라서 발문 구성에 대한 과학적 접근이 요청된다. 바서만(Wassermann, 1991)은 교수과정에서 질문이 건축물에서의 벽돌에 비유될 수 있으며, 영유아에게 정답만을 알게 할 것인지, 또는 의미를 이해하게 할 것인지는 교사의 질문기법에 달려 있다고 하였다.

교사의 효율적인 발문 방법을 다음과 같이 정리할 수 있다(Crain & Sund, 1997; 김진영 외, 2006에서 재인용).

- 허용적이고 탐구적인 분위기를 조성한 다음에 발문을 한다.

- 영유아의 능력 수준에 알맞은 용어나 어휘를 사용한다.
- 영유아의 수준, 관심, 요구, 흥미와 다른 별개의 토론 주제를 선택하지 않는다.
- 발문이 영유아의 사고를 유발 · 촉진하기 위해서는 발문의 내용이 영유아에게 정확히 전달되어야 한다. 그러기 위해서는 적절한 발문의 표현 기술을 숙련하여야 한다. 정확한 발음으로 하되, 수업 내용이나 과정에 적절하게 고저, 강약, 장단, 억양, 속도, 쉼 등을 잘 살려 발문하는 것이 효과적이다.
- 사고를 촉진하는 확산적인 발문을 많이 한다. 단지 회상하기를 요구하는 단순한 질문, 하나의 답이나 '예' '아니요' 의 응답이 나오는 질문은 좋은 질문이 아니다. 좋다. 예를 들어, "~을 했니?" "~을 할 수 있니?" "~을 해야 하니?" 등의 질문에는 '예' '아니요' 라는 응답이 나올 수밖에 없다.
- 발문 후 응답할 시간을 충분히 준다.

영유아가 무슨 일에 열중하고 있을 때는 기다리면서 관찰하고 경청한다. 스스로 문제를 해결하게 하고 그 결과를 검토해 보도록 두어야 한다. 알맞은 질문도 중요하지만 그대로 말없이 바라보아 주는 것이나 영유아의 반응에 대해 적당한 몸짓이나 표정 등을 보여 주는 것도 발문의 과정에서 필요한 기법이라 할 수 있다.

4) 탐구학습법

탐구학습은 영유아 자신의 능동적인 탐구행위를 통하여 문제를 해결하고 주제를 학습하는 수업 형태다. 교사가 언어적으로 설명하거나 결론을 가르쳐 주는 것이 아니라 영유아가 자신의 시각으로 현상과 세계를 보는 것을 전제로 한다. 탐구학습은 영유아가 여러 가지 학습자료들을 통해 문제를 해결하고, 이 과정에서 탐구적인 사고방법을 배우게 된다는 데 그 특징이 있다. 이러한 탐구학습법은 듀이, 피아제, 브루너(Bruner) 등에 의해 주장되고 발전되었다. 탐구학습의 장단점을 정리하면 다음과 같다.

① 장점

- 유아 스스로 문제를 해결하고 탐구해 나가므로 유아중심의 교육방법이다.

- 유아는 지식의 구조를 이해하고 기억함으로써 효과적으로 응용할 수 있다.
- 논리적이고 합리적인 사고를 촉진하여 체계적인 의사결정을 할 수 있다.
- 탐구학습의 과정은 일종의 사회적 과정이므로 사회적 기능을 배울 수 있다.

② 단점

- 과정중심적 접근이므로 학습에 많은 시간이 소요된다.
- 교사의 역할이 안내자, 중재자, 촉진자 등 다양하기 때문에 어려움이 따른다.

탐구학습의 효과를 극대화하기 위해서는 교사의 역할이 매우 중요하다. 흔히 탐구학습이라 하면 유아 스스로 능동적으로 참여하기 때문에 상대적으로 교사의 역할을 간과하기도 하지만 실제로 탐구의 과정에서 교사의 가장 중요한 역할은 탐구의 열의 또는 '알고자 하는 것 또는 알고 싶은 것에 대한 동경' 을 일깨우는 일이다(이은화 외, 2000).

탐구학습에서 교사의 역할을 제시하면 다음과 같다(김진영 외, 2006).

- 다양하고 많은 자료를 준비하여 적극적인 선택과 탐색의 기회를 주어야 한다.
- 탐구활동을 위한 시간이 구조적이고 형식적으로 계획되기보다는 자유선택활동, 음률활동, 게임, 정리정돈, 차례 지키기 등 하루 일과의 모든 활동 속에서 비형식적으로 경험하고, 사고하고, 해결방법을 탐색하는 습관을 기른다.
- 탐구활동이 효과적으로 이루어지기 위해서는 교사의 질문이 중요한데, 질문은 수렴적 질문뿐만 아니라 발산적 · 개방적 질문을 다양하게 함으로써 영유아의 표상능력을 자극하고 자신의 경험을 객관화하는 기능을 갖게 한다.
- 최종적이고 절대적인 정답을 주기보다는 지적 갈등이나 동기유발을 유도하는 발문을 한다.
- 탐구학습은 단일 활동으로 끝나는 것이 아니라 장기적인 계획으로 진행되어야 한다.
- 교사는 촉진자, 자료 제공자, 안내자 등의 역할을 하고, 지나친 개입을 하지 않는 것이 좋다. 또한 함께 문제를 해결해 가는 동료로서 새로운 문제해결 방법

을 안내하거나 개방적 질문을 한다.

5) 개별학습법

개별학습법이란 학습자의 능력이나 개성을 존중해 준다는 아동중심 사상에 의해 학습자 개개인을 대상으로 개인차에 적합한 교육을 하는 것이다. 학습자의 발달 상태나 능력에는 개인차가 있기 때문에 학습자의 개성을 존중하여 학습자의 특성을 고려하며, 교사의 안내에 따라 유아가 학습과제를 스스로 해 나가는 학습방법이다. 개별학습법에서 핵심은 영유아의 '개인차'를 고려하는 것이다. 영유아들 간에는 개인차가 있으며, 이러한 개인차에 따라 수업의 자료와 방법을 다양화하고 영유아의 학습경험 기회를 확대해 주어야 한다.

개별학습법은 영유아의 개인차를 고려하여 실시하는 가장 이상적인 방법이라고 할 수 있지만, 현장에서 이를 실천하는 데에는 여러 가지 어려움이 따른다. 특히 교사 대 영유아의 비율이 높은 대집단 수업 상황에서 일대일의 개별수업을 진행한다는 것은 매우 어렵다. 그러나 영유아의 특성에 따라 다양한 수준별로 교구·교재를 준비하여 영유아의 능력에 맞게 활용하고, 모든 교육 활동에서 집단의 규모를 융통성 있게 조절하여 영유아의 발달적 특성에 맞는 학습기회를 제공하도록 한다.

6) 협동학습법

협동학습은 공동의 목적을 달성하기 위해 학습능력이 각기 다른 영유아들이 소집단 내에서 함께 학습하는 것을 의미한다. 협동학습은 듀이가 『민주주의와 교육』에서 교실은 사회를 반영하는 환경을 제공해야 하고, 실제 삶을 연습할 수 있는 학습의 장이 되어야 한다고 주장한 데서 이론적 근거를 찾아볼 수 있다. 협동학습은 또래 영유아들 간의 사회적 상호작용을 통해 문제를 해결해 나가는 동안 '전체는 개인을 위하여(all-for-one), 개인은 전체를 위하여(one-for-all)'의 태도를 갖게 되고, 집단의 성공적 학습을 위하여 서로 격려하고 도움으로써 학습효과를 증진하는 데 그 의미가 있다고 하겠다.

피아제는 아동들의 공동 활동 또는 협동 활동이 아동의 인지발달에 영향을 미친다고 주장해 왔는데, 이는 아동들의 협동 활동이 인지적 갈등을 낳는 상황을 초래하고, 또래들과의 인지적 갈등, 불일치를 통해 아동들은 자신의 견해와 타인의 견해 간의 차이점을 깨닫게 된다. 이러한 불일치 상황들은 아동으로 하여금 자신의 인지 구조를 조절하거나 재조직할 기회를 갖게 한다는 것이다. 다시 말하면 또래들과의 상호작용이 인지적 부조화를 자주 느끼게 해 주기 때문이며, 이렇게 다른 관점을 보여 주는 또래들과의 사회적 상호작용은 인지발달을 이끄는 효과적인 수단이 된다는 것이다(한순미, 1999).

협동학습에 있어서 유아들이 가지게 되는 인지적 갈등에 대한 비고츠키의 관점을 살펴보면, 비고츠키는 또래들 간의 인지적 갈등은 공동 활동에 참여하는 아동들이 서로 그 과제 상황에 대한 공동의 의견을 모으고 상호 주관성에 도달할 수 있을 때 인지발달을 촉진시킬 수 있다고 하였다(한순미, 1999).

협동학습은 대부분 학령기 아동에게 적용되었으나, 최근에는 유아들이 자기중심적이라고만 할 수 없는 측면이 있으며, 비형식적인 상황에서는 자발적으로 협조하기 때문에 협동학습도 유아에게 적용할 수 있는 방법이라는 입장이 제기되고 있다. 예를 들어, 유아 사회극놀이에서 유아들은 상호 간의 목적, 아이디어, 자료를 공유하고, 협상하고, 목적을 성취하기 위해 행동을 조정하고, 그들 자신의 과정을 평가하는 것이 관찰되고 있다. 협동학습의 과정들이 한 상황에 모두 일어나지는 않지만 그 빈도나 정도를 볼 때 유아들의 협동적 경험이 풍부함을 볼 수 있다(한국유아교육학회 편, 1994; 김진영 외, 2006에서 재인용).

협동학습의 실제적 효과에 대한 연구결과를 보면, 학습자는 더욱 많은 것을 배우고, 학습내용을 오래 기억하며, 대인관계가 원만해지고, 사고력이 증진된다(Johnson et al., 1991; Slavin, 1990). 또한 협동학습이 효과적이 되려면 한 명이 주도하지 않고 모든 유아가 협동하는 방법을 배울 수 있어야 한다.

협동학습을 유도하는 데에는 다음과 같은 방법을 들 수 있다.

① 영유아들이 함께 놀 수 있는 물, 모래, 쌓기놀이 등의 개방적 놀이자료와 활동을 제공함으로써 공동작업할 기회를 갖게 한다.

② 하루의 일과나 학습활동에 대해 영유아들이 함께 계획을 세우고, 방법을 결정하고, 서로의 의견을 조정하는 협동적 계획과정이 효과적이다.
③ 제한된 놀이자료를 제공함으로써 공유할 기회를 갖게 한다.
④ 교사는 직접적 교수보다는 안내자의 역할을 한다.

7) 소집단 교수법

소집단 교수법은 한 반의 인원수가 많고 유아들의 수준이 각기 다를 때 한 교실에서 각 유아들의 개인차를 고려하여 수업의 효과를 높이기 위해 활용된다. 한 반의 영유아를 두 집단 혹은 세 집단으로 나누어 진행하는 교수방법으로, 소집단 수업에 적합한 수업 모형으로는 토의, 역할놀이, 게임, 탐구학습, 발견학습 등이 있다.

소집단 수업은 교사중심이냐 또는 유아중심이냐에 따라 교수-학습방법이나 교사의 역할이 다르게 운영될 수 있다. 즉, 교사중심의 소집단 수업에서는 체계적으로 계획되고 조직적으로 이루어질 수 있으며, 교사는 토의의 주제와 방향을 제시하는 리더 역할을 하게 된다.

반면, 유아중심으로 운영될 때는 자유롭고 비조직적인 구조를 갖고 있어 교사가 토의 내용에 직접 참여하지는 않지만, 절차를 조정하는 조정자의 역할을 하며, 필요 시 안내나 정보를 제공하는 역할을 한다. 또한 교사는 소집단 토의의 목적, 내용 등을 환기시키고 중심을 잡는 역할을 하게 된다. 유아중심 소집단 수업을 할 때 다음과 같은 장점이 있다.

① 다른 사람의 생각이 서로 다름을 알고 의사소통하는 능력을 기른다.
② 심리적으로 의사 및 감정 표현이 자유롭다.
③ 집단 참여의 기회가 많고, 동기유발이 잘 이루어진다.
④ 유아 개개인이 존중되고 수준별 교수방법을 적용할 수 있다.

소집단 구성방법을 비교해 보면, 유아중심 소집단은 유아의 자유의사에 따라 자연스럽게 구성되는 반면, 교사중심 소집단은 교사가 몇 가지를 고려하여 임의적으로 구성한다. 교사중심의 소집단을 구성할 때 고려해야 할 사항은 다음과 같다.

① 유아의 능력 수준, 흥미 등을 고려하여 각 집단을 균등집단으로 구성한다.
② 서로의 시선이 잘 교류할 수 있도록 원형으로 좌석을 배치한다.
③ 소집단을 재편성할 때는 주제, 역할관계 등을 고려하여야 한다.

8) 구성주의 교수법

구성주의 교수법은 지식구성에서 개인의 인지적 요인을 강조하는 피아제의 인지적 구성주의와, 개인의 지식구성에 사회적 상호관계를 중시하는 비고츠키의 사회적 구성주의에 근거한다(임부연 외, 2009). 구성주의는 다음의 두 가지 큰 원칙을 가진다.

- 지식은 스스로 구성하는 것이다.
- 유아는 능동적 지식구성자다.

이러한 원칙에 따라 구성주의 교수법의 특징은 유아가 다양한 유형의 지식을 즐겁게 스스로 구성하도록 배려하는 것이라 할 수 있으며, 여기에서는 무엇보다 유아의 사고과정에서 발생하는 '인지적 갈등'이 주요한 역할을 한다(임부연 외, 2009). 학습의 과정에서 유아가 가지게 되는 인지적 갈등은 현재의 문제를 해결하고 한 단계 더 나아가기 위해 거쳐야 할 과정이다.

이러한 과정에서 교사의 도움이 필요하게 되는데, 비고츠키는 이를 비계설정이라고 표현하고 있다. 교사와 아동의 관계에서 비계설정의 특징과 그 진행과정은 다음과 같이 요약할 수 있다(Wood & Wood, 1996; 한순미, 1999 재인용).

첫째, 교사는 학습자의 현재 지식 및 기능과 새로운 과제의 요구 간에 다리를 제공하는 데 기여한다. 혼자 하게 될 때 초보자는 과제 요구와 그가 이미 알고 있거나 할 수 있는 것이 서로 관련되어 있음을 이해하지 못할 것이다.

둘째, 교사는 학습자의 활동 맥락에서 지도와 도움을 제공함으로써 학습자의 문제해결을 지지할 구조를 제공해 준다. 예를 들어, 그들의 즉각적인 행위에 초점을 맞추는 동안 학습자는 혼자서는 그 활동의 전체적인 목표를 보지 못할 것이다.

셋째, 학습자가 처음에는 스스로 해결할 수 없는 문제로 시작할지라도 도움을 받아 참여함으로써 학습에서 능동적인 역할을 하고 성공적인 문제해결에 이를 수 있다.

넷째, 학습자를 효과적으로 돕는다고 하는 것은 과제에 대한 책임을 교사로부터 학습자로 옮기는 것을 포함한다.

일상적인 가정생활에서 4세 11개월의 한 아동과의 상호작용을 통해 그의 부모가 수학적 문제해결 장면에서 어떻게 비계설정을 하는지에 관한 관찰 사례를 예로 들어 보면 다음과 같다. 여기에서 제시된 과제의 성격은 미리 의도된 것이라기보다는 유아기 아동들이 일상생활에서 자연스럽게 당면하는 수 개념 및 계산 과제다(한순미, 1999).

위의 예에서 나타나는 것과 같이 가족이 과일을 함께 먹으면서 아버지가 4세 11개월 된 아이를 나눗셈의 개념 학습을 위한 문제 상황으로 이끌었다. 처음에는 6개의

상황: 가족이 모여 함께 귤을 먹다가 아버지가 귤을 가리키며 아이와 상호작용을 갖는다.

성인-아동의 상호작용	분석
아빠: 자, 귤이 여섯 개 있는데(실제로 귤이 여섯 개 있는 것을 보여 주면서) 너와 동생이 똑같이 나누어 먹으려 한다. 똑같이 나누면 너는 몇 개를 먹을 수 있니? 아이: (아이는 질문을 정확히 이해하지 못한 듯) 엄마, 아빠도 하나씩 먹으세요. 아빠: (미소 지으며) 자, 여기(직접 가리키면서) 귤이 6개 있지? 이 귤들을 너하고 동생하고 똑같이 나누어 먹으려고 한단 말이야. 그런데 둘 중에 한 사람이 더 많이 먹으면 안 되고 똑같이 나누어 먹으려고 해. 그러면 너는 몇 개를 먹을 수 있을까? 아이: (질문을 이해하는 듯하나 빨리 문제해결 전략을 강구하지는 못하고 머뭇거린다.)	아이의 문제에 대한 인식은 아빠와 다르다. 아빠는 아이와 상호주관성에 이르기 위해 아이가 이해할 수 있는 언어로 문제 상황을 보다 구체적으로 이야기해 준다.
아빠: (약 10초쯤 기다리다가 위치를 가리키면서) 자, 너는 여기 앉아 있지? 동생은 이쪽에 앉아 있다고 하자. (귤을 하나씩 분배하는 것을 시범으로 보여 주면서) 자, 너 하나 동생 하나. 몇 개가 남아 있니? 아이: 네 개요. 아빠: (분배하면서) 또 너 하나 동생 하나. 이제 몇 개 남았니? 아이: 두 개요 아빠: (분배하면서) 다시, 너 하나 동생 하나. 이제 남은 게 없네. 자, 그럼 너는 몇 개를 갖게 되었니? 아이: 세 개요.	아이가 적절한 문제해결 전략을 사용하지 못하는 것을 알아차리고 문제 해결을 위한 구체적인 전략을 시범으로 보여 주고 있다.

아이: 세 개요. 아빠: 그렇지? 그럼 이제 말이야, 이 여섯 개의 귤을 세 사람이 나누어 먹으려고 해. 한 사람이 몇 개를 먹을 수 있을까? 아이: (여섯 개의 귤을 쳐다보면서 손가락으로 귤을 약간 움직여 보는 듯하더니) 두 개씩 먹으면 돼요. 아빠: 와, 잘하는데, 그럼 여섯 사람이 똑같이 나누어 먹으면 한 사람이 몇 개 먹지? 아이: (칭찬 때문에 즐거운지 약간 흥분된 어조로) 하나씩이야. 아빠: 맞았어, 정말 잘하는데. 그럼 이 여섯 개를 네 사람이 나누어 먹으려면 어떻게 해야 할까?	원래의 문제 상황과는 다소 다른 상황을 제시함으로써 아빠의 시범을 통해 배웠던 문제해결 전략을 아동이 스스로 사용해 보도록 유도한다.
아이: (귤을 하나씩 가져가다 네 군데에 옮겨 놓는다. 남은 두 개는 어떻게 해야 할지 망설인다.) 아빠: (두 개 중 하나를 집어 든 뒤 손가락으로 두 군데를 가리키면서) 이것 하나로 똑같이 나누어 이 두 사람이 먹으라고 하자. (남은 하나를 집어 든 뒤 다른 두 곳을 가리키면서) 또 이 하나는 이 두 사람이 먹으라고 하자. 그럼 한 사람이 얼마나 먹을 수 있지? 아이: 하나 하고 반. 아빠: 이번에는 귤 여섯 개를 다섯 사람이 나누어 먹으려면 어떻게 해야 할까? 아이: (흥분한 어조로 웃으면서 망설임 없이) 한 사람이 하나씩 먹고, 남은 것 하나 가지고는 다섯 사람이 똑같이 조금씩 먹어야겠네.	아빠는 아이의 반응이 적절할 때마다 언어적 칭찬과 함께 따뜻하게 반응한다. 아빠는 아동이 나눗셈에 대한 개념을 보다 확고하게 갖도록 몫이 1보다 작은 경우도 다루고 있다.

참조: 한순미(1999), pp. 149-151.

귤을 둘로 균등 분할하는 문제에 대한 정확한 이해조차 하지 못했던 아이를 대상으로 하여 아버지는 아이와의 상호주관성에 도달하기 위한 노력으로 과제 상황을 시각화하는 한편, 구체적인 언어적 진술들을 곁들인다. 아이가 이제 문제를 이해하기는 하나 문제해결 전략을 강구하지 못하자 아버지는 문제 상황을 보다 작게 세분화함과 더불어 구체물(귤)을 조작하는 시범을 통해 문제해결 전략을 가르쳐 준다. 아버지는 아이와 상호작용을 계속하면서 아이로 하여금 문제해결에 이르게 하고, 뒤이어 원래의 문제 상황과는 다른 삼등분할, 육등분할, 사등분할 문제 상황을 제시하면서 과제의 난이도를 높여 가고 있음을 보여 준다. 여섯 개의 귤을 사등분하는 문제에 이르자 아이는 다시, 1보다 작은 몫을 어떻게 처리해야 할지 망설이고, 아버지는 이를 해결하는 방법을 가르친다. 아이의 반응 하나하나에 대해 아버지는 시종일관 따뜻한 반응과 언어적 칭찬을 곁들임으로써 아이는 다소 흥분한 채 문제 상황들을 유쾌하게 받아들이고 있다(한순미, 1999).

이상으로 여러 가지 교수방법의 유형을 살펴보았는데, 결론적으로 교수-학습의 과정에서 어떤 교수법을 적용할 것인가 하는 것은 어느 한 가지 요소에 의해서만 결정할 수 있는 것이 아니다. 영유아를 위한 교수 방법과 전략을 구상할 때에는 무엇보다도 영유아의 현재 상태, 교사의 능력, 활용 가능한 교구 및 기타 환경적 조건들을 면밀히 고려하여 적용한다면 보다 효과적인 학습결과를 얻을 수 있게 된다.

5. 영유아 교수-학습활동의 계획과 실제

1) 교수-학습활동 계획의 필요성

교육이란 그 자체로서 계획적이고 유목적적인 활동이기 때문에 교육 대상인 영유아의 다양한 욕구를 충족시키고 각 발달 영역이 고르게 발달될 수 있도록 하기 위해서는 분명한 목표와 적합한 교수전략 및 교재·교구의 배열에 대한 면밀한 계획이 필요하다. 구체적이고 명확하게 작성된 교수-학습활동에 대한 계획은 유아를 보호하고 교육하는 교사에게 교육의 전반적인 방향과 지도 실제에 대한 유용한 지침서의 역할을 한다.

교수-학습활동의 계획에서는 영유아의 발달에 적합한 목표를 설정하고, 그 목표를 달성하는 데 적합한 내용을 선정·조직하고, 교수방법, 활동시간, 교재·교구의 배열 그리고 최종적으로 목표 달성의 정도를 확인하는 평가 작업이 필요하다.

능률적이고 효과적이며 매력적인 수업이 되기 위해 교수-학습 계획의 과정에서 고려해야 할 점은 다음과 같다.

첫째, 수업을 통해 어떠한 목표가 달성되어야 하는가?

둘째, 유아의 발달적 특성(수준과 요구)은 어떠한가?

셋째, 수업을 통해 어떠한 구체적인 내용이 학습되어야 하는가?

넷째, 교수-학습활동 간의 연계성과 유아의 활동 간의 균형이 이루어지는가?

다섯째, 목표 달성을 위한 영유아의 학습활동은 무엇인가?

여섯째, 계절, 날씨 및 지역적 특성을 반영하였는가?

일곱째, 교사는 학습활동을 어떻게 조직하고 이끌어 갈 것인가?

여덟째, 목표를 달성하는 데 필요한 구체적인 방법은 무엇인가?

아홉째, 학습활동을 보다 의미 있게 하기 위해서 필요한 자료와 요구되는 지원은 무엇인가?

열째, 목표의 달성 정도를 확인하기 위한 평가도구로서는 어떠한 것이 적절한가?

2) 학습지도안의 작성

학습지도안은 조직된 수업내용에 따라 단위시간 안에 효율적으로 지식을 전달할 수 있도록 하는 전반적인 수업계획으로, 학습의 내용과 이에 따른 교사의 교수전략을 정리하여 기록한 것이다. 학습지도안은 영유아들과의 상호작용에 있어서 단위 수업시간의 낭비를 최소한으로 줄이고 효율적으로 시간을 활용할 수 있으며, 수업 내용의 누락과 중복을 피할 수 있게 한다. 학습지도안을 작성함으로써 교사는 수업 활동의 방향을 알 수 있으며, 교사와 영유아 간의 의미 있는 학습활동을 예측할 수 있으며 수업 효과의 극대화를 기대할 수 있다. 따라서 교사는 활동주제의 성질, 주제의 영역, 영유아의 발달적 특성, 학습 환경 등 모든 요소를 고려하여 실제 교수-학습의 과정에 활용할 수 있도록 작성해야 한다.

학습지도안은 표준보육과정에 따라 보육시설에서 마련해 놓은 연간-월간-주간-일일 교육계획에 따라 작성하며, 단위 시간의 교수-학습 활동을 위한 학습지도안에는 대체로 생활주제, 활동명, 대상연령, 집단의 크기, 수업 소요시간, 목표, 교구 및 교재, 활동방법 그리고 평가 등에 관해 기술한다.

학습지도안의 형식과 내용은 교수-학습 영역, 교수-학습 목표, 교수-학습 활동 등에 따라 다르게 작성될 수 있기 때문에 동일한 하나의 틀만으로 생각할 수 없다. 또한 학습자의 특성에 따라서도 다양한 상호작용이 나타날 수 있기 때문에 그 형식이 다를 수 있다. 일반적으로 사용되고 있는 단위 시간의 학습지도안의 예는 다음 〈표 5-3〉과 같다.

〈표 5-3〉 김장 담그기에 대한 이야기 나누기 수업의 학습지도안 예

활동명	김장을 담그려면					
생활주제	겨울 준비					
대상연령	만 5세	집단 크기	대집단	소요시간	10분	
목표	1. 김치를 만드는 재료와 과정에 대한 이해를 돕는다. 2. 배추의 변화과정을 관찰할 수 있다.					
교수자료	준비물	김치를 만들기 위한 재료사진, 융판, 펠트지, 상자				
	제작 방법	• 배추로 김치 담그는 과정의 그림사진들을 코팅한다. • 코팅한 사진을 오리고, 사진 뒷면에 점착테이프를 붙인다. • 상자 세 개를 펠트지로 감싼다. • 삼각대의 융판을 활용한다.				
활동방법	도입	• 김치에 대한 수수께끼를 낸다. • 유아들이 김치를 좋아하는지, 김치 만드는 과정을 본 경험이 있는지 물어본다.				
	전개	• 준비된 사진자료를 하나씩 제시하면서 이야기를 나눈다. • 먼저 김치를 담그려고 하면 재료는 무엇이 있어야 할까요? • 배추와 다른 재료들을 어떻게 해 놓아야 할까요? • 소금에 절였으면 어떻게 해야 할까요? • 깨끗하게 씻었으면 그다음은 무엇을 해야 될까요? • 김치를 다 만든 다음에는 어떻게 해야 할까요?				
	마무리 (평가)	내일은 유아들이 김치를 만들게 됨을 알리고, 손과 머리를 청결하게 하고 필요한 준비물에 대해서 이야기해 준다.				

출처: 김현자, 한성심(2007), pp. 204-205.

참고문헌

공인숙, 한미현, 김영주(2005). 보육학개론. 서울: 교육과학사.

권영례(2006). 교과교육론. 서울: 양서원.

기순신, 김경중(2006). 보육학개론. 서울: 형설출판사.

김연진, 조건덕, 민광미, 현정희(2007). 보육학개론. 서울: 동문사.

김진영, 백혜리, 최윤정(2006). 유아를 위한 교수-학습방법론. 서울: 양서원.

김현자, 한성심(2007). 보육교사를 위한 교수 · 학습방법의 이론과 실제. 서울: 태영출판사.

문연심, 이화영(2005). 영유아 수 · 과학교육. 서울: 양서원.

서영숙, 김경혜(2006). 보육학개론. 서울: 양서원.

양승희, 공병호, 유지연, 조현정(2006). 보육과정(개정증보). 서울: 동문사.

위영희, 한성희, 박정원, 석은선, 문혁준, 이희정(2008). 영유아 교수방법. 서울: 창지사.

윤희경, 신혜영, 임미혜, 김애옥, 나은숙, 이분려, 장미아(2005). 발달에 적합한 영유아 교육과정. 서울: 양서원.

이성호(1999). 교수방법의 탐구. 서울: 양서원.

이소희(2005). 보육학개론. 서울: 양서원.

이순형 외(2009). 보육학개론(3판). 서울: 학지사.

이은화, 김영옥(2000). 유아사회교육. 서울: 양서원.

이현옥, 박정선(2007). 영유아교수방법론. 파주: 공동체.

임미혜, 이혜원(2007). 보육학개론. 서울: 학현사.

임부연, 오정희(2009). 영유아 교수 · 학습방법. 서울: 동문사.

한순미(1999). 비고츠키와 교육: 문화-역사적 접근. 서울: 교육과학사.

Bredekamp, S., & Rosengrant, T. (Eds.). (1992). *Reaching Potentials: Transforming Early Childhood Curriculum and Assessment* (Vol. 1). Washington, DC: NAEYC.

Hilgard, E. R., & Bower, G. H. (1981). The direct applicability of learning principles. In Clarizio, H. H., & Mehrens, W. A. (Eds.), *Contemporary issues in educational psychology*. Boston: Allyn and Bacon, Inc., 88-90.

Johnson, D. W., & Johnson, R. T. (1991). *Learning together and alone: Cooperative, competitive, and individualization* (3rd ed.). Englewood Cliffs, NJ: Prentice Hall.

Schickedanz, J. A., York, M. E., & Stewart, I. S. (1983). *Strategies for children*. Englewood Cliffs, NJ: Prentice Hall.

Slavin, R. E. (1990). *Cooperative learning: Theory, Research, and Practice*. New Jersey: Prentice Hall.

NAEYC(1998). *Association for the Education of Young Children*. Washington, D.C.

Chapter 06

건강, 영양, 안전

현대 사회의 급격한 변화와 발달로 인해 보육시설에 대한 사회적 요구와 역할이 증대되고 있다. 특히 맞벌이 가정의 증대, 가족 해체 등으로 인해 영유아가 보육시설에 머무는 시간이 연장되고 있으므로 보육시설이 갖는 사회적 책임은 더욱 높아지고 있는 실정이다. 따라서 보육시설은 영유아에게 적합한 양질의 보육을 제공해야 하는 책임과 함께 영유아의 건강과 영양 및 안전에 대한 합당한 이론적 근거를 마련할 필요가 있으며 이를 기초로 정상적인 성장과 발달이 이루어질 수 있도록 최대의 관심과 배려가 필요하다. 이러한 맥락에서 이 장에서는 영유아를 위한 보육에서의 건강 및 영양과 안전에서의 중요성과 관리에 대해 구체적으로 알아보고자 한다.

1. 건강

1) 영유아 건강의 중요성

영유아 건강에 대한 WHO의 정의에 의하면 "건강하다는 것은 영유아의 성장 · 발육이 저해되지 않고 순조롭게 진행되는 상태로서 단순히 질병에 감염되지 않았거나 허약하지 않다는 것만을 의미하는 것이 아니라 신체적 · 정신적 · 사회적으로 문제가 없는 상태"를 의미한다. 그러므로 건강하다는 것은 신체적 측면만이 아니라 인간 성장발달의 세 가지 요인인 신체적 · 정신적 · 사회적인 모든 요인이 건강하다는 것이다. 따라서 한 요인이라도 건강하지 않으면 건강하지 않다는 것을 의미한다(김일옥, 2004).

더욱이 영유아기는 발달단계상 수많은 결정적 시기(critical period)를 내포하기 때문에 이 시기의 건강은 일생의 건강에 중대한 영향을 미치게 된다. 즉, 이 시기의 건강은 일생 동안 누릴 건강의 토대가 된다. 이러한 목표에 도달하기 위해서는 일상생활 속에서 영유아들에게 기본적인 습관을 훈련시키고, 건강을 위한 적당한 운동과 휴식을 제공해 주며, 질병에 대한 예방과 조기 발견, 조기 치료에 노력해야 한다.

이와 같은 맥락에서 영유아 건강교육의 중요성을 구체적으로 살펴보면 다음과 같다(임미혜 외, 2005).

첫째, 만 0～5세 영유아기는 심신의 급속한 발달이 이루어지는 시기로 출생에서 만 3세까지는 성장과 발육이 왕성한 시기이고, 만 4～5세까지는 인지적 · 정서적 발달과 함께 신체활동이 급격히 증가하는 시기다. 특히 이 시기의 성장과 발달은 일생 동안의 성장과 발달의 기초를 형성하기 때문에 영유아의 건강관리는 무엇보다 중요하다.

둘째, 영유아기 건강교육은 환경의 영향을 받는 시기로 영유아의 가족과 문화적 배경은 성장과 발달에 큰 영향을 미친다. 문화를 느끼고 사고하며 행동을 함께하는 영유아기의 건강은 외적 환경인 가치, 신념, 관습 및 가족의 사회 · 경제적 상태, 영양, 기후와 계절, 질병과 상해, 운동, 가족에서의 순위 등으로 인해 달라질 수 있다.

또한 내적 환경인 지능, 호르몬, 정서는 건강과 상관관계를 가지게 된다. 영유아기의 건강은 특히 가족환경과 밀접한 관련을 갖는다. 가족의 구조인 핵가족, 한부모가족, 확대가족, 재구성된 가족의 구성원, 출생순위, 형제간의 상호작용 등 가정의 특징과 양식은 건강의 경험과 환경을 제공한다.

셋째, 영유아기의 건강은 누적성으로서 정상적인 성장과 발달에 달려 있으며 특히 유아기는 아동기와 학동기를 거쳐 성인기에 이르는 건강 상태에 막대한 영향을 준다. 미성숙한 영유아가 자신의 건강을 관리할 수 없으므로 보육시설과 부모의 세심한 건강교육이 필요하다.

넷째, 영유아기의 건강교육은 문화적 영향을 받는다. 영유아는 그가 속한 사회의 문화에 따라 먹을 음식과 사용할 언어 및 사회적 역할방식, 행동유형들이 결정된다. 이러한 문화는 건강과 밀접한 연관성이 있으며 민족성과 부모가 속한 사회계층에 따라 양육방법이 다양하므로 건강 발달은 다양한 문화 부분에 영향을 받는다.

2) 보육과정과 건강교육

보육시설에서 실시하는 건강교육은 영유아의 심신 발달에 많은 영향을 미치며 가정 다음으로 영유아의 건강생활습관을 형성시킬 수 있는 곳이므로 중요하다. 따라서 보건복지부에서는 영유아 건강교육의 목표 및 내용을 표준보육과정(2007)으로 제시하고 있다. 구체적으로 살펴보면 '기본생활' 영역 내 하위범주인 '건강한 생활'은 청결과 위생, 수면과 휴식, 의생활 및 심신의 건강을 바탕으로 발달을 촉진시키기 위한 것으로, 그 내용은 〈표 6-1〉과 〈표 6-2〉, 〈표 6-3〉, 〈표 6-4〉와 같다.

〈표 6-1〉 표준보육과정 '기본생활' 영역 내 하위 범주인 '건강한 생활' 연령별 내용

구분		만 2세 미만	만 2세	만 3~5세
내용 범주	건강한 생활	• 몸을 깨끗이 하기 • 알맞게 잠자기와 휴식하기	• 몸을 깨끗이 하기 • 알맞게 잠자기와 휴식하기 • 즐겁게 활동하기	• 몸과 주변 환경을 깨끗이 하기 • 알맞게 잠자기와 휴식하기

		• 즐겁게 생활하기 • 규칙적인 배설습관 갖기	• 건강한 배설습관 갖기 • 스스로 옷 입고 벗기 • 건강에 관심 갖기	• 적극적으로 활동하기 • 상황에 맞게 옷 입기 • 건강에 관심을 갖고 건강한 생활 실천하기

〈표 6-2〉 표준보육과정 만 2세 미만 '건강한 생활'에 관한 수준별 내용

내용	1수준	2수준	3수준
몸을 깨끗이 하기	몸을 깨끗이 했을 때 기분이 좋음을 안다.		
	도움을 받아 손을 씻는다.		스스로 손 씻기를 시도한다.
		도움을 받아 이를 닦는다.	
알맞게 잠자기와 휴식하기	수면을 충분히 취한다.		
	편안하게 쉰다.		
즐겁게 생활하기	익숙한 공간에서 안정된 마음을 갖는다.		
	하루 일과에 즐겁게 참여한다.		
규칙적인 배설습관 갖기		배설 의사를 표현한다.	정해진 곳에서 배설한다.

〈표 6-3〉 표준보육과정 만 2세 '건강한 생활'에 관한 수준별 내용

내용	1수준	2수준
몸을 깨끗이 하기	이를 닦는다.	
	손과 얼굴을 씻는다.	
알맞게 잠자기와 휴식하기	일과에 따라 규칙적으로 잠을 잔다.	
	정해진 시간에 알맞게 휴식한다.	
즐겁게 활동하기	또래와의 놀이에 즐겁게 참여한다.	
	하루 일과에 즐겁게 참여한다.	
건강한 배설습관 갖기	정해진 곳에서 배설한다.	
	배설 후에 손을 씻는다.	
스스로 옷 입고 벗기	스스로 옷 입기와 벗기를 시도한다.	
건강에 관심 갖기	건강검진과 예방접종 등에 참여함으로써 건강에 관심을 가진다.	

〈표 6-4〉 표준보육과정 만 3~5세 미만 '건강한 생활'에 관한 수준별 내용

<table>
<tr><th>내용</th><th>1수준</th><th>2수준</th><th>3수준</th></tr>
<tr><td rowspan="5">몸과 주변 환경을 깨끗이 하기</td><td colspan="2">이를 깨끗이 닦기를 시도한다.</td><td>스스로 이를 깨끗이 닦는다.</td></tr>
<tr><td>스스로 손을 씻는다.</td><td colspan="2">손 씻는 습관을 기른다.</td></tr>
<tr><td>몸을 씻는다.</td><td>스스로 몸을 씻는다.</td><td>몸을 씻는 습관을 기른다.</td></tr>
<tr><td colspan="2">더러워진 옷을 갈아입는다.</td><td>옷을 깨끗하게 입는다.</td></tr>
<tr><td colspan="2">주변을 깨끗이 한다.</td><td>주변을 깨끗이 하는 습관을 가진다.</td></tr>
<tr><td rowspan="2">알맞게 잠자기와 휴식하기</td><td colspan="3">규칙적으로 잠을 잔다.</td></tr>
<tr><td colspan="2">알맞은 휴식이 필요함을 안다.</td><td>스스로 알맞게 휴식을 취한다.</td></tr>
<tr><td rowspan="2">적극적으로 활동하기</td><td colspan="3">여러 가지 놀이에 적극적으로 참여한다.</td></tr>
<tr><td colspan="3">하루 일과에 즐겁게 참여한다.</td></tr>
<tr><td rowspan="3">건강한 배설습관 갖기</td><td>스스로 화장실에서 배변한다.</td><td colspan="2">배변 후 적절한 뒤처리를 한다.</td></tr>
<tr><td colspan="3">화장실을 깨끗하게 사용한다.</td></tr>
<tr><td colspan="3">배설 후에 손을 씻는다.</td></tr>
<tr><td rowspan="2">상황에 맞게 옷 입기</td><td colspan="3">놀이에 적합한 옷을 입는다.</td></tr>
<tr><td colspan="2">날씨에 맞는 옷을 입는다.</td><td>때와 장소에 맞는 옷을 선택하여 입는다.</td></tr>
<tr><td rowspan="2">건강에 관심을 갖고 건강한 생활 실천하기</td><td>건강에 관심을 가진다.</td><td colspan="2">건강의 중요성을 안다.</td></tr>
<tr><td>건강검진과 예방접종의 중요성을 안다.</td><td colspan="2">건강검진과 예방접종의 중요성을 알고 적극적으로 참여한다.</td></tr>
</table>

인간이 건강하게 살아가기 위해서는 어렸을 때 가정에서부터 시작해서 평생토록 건강교육이 이루어져야 하며, 보육시설에서의 건강교육은 한 인간의 성격 및 습관이 형성되는 기초가 이루어지는 영유아를 대상으로 하기 때문에 매우 중요하다고 할 수 있다. 보육시설에서의 건강교육의 목적은 가정에서 잘못 길들여진 것들을 교정하고, 바람직한 건강습관을 길러 주는 한편, 영유아의 자립적 성격을 형성하는 원동력이 되도록 하는 것이다.

3) 보육시설에서의 건강관리

건강관리란 건강을 보호하기 위하여 질병의 치료뿐 아니라 질병을 예방하고 위생적인 환경을 준비하며 나아가 신체적, 정신적, 사회적 안녕을 도모함으로써 생활의 질과 건강을 향상시키기 위해 수행해야 하는 모든 조치를 의미한다(김의영, 1997).

보육시설은 영유아의 건강생활습관을 형성하고 질병을 조기에 발견할 수 있는 곳이며, 부모교육을 통해 건강 및 건강관리에 대한 올바른 지식을 가정에 전할 수 있기 때문에 그 역할의 중요성이 매우 크다. 그러므로 보육시설은 가정과 긴밀한 협조체제를 통하여 영유아들이 영유아기의 생활을 건강하고 행복하며 최대한의 학습경험을 할 수 있도록 그들의 건강을 보호, 유지, 증진할 의무와 책임이 있다.

(1) 건강관찰 및 건강진단

과거에는 영유아를 위한 건강관리가 전적으로 부모의 책임이었다. 그러나 현대사회에 접어들면서 보육시설에 취원하는 영유아의 수가 증가하고 종일제 보육 프로그램의 수요가 증가함에 따라 보육시설에서도 영유아들을 위한 건강관리의 책임을 갖게 되었으며 교사가 이를 담당하는 비중이 커지게 되었다. 따라서 교사는 영유아 개개인의 신체적 건강, 정서적 상태 등 전체적인 건강상태를 파악해야 하며 이를 위해 개별 영유아에 대한 건강정보를 부모로부터 수집해야 한다. 또한 매일 영유아의 건강상태를 관찰하고, 정기적으로 건강검진을 실시하며 그 결과를 기록해야 한다.

다음 〈표 6-5〉는 교사가 영유아의 건강에 관하여 관찰한 사항을 기록할 수 있는 건강관찰표의 예시다.

〈표 6-5〉 건강관찰표

구분	세부 내용	관찰결과 (V 또는 내용기록)
표정	• 밝은 얼굴 • 웃는 얼굴 • 활기찬 얼굴	

병색의 유무	• 기침 • 콧물, 코막힘 • 눈의 충혈 • 눈곱 • 피부의 상처나 염증 • 입술 부르틈 또는 입 안 상처 • 열(37±0.2℃ 이상은 열이 있는 것임) • 호흡할 때의 냄새 • 멍자국 • 창백함 • 두통 • 복통 • 코피 • 귀의 통증
행동 특징	• 부모와 잘 떨어지는가? • 정상적인 자세인가? • 보통 때처럼 활동에 참여하는가? • 화장실에 자주 가지 않는가? • 피곤해하거나 지친 듯하지 않은가? • 눈을 자주 비비거나 귀를 자꾸 만지지 않는가? • 보통 때처럼 잘 먹는가?
청결감	• 얼굴, 손, 머리 등이 깨끗한가? • 손톱을 잘 깎았는가? • 입이나 몸에서 냄새가 나지 않는가? • 의복은 깨끗하고 기후에 맞는가?

한편, 건강진단은 키, 몸무게 등을 측정하는 체력검사와 건강상태를 진단하는 체질검사로 나눌 수 있다. 매년 2회 정도(5월과 11월) 정기적으로 실시하는 체력검사를 통해서는 영유아가 정상적인 발육을 하고 있는지를 알 수 있으며, 역시 매년 2회 정도 실시하는 소아과, 치과, 안과, 이비인후과 진단과 시력, 청력, 빈혈, 소변, 납, 투베르쿨린 등을 검사하는 체질검사를 통해서는 질병의 유무를 조기에 찾아낼 수 있다. 전문의에 의한 검사결과에 문제가 있을 때에는 부모에게 알리고 개인 신상기록부에 기록한다.

(2) 질병관리

영유아기는 모체로부터 면역력이 떨어지고 단체생활을 해 나가면서 감기, 폐렴 등 전염병에 걸릴 위험도 높은 시기다.

영유아에게 자주 나타나는 감기나 설사, 구토, 복통, 발열 등의 질병은 신체적 · 정신적 발육을 저해하는 중요한 요인이다. 따라서 부모나 교사는 영유아에게 자주 발생하는 질병의 원인과 유형을 파악하여, 기초 지식을 가지고 각각의 질병에 대해 적절하게 대응하는 자세가 필요하다.

또한 영유아기는 전염병에 대한 면역이 약한 시기이므로 다른 영유아에게 쉽게 전염될 수 있다는 특징이 있다. 따라서 영유아가 전염병에 걸렸을 때 휴원해야 하는 질환들이 있으며, 질환의 종류별로 그 기간이 다르므로 이에 대해 안내하고 준수해야 한다. 다음 〈표 6-6〉은 휴원을 요하는 전염병이다.

〈표 6-6〉 휴원을 요하는 전염병

병명	초기 증상	결석 기간
농가진	- 얼굴이나 수족에 쌀알 크기의 발진, 수포가 생김	- 염증기가 지나 환부치료, 포대를 할 때까지
뇌막염	- 대천문이 커다랗게 부으며 경련이나 의식 장애를 일으킴 - 두통, 발열, 구토를 동반함	- 증상이 사라질 때까지
백일해	- 가벼운 기침, 콧물이 나오다 기침이 점차 심해져 발작성을 띠게 됨 - 주로 밤에 기침이 심함	- 특유의 기침이 사라질 때까지(3~4주 후)
수두	- 발열, 발진, 수포가 생김	- 딱지가 떨어질 때까지(발진 후 7일간)
수족구병	- 38℃ 정도의 고열, 1~2일간 입 속, 손바닥, 발바닥에 수포가 생김	- 주요 증상이 사라질 때까지
유행성 결막염	- 눈꺼풀이 붓고 흰자위가 충혈되며 눈곱이 낌	- 급성기 증상이 없어질 때까지
볼거리	- 발열, 귀밑이 부어 오름	- 귀밑 부기가 다 빠지고 3~5일 후
장티푸스	- 두통, 헛소리, 혀의 백태, 혈변, 장출혈이 발생	- 완치될 때까지
전염성 장염	- 설사의 횟수가 많고, 변이 물 같고, 열과 감기 증상을 동반함	- 주요 증상이 사라질 때까지
전염성 홍반	- 열은 별로 없으나 때로는 37℃의 열이 남 - 얼굴과 뺨에 발진이 생김	- 급성 증상이 사라질 때까지
콜레라	- 열, 구토, 허연 물설사, 탈수 증세 있음	- 완치될 때까지
풍진	- 가벼운 감기 증세 같고, 발열과 발진이 일어남	- 증상이 없어질 때까지
홍역	- 발열, 재채기, 결막염, 발진이 일어남	- 발진이 없어질 때까지

※ 장염, 서캐 발생 시에도 휴원 여부 확인이 필요함
이상의 질환은 전염성이 강한 질병으로서 각별한 주의가 필요함
이상의 질환 이외에 의사의 진단에 의해 전염성이 있다고 판명된 질병은 휴원을 요함
등원은 다 나았다는 의사의 소견서가 있을 때에 가능함

출처: 중앙보육정보센터(2009). 2009 평가인증조력프로그램 영역(40인 이상) 4. 건강과 영양.

(3) 예방접종

적절한 시기에 맞추어 영유아에게 예방접종을 실시하여 병원체가 신체에 침입하더라도 이에 대한 방어능력인 저항력을 증가시키는 것은 가장 좋은 건강관리 방법이다. 현재까지 예방접종을 할 수 있는 전염병은 제한되어 있으나, 그 수는 점차로 늘어나고 있다. 영유아 전염병 예방을 위한 접종 종류와 접종시키는 〈표 6-7〉과 같다.

〈표 6-7〉 예방접종표

구분	연령	접종백신
기본접종	0~1주	B형 간염
	1~4주	BCG
	2개월	B형 간염, DPT(디프테리아, 파상풍, 백일해) 1차, 소아마비 1차
	4개월	DPT 2차, 소아마비 2차
	6개월	DPT 3차, 소아마비 3차
	9개월	수두
	15개월	MMR(홍역, 볼거리, 풍진)
	3세	일본 뇌염
추가접종	4~6세	DPT, 소아마비
	5~7세	B형 간염

또한 예방접종 시 주의할 점은 다음과 같다.

- 영유아에게 열이 있거나 설사를 하는 경우는 접종을 연기한다.
- 감기 증상이 있거나 현재 앓고 있는 병이 있는지 확인하고 그러한 경우 병이 다 나은 후 접종한다.
- 예방접종 시 특정 약물에 알레르기 반응을 일으키는지 미리 확인해 둔다.
- 예방접종 직후에는 목욕을 자제한다.
- 접종 후 약간의 발열이나 발진, 가벼운 부기는 괜찮지만 그 정도가 심하거나 이상한 반응을 보이면 전문의사와 상의하고 지시에 따른다.
- 되도록이면 오전에 접종하는 것이 좋다.

(4) 보육시설에서의 영유아 건강지도 및 관리

보육시설에서의 영유아 건강지도를 위한 효과적인 방법은 교사가 가르쳐 주는 것보다 영유아들이 직접 일상생활의 다양한 경험이나 활동을 통해 건강을 유지하고 건강한 생활습관을 형성하는 데 필요한 지식이나 기술, 태도를 자연스럽게 형성하도록 하는 것이다. 특히 건강교육을 위한 방법은 대상 영유아의 연령이나 개인적 특성을 고려하여 계획되어야 하며, 각 상황에 따라 적절하고 융통성 있게 전개되어야 한다.

① 손 씻기

손 씻는 습관을 형성하기 위해서는 우선 교사가 항상 손을 깨끗이 유지하는 좋은 모델이어야 한다. 바르게 손씻는 방법을 알려 주어야 하고, 손씻기를 해야 하는 때를 알려 주고 지속적으로 반복시켜 바람직한 손 씻기 습관을 갖도록 도와주어야 한다. 영유아에게 손 씻는 시간을 따로 마련해 주어야 하는 시간은 다음과 같다(허혜경 외, 2007).

- 간식 시간 전
- 화장실에 다녀온 후
- 요리활동 전
- 미술활동 후
- 바깥놀이나 실외활동 후
- 동식물을 만진 후
- 기타 더러운 물건 등을 만진 후

② 이 닦기

건강한 치아를 유지하기 위해서는 영유아기 때부터 적절한 치아관리가 시작되어야 하며 이 닦기를 생활화해야 한다. 이 닦기는 충치를 예방하고 치아 건강을 유지하는 일생 동안의 중요한 예방 습관이다. 교사는 영유아에게 이 닦기의 중요성, 칫솔 관리요령 등을 알려 주고 교사나 부모가 적절한 방법으로 칫솔질하는 방법을 가르쳐 주어 점차 스스로 이 닦기를 해 보도록 격려해야 한다.

③ 배변 훈련

배변 훈련은 대소변을 통제하는 기술, 즉 자신의 신체 기능을 스스로 조절하는 능력을 습득하도록 하기 위함으로 생후 18~30개월 사이에 점진적으로 시작하는 것이 좋다.

영유아의 1일 배설 뇨량은 큰 차이가 없으나 배설 횟수는 개인차가 많다. 이는 성별, 기온, 발한량, 성격, 방광 용적, 습관, 심리적 성향 등에 따라 달라진다. 배변 훈련을 돕는 방법은 다음과 같다.

- 규칙적인 식사와 충분한 수분 공급으로 배변이 쉽게 일어나도록 한다.
- 부모-영유아 간의 약속된 의사소통의 언어('응가' '쉬' 등)를 사용한다.
- 대변의 경우 1일 1회를 원칙으로 하고 가능한 한 정해진 시간에 규칙적으로 하도록 한다.
- 영유아의 실수에 대해 지나친 벌을 주는 것은 심리적 상처가 될 수 있으며 성인이 되어서도 강박신경증의 원인이 된다.
- 영유아의 신체적 크기를 고려한 변기, 보조 받침대 등을 준비하고 화장실의 안정된 분위기를 조성하여 배변이 즐거운 경험이 되도록 돕는다.
- 영유아의 시도와 노력에 긍정적인 반응과 격려를 한다.

④ 낮잠 및 휴식

적당한 휴식과 충분한 낮잠은 하루의 피로를 회복시키고 에너지를 재충전하는 것이기에 인간의 성장 · 발육에 반드시 필요하다. 영유아들의 낮잠 시간이나 숙면의 정도는 개인차가 있을 수 있으며 연령이 증가함에 따라 수면의 양은 점점 줄어든다.

일반적으로 보육시설에서는 점심 급식 후 낮잠 및 휴식 시간으로 1~2시간을 할애하고 있다. 효과적인 낮잠 시간을 진행하기 위한 교사의 역할은 다음과 같다(정미라 외, 2004).

- 부모와의 긴밀한 연락을 통해 영유아 개개인의 생활 리듬이나 수면 습관, 수면과 관계된 영유아의 생활 경험을 파악한다.

- 낮잠 자는 방을 준비하고 영유아들이 쉽게 잠들 수 있는 방을 준비한다(조명, 실내 온도, 환기, 소음 등).
- 낮잠을 잘 수 있도록 일과를 균형 있게 계획한다.
- 낮잠을 자려는 영유아가 잠을 잘 수 있도록 도와주고(책 읽어 주기, 음악 등), 자지 않으려는 영유아에게 강요하지 않는다.
- 영유아가 낮잠을 자는 동안 한 명의 교사는 반드시 영유아가 자고 있는 방을 지킨다.
- 잠잔 자리를 정리하고 다시 활동할 수 있도록 도와준다(이부자리 정돈, 화장실 다녀오기 등).

한편, 영유아들의 질병관리에 대한 예방 및 관리 대책은 구체적으로 문서화하여 부모 오리엔테이션을 통해 반드시 안내한다. 다음 〈표 6-8〉은 연간 영유아 건강관리의 계획 예시다.

〈표 6-8〉 연간 영유아 건강관리의 계획

월	건강관리 계획	월	건강관리 계획
3월	- 영유아 건강기록부 작성 - 유아 신체계측 - 약품 구입 - 손 씻기 교육	9월	- 약품 구입 - 유아 신체계측 - 영유아 신체계측 결과를 가정에 통지 - 손 씻기 교육
4월	- 건강검진, 구강검사 - 소아과 및 치과와의 연계협약 - 종사자 건강검진 - 눈병 및 호흡기 질환에 대한 주의	10월	- 독감 예방주사 안내문 게시 - 건강관리 가정통신문 안내 - 손 씻기 교육
5월	- 시력검사 - 일본뇌염 예방 주사 안내문 게시 - 영아 신체계측 -손 씻기 교육	11월	- 충치교육(보건소) - 약품구입 - 손 씻기 교육
6월	- 영양교육(보건소) - 충치교육(보건소) - 약품 구입 - 손 씻기 교육	12월	- 충치교육(보건소) - 약품 구입 - 손 씻기 교육

7월	- 여름철 눈병과 피부병 예방 교육 - 배탈 및 식중독 예방 교육 - 손 씻기 교육	1월	- 운동을 통한 건강관리 - 손 씻기 교육
8월	- 여름철 건강관리 - 손 씻기 교육 - 영아 신체계측	2월	- 겨울철 건강관리 - 손 씻기 교육 - 영아 신체계측 - 신입교사 채용 신체계측
- 등원 시 영유아들의 건강상태 확인 - 점심식사 후 양치질하기/개인 양치질 컵 사용, 주 1회 소독 · 세척 - 구급약품은 연 4회 분기별로 구입 - 청결한 위생관리: 2개월에 1회 방역 및 대청소 실시 - 정기적인(매주 또는 격주 1회) 침구 세탁 -3개월에 1회 영아 신체검사 -연 1회 이상 영유아와 종사자 건강검진 실시			

출처: 중앙보육정보센터(2009). 2009 평가인증조력프로그램(40인 이상) 영역 4. 건강과 영양.

건강교육은 영유아의 일상생활 속에서 자연스러운 과정을 통해 계속적으로 실시되어야 한다. 따라서 특별한 시기에 건강이나 위생 등과 같은 특정 주제만을 통해서보다는 매일의 일과 속에서 반복해서 실시하는 것이 효과적이다.

보육시설의 건강관리(법 제31조~제32조, 시행규칙 제33조)

• 건강관리 및 응급조치
- 보육시설의 장은 영유아와 보육시설 종사자에 대하여 정기적으로 건강진단을 실시하는 등 건강관리를 하여야 한다.
- 보육시설의 장은 영유아에게 질병 · 사고 또는 재해 등으로 인하여 위급상태가 발생한 경우 즉시 응급의료기관에 이송하여야 한다.
- 보육시설의 장이 법 제31조에 따른 건강검진을 실시하지 않거나 응급조치를 하지 않은 경우 법 제56조에 따라 과태료 부과
- 아동이 접근할 수 없는 안전한 장소에 응급조치를 위한 비상약품 및 간이 의료기구 등을 비치하여야 한다.

• 보육아동 건강검진 및 관리
가) 건강검진: 매년 1회 이상 실시하여야 한다.
- 방과후 보육대상 아동은 건강검진 제외
- 보호자가 별도 건강검진을 실시한 경우에는 검사결과 통보서로 갈음
- 건강검진에 소요되는 비용은 보호자 부담을 원칙으로 한다.

나) 검진기관
- 인근 보건소, 건강관리협회, 대한가족보건복지협회 및 영유아의 검진에 필요한 의료진 및 시설을 갖춘 의료기관 등을 지정하여 검진하여야 한다.

* 전염성 질환으로 밝혀지거나 의심되는 영유아는 시설로부터 격리 치료토록 조치

다) 검사항목
- 신체계측, 시력검사, 청력검사, 구강검사 등 영유아의 발달단계에 따라 필요한 항목을 검사하여야 한다.

라) 건강검진 결과에 대한 조치
- 치료를 요하는 영유아에 대하여 보호자와 협의하여 필요한 조치를 하여야 한다.
- 전염성 질환에 감염된 것으로 밝혀지거나 의심되는 영유아는 보육시설로부터 격리시켜야 한다.

• 종사자의 건강검진 및 관리

가) 건강검진: 매년 1회 이상 실시
- 종사자 및 보육시설에서 함께 거주하는 자는 연 1회 이상 건강진단 실시

나) 검진기관 및 양식
- 신규 채용 시 공무원 채용 신체검사서에 의한다.
- 그 외 국민건강보험법 제47조의 규정에 의한 건강진단 등 공무원 채용 신체검사에 준하는 검사를 실시하여야 한다.

다) 검사항목
- 종사자 및 가족의 건강진단 항목에는 결핵 등 전염성 질환이 포함되어야 한다.

라) 건강검진 결과에 대한 조치
- 건강진단 결과, 전염성 질환으로 판명된 자는 완치 시까지 영유아 보육을 할 수 없다(휴직 등 조치).

• 기록관리
- 시설장은 종사자 및 영유아에 대한 건강검진 실시 관련 증빙서류 등을 비치하여 건강관리에 철저를 기하여야 한다.
- 보육시설에는 영유아의 건강진단카드를 작성 · 비치하여야 한다.

4) 응급처치

아프거나 다친 영유아는 양호실이나 조용한 곳에서 격리 보호하며 안정을 시킬 필요가 있다. 아픈 영유아의 특징은 다음과 같다.

① 아픈 영아의 특징
- 잘 먹지 못한다.
- 발진, 고열, 설사, 탈수현상을 보인다.
- 입술이 마르고 대천문이 함몰되어 있다.
- 눈을 잘 맞추지 못한다.

② 아픈 유아의 특징

- 열이 나고, 어지러워하거나 졸려 하는 모습을 보이며, 주의집중을 못한다.
- 숨을 가쁘게 쉬거나 숨쉬기가 고르지 않다.
- 입술이 마르고 얼굴이 창백하다.
- 오래 앉아 있지 못하고 기대거나 누우려 한다.
- 먹거나 마시려 하지 않고, 짜증을 부린다.
- 놀지 않으려고 하고, 잘 울며, 어디가 아프다고 통증을 호소한다.
- 안아 주거나 업어 달라고 한다.

한편, 서둘러 병원에 데리고 가야 할 증상은 경련을 일으킬 때, 열이 높을 때, 구토나 설사를 되풀이 할 때, 갑자기 심하게 울 때, 혈변이 있을 때 등이다.

▶ 환아 관리 지침

환아 관리 지침은 부모 오리엔테이션 자료에 포함시켜 안내하도록 한다. 환아 관리 지침은 다음과 같다(중앙정보교육센터, 2009).

- 아픈 영유아는 양호실이나 혼자 쉴 수 있는 조용한 곳에 격리시켜 보호하고 영유아의 상태에 따라 부모와 협의하여 필요할 경우 귀가 조치한다.
- 영유아가 고열, 설사, 전염성 질병(수두, 홍역, 풍진, 결핵, 눈병 등)의 증세가 의심되는 경우에는 부모에게 연락하여 필요한 조치를 한다.
- 의사의 검진결과 전염성 질병에 걸린 경우 완쾌될 때까지 격리해야 하는 이유와 기간에 대해 안내하고, 가정에서 치료하며 전염성이 없고 완쾌된 후 등원할 수 있음에 대해 안내한다.
- 투약이 필요한 상황으로 판단될 경우 투약 전 부모와 협의하여 투약한다.
- 부모는 영유아가 복용해야 하는 약이 있으면 반드시 담임교사에게 알리도록 한다.
- 투약 후 투약의뢰서의 투약기록란에 투약명, 투약시간, 투약용량, 투약자 성명을 기록한 투약 보고서를 부모에게 보낸다.

• 약품의 관리를 위해 등원 시 부모가 교사에게 직접 약을 전달하고 귀가 시 교사로부터 직접 찾아가거나 투약용 약품 보관 냉장고 등에서 찾아가도록 한다.
• 아프거나 다친 영유아를 위하여 별도의 건강 보고서 양식을 비치하여 사용한다.
• 어린이집 일과 중에 발생한 영유아의 질병 증상에 대한 보고, 증상이 악화될 경우의 일시적인 보살핌에 대한 방법을 안내하는 내용의 글을 연락장 등에 기록하여 준다.

2. 영양

1) 영유아 영양의 중요성

영양이란 유기체와 소비되는 식품 사이의 모든 상호작용을 말하며 생리적 · 생화학적 대사과정뿐만 아니라 심리적 · 사회적 · 경제적 · 과학기술적인 것 등 여러 가지 요인에 의해 영향을 받는다. 영양소는 식품 속에 있는 물질로서 정상적인 성장, 출산, 건강의 유지를 위해 인체가 필요로 하는 것으로, 인체를 구성하고 열량을 공급하며 체내 대사과정을 조절하는 세 가지 목적으로 이용된다.

영유아 영양은 성인의 영양과 공통되는 면도 많으나 다음과 같은 특징을 고려할 수 있다(곽동경, 1997).

첫째, 성인보다 많은 단위 체중당 영양 소요량이다. 영아기는 유아기에 비해 성장속도가 조금 둔화되나 신체발육 및 운동발달이 성인에 비해 왕성하며 따라서 이를 충족시키기 위한 영양이 뒷받침되어야 한다. 이 시기 어린이의 영양 소요량을 체중 1kg으로 환산하여 성인의 그것과 비교하면 어느 영양소든 모두 성인의 2, 3배나 되어 양적으로 많은 영양이 요구되며, 질적인 측면에서도 우수한 영양이 신체의 요구에 충당되어야 한다.

둘째, 소화기능 발달상의 특징이다. 기관의 크기나 소화능력이 아직 완성되어 있지 않는 반면, 비교적 많은 양의 음식을 처리하지 않으면 안 되는 생리적 욕구로 인하여 이 시기 영유아의 식사패턴은 성인과 달리 조절되어야 한다. 즉, 간식을 제공하여야 하며 식품 조리형태도 달라져야 한다.

셋째, 감염에 대한 저항력 약화다. 영유아기는 면역력이 약하여 감염성 질병에 걸리기 쉬우므로 영유아의 음식이나 식기의 위생적 관리를 철저히 해야 한다.

넷째, 영유아기 특유의 문제성 발생이다. 지능, 정서, 사회성 등 정신적인 면의 발달이 현저하여 사물을 받아들이거나 거부하는 의사의 취사선택 능력이 뚜렷이 형성된다. 즉, 자아발달의 한 면으로 음식에 대한 선호에도 의사가 분명해져서 편식이나 식욕부진, 음식을 취하는 태도에서의 일관성 결여, 식사 시 놀면서 먹는 행위 등이 나타나게 된다.

2) 보육과정과 영양교육

영양교육이란 개개인이 적절한 식생활을 실천하는 데 필요한 영양에 대한 지식을 바르게 이해시켜 식생활에 대한 의욕과 관심을 높여서 식생활을 실천하는 능력을 높이는 태도를 변화시키고, 스스로 식생활에 관한 행동을 옮겨 실천하는 행동 변화 및 실천교육을 의미한다(박영숙 외, 2001). 따라서 표준보육과정에서는 영유아 영양교육의 목표 및 내용을 기본생활영역에서 제시하고 있다. 여성가족부 고시 제2007-62호에 따른 표준보육과정 해설서의 영양과 관련된 내용은 '기본생활' 영역 내 하위범주인 '건강한 생활' 아래 '바른 식생활'을 바탕으로 발달을 촉진시키기 위한 것으로, 그 내용은 〈표 6-9〉와 〈표 6-10〉, 〈표 6-11〉, 〈표 6-12〉와 같다.

〈표 6-9〉 표준보육과정 '기본생활' 영역 내 하위 범주인 '건강한 생활-바른 식생활' 연령별 내용

구분		만 2세 미만	만 2세	만 3~5세
내용 범주	건강한 생활	• 즐겁게 먹기	• 올바른 태도로 먹기	• 식생활을 바르게 하기

〈표 6-10〉 표준보육과정 만 2세 미만 '건강한 생활-바른 식생활'에 관한 수준별 내용

내용	1수준	2수준	3수준
즐겁게 먹기	편안하게 안겨서 우유(모유)를 먹는다.	단단한 음식에 적응한다.	제공된 음식을 골고루 먹는다.
			먹을 수 있는 음식과 먹을 수 없는 음식을 구별한다.
			도구를 사용하여 정해진 자리에서 먹는다.

〈표 6-11〉 표준보육과정 만 2세 '건강한 생활-바른 식생활'에 관한 수준별 내용

내용	1수준	2수준
올바른 태도로 먹기	음식을 골고루 먹는다.	
	먹을 수 있는 것과 먹어서는 안 될 것을 구분한다.	
	식사에 즐겁게 참여하고 올바른 식사태도를 가진다.	

〈표 6-12〉 표준보육과정 만 3~5세 '건강한 생활-바른 식생활'에 관한 수준별 내용

내용	1수준	2수준	3수준
식생활을 바르게 하기	음식을 골고루 먹는다.	적당량의 음식을 골고루 먹는다.	
	영양이 건강에 중요함을 안다.		
	감사하는 마음으로 음식을 소중히 여긴다.		
	안전한 음식을 안다.	안전한 음식을 먹는다.	
	올바른 태도로 식사한다.		식사 예절을 지킨다.

한편, 보육시설에서는 영유아를 위한 영양교육의 여러 가지 내용을 연간 보육 프로그램에 적절히 반영하고 그 연간 보육 프로그램에 의거하여 월간, 주간 및 일일 보육계획을 수립해야 한다. 교사는 보육계획 수립 시 영양교육의 여러 가지 내용을 영유아에게 효과적으로 전달할 수 있는 활동방법을 고려하여 영유아의 능동적 참여를 추구해야 한다. 즉, 보육내용에 따라 현장 관찰 및 견학, 동식물의 사육 및 재배실습, 요리 및 간식, 식사시간, 이야기 나누기, 노래 및 신체표현, 자유선택활동, 슬라이드 보기 등 여러 가지 활동방법을 적절히 선택하여 활용할 수 있다(신화식, 김

명희, 2007).

또한 효율적인 영양교육을 위해서는 부모와 보육시설 간의 개방적이고 상호 협력적인 의사소통을 통한 영양교육에 있어서 부모참여가 중요하다(조경자, 이현숙, 2010).

3) 보육시설에서의 영양관리

영유아의 건강한 성장과 발달을 위해서는 균형 잡힌 영양관리가 중요하다. 영유아기는 일생 중에서 신체의 성장이 가장 왕성한 시기이며 특히 영아기 발육은 더욱 왕성하다. 따라서 이 시기에 있어서 영양소의 충분한 공급은 필수적인 것으로 일생 동안의 성장발육 및 심신발달에 영향을 미친다. 또한 기본생활습관이 형성되는 시기로 불규칙한 생활과 불합리한 간식 및 식사는 올바르지 않은 식습관의 형성으로 식욕부진이나 편식을 만들기 쉬우므로, 각종 식물과 조리법 등에 적응하도록 해야 하며 좋은 식습관을 기르도록 해야 한다. 영유아의 먹는 행위는 그들이 느끼고 행동하고 배우는 것에 많은 영향을 미치며, 이 시기의 식습관은 인성발달에 큰 영향을 미친다(강난기, 1988; 서충근, 1987; 이향자, 1989; 임숙자, 1982). Birch, Johnson 그리고 Fisher(1995), Clements(1994), Wright와 Radcliff(1992) 등은 영유아기에 형성된 식습관과 태도가 일생 동안의 식습관과 영양 상태에 영향을 주며 이때 형성된 기호성이 성인이 될 때까지도 지속된다고 하였다. 또한 Gillespie(1981)는 영유아의 식습관이 영유아 개개인의 영양에 대한 지식, 신념, 태도, 행동 등에 의해 일부 영향을 받지만, 무엇보다도 가정과 교육기관이라는 환경에 의해 큰 영향을 받는다고 하였다.

일반적으로 종일제로 운영되는 보육시설의 경우에는 점심식사와 1~2회의 간식을 제공하고 있다. 반일제 프로그램에서도 점심식사에 지장을 주지 않을 정도로 종류와 시간을 고려하여 간식을 제공하는 것이 바람직하다.

간식과 점심시간을 제공함으로써 식사예법을 자연스럽게 습득하고 친구들과 자연스럽게 사귀는 기회를 갖게 되며, 친구들과 나누어 먹을 수 있는 기회도 갖게 된다. 다음 〈표 6-13〉은 영유아를 위한 급·간식 식단 계획 시 참고할 다섯 가지 기초 식품군이다.

〈표 6-13〉 영유아를 위한 급·간식 식단 계획 시 참고할 다섯 가지 기초 식품군

	군별	식품군	주요 영양소	식품명
구성소식품	1	수조어육류 난류 두유 및 콩제품	단백질	쇠고기, 돼지고기, 닭고기, 토끼고기, 생선, 조개, 굴, 두부, 콩, 땅콩, 달걀, 베이컨, 소시지, 치즈, 어패류, 통조림, 조미건조 어패류, 두유, 생선묵
	2	우유 및 유제품 뼈째 먹는 잔생선	칼슘	멸치, 뱅어포, 새우, 잔생선, 사골, 우유, 유제품, 분유, 요구르트, 아이스크림
조절식품	3	채소 및 과일류 녹황색 담색 과일	무기질 및 비타민	시금치, 당근, 쑥갓, 상치, 토마토, 미역, 다시마, 파래, 김, 톳, 당근즙, 맛김, 배추, 무, 오이, 양배추, 김치, 콩나물, 사과, 감, 딸기, 포도, 배, 수박, 토마토케첩, 과일주스, 과일통조림
열량소식품	4	곡류(잡곡 포함) 감자류	당질	쌀, 보리, 콩, 팥, 옥수수, 밀, 감자, 고구마, 꿀, 밤, 밀가루, 녹말가루, 알파미, 미숫가루, 라면, 마카로니, 당면, 식빵, 비스킷, 케이크, 도넛 등
	5	유지류	지방	참기름, 면실유, 들기름, 콩기름, 쇠기름, 깨소금, 실백, 호두, 피넛버터 등

출처: 한국영양학회(2005).

(1) 급식관리

보육시설에서의 급식은 급식을 통해 건강과 체위를 향상시키는 동시에 올바른 식사법과 식습관을 갖도록 하고 성장 및 정신발달을 도모하기 위하여 보육시설에서 실시하는 것을 말한다. 보육시설에서 급식을 제공하는 목적은 다음과 같다(원중연, 2006).

① 식사에 대한 바람직한 식습관을 갖도록 한다.
② 영양상 잘 균형 잡힌 식사를 하게 된다.
③ 또래 및 교사들과 상호작용을 통해 식사시간을 즐긴다.
④ 다양한 음식의 맛을 경험한다.
⑤ 독립적으로 식사하는 방법을 배운다.
⑥ 식탁에 앉아 있기와 수용되는 식탁예절(주변 정리, 우정, 당번활동)을 익힌다.
⑦ 좋은 음식은 성장 및 튼튼하고 건강하게 되는 일과 관련이 있음에 대한 이해력을 발달시킨다.

⑧ 집에서 먹는 음식과 보육시설에서 먹는 음식과의 관계를 알게 한다.

또한 식사와 식사 사이에 섭취하는 음식물을 간식이라 부르며, 그 목적은 세 번의 식사로는 부족한 영양소의 보충, 에너지의 보충, 긴장된 기분의 완화 · 전환, 피로 회복에의 도움, 생활의 즐거움을 얻는 것 등이다.

(2) 급식 위생

영유아는 면역력이 약하기 때문에 비위생적인 음식물로 인한 세균 감염의 위험성이 크다. 특히 보육시설과 같이 집단급식을 하는 경우에는 식중독 및 식인성 질환이 발생했을 경우 피해의 규모나 정도가 매우 심각하게 나타난다. 따라서 보육시설은 식품의 위생적인 취급과 시설의 위생관리를 철저히 해야 한다. 또한 보육시설에서 집단급식을 할 때는 위생 시설, 기기 및 기구를 갖추도록 하여야 하고, 신선하고 안전한 식품을 구입해야 한다. 특히 제철식품을 이용하는 것이 경제적인 면과 영양 면 모두 만족시킬 수 있을 것이며, 구매한 식품을 종류에 따라 안전하게 저장하여야 하며, 저장기간은 가능한 한 짧게 둔다.

영양관리(법 제33조)

1) 급식관리

- 보육시설의 장은 영유아에게 균형 있고 위생적이며 안전한 급식을 하여야 한다(영유아보육법 제33조).
- 급식은 정상적인 발달에 필요한 영양을 섭취할 수 있도록 영양사가 작성한 식단에 의하여 공급하되, 영유아 100인 미만을 보육하는 시설의 경우에는 인근 보육정보센터, 보건소 등의 영양사의 지도를 받아 식단을 작성하여야 한다(시간연장형 보육시설은 지역 식단 및 지역 간식 메뉴도 작성하여야 함).
- 급식은 보육시설에서 직접 조리하여 공급하는 것을 원칙으로 한다.
- 영유아 50인 이상을 보육하는 시설은 식품위생법에 의거, 시 · 군 · 구청 위생관련 부서에 집단급식소로 신고 · 운영하고 조리사를 배치하여야 한다.
- 보육시설 내 조리실은 항상 청결을 유지하되 정기적으로 식기 및 조리기구를 소독하고 '급식위생관리 체크리스트' 를 참고하여 매일 위생점검을 실시하는 등 위생관리를 철저히 하여야 한다.

2) 영양사 · 취사부

- 영유아 100인 이상을 보육하는 시설은 영양사 1인을 두어야 하며 영양사는 영유아의 건강 · 영양 및 위생을 고려하여 보육시설의 급 · 간식을 관리하여야 한다(전담 원칙).
- 5개 이내 보육시설이 공동으로 영양사를 둘 수 있으나, 이 경우 영양사는 5개 시설 중 어느 한 시설에 반드시 배치되어야 하며, 5개 시설을 1인이 담당함으로 인해 영유아 영양관리가 소홀히 되지 않도록 담당시설에 대한 정기적인 순회지도 등 체계적인 관리계획을 세워 실행하여야 한다.
- 영양사를 두고 있지 아니한 100인 미만 보육시설은 보육정보센터, 보건소 등에 근무하는 영양사의 지도를 받아 식단을 작성하여야 한다.
- 보육시설의 영양사 및 취사부는 위생화, 위생모, 앞치마 등 위생복을 착용하고, 조리 전 · 후 식재료 및 음식 상태를 점검하며, 작업 전 건강상태를 확인하는 등 위생관리를 철저히 하고 안전사고가 발생하지 않도록 화기 및 조리기구 사용에 유의하여야 한다.

3) 기타

- 특별한 음식을 필요로 하는 1세 미만의 영아에게는 그 부모나 보호자의 의사를 반영하여 음식을 제공하여야 한다.

4) 급식사고 등 보고

- 시 · 군 · 구청장은 부실급식 관련 집단 민원제기, 식중독 등 급식관련 사고, 집단 전염병이 발생하였을 경우에는 시설 현황, 사고내역 및 조치사항 등을 즉시 시 · 도지사를 경유하여 보건복지가족부에게 보고하여야 한다.

출처:보건복지부(2010). 보육사업 안내.

3. 안전

1) 영유아 안전교육의 중요성

안전이란 인간의 가장 기본적인 욕구 중 하나인 평안하며 위험이 없는 상태, 즉 재해로부터 안전한 상태를 말한다. 다시 말해, 안전이란 이와 같이 위험의 가능성 또는 사고를 제거하는 것을 목적으로 하는 인간의 행동에서 발생하는 용태나 위기의 가능성을 없애고 사고의 제거를 목적으로 하는 물리적 환경의 설계에서 발생한 상태라고 할 수 있다.

나아가 안전교육이란 상해, 사망 또는 재산 피해를 일으키는 불의의 사고를 예방하는 것으로서 안전 행동에 기여하는 습관, 기능, 태도 및 지식의 발달에 긍정적으로 영향을 미치는 경험의 총체라고 할 수 있다. 안전교육은 생활 전반에 걸쳐 이루어지고 생애 전 과정을 통하여 계속되어야 한다.

영유아기는 발달특성상 충동적이고 끊임없이 움직이며 환경을 탐색하려 하는 특성이 있는 반면, 눈앞의 위험 상황을 예측하거나 방어하는 능력과 지식이 결여되어 있어 사고를 당하기 쉽다. 이러한 발달상의 특성으로 인해 영유아기의 우발사고는 예측 가능한 범위 안에서 발생되며 성인의 철저한 사전대책이나 감독에 의해 어느 정도 관리될 수 있다는 특징이 있다.

미캘라이드(Mickalide, 1994)는 영유아의 안전은 예방적 · 보호적 조치를 취하는 교사와 부모에 의해 증진될 수 있다고 하였다. 스펠츠(Speltz, 1990)에 의하면, 출생 후 5세까지 기본적인 안전태도들이 형성되고 그 이후의 태도 변화를 위한 신중한 계획이 선행되지 않으면 영유아의 태도 변화를 기대하기 힘들다고 지적하였으며, 또한 한번 형성된 안전에 대한 태도는 일정 기간 지속되기 때문에 영유아기에 안전에 대한 바람직한 태도의 기초를 형성하는 것이 무엇보다 우선되어야 한다고 하였다(이기숙 외, 2002 재인용). 그러므로 안전에 대한 교육은 개인이 사고의 위험성이 높은 행동에 노출되기 이전에 제공되는 것이 효과적이라는 점을 고려할 때, 영유아기는 안전교육을 실시할 수 있는 가장 효과적인 시기라고 볼 수 있다.

이에 우리나라의 표준보육과정에서는 기본생활영역에서 안전교육에 대한 내용을 제시함으로써 영유아들에게 안전교육을 실시하도록 하고 있다.

결론적으로, 안전에 대한 의식은 단기적으로보다는 장기적으로 형성되기 때문에 영유아기부터 체계적인 안전교육을 실시하는 것이 필요하다. 감수성이 예민하고 모방학습이 활발한 영유아기는 안전교육을 실시할 수 있는 최적의 시기로서 이 시기에 형성된 안전에 대한 지식, 태도, 기능은 전 생애에 걸쳐 지속적으로 영향을 미칠 수 있다(정정옥, 임미혜, 2010).

2) 보육과정과 안전교육

영유아기 안전사고는 이 시기의 사망원인 가운데 윗자리를 차지할 정도로 심각하다. 영유아가 생활하는 환경에는 언제나 위험요인이 산재해 있어 영유아가 환경적인 위험요인을 파악하고, 안전하게 대처하며 놀이를 하는 것이 중요하다. 한편, 학대, 납치, 유괴와 성폭력 등의 사회적인 범죄도 영유아의 안전을 위협하고 있다.

영유아가 이러한 환경에서 안전하게 살아가기 위해서는, 안전한 보육환경을 제공해 주어야 할 뿐 아니라 다양한 환경과 상황에 안전하게 대처하는 능력을 기르도록 도와주어야 한다. 즉, 영유아에게 위협이 되는 환경적인 위험요인을 모두 없애는 것은 불가능하므로 영유아가 안전에 관한 지식을 알고 안전한 태도를 익혀서 실천할 수 있어야 한다. 안전교육의 내용은 놀이안전, 교통안전, 재해나 재난으로부터의 안전, 사회적인 범죄로부터의 안전, 다른 사람의 안전에 대한 배려 등으로 이루어진다. 지속적으로 안전교육을 실시하여 영유아에게 자신과 다른 사람을 보호할 수 있도록 하고 안전한 보육환경을 제공하여야 한다(여성가족부, 2007).

따라서 여성가족부에서는 영유아 안전교육의 목표 및 내용을 표준보육과정으로 제시하고 있다. 여성가족부 고시 제2007-62호에 따른 표준보육과정 해설서의 '기본생활' 영역 내 하위 범주인 '안전한 생활'의 내용은 〈표 6-14〉와 〈표 6-15〉, 〈표 6-16〉, 〈표 6-17〉과 같다.

〈표 6-14〉 표준보육과정 '기본생활' 영역 내 하위 범주인 '안전한 생활' 연령별 내용

구분		만 2세 미만	만 2세	만 3~5세
내용범주	안전한 생활	• 놀잇감을 안전하게 사용하기 • 위험한 상황을 알기	• 놀이 규칙에 따라 안전하게 놀이하기 • 위험한 상황을 알고 조심하기 • 탈것의 위험을 알고 안전하게 다니기	• 안전하게 놀이하고 다른 사람의 안전을 배려하기 • 위험한 상황에서 안전하게 행동하기 • 교통안전 실천하기 • 안전교육의 중요성 알고 참여하기

〈표 6-15〉 표준보육과정 만 2세 미만 '안전한 생활'에 관한 수준별 내용

내용	1수준	2수준	3수준
놀잇감을 안전하게 사용하기			
알맞게 잠자기와 휴식하기	수면을 충분히 취한다.		
	편안하게 쉰다.		
즐겁게 생활하기	익숙한 공간에서 안정된 마음을 갖는다.		
	하루 일과에 즐겁게 참여한다.		
규칙적인 배설습관 갖기		배설의 의사를 표현한다.	정해진 곳에서 배설한다.

〈표 6-16〉 표준보육과정 만 2세 '안전한 생활'에 관한 수준별 내용

내용	1수준	2수준
몸을 깨끗이 하기	이를 닦는다.	
	손과 얼굴을 씻는다.	
알맞게 잠자기와 휴식하기	일과에 따라 규칙적으로 잠을 잔다.	
	정해진 시간에 알맞게 휴식한다.	
즐겁게 활동하기	또래와의 놀이에 즐겁게 참여한다.	
	하루 일과에 즐겁게 참여한다.	
건강한 배설습관 갖기	정해진 곳에서 배설한다.	
	배설 후에 손을 씻는다.	
스스로 옷 입고 벗기	스스로 옷 입기와 벗기를 시도한다.	
건강에 관심 갖기	건강검진과 예방접종 등에 참여함으로써 건강에 관심을 가진다.	

〈표 6-17〉 표준보육과정 만 3~5세 '안전한 생활'에 관한 수준별 내용

내용	1수준	2수준	3수준
몸과 주변 환경을 깨끗이 하기	이를 깨끗이 닦기를 시도한다.		스스로 이를 깨끗이 닦는다.
	스스로 손을 씻는다.	손 씻는 습관을 기른다.	
	몸을 씻는다.	스스로 몸을 씻는다.	몸을 씻는 습관을 기른다.
	더러워진 옷을 갈아입는다.		옷을 깨끗하게 입는다.
	주변을 깨끗이 한다.		주변을 깨끗이 하는 습관을 가진다.

알맞게 잠자기와 휴식하기	규칙적으로 잠을 잔다.	
	알맞은 휴식이 필요함을 안다.	스스로 알맞게 휴식을 취한다.
적극적으로 활동하기	여러 가지 놀이에 적극적으로 참여한다.	
	하루 일과에 즐겁게 참여한다.	
건강한 배설습관 갖기	스스로 화장실에서 배변한다.	배변 후 적절한 뒤처리를 한다.
	화장실을 깨끗하게 사용한다.	
	배설 후에 손을 씻는다.	
상황에 맞게 옷 입기	놀이에 적합한 옷을 입는다.	
	날씨에 맞는 옷을 입는다.	때와 장소에 맞는 옷을 선택하여 입는다.
건강에 관심을 갖고 건강한 생활 실천하기	건강에 관심을 가진다.	건강의 중요성을 안다.
	건강검진과 예방접종의 중요성을 안다.	건강검진과 예방접종의 중요성을 알고 적극적으로 참여한다.

3) 보육시설에서의 안전관리

보육시설에서 유아의 건강과 안전에 대한 기본적 욕구를 충족시키는 것은 영유아의 권리이자 사회적 책임이다. 또한 이러한 책임을 수행하는 능력 수준은 안전에 대한 사회적 관심과 지식, 태도와 참여에 달려 있다. 무엇보다 안전사고는 생명을 담보로 하기 때문에 사후대책보다는 '예방'이 최우선책이 되어야 하며, 그것은 보육시설의 환경을 안전하게 구성하는 것에서 시작된다.

보육시설 내의 안전사고는 우발적인 것이 아닌 환경과 상호작용하는 역동적인 개념이다. 그러므로 보육시설의 실내·외 제반 시설과 설비 및 놀잇감을 미리 점검하여 사고 원인을 제거하고, 이를 지속적으로 점검하는 등 안전한 보육환경에 대한 대책을 마련하는 것은 잠재적 안전사고의 위험을 사전에 방지할 수 있는 가장 적극적인 방법이 될 것이다.

시설·설비의 안전점검 및 안전관리는 보육시설 내의 시설과 설비의 상태 및 현황 파악, 시설 및 설비와 관련된 안전 점검 사항 숙지, 안전점검표를 통해 안전점검을 생활화함으로써 위험요소 사전에 제거 등을 통해 종사자와 영유아들이 안전한 보육환경 속에서 즐거운 경험을 지속할 수 있도록 하는 데 그 목적이 있다. 사고는 예방이 최선이며, 그것은 철저한 안전점검을 통해 달성될 수 있다는 것을 항상 명심하고, 그것을 일상생활에서 꾸준히 실천할 때만이 그 가치가 유효하다는 사실을 숙지해야 한다.

다음 〈표 6-18〉, 〈표 6-19〉, 〈표 6-20〉은 보육시설에서 발생하는 안전사고의 유형 및 안전관리 예시다.

〈표 6-18〉 물리적 요인에 의한 사고 유형 및 안전관리

• 물리적 요인에 의한 사고 유형

① 실내외 시설 및 설비에 의한 사고
시설물의 고장, 파손상태의 방치, 영유아의 위험한 장소 출입 및 영유아가 사용하기에 부적절한 설비 등에 의해 발생되는 사고

② 놀이기구 및 구조물에 의한 사고
고정놀이기구의 파손 및 고정부분의 결함, 배치간격의 협소 및 부족하거나 날카롭거나 깨어지기 쉬움 등의 문제와 방치로 발생되는 사고

③ 도구에 의한 사고
칼, 송곳, 가위, 포크, 젓가락, 펀치, 스테이플러, 톱, 글루건 등의 부주의한 보관 및 사용으로 발생되는 사고

④ 화재로 인한 사고
영유아의 불장난, 가스폭발, 누전 및 전기용품 과열 등으로 발생하는 사고

⑤ 교통사고
영유아의 등하원, 견학, 원내 활동 중 원의 출입 및 보육시설 정문의 도로 노출로 인한 사고와 바퀴 달린 놀이기구 등 유동적 놀이기구의 충돌로 발생되는 사고

↓

• 안전관리

- 안전관리의 중요성 인식 및 실천을 위한 꾸준한 노력이 필요하다.
- 안전점검표 양식에 따라 일정 기간별로 시설 설비의 안전점검을 시행한다.
- 종사자는 시설 각 부분을 각자 분담하여 정기적으로 점검하고, 그 결과를 기록한다.
- 화재, 상해 등 사고 발생 요인을 사전에 제거한다.
- 사고가 예상되는 장소, 대물은 즉시 개선하거나 개선될 때까지 안전표지판을 설치하여 접근을 막는다.

〈표 6-19〉 인적 요인에 의한 사고 유형 및 안전 예방

• 인적 요인에 의한 사고

① 영유아 개인의 행동 및 심리적인 문제로 발생하는 사고

쉽게 흥분하거나 충동적인 행동, 규칙 무시 행동, 주의가 산만하고 신경질적이며 정서적으로 불안한 행동 등으로 인해 발생하는 사고, 그리고 당황하거나 어려운 일에 직면했을 때, 재촉 받는 상황에 처했을 때, 배고프거나 기분이 좋지 않을 때 발생하는 사고

② 친구와의 관계에서 발생하는 사고

친구와의 놀이 중 심한 장난이나 싸움, 새로 온 영유아가 있는 경우 새로운 활동에 대한 미숙한 참여 등으로 인해 발생하는 사고

③ 교사 및 종사자의 부주의로 인한 사고

위험물 보관 소홀, 부주의한 영유아 관찰, 영유아 방관, 안전교육 부실 및 교사 자신의 경솔한 행동, 영유아들에게 규칙을 잘 설명해 주지 않은 경우 등으로 인해 발생하는 사고

④ 기타

신입교사 또는 방문자가 있는 경우, 교원의 수 부족, 아픈 영유아로 인해 교사의 일과 진행이 순조롭지 않은 경우, 영유아들의 능력을 정확히 파악하고 있지 않을 시, 성인과 영유아 모두 피곤한 시간인 하루 일과가 끝날 무렵, 날씨로 인해 밖에서 놀 수 없을 때 등의 요인으로 발생하는 사고

↓

• 안전 예방

- 안전의 필요성 및 중요성을 인식하고, 종사자 및 영유아 안전교육을 체계적이고 지속적으로 실시한다. 이렇게 하여 규칙의 중요성을 일깨우고, 안전 불감증에 대한 경각심을 갖는다.
- 지식 중심이 아닌 행동 요령까지 익히도록 교육한다.
- 사례 중심의 토의 방식으로 안전교육을 실시한다.

출처: 중앙보육정보센터(2009). 2009 평가인증조력프로그램(40인 이상). 영역 6. 안전.

〈표 6-20〉 보육시설의 안전관리 원칙 및 안전교육 기준

보육시설의 안전관리 원칙 및 안전교육 기준

• 보육시설의 안전관리 원칙

- 시설장은 종사자 및 부모와 함께 영유아의 안전사고 예방을 위해 성실하게 노력하고 안전교육을 실시하여야 한다.
- 보육시설은 인근 소방서, 경찰서 및 가스, 유류 등의 안전상태를 점검하는 유관기관 등과 비상연락체계를 구축해야 하며 일일 점검제를 철저히 이행하여야 한다.
- 보육시설 종사자는 영유아의 실내 · 실외 활동 시 안전을 위해 영유아를 지도 · 감독해야 하며 시설장은 영유아의 물리적 환경과 인적 환경에 대한 안전 확보를 위해 시설 및 환경을 조성하고 관리해야 한다.

• 보육시설의 안전교육

구분	교통안전교육	약물 오남용 교육	재난대비교육
실시주기 (총시간)	2개월 1회 이상 (연간 12시간 이상)	3개월 1회 이상 (연간 10시간 이상)	6개월 1회 이상 (연간 6시간 이상)
교육내용	① 올바른 교통안전 지식 ② 교통관련법규 준수정신 ③ 안전장구 착용의 생활화 ④ 기타 교통안전 관련내용	① 약물의 종류 · 중독성 및 오남용의 폐해 ② 법적 처벌기준 ③ 기타 약물 오남용 예방을 위하여 필요한 내용	① 화재 · 붕괴 · 폭발 · 화생방 사고 등 각종 재난 예방 및 안전관리 요령 ② 위험물 취급 요령 ③ 재난 시 안전행동 및 대피요령
교육방법	① 전문가(또는 담당자) 강의 ② 시청각 교육 ③ 실습교육 또는 현장학습 ④ 수업내용에 반영 ⑤ 일상생활을 통한 반복지도	① 전문가(또는 담당자) 강의 ② 시청각 교육 ③ 현장방문 · 학습	① 전문가(또는 담당자) 강의 ② 시청각 또는 실습교육 ③ 사고사례 분석

출처: 보건복지부(2010). 보육사업 안내.

한편, 보육시설에서는 보육대상 영유아의 연령을 고려하여 아동복지법령의 안전교육 기준에 따라 매년 안전교육 계획을 수립하여 교육을 실시하여야 한다. 안전교육 계획안의 예시는 다음 〈표 6-21〉은 유아반 안전교육 계획안의 예시다.

〈표 6-21〉 유아반 안전교육 계획안의 예

주제	지도내용	실시일시	교육방법
소방안전	여러 상황에 따른 소방 대피 훈련	매월	실습교육
교통안전	어린이집까지 안전한 통행길 알기	4월	수업 프로그램
	낯선 사람에 대한 개념 알기와 위험상황 대처법	6월	실습교육
	신호등이 없는 횡단보도의 안전한 횡단 방법	8월	
	교통기관의 종류와 교통 규칙을 안다	10월	
	차량의 안전한 이용법	12월	수업 프로그램
	교통표지판의 중요성과 의미	2월	
약물 오남용	어린이집에서의 약물 이용방법 알기	3월	강의 및 자료배부
	정해진 용법에 맞추어 약 먹기	6월	수업 프로그램
	몸에 해로운 약물 구별하기	9월	
	음식물과 관련된 사고(식중독)의 종류 및 예방	12월	시청각 교육/ 전문가 강의

재난 대비	화재 시 연기 아래로 대피하는 방법	3월	실습 교육
	지진이 났을 때 대피방법	4월	
	홍수가 났을 때, 태풍이 불었을 때 대피방법	8월	
전기 안전	전기 안전 수칙 알기	10월	시청각 교육
	화상을 예방하기 위한 방법과 응급처치법	2월	수업 프로그램
	감전 사고를 예방하기 위한 방법	2월	
성학대 안전	성폭력 위험상황 인지와 대처법	8월	시청각 교육
교육실 내/ 놀잇감 안전	어린이집 실내에서의 안전규칙	3월	수업 프로그램
	놀잇감과 각종 자료 사용 시 주의점	4월	실습 교육
실외/ 물놀이 안전	놀이터에서의 안전한 행동 지도	4월	
	물놀이 할 때의 주의사항	7월	자료 배부
유괴 · 미아사고	집에 혼자 있을 때의 안전 수칙	5월	수업 프로그램
	집 밖에서 놀이할 때의 안전	5월	자료 배부
	낯선 사람에 대한 개념 알기와 위험상황 대처법	9월	수업 프로그램

출처: 중앙보육정보센터(2009). 2009 평가인증조력프로그램(40인 이상). 영역 6. 안전.

4) 응급처치

영유아가 다쳤을 때는 즉각적으로 응급처치를 해야 하고, 그 영유아에게 심리적 안정감을 갖도록 하는 것이 중요하다. 응급처치는 전문적인 치료를 받을 수 있을 때까지 환자의 생명을 구하고 병의 증세가 악화되지 않도록 취하는 임시조치다. 교사는 응급처치가 병원치료를 대신 하는 것이 아니라는 점을 반드시 인지하고 있어야 한다(신화식, 김명희, 2007).

보육시설에서 많이 발생하는 사고는 칼에 베이거나, 긁히거나, 피가 나거나, 코피가 나거나, 삐거나, 토하거나, 머리를 부딪치거나, 타박상을 입거나, 가시가 들어가거나, 화상을 입거나, 벌레에 물리거나 쏘이거나, 이물질이 목에 걸리거나, 눈이나 코 · 귀에 티나 이물질이 들어가거나, 딸꾹질이 멎지 않거나, 손가락이 끼이거나, 열이나 경련이 있는 것 등이다.

보육시설에서 갖추어야 할 응급처치를 위한 의료도구와 의약품 등은 다음 〈표 6-22〉와 같다.

〈표 6-22〉 보육시설에 필요한 의료도구 및 재료와 의약품

		내용
의료도구 및 재료		탈지면, 붕대(대 · 중 · 소), 탄력붕대, 거즈, 반창고, 1회용 밴드, 구급낭, 찬 물주머니, 소독용 가위, 소독용 핀셋, 설압자, 면봉, 신장계, 체중계, 청진기, 혈압계, 온도계, 생리식염수 등
의약품	피부에 바르는 약	소독약(암모니아수, 과산화수소, 알코올, 요오드액 등), 소염진통제(안티프라민, 물파스 등), 글리세린 등
	먹는 약	소화제(훼스탈, 활명수, 백초시럽 등), 진통제(아스피린, 소아용 타이레놀, 브루펜시럽 등), 해열제(판피린, 아스피린, 브루펜시럽 등), 진해거담제(코푸시럽, 암브로콜시럽, 코리투살시럽 등), 항생제, 변비약 등

참고문헌

강난기(1988). 유아의 식습관과 인성특성에 관한 연구. 숙명여자대학교 교육대학원 석사학위논문.

곽동경(1997). 유아를 위한 영양과 식단. 서울: 양서원.

곽은복(2008). 아동안전관리(2판). 서울: 학지사.

김의영(1997). 아동보육론. 서울: 동문사.

김일옥(2004). 학령전 아동을 위한 호흡기 전염병 예방 프로그램 개발 및 효과에 관한 연구. 아동간호학회지, 10(1).

박영숙 외(2001). 영양교육과 상담. 서울: 교문사.

보건복지부(2010). 보육사업 안내.

서충근(1987). 유아교육기관의 간식운영실태와 영양교육 프로그램 개발에 관한 연구. 중앙대학교 교육대학원 석사학위논문.

신화식, 김명희(2007). 유아교육기관 운영관리. 파주: 양서원.

여성가족부(2007). 표준보육과정 해설서: 영역별 목표와 내용. 서울: 여성가족부.

이기숙, 장영희, 정미라, 배소연, 박희숙(1996). 유아를 위한 안전교육. 서울: 양서원.

이기숙, 장영희, 정미라, 배소연, 박희숙(2002). 영유아를 위한 안전교육과 응급처치. 서울: 양서원.

이향자(1989). 유아의 식습관 및 식품기호와 성격 특성과의 관계 연구. 인하대학교 교육대학원 석사학위논문.

임미혜, 조숙경, 지명숙, 채혜선(2005). 영유아 건강 및 안전교육. 서울: 양서원.

임숙자(1982). 식습관과 성격적 특성에 관한 조사 연구. 한국영양학회지, 15(3), 194.

정미라, 배소연, 이영미(2004). 유아건강교육. 서울: 양서원.

정연강, 조정순(2003). 유아영양과 건강. 서울: 양서원.

정정옥, 임미혜(2010). 유아교육기관에서의 영유아 안전교육. 서울: 창지사.

조경자, 이현숙(2010). 유아건강교육(3판). 서울: 학지사.

조복희 외(2007). 보육학개론. 파주: 교육과학사.

조성자 외(2008). 보육학개론. 서울: 신정.

중앙보육정보센터(2009). 2009 평가인증조력프로그램. 영역 4. 건강과 영양, 영역 6. 안전(40인 이상).

표준보육과정 해설서(2007). 여성가족부.

하정훈(2004). 삐뽀삐뽀 119소아과. 서울: 그린비.

한국영양학회(2005). 한국인 영양섭취기준.

허혜경, 김성희(2007). 아동건강교육. 서울: 창지사.

황보민(1995). 유치원 아동의 구강건강 관리에 대한 조사연구. 부산대학교 대학원 석사학위논문.

Birch, L. L., Johnson, S. I., & Fisher, J. A. (1995). Children' s eating: The development of food acceptance pattern. *Young Children, 50*(1), 71-78

Clements, I. M. (1994). Changing menus-changing habits. *School Food Service Journal, 48*(3), 34-35.

Gillespie, A. H. (1981). A theoretical framework for studying school nutrition education programs. *Journal of Nutrition Education, 13*(4), 101-123.

Hendrick, C., & Smith, C. J. (1995). Transforming Health Curriculum. In S. Bredekamp & T. Rosegrant (Ed.), *Reaching Potentials: Transforming early Childhood an Assessment* vol, 2. NAEYC.

Wright, D. E., & Radcliff, J. D. (1992). Parent's perception of influence on food behavior development of children attending day care facilities. *Journal of Nurtrition Education*, *24*(4), 198-201.

Chapter 07

보육시설의 운영관리

현대 사회구조의 급격한 변화로 영유아의 보육에 대한 보육시설의 역할은 날로 증대되고 있다. 질적으로 우수한 보육시설에 대한 기대는 영유아, 학부모, 지역사회 등 우리 모두의 염원이며 바람이다. 따라서 보육의 질을 높이고 효율성을 높이기 위해서는 보육시설의 운영이 보다 체계적이고 합리적으로 이루어질 필요가 있다. 이는 보육시설의 기본목표 달성에 있어서 필수적이며, 교사와 영유아 · 학부모 등의 요구를 만족시켜 시설운영에 도움을 준다.

보육사업의 주관부서인 보건복지부가 내건 향후 사업의 방향에서도 알 수 있듯이 보육시설의 효율적 운영관리는 질적 수준의 향상을 조력할 수 있는 핵심 요인이다. 이른바 보육시설의 질적인 수준 향상은 현재 각 유형별 보육시설이 갖고 있는 문제점을 제도권 안으로 끌어들임으로써 국가의 행정적 · 재정적 지원을 통해 영유아 중심의 보편적 보육서비스를 지향할 수 있는 정책으로 전환할 수 있는 시발점이 되는 것이다. 이러한 맥락에서 이 장에서는 보육시설의 효율적 운영관리를 위한 이해와 재정관리 및 사무관리에 대해 구체적으로 살펴보고자 한다.

1. 보육시설 운영관리의 이해

1) 보육시설 운영관리의 개념 및 필요성

(1) 운영관리의 개념

보육시설은 각각 나름대로의 보육목적이 있고 그 보육목적을 달성하기 위하여 노력하고 있다. 보육시설에서 운영관리란 보육목적을 달성하기 위한 수단을 말하며 그 개념에 대해서는 학자들의 견해에 따라 다소 차이가 있으나 일반적으로 "시설의 목적과 목표를 효과적으로 달성하기 위한 인적, 물적, 재정적, 운영 · 방법적 조건을 정비하고 운용하는 일"이라고 규정할 수 있다(김옥련, 1993).

임재택(2001)은 운영관리의 개념을 기관의 목적을 달성하기 위하여 사람, 돈, 공간, 시간 등을 효율적으로 계획하고, 조직하고, 실행하고, 평가하는 일련의 과정으로 정의하였다.

앞에서 언급한 계획하기란 '무엇을 할 것인가'에 대한 것이다. 다시 말하면, 계획하기란 무슨 일을 하거나 무엇을 만들기 전에 미리 어떻게 할 것인지에 대해 체계적으로 생각해 보는 것으로, 목적을 명확하게 설정하고 어떤 과정을 통해 이를 달성할지 구체화하는 것이다. 이에 힐데브란트(Hildebrand, 1993)는 보육시설의 운영자가 계획 단계에서 유의해야 할 사항을 여섯 가지로 제시하였다. 첫째, 보육시설의 운영자는 프로그램의 교육철학적 입장 및 목적을 명확하게 해야 한다. 둘째, 운영자는 보육시설의 인가 및 인증과 관련된 과정을 밟아야 한다. 또한 교직원들이 인가 및 인증 기준을 이해하고 이를 따르도록 해야 한다. 셋째, 운영자가 목적 및 목표를 설정할 때는 현실적이면서도 적절한 수준에서 해야 한다. 넷째, 운영자는 보육시설 운영과 관련된 결정을 할 때 전반적인 목적과 목표에 준해서 결정해야 한다. 다섯째, 프로그램 및 계획에 대해 필요할 때마다 운영자는 수시로 평가하고 재조정해야 한다. 여섯째, 운영자는 정기적으로 운영위원회, 교직원, 학부모 등과 함께 기관의 목적, 프로그램, 향후 계획 및 수행과정 등에 대해 논의해야 한다.

조직하기란 '누가 어떻게 할 것인가'에 관해 조정하는 것이다. 보육시설의 목적을 달성하기 위해 사람, 물리적 공간, 물품 등을 질서 있게 정리·통합하는 것이다. 다시 말해서, 원하는 목적을 달성하기 위해 서로 관련된 요소들끼리 효율적으로 작용하도록 인적, 물적 자원을 배치하고 관련된 활동들을 통합하는 것이다. 보육시설 운영자는 조직 단계에서 두 가지 사항에 유의해야 한다. 첫째, 프로그램의 원활한 운영을 촉진하기 위해 기관 구성 및 업무체계를 조직하고 이에 대한 권한을 위임해야 한다. 둘째, 업무가 성공적으로 이루어질 수 있도록 공간, 시설·설비, 물품 등을 효율적으로 조직하여 활용해야 한다.

실행하기란 '계획을 실제로 수행하는 것' 에 관한 것이다. 보육시설 운영자는 이 단계에서 이루어지는 모든 결정을 기관의 교육철학적 입장 및 목적에 부합하도록 해야 한다. 실행 단계는 교육적 측면과 행정적 측면으로 나누어 생각해 볼 수 있다. 교육적 측면은 영유아 활동, 영유아 평가 및 기록, 가족 프로그램, 영유아의 영양·건강·안전 등과 관련된 내용이고, 행정적 측면은 인사관리, 시설·설비, 재정관리 등과 관련된 내용이다.

평가하기란 '계획의 적절성을 사정하는 것' 에 대한 것이다. 즉, 보육시설에서 제공하고자 하는 서비스의 질을 최상으로 유지하기 위해 운영관리의 전반적인 과정 및 수행결과에 대해 점검하는 것이다. 유아교육기관의 운영자는 기관의 모든 조직 및 구성원들이 질 높은 서비스를 제공하기 위해 최선을 다하고 있는지 항상 모니터해야 하며, 다른 사람들의 견해를 수용해야 하고, 운영과 관련된 문제 및 현안을 객관적으로 평가해야 한다(신화식, 김명희, 2008).

또한 시어스(Sears, 1988)는 운영정책의 과정을 기획, 조직, 지시, 조정 그리고 통제하는 5개 과정으로 보고 운영관리를 통합된 하나의 개념으로 받아들여 운영과정 또한 활동의 계속적인 순환과정으로 보았다.

결국 보육시설의 운영관리란 효과적 보육서비스 제공이라는 목표를 설정하고, 이를 위해 필요한 인적 자원, 물적 자원, 프로그램, 기타 필요한 조건 등을 계획·조직·실행·평가하는 일련의 순환과정이라고 볼 수 있다.

(2) 운영관리의 필요성

영유아 보육의 질을 높이고 기관의 효율성을 높이기 위해서는 보육시설의 운영이 보다 체계적이고 합리적으로 운영될 필요가 있다. 특히, 운영자는 보다 발전된 보육을 하기 위한 계획과 실행을 위해 보육시설 운영에 대해 올바르게 이해하고 발전된 새로운 이론과 실제를 알고 보육현장에 적용해야 한다.

보육시설의 운영이 어떤 것이며 왜 필요한지를 알기 위해서는 먼저 보육시설이 타 교육기관과 다른 고유한 특성을 가지고 있음을 알아야만 한다. 가장 쉽게 구별되는 특성은 보육시설의 대상이 영유아이기 때문에 영유아의 발달적 특성에 따라 프로그램 운영도 놀이중심, 영유아중심의 통합교육이 일반적이라는 점과 영유아, 교사, 교재 · 교구의 상호작용이 활발하게 이루어진다는 보육활동의 특수성을 들 수 있다. 앞으로 보육시설은 영유아 보육의 특성을 살려 부모와 사회가 기대하는 보육서비스를 충족시키면서 보육에 대한 비전과 가치를 실현하기 위해 효율적이고 과학적으로 운영되어야 할 것이다.

2) 보육시설 운영관리의 원리

보육시설의 운영자는 보다 양질의 보육서비스를 제공하기 위하여 계획 · 실행 · 평가 등의 일련의 과정에 따라 시설을 효율적으로 운영, 관리해야 한다. 다음은 보육시설 운영자들이 염두에 두어야 할 기본 원리들이다(권대도 외, 2009).

(1) 타당성의 원리(principle of adequacy)

보육기관에서 바람직한 보육계획을 수립하고 운영해 나가는 운영관리 활동은 타당성이 있어야 한다. 즉, 보육시설에서 특별행사를 한다면 이러한 행사가 이미 세워 둔 보육의 목표 달성을 돕는 수단으로서의 행정활동이어야 한다는 의미다.

(2) 민주성의 원리(principle of democracy)

보육시설 운영관리의 조직과 운영관리 제반 과정이 민주적으로 이루어지는 것을 의미한다. 기관을 경영하는 시설장은 교직원들과의 원활한 의사소통을 통하여 의사결정을 하고 민주적 리더십을 발휘해야 할 것이다. 독단적인 운영으로 인한 비민주적인 경영은 교사들의 사기를 저하시켜 기관의 창의적 발전에 부정적 영향을 미치게 된다.

(3) **효율성의 원리**(principle of efficiency)

보육시설에서 보육활동을 전개하는 과정 중에 최소한의 경비와 노력으로 최대한의 성과를 거두자는 의미다. 그러나 기관 운영에서 효율성의 원리는 단기적인 평가에 초점을 맞출 것이 아니라 장기적인 평가에 의한 효율성을 생각해야 하고, 단순히 경제적인 논리에서 효율성을 강조하기보다는 구성원 전체의 욕구 충족을 높이는 사회적 측면에서의 효율성을 강조해야 한다.

(4) **적응성의 원리**(principle of adaptability)

기관의 운영관리는 그 기관이 처해 있는 현실적 상황을 충분히 고려하고 새로이 발생하는 필요나 통찰에 적응할 수 있는 능력을 갖추어야 한다. 우리나라 보육시설은 국가의 행정 · 재정적 정책이나 지원의 미비, 불충분한 환경조건, 높은 교사 대 영유아 비율, 교직원의 낮은 보수와 열악한 근무여건 등과 같은 특성을 가지고 있다. 기관 운영자는 이러한 특성을 받아들여 적절히 대응할 수 있는 운영관리 방안을 모색하는 것이 필요하다.

(5) **안정성의 원리**(principle of stability)

이 원리는 어떤 측면에서 적응성의 원리와 대응되는 원리라고 볼 수 있다. 즉, 기관 운영자는 변화하는 시대적 특성을 수용하고 이에 적응하는 능력을 갖추는 한편, 지금까지 이어져 온 바람직한 가치관, 철학 및 전통들을 계승하여 장기적 차원에서 기관 운영을 계획하고 실행해 가는 것이 중요하다. 안정성의 원리는 고유한 문화유산을 계승하는 교육에서 중요한 역할을 한다.

3) 보육시설 운영관리의 영역

보육시설의 일반적인 운영관리 영역은 가급적 보육시설 운영에 관련된 전반적인 측면을 모두 포괄할 수 있어야 한다. 이에 Decker와 Decker(2001)는 유아교육기관 및 보육시설에 공통적으로 적용할 수 있는 일곱 가지 운영정책을 제시하였는데 그 영역은 다음과 같다.

① **원아 관리정책**(child-personnel policy): 원아 모집과 관리에 관한 정책으로 원아 모집, 입학과 출석 관리, 학급 규모, 영유아와 교사 비율, 영유아의 보호와 교육 등에 관한 각종 서비스 활동, 야외 학습 및 행사와 같은 특별활동 등에 관한 사항이 포함된다.

② **행정상의 정책**(administrative policy): 행정상의 정책은 유아교육기관의 운영위원회 조직과 위원 선정, 임명 등 다양한 행정적 운영체계 및 행정조직의 구성원과 그 기능에 관련된 사항을 포함한다.

③ **교직원 인사정책**(staff-personnel policy): 교직원 채용 및 임용, 업무 분담, 교직원 훈련, 근무평정, 재직과 퇴직에 관한 사항, 보수 및 근무여건에 관한 사항, 결근과 이직에 대한 대책, 교직원의 개인적 · 전문적 활동에 관한 사항을 다룬다.

④ **재정 관리정책**(business policy): 유아교육기관 운영에 있어서 재정적 문제와 관련된 정책으로서 운영자금의 출처, 예산, 지출 항목, 물품 구입과 서비스를 위한 지침과 세부절차, 결산과 회계감사에 관한 사항들이 포함된다.

⑤ **평가와 기록에 관한 정책**(records policy): 일반적으로 사무 관리로서 기록을 보존하는 영역이다. 이 영역에는 사무기록, 교직원 인사기록, 서류 보관 및 관리, 기록에 관한 업무, 보고 서류, 통신, 문서 발송 및 접수, 설비취급에 관한 사항 등을 의미한다.

⑥ **학부모 관리정책**(parents policy): 부모 참여와 교육적 요구의 충족, 다양한 목적을 위해 원장 또는 교직원 만나기 등을 결정하는 정책으로 부모의 보조교사 역할, 영유아의 입 · 퇴원, 발달상황의 기록, 부모 참여와 교육, 건의사항 등에 관한 사항을 협의하기 위해 원장 및 교사와의 접촉과 관련된 절차 등이 포함된다.

⑦ **대외정책**(public relations policy): 유아교육기관 운영에 있어 지역사회와의 관계 유지 및 유아교육 관련 단체와 협회 등과의 관계 유지, 지역사회 기관 활용 등과 관련된 정책을 말한다.

이러한 운영관리의 영역과 관련하여 우리나라 보육시설 운영관리의 세부 영역의 예를 제시하면 다음 〈표 7-1〉과 같다.

〈표 7-1〉 보육시설 운영관리의 세부 영역

영역	내용
영유아교육 및 보육과정	연간 보육의 계획과 운영, 월 · 주간 및 일일 보육의 계획과 운영, 행사계획 및 운영, 기본생활습관 지도계획과 운영
물리적 환경	시설 · 설비 관리: 건물관리, 교실관리, 놀이터 관리, 주변 환경 관리, 안전관리 교재 · 교구 관리: 교재 · 교구의 구입 및 관리, 환경구성 및 관리, 시청각 기자재 관리
원아 및 학급	입학 및 졸업, 반 편성, 출결석, 생활기록
인적 자원	학급담임, 업무분장, 복지, 교직원 회의, 교사연수, 근무평가, 장학, 교직원 채용
건강 · 영양 · 안전	건강, 영양, 안전 관리와 교육
재정 및 사무	재정관리: 교육비, 보육비의 수납, 전입금, 기부금, 시설비, 교구비, 인건비 사무관리: 사무분장과 사무처리조직, 법정서류관리, 보고서류, 기록서류, 통신문, 공문처리
가정 및 지역사회와의 협력	재정관리: 교육비, 보육비의 수납, 전입금, 기부금, 시설비, 교구비, 인건비 사무관리: 사무분장과 사무처리조직, 법정서류관리, 보고서류, 기록서류, 통신문, 공문처리
평가	영유아 평가, 교직원 평가, 기관 평가

출처: 황윤세 외(2009).

3) 보육시설 운영의 일반원칙

(1) 보육대상

- 만 0~만 5세의 취학 전 영유아를 원칙으로 한다.
- 필요한 경우 만 12세까지 연장하여 보육할 수 있다(법 제27조 단서조항).

(2) 보육시설의 반편성 기준

① 연령별 반편성은 동년도 출생아(동년도 1. 1.~동년도 12. 31. 출생아)를 함께 반편성하는 것을 원칙으로 한다.

– 단, 1, 2월생 영유아에 한하여 보호자 신청에 의해 상위 연령반에 편성 가능

– 만 0세반에 편성된 영아 중 출생일 기준 만 12개월이 되는 날부터 보호자 신청에 의해 신청일의 익월부터 만 1세반으로 편성 가능

② 보육시설은 가능한 한 만 2세 미만 영아반, 만 2세 영아반과 만 3세 이상의 유아반을 동시에 운영하여야 한다(시행규칙 제23조 [별표 8]의 규정).

＊ 다만, 시장 · 군수 · 구청장은 지역여건 등을 고려하여 관내 보육시설의 반 운영을 달리 운영하게 할 수 있음.

③ 연령별 반편성 시 교사 대 영유아 비율을 준수하여야 한다.

– 단, 보육과정 및 영유아 1인당 보육실 면적 등을 감안하여 반별 최대정원제를 운영할 수 있음.

〈표 7-2〉 반편성 기준(예시)

반편성 원칙	만 0세	만 1세	만 2세	만 3세	만 4세 이상
교사 대 영유아 비율	1 : 3	1 : 5	1 : 7	1 : 15	1 : 20

＊ 단, 영유아의 전출입 등 유동 인원수가 많은 경우에 한하여 총 정원의 범위 내에서 초과보육이 가능함.

– 1～2세반은 반당 2인, 3세 이상반은 반당 3인(단, 0세반은 제외)

– 초과보육을 운영하는 시설은 교사 1인당 보육인원의 증가에 따라 발생하는 수입금을 보육교사 인건비 추가지급과 처우개선 급여 등에 우선 사용하여야 하며, 관할 시장 · 군수 · 구청장은 이를 적극 지도 · 감독하여야 함.

보육시설의 정원 관리 및 혼합반 운영

★ 정원 관리

• 신규 시설('05. 1. 30. 이후 설치 인가된 시설)

– 영유아 1인당 면적기준(2.64㎡)이 동일하므로 보육시설 인가증에는 총정원만 표기하고 반별 정원은 별도 표기하지 않음

• 기존 시설('05. 1. 30. 이전 설치 신고된 시설)

① 기존 시설은 영아와 유아의 면적기준이 달라(2세 이하: 2.64m^2, 3세 이상: 1.98m^2) 보육시설 신고증에 총 정원 외에 반별 정원을 별도 표기(2세 미만: 명, 2세: 명, 3세 이상: 명)하여 관리

② 기존 시설의 반별 정원을 조정할 경우에는 기존 면적기준에 적합한지를 확인하여 관리하여야 함(영아반 증

원 시 면적기준을 위반하지 않도록 관리)
③ 총정원을 증원할 경우에는 모든 조건을 신규인가 시설 요건에 맞춰야 함

★ 혼합반 운영
• 혼합반 운영 시 교사 대 영유아 비율은 낮은 연령의 교사 대 영유아 비율을 준수
 – 동일연령반과 같이 반별 최대정원제를 운영할 수 있음

혼합반 운영	만 0세와 만 1세 영아	만 1세와 만 2세 영아	만 0세와 만 2세 영아	만 2세 이하 영아와 만 3세 이상 유아	만 3세와 만 4세 이상 유아
가능 여부	가능	가능	불가능	불가능	가능
교사 대 영유아 비율	1:3	1:5	–	–	1:15

※ 장애아는 연령이 아닌 장애(발달) 정도에 따라 적절한 반에 편성, 운영할 수 있음. 다만, 연령과 달리 편성할 때에는 부모와 협의하고 시 · 군 · 구 담당자의 확인을 받아 조정
※ 가정보육시설은 만 2세아와 유아(방과후 포함)의 혼합반 운영 가능, 정부 인건비 미지원 시설(농어촌 특례 인정시설 제외)은 만 2세와 만 3세 영유아의 혼합반 운영 가능

출처: 보건복지부(2010). 보육사업안내.

(3) 입소 순위

① 입소 우선순위

• 1순위(법 28조, 시행규칙 제29조)
 – 국민기초생활보장법에 따른 수급자(법정)
 – 한부모가족지원법 제5조의 규정에 의한 보호대상자의 자녀
 – 국민기초생활보장법 제24조의 규정에 의한 차상위계층의 자녀(최저생계비의 120% 이하)
 – 장애인복지법 제2조의 규정에 의한 장애인 중 보건복지부령이 정하는 장애등급 이상에 해당하는 자의 자녀(장애부모)
 – 아동복지시설에서 생활 중인 영유아
 – 세 자녀 이상 가정의 영유아
 – 다문화가정의 자녀

※ '부모가 모두 취업 중인 영유아' 적용원칙

• 원칙적으로 영유아의 부와 모가 모두 일(취업)을 하는, 즉 맞벌이 부모의 자녀
- 취업의 정의: 1일 8시간 이상(점심시간 포함), 월 20일 이상 근로
- 부 또는 모가 취업활동을 하는 한부모 가구 포함

• 취업증명: 부와 모 모두 다음의 서류를 제출
- 재직증명서 및 고용 · 임금확인서, 고용보험피보험자격내역서(고용지원센터), 직장의료보험 자격취득확인서(국민건강보험공단지사) 중 1부
- 자영업: 사업자등록증 및 소득세납부증명서

② 2순위
- 기타 한부모 · 조손 가족, 입양된 영유아
- 차등보육료 지원대상 영유아 중 기타 지원층의 영유아(영유아 가구 소득 하위 60% 이하)

(4) 입소자 결정

• 보육시설의 장은 신청순위에 따라 보육시설 이용신청자명부(시행규칙 별지 제19호 서식)를 작성 · 비치하여 이를 열람할 수 있도록 하여야 함
• 차상위계층 및 차등보육료 지원대상자 관련 영유아 가구의 소득수준은 '10년 보육료 지원대상자 결정 시 지자체에서 파악한 소득 · 재산조사 자료(소득인정액)를 활용
• 이용신청자 명부의 〈대상별〉 란에는 입소 우선순위(법정, 조손가족 등)를 정확히 기재하여 관리하고, 입소한 경우에는 입소일자를 기재
• 보육시설의 장은 당해시설에 결원이 생겼을 때마다 상기 '입소 우선순위'를 기준으로 선 순위자를 우선 입소 조치
• 동일 순위 내에서 경합이 있을 경우, 보육시설 입소 영유아의 형제자매 및 부모가 돌보기 어려운 사정 등 보육환경을 고려해 합리적으로 결정

(5) 입소 우선순위 준수

- 시장 · 군수 · 구청장은 국공립보육시설 및 비영리법인이 설치한 보육시설 등 정부지원시설은 반드시 입소 우선순위에 따라 보육이 이루어지도록 하여야 함
- 위반 시에는 법 제56조 제2항 제2호의 규정에 의한 과태료 부과
- 국공립보육시설 및 비영리법인 시설에 대하여 저소득층 영유아를 우선 보육하도록 지도하여야 함
- 보육시설의 장은 입소신청자에게 우선 입소대상 순위, 차등보육료지원제도, 만 5세아 보육료 지원제도, 두 자녀 이상 보육료 지원제도 등을 적극 홍보하여 지원혜택을 받을 수 있도록 하여야 함(관련자료 비치 및 배포)

(6) 보육 운영 시간

① 07:30～19:30까지 운영하는 것을 원칙으로 하고, 보호자의 근로시간 등을 참작하여 조정, 운영할 수 있음

* 월～금요일: 12시간(07:30～19:30), 토요일: 8시간(07:30～15:30)

② 공휴일을 제외하고 연중 계속 운영하여야 하며, 지역 및 시설여건에 따라 보호자와 시설장의 협의에 의하여 기준시간 초과보육 및 휴일보육을 운영할 수 있음

③ 근로자의 날(5.1.)은 보육에 지장을 주지 않는 범위 내에서 교사배치를 조정하여 운영하되, 근로자의 날 근무자에 대하여 관련법에 따라 휴일 근로수당을 지급하여야 함

* 휴일 근로수당의 전부 또는 일부를 해당 학부모에게 청구할 수 있음(청구 비용은 휴일 보육료에 준함)

④ 토요일에도 보육시설을 운영하여야 하나 토요 휴무제 확대에 따라 보육 영유아 수가 감소할 경우에는 보육에 지장을 주지 않는 범위 내에서 교사 배치를 달리 할 수 있음(교사들의 토요일 교대 휴무 가능)

* 주 40시간 근무 해당시설은 근로기준법령 등의 규정에 따라 달리 운영 가능

(7) 보험 가입(시행규칙 제23조 [별표 8])

① 상해보험 가입

- 가입대상
  - 보육시설에 입소하는 영유아 전원이 의무적으로 가입하여야 함
  - 단, 배상보험의 보상 범위가 보육시설과 관련된 사고의 상해보험 보상 범위를 모두 포함하고 있을 경우, 상해보험을 가입하지 아니할 수 있음
- 중복가입 방지
  - 보호자가 이미 상해보험에 가입한 경우에는 중복하여 가입할 필요가 없음을 부모에게 사전 공지하고, 중복가입을 원하지 않는 영유아에 대해서는 입소료에서 상해보험료를 공제하고 수납
  - 단, 이 경우 반드시 보험 가입을 입증할 수 있는 서류(보험증서 사본)를 첨부

  * 사고 발생 시 부모 가입 보험으로 처리됨을 사전 안내
- 보험료 부담
  - 보호자 부담 원칙

  * 재정여건이 양호한 경우 시설부담도 가능

② 배상보험 가입

- 가입대상
  - 모든 보육시설은 영유아 상해 등에 따른 배상 책임에 대비하기 위하여 배상보험에 의무적으로 가입
- 보험료 부담
  - 시설 부담 원칙

③ 화재보험 가입

- 가입대상
  - 모든 보육시설은 의무적으로 가입
- 보험료 부담
  - 시설 부담 원칙

④ 자동차보험

• 가입대상
  – 보육시설에서 차량운행을 하는 때에는 자동차보험에 가입하여야 함
• 보험료 부담
  – 시설 부담 원칙

⑤ 기타 종사자 관련 보험

– 보육시설의 대표자는 관계법령이 정하는 바에 따라 종사자를 국민연금, 건강보험, 산재보험, 고용보험에 가입시켜야 함

2. 보육시설에서의 재정관리와 사무관리

1) 보육시설의 재정관리

보육시설의 재정관리란 보육시설을 한 단위로 하여 보육활동에 사용하는 경비를 조달하고 운영하며 평가하는 것을 의미한다. 보육시설의 효율적인 운영을 위해서는 적정 수준의 재정적인 뒷받침이 있어야 하고, 확보된 재정을 적절하게 운영하는 것이 필요하다.

보육시설의 재정은 다음과 같은 성격을 띠고 있다(강문희 외, 2007).

• 보육비의 확보 및 지출이라는 공경제의 성격을 띠며, 수입 · 보관 · 지출은 합법적 절차로 운영되어야 한다.
• 보육목표 달성을 위한 보육시설 운영관리 활동의 수단적인 성격을 띠고 있다.
• 보육비에 대한 산출효과는 장기적이다. 영유아기에 투입되는 장기적이고 계속적인 보육비의 효과는 장래에 더 큰 생산에 기여할 수 있는 인력을 개발한다.

(1) 보육시설 수입 · 지출의 기본원칙

① 보육시설의 재무회계에 관한 사항은 '보육시설 재무회계규칙' 에 따라 실시하여야 하며, 주요 항목별 기준을 준수하도록 노력하여야 한다.

② 보육시설의 모든 수입 및 지출 관리는 통장을 통해서 하여야 한다.
   - 보육시설의 수입 · 지출만 관리하는 별도 시설 명의 통장 개설

③ 수입과 지출 행위 시에는 수입 · 지출 결의를 한 후 현금출납부, 총계정원장에 기록하고 청구서, 영수증, 지급내역서 등 관련 근거 서류를 반드시 첨부한다.

④ 보육시설을 운영하면서 생기는 잉여금은 타용도로 사용할 수 없고 종사자 보수 상향 지급, 종사자 성과급 지급, 교재 · 교구 구입, 시설 환경개선 등에 균형 있게 사용한다.

⑤ 보육시설 재무회계 규칙에 의한 회계보고를 의무화하여야 한다.
   - 보육시설은 매월 보조금 신청 시 수입 · 지출 항목별 총계금액을 보육통합정보시스템(CIS)에 전송하거나 별도 입력
   - 기업회계기준이나 자체회계기준을 사용하는 직장보육시설의 경우 보육시설 재무회계규칙을 사용하지 아니할 수 있음. 다만 보육통합정보시스템(CIS)에 입력(전송)하여야 하는 수입 · 지출 항목별 총계금액 입력은 동 시스템에서 요구하는 바에 따라 시행

⑥ 보육시설의 장은 보육교사의 근로소득을 관할세무서에 신고하여야 한다.

보육시설에서의 재무회계 절차 총괄표를 제시하면 다음 〈표 7-3〉과 같다.

〈표 7-3〉 재무회계 절차 총괄표

	예산편성	예산집행	결산
원칙	• 모든 세입과 세출은 예산에 포함	• 예산의 목적 외 사용금지/예산의 전용 • 수입 · 지출의 관리는 예금통장에 의해 행한다.	• 세출예산의 이월
관련 서류	• 사업계획서 • 세입 · 세출 예산서 • 준예산 • 추가경정예산	〈장부〉 • 현금출납부 • 총계정원장 • 봉급대장 • 보육료대장 • 비품대장	• 세입 · 세출 · 결산총괄 설명 • 세입 · 세출결산서 • 연도 말 잔액증명 • 퇴직적립금 통장사본 & 잔액증명서

		〈증빙서류〉 • 계좌입금증빙서류 • 수입 · 지출결의서 • 반납결의서 • 과목전용조서 • 예비비 사용조서 • 정부보조금 명세서	
과정	• 예산편성지침 (2개월 전) • 예산안 제출 (개시 10일 전)	• 수입 · 지출 사무의 관리책임자 선정 • 수입금의 수납(7일 이내)	• 제출 (다음 연도 3월 31일까지)

출처: 보건복지부(2010). 보육사업 안내.

(2) 보육료 수납 원칙

① 보육시설의 장은 보육료 수납영수증을 발급하여야 하나 아이사랑카드 이용 시에는 카드발급영수증으로 대체 가능하며 아이사랑카드 이외의 일반 영유아 보육료는 신용카드 및 금융기관을 통하여 수납한다.

– 무통장입금 또는 통장 자동이체, 계좌이체, 지로, 신용카드 등 이용

② 현금 수납은 원칙적으로 불가능하나, 불가피한 사유로 현금 수납하는 경우에는 다음 원칙을 준수한다.

〈표 7-4〉 보육료 현금 수납 시 절차 및 준수사항

• 보육시설의 장은 보육료 수납 시 무통장입금 또는 통장자동이체, 계좌이체 지로 등을 통하여 납부하도록 하여야 하나, 불가피하게 현금을 수납하는 경우에는 다음 절차를 따라야 한다.

보육료 수납 영수증 발행 (시설장 → 보호자)	– 시설장은 보호자에게 보육료 수납 영수증 발행
↓	
보육료 납부 (보호자 → 시설장)	– 보호자는 보육시설의 장에게 보육료를 현금으로 납부하고 보육시설의 장은 보호자에게 보육료 납부 영수증을 발행

금융기관에 무통장 입금 (보호자 → 금융기관)	- 시설장은 보호자로부터 수납한 보육료를 수납한 날로부터 7일 이내에 보육시설 관리 통장에 보육아동 명의로 무통장입금(일괄입금 불가) - 시설장은 무통장 입금증 원본 보관
수입결의서 작성 비치 및 관련장부 정비 (시설장)	- 보육료 수납영수증 및 무통장입금증 원본을 첨부하여 수입결의서를 작성, 수입처리하고 관련장부 정비(수입처리 시점은 무통장입금일 기준)

(3) 지출관리(보건복지부, 2010)

① 대금결제는 보육시설 전용 신용카드, 계좌입금 또는 현금영수증으로 한다.

② 지출할 때에는 세금계산서 등 관련 서류를 첨부한다.

③ 종사자 인건비 지급은 다음의 원칙을 따른다.

- 국공립, 법인시설 등 종사자 인건비 국고지원을 받는 보육시설(정부지원시설)의 장은 보건복지부장관이 정한 인건비 지원 기준에 따라 지급하되, 지방자치단체에서 별도 지급하는 교사처우개선비 등을 부가적으로 지급하고 4대 보험료의 사업자 부담분은 별도 부담하여야 한다.
- 모든 보육시설은 보육교사에게 근로기준법에 의한 최저임금 이상의 보수를 지급하여야 하며, 지방자치단체에서 별도 지급하는 교사처우 개선비 등은 부가적으로 지급하고 4대 보험료의 사업자 부담분은 별도 부담하여야 한다.
- 종사자 인건비 지급은 반드시 계좌입금하여야 하며, 종사자에게는 봉급 명세서를 발급하여야 한다.

2) 보육시설의 사무관리

보육시설의 사무관리를 내부 업무와 외부 업무로 구별하면, 내부 업무는 원아관리를 비롯한 보육시설에서 이루어지는 모든 업무를 포함하며 외부 업무는 구청, 시청, 동사무소, 건강관리공단, 근로복지공단, 국민연금공단, 보험사, 보육시설 연합회, 보육정보센터, 각 대학 관련학과, 견학을 의뢰하는 곳에 발송 · 회송되는 문서를 포함한다(강문희 외, 2007).

(1) 효율적인 문서관리 방법

① 타 보육시설 및 관계 공무원의 자문 구하기

처음으로 문서관리를 해야 할 경우에는 모범적으로 운영 · 관리되고 있는 어린이집을 방문하여 관련 서식 작성방법에 대해 문의하고 숙지하는 것이 좋다. 각 시 · 군 · 구마다 장부기입 원칙이나 방법이 다르게 제시되고 있다는 점을 감안하여, 각자가 속해 있는 관할 구청 공무원에게 자문을 구하는 것도 좋은 방법이다.

② 교직원 회의를 통한 공평한 업무 분담

교직원회의를 열어 어린이집에 갖춰 놓아야 할 장부 및 서류들을 공평하게 분담하고 책임 소재를 분명히 한다. 교사들의 시간적 여유와 능력 등을 감안하여 원장이 개입하여 분담시켜 주는 것도 한 방법이 될 수 있다.

③ 회계 업무의 전산화

회계와 관련된 서식 및 장부를 일일이 손으로 작성할 경우 많은 시간과 노력이 필요하므로, 관찰 구청 차원에서 회계 관련 프로그램을 전산화하여 지원하도록 요청할 필요가 있다.

(2) 문서 업무의 유형

보육시설의 문서관리 업무는 크게 다음 세 가지 유형으로 구분할 수 있다.

① 영유아의 보호 및 교육과 관련된 문서 업무
② 공문서의 수신 · 발송처리 업무
③ 재정 관련 장부 및 서식 작성 업무

(3) 문서의 작성방법

① **용지의 크기**: 공문서 작성에 쓰이는 용지의 크기는 특별한 사유가 없는 한 A4로 한다.
② **용지에 관한 규정**: 색깔은 특별한 사유가 없는 한 흰색을 원칙으로 한다.
③ **글씨 색체**: 검은색 또는 푸른색으로 하되 도표 작성이나 수정, 주의환기 등의

특별한 표시가 필요할 때는 다른 색깔로 할 수 있다.

④ 날짜 표시: 숫자로 표기하되 연, 월, 일의 글자는 생략하고 점으로 구분한다(예: 2004. 1. 1.).

⑤ 시간 표시: 24시간제에 따라 숫자로 표기하되 시, 분 글자는 생략하고 콜론(:)으로 구분한다(예: 오후 1시 30분 → 13:30).

⑥ 기간 표시: '~부터 ~까지' 를 표시할 때 인계 부호(?)나 두 개의 이음표(--)를 사용한다.

⑦ 금액 표시: 아라비아숫자로 쓰되 변조 등의 위험을 방지하기 위하여 괄호 속에 한글로 기재한다(예: 1,500,000원(일백오십만 원)).

⑧ 문서의 수정: 문서의 일부를 삭제 또는 수정할 때에는 원안의 내용을 알 수 있도록 해당 글자의 중앙에 가로로 두 줄을 긋고 서명 또는 날인을 한다. 중요한 내용인 경우에는 여백에 삭제 또는 수정한 자수를 표시한 후 서명 또는 날인한다.

⑨ 끝 표시와 덧붙임의 표시: 본문이 끝나면 한 자 띄우고 '끝' 이라고 쓰며, 첨부물이 있을 경우에도 마찬가지 방식으로 한 자 띄우고 '끝' 이라고 쓴다.

⑩ 문서의 접수 및 발송

- 접수: 관련 기관에서 보내온 문서는 문서접수대장에 기재한 후 원장의 선결을 받은 다음 담당자(사무원 또는 담당교사)가 처리한다.
- 기안: 결재를 받기 위해 기안양식에 의거하여 사무처리에 관한 초안을 기재한 것을 말한다. 예를 들어, 물품을 구입할 때마다 내부 기안을 작성하여 원장의 결재를 맡은 후 지출할 수 있다.
- 발송: 보조금 신청 등 관공서에 공문서를 발송할 때에는 발송대장에 기입하고 한 부 복사하여 보관한 후 원본을 보낸다.

⑪ 각종 문서 및 서류 보존 연한

- 영구 보존: 보육시설 인가증, 공문서, 기능보강사업(신축 및 증개축 등)의 설계도 및 준공 검사필증, 종사자 임 · 면 관계서류 등
- 10년 이상: 보육시설의 일반 정책이나 제도에 관한 계획, 조사, 연구 및 보고서 등
- 5년 이상: 예산 · 결산 및 회계 관련 증빙서류, 각종 지도점검 및 감사관계 문

서, 보조금신청 공문서 등으로서 일반적으로 현금과 관련된 문서

- 3년: 단기적인 보고서 등 참고 또는 단순한 사실의 증명을 위한 문서
- 1년: 일일명령 등 단순한 업무로서 행정기관의 단순한 참고자료 공문, 업무연락, 일상적인 통보 및 조회 등

⑫ **문서의 정리 보존**: 문서를 일정한 기준에 따라 분류 · 편철하고 보관할 문서와 폐기할 문서를 정리할 필요가 있다. 보통 문서의 정리는 매년 2월부터 3월 사이에 10일 이상의 기간을 정하여 정기적으로 실시한다. 문서의 내용별로 파일철 표지 다음 면에 색인 목록을 기재하여 붙이고, 문서 정리가 끝난 후 보존문서 기록대장 말미에 이관사항, 폐기사항 등을 확인하고 서명하여야 한다.

(4) 보육시설에 비치해야 할 장부 및 서류

보육시설을 효율적으로 운영 · 관리하기 위해서는 관련 서류 및 장부를 마련하여야 한다. 영유아보육법 시행규칙 제23조 [별표 8]에 의하면 보육시설에서는 〈표 7-5〉에 장부 및 서류를 비치하여야 한다. 다만, 영유아 20인 미만 시설은 보육시설 종사자의 인사 기록 카드, 총계정원장 및 수입 · 지출보조부, 생활기록부, 영유아 보육일지 및 건강진단카드, 안전점검표 등의 장부 및 서류만 비치하도록 규정하고 있다. 보육시설에서 필요한 장부와 서류는 시설의 유형, 규모, 원장의 자율재량에 따라 다를 수 있지만, 정부지원 시설의 경우 보다 철저하게 비치 · 관리하여야 한다.

〈표 7-5〉 보육시설에서 갖추어야 할 비치 서류 목록

비치 서류	관련 서류
① 시설의 연혁에 관한 기록부	• 시설 연혁부
② 재산 목록과 그 소유를 증명하는 서류	• 재산 대장(건물, 토지) • 임대차 계약서(임대의 경우) • 준공 검사서 • 공사 계약서 • 기성 부분 검사 조서
③ 시설운영일지	• 시설운영일지 • 시설 보수 일지 • 소방 대피 훈련 일지 • 위생안전점검표 • 사고일지
④ 보육시설 종사자의 인사 기록 카드	• 채용 구비 서류: 인사 기록 카드, 졸업 증명서, 자격증을 증빙하는 서류, 경력 증명서, 주민등록등본, 채용 신체검사서, 기타 임용에 필요한 서류 • 종사자 임용 관리 대장
⑤ 예산서 및 결산서	• 연간 예산서 • 연간 결산서 • 추경 예산서
⑥ 총계정원장 및 수입 · 지출 보조부	• 총계정원장 • 수입 · 지출 보조부
⑦ 금전 및 물품 출납부와 그 증빙서류	• 현금 출납부 • 증빙 서류철: 소모품 대장, 비품 대장, 교재 · 교구 대장, 도서 대장 • 물품(구입 · 제조 · 수리 · 운반) 품의 요구서 • 수입부와 지출부 증빙 서류: 수입 결의서, 지출 결의서, 구입 · 수선 · 지출 결의서, 봉급 지출 결의서
⑧ 보고서철 및 행정기관과의 문서철	• 문서 발송 접수 대장 및 문서철 • 전언 통신
⑨ 소속 법인의 정관 및 관계 서류	• 정관 • 운영 세칙 • 운영 규정
⑩ 입소 신청자 명부 및 입소 영유아 연명부	• 이용자 신청 명부 • 입소 신청서 • 입소 영유아 연명부(반별, 월별 입소 영유아 명부)
⑪ 생활기록부, 영유아 보육 일지 및 건강진단카드	• 생활기록부 • 보육 일지 • 영유아 건강 검진 기록부
⑫ 보육시설 종사자의 인사 · 복무 및 시설 운영에 관한 규정 등	• 종사자 복무 규정 • 근로 계약서 • 시설 운영 규정 및 연간 계획안 • 보육시설 운영 위원회 회칙 • 운영 위원회 회의록
⑬ 안전점검표	• 연간 안전교육 계획안 • 소방 대피 훈련 일지 • 시설 보수 일지 • 안전사고 일지 • 전기, 가스, 소방 정기 안전점검표 • 시설 설비 안전점검표 • 차량 안전 일일 점검표 • 응급처치 동의서 • 귀가 동의서
⑭ 그 밖에 보육시설 운영에 필요한 서류	• 도서대장, 비품대장, 소모품대장, 종사자 업무 분담표, 초과근무일지, 당직일지, 종사자 비상연락망, 위생안전점검표, 소방대피훈련일지, 안전사고일지, 보육료불입통지서, 근무상황부, 퇴직금적립현황표 등

참고문헌

강문희, 윤애희, 이경희, 정정옥(2007). 유치원 · 보육시설 운영관리(2판). 서울: 학지사.

권대도, 김수영, 임영심, 정정희, 임춘금(2009). 보육학개론. 파주: 양서원.

김옥련(1993). 유치원 경영관리. 서울: 교육과학사.

김연진, 조건덕, 민광미, 현정희(2006). 보육학개론. 서울: 동문사.

김경희, 김선영, 김신영, 김지은, 김혜금, 문혁준, 서소정, 안선희, 안효진, 이희경, 정선아, 황혜원(2008). 보육학개론. 서울: 창지사.

보건복지부(2010). 보육사업 안내.

성영혜, 이상희(2006). 유아교육기관 운영관리. 서울: 동문사.

신화식, 김명희(2008). 유아교육기관 운영관리. 서울: 양서원.

임재택(2001). 유아교육기관 운영관리. 서울: 양서원.

유구종 외(2008). 영유아 보육학개론. 파주: 공동체.

조복희(2007). 보육학개론. 파주: 교육과학사.

조성자 외(2008). 보육학개론. 서울: 신정.

황윤세, 임미혜, 이혜원(2009). 유아교육기관 및 보육시설 운영관리. 파주: 공동체.

Decker, C. A., & Decker, J. R. (2001). *Planning and administering early childhood programs* (7th ed.). Columbus, OH: Prentice Hall.

Hildebrand, V. (1993). *Management of child development centers.* New York: Mcmillan Publishing Company.

Chapter 08

보육시설 종사자

보육시설이 그 역할을 수행하기 위해서는 보육대상인 유아, 시설과 설비, 프로그램, 종사자의 4가지 기본요소를 갖추어야 하는데, 이 중에서도 종사자는 이 모든 요소를 유기적으로 연결하여 의미 있는 결과를 창출하는 데 핵심적인 요소가 된다.

보육시설에서의 보육활동은 다양한 연령과 다양한 가정배경을 가진 유아들을 기본적인 생리적 욕구부터 시작하여 인지발달을 촉진하고 사회성 활동을 돕는 등의 교육 활동까지 수행하므로 관련 종사자들의 역할과 자질은 보육의 성패를 결정할 만큼 중요하다고 볼 수 있다. 따라서 보육 관련법에서는 보육사업 종사자의 종류와 자격, 수 및 기능을 규정하게 되는 것이며, 개인적으로 인간적인 성숙을 위해 부단한 노력을 촉구하게 되는 것이다. 보육시설 종사자 중에서도 특히 보육교사는 영유아와 직접적인 접촉을 하면서 그들의 보육을 위해 상호작용을 하는 사람으로서 일과활동을 통해 영유아의 발달을 촉진하고 교육을 제공하게 된다.

이 장에서는 보육시설의 종사자에 대한 정의 및 유형, 역할, 자질, 자격 및 배치, 교육과정에 대해 살펴보기로 한다.

1. 보육시설 종사자의 유형

보육시설이 그 역할을 수행하기 위해서는 보육아동, 시설과 설비, 프로그램, 종사자의 네 가지 기본 요소를 갖추어야 한다. 이 중에서도 종사자는 이 모든 요소들을 유기적으로 연결하여 의미 있는 결과를 창출하고 보육서비스의 효과를 극대화하는 데 핵심적인 요소가 된다.

보육시설 종사자는 넓은 의미의 아동복지 종사자에 포함되며, 또한 보육 관련 사업에 종사하는 모든 사람을 말한다. 그러나 보육시설 종사자의 자격을 논할 때는 제도적 차원, 즉 법적 근거하에서 정당성을 인정받을 수 있는 종사자를 말하며, 우리나라에서는 영유아보육법을 중심으로 이 법에 규정된 종사자와 직접적인 관계를 지니는 사람을 말한다(이소희, 2005).

보육시설은 일반적인 조직이 대규모인 데 비해서 그 규모가 작기 때문에, 보육 종사자의 질과 그들이 수행하는 역할은 보육시설이 성공적으로 운영되는 데 있어서 매우 중요한 것이라고 할 수 있다. 따라서 보육활동에 애정과 사명감 및 전문성을 지닌 종사자를 적재적소에 배치하고, 구성원 간에 유기적인 관계를 갖도록 활동 전반을 체계화하는 일이 매우 중요하다.

우리나라에서도 선진국들과 유사하게 법적 근거에 의해 아동에 대한 사회적 책임을 수행하고 있으며, 그에 따라 보육 종사자에 대해서도 관계법을 제정하여 그에 따르도록 하고 있다. 영유아보육법에 규정되어 있는 보육시설 종사자로는 시설장, 보육교사, 의사와 간호사, 영양사와 취사부 그리고 방과후 아동지도사 등이 있다. 이들 종사자의 역할과 자질을 살펴보면 다음과 같다(성영혜 외, 1997; 이소희, 2005; 이순형 외, 2009).

1) 시설장

가정보육시설을 제외하고 대부분의 시설장인 원장은 직접적으로 영유아에 대한 교수활동에는 참여하지 않고 시설의 전반적인 운영을 책임지게 된다. 즉, 시설의 전반적인 운영 계획자로서, 재원 확보자로서, 원아의 모집과 관리자로서, 시설 내 종사자들의 채용과 관리 및 감독자로서, 설비와 장비 및 교재 · 교구 구입자로서, 운영 전반에 대한 기록과 보고 책임자로서, 원아 부모에 대한 교육자로서, 지역사회 계몽자로서, 아동 및 교사나 학부모의 상담자로서 다양한 역할을 수행하게 된다(이성진 외, 1990).

이 중에서도 가장 우선적이고 핵심이 되는 것은 시설장이 어떠한 보육철학하에 보육 운영 목표와 방침을 세우는가 하는 것이다. 왜냐하면 시설장이 설정한 운영 목표와 방침에 따라서 전반적인 보육활동의 방향이 결정되고, 보육 효과에 영향을 주기 때문이다. 따라서 이렇듯 다양한 역할을 수행하기 위해서는 복지와 교육적인 사고방식과 신념 및 전문적인 지식을 갖춘 유능한 보육행정가가 되어야 한다(이소희, 2005).

2) 보육교사

보육시설의 궁극적인 설치 목적은 아동의 발달과 보호를 보장하기 위해서다. 이렇게 본다면 보육시설에서 가장 우선적으로 고려하여야 할 대상은 바로 영유아다. 이러한 영유아와 장시간 동안 생활하는 종사자는 보육교사다. 따라서 영유아의 보육적 입장에서 아동에게 가장 영향력이 큰 종사자는 보육교사이며 당연히 보육교사의 역할과 자질이 매우 중요하게 된다(보건복지부, 1999). 보육교사의 역할 및 자질은 다음 절에서 구체적으로 살펴보기로 한다.

3) 의사와 간호사

보육시설은 영아부터 초등학생에 이르기까지 다양한 연령대의 아동들이 거의 온종일을 생활하므로 건강과 안전상의 여러 문제가 발생되기 쉽다. 따라서 의사와 간호사의 적절한 도움이 필요하다.

보육시설에서 의사와 간호사는 다양한 역할을 할 수 있다. 즉, 영유아의 위생관리, 영양 지도, 안전 지도, 건강 및 보건 상담, 정기 검진 등이다. 그러나 현실적으로 볼 때, 의사가 상주한다는 것은 매우 어려우며, 또한 대규모의 보육시설이 아니면 전담 간호사를 두는 것도 쉽지 않다. 따라서 영유아보육법에서도 간호사의 경우에는 영유아 100인 이상을 보육하는 경우에 두도록 하고 있다. 의사와 간호사가 하는 일은 다음과 같다(임미혜, 이혜원, 2007).

① 영유아의 신체적 성장: 키, 체중, 가슴둘레를 측정한다(연중 2회).
② 건강진단 관리: 연중 1~2회 실시한다(보건소 또는 병원).
③ 전염성 질환의 예방과 격리 조치를 취한다.
④ 안전사고의 예방과 치료를 한다.
⑤ 투약, 응급 조치를 위한 약품 및 의료기구를 비치 및 관리한다.
⑥ 종사자들에게 응급 처치 요령에 대해 교육한다.

4) 영양사 및 취사부

보육시설은 영유아들이 장시간 머무르는 곳이기 때문에 식사 제공이 필수적이다. 영양사는 영유아의 발달단계, 영양상태를 고려하여 식사와 간식의 양과 종류를 조절하여 식단을 작성하며, 어린이로 하여금 올바른 식습관을 형성하도록 배려하는 역할을 한다(이소희, 2005).

보육시설에서는 영양사가 반드시 상주해야 하는 것은 아니며, 일정한 자격을 가지고 지역협회나 기관에 소속된 영양사가 식단을 계획하고, 이를 인근의 지역 보육시설에서 함께 사용해도 무관하다. 영양사가 하는 일은 다음과 같다(임미혜, 이혜원, 2007).

① 다양한 메뉴의 식단을 계획한다.
② 식품 재료를 구입한다.
③ 취사원의 취사활동을 지도한다.
④ 영유아의 식습관을 지도한다.
⑤ 영유아의 건강, 영양 및 식습관에 관한 교육활동을 전개한다.

5) 방과후 아동지도사

방과후 아동지도사는 초등교육 시기의 아동을 대상으로 정규 학교교육 시간 이외의 시간 중 부모가 보호할 수 없는 시간 동안 이들을 보호하고 지도하는 자다. 따라서 방과후 아동지도사는 무엇보다도 초등학교 아동기의 발달적 특성을 충분히 이해하고 있어야 하며, 또한 방과후 교실에 소속된 아동의 가정환경적 특성에 대한 이해도 필요하다. 특히 오랫동안 학교의 구조화된 학습에 지친 아동들에게 정서적 휴식과 신체적 기술 향상을 도울 수 있는 능력을 갖추어야 한다. 방과후 지도는 교육방법이나 교육내용에 있어서도 학교의 인지 중심 교육과는 달리, 사회 정서적 발달에 그 초점을 두어야 하고, 학교교육의 보완적 차원에서 아동 개개인의 요구를 충족시킬 수 있도록 비형식적으로 이루어져야 한다.

사라코와 스포덱(Saracho & Spodek, 1993)은 방과후 아동지도사의 역할을 다음 여섯 가지로 나누어서 설명하고 있다.

① 의사결정자 역할로 학습의 기획을 설계하고 발전시키는 일을 하며 아동에 대한 모든 일을 결정한다.

② 학습과정 설계자 역할을 한다.

③ 교수 조직자로 교육목적에 관련된 활동과 학습에 필요한 자원을 결정하여야 한다.

④ 진단자의 역할로 아동의 능력을 관찰하고, 능력 발휘의 기회를 제공하고 교수방법을 평가한다.

⑤ 학습 운영자로 아동에게 이용 가능한 교육적 경험을 구성하고 학습 환경을 보호하고 제공해야 한다.

⑥ 상담가 및 조언가의 역할로 아동과 함께하며, 아동이 바람직한 행동을 하도록 도와야 한다.

2. 보육교사의 자질과 역할

앞에서 살펴본 것과 같이 보육시설에는 많은 종사자가 있지만 그 중에서도 보육교사는 직접적으로 영유아와 접촉하면서 그들의 보육을 일선에서 책임지고 있다는 점에서 다른 종사자들에 비해 그 중요성과 책임이 더 크다고 할 수 있다. 따라서 보육교사의 자질과 역할에 대해 보다 구체적으로 살펴볼 필요가 있다.

1) 보육교사의 자질

보육교사의 자질은 크게 개인적 자질과 전문적 자질로 나누어 볼 수 있다. 개인적 자질로는 인성이나 건강, 성격특성 등을 들 수 있고, 전문적 자질은 보육교사로서의 전문적 능력을 말하는 것으로 일반 교양, 교수 지식, 교육관 등을 들 수 있다. 이에 더하여 보육교사에게는 영유아를 안전하게 보호하고 양육하기 위한 안전, 영양, 건강에 대한 전문적 지식과 기술이 요구된다(공인숙 외, 2005). 보육교사의 자질을 개인적 자질과 전문적 자질로 나누어 살펴보면 다음과 같다(강문희 외, 2002; 서영숙, 김경혜, 2006; 이은화 외, 1995).

(1) 보육교사의 개인적 자질

보육교사의 개인적 자질이란 보육교사로서 역할을 수행하는 데 필요한 인성적 특징을 의미한다. 보육교사로서 가장 필요한 자질은 영유아를 돌보는 것을 좋아하고, 영유아를 사랑해야 한다는 것이다. 아무리 보육교사로서의 전문적 자질이나 자격을 갖추었다 하더라도 영유아를 사랑하고 영유아와 더불어 지내는 것을 좋아하지 않는다면 보육교사로서의 기본적인 자질을 갖추지 못한 것이다. 영유아를 사랑하는 보육교사는 영유아와 함께 있는 것을 즐거워하며, 영유아의 성장, 발달을 위해 노력하는데 이는 교육을 향한 열정으로 나타날 것이다.

보육교사가 갖추어야 할 두 번째 자질은 신체적 건강이다. 계속해서 영유아를 관찰하고 영유아의 다양한 요구에 반응하면서 풍부한 교육 활동을 제공해 주어야 하므로 신체적 건강은 교사가 갖추어야 할 기본능력이다. 신체적 · 정신적으로 건강한 교사는 유아의 요구에 민감하게 반응할 수 있고 다른 사람을 편안하게 해 줄 수 있으며 교사로서의 책임과 의무를 다할 수 있다. 만약 신체적 건강이 따르지 않는다면 교사로서의 역할 수행 자체가 어렵기 때문에 신체적 건강은 보육교사가 갖추어야 할 필수적인 조건이다.

보육교사가 갖추어야 할 세 번째 자질은 성실성과 인내심이다. 보육교사는 영유아의 모델로서 모든 일에 성실하게 임하는 삶의 태도를 보여 주어야 하고, 아직 숙련되지 못한 유아의 작업에 대해 인내하고 지켜봄으로써 영유아가 성취감을 느낄 수 있도록 도와주어야 한다.

네 번째 자질은 영유아의 사회적 관계를 형성해 주기 위한 사회성이다. 교육 활동을 수행하는 데 필요한 자원을 동원하거나, 학부모와 지역사회로부터 지원과 협조를 얻어 낼 수 있는 능력을 발휘하기 위해서는 사회성이 필요하다. 예를 들어, 지역사회 인사를 초빙하고, 지역사회에서 공동체 활동을 수행하는 데 필요한 사회적 성격을 갖추는 것이 보육교사의 개인적 자질이라고 하겠다.

다섯 번째 자질은 온정적인 성품이다. 교사의 온화한 성품과 수용적인 태도는 영유아들이 겪게 되는 환경의 변화에 따른 불안감을 해소해 주고 정서적으로 안정감을 가질 수 있도록 해 주며 환경에 대한 적응 정도를 결정해 주는 중요한 요인이 된다.

여섯 번째 자질은 인간과 생명에 대한 존엄성이 있어야 한다. 인간과 생명에 대한 존엄성을 지닌 교사는 영유아의 생각이나 느낌, 반응 등을 소중히 하고 수용해 줌으로써 영유아들로 하여금 자신에 대한 긍정적인 자아개념 형성을 도울 수 있을 것이다.

일곱 번째 자질은 성실하고 열성적인 태도다. 교사는 영유아를 위한 교직뿐 아니라 자신의 삶의 의욕을 가지고 최선을 다해 교직에 임해야 한다. 이러한 태도는 영유아들에게 좋은 본보기가 될 수 있으며 교사로서의 전문성을 신장시키며 현장교육을 발전시키는 원동력이 될 것이다.

이외에도 보육교사는 영유아의 발달적, 개인적 필요에 반응하는 융통성과 개방성을 지녀야 하며, 영유아나 부모의 감정을 이해하고 돌보는 정서적 특성을 지니는 것이 필요하다.

(2) 보육교사의 전문적 자질

보육교사가 갖추어야 할 전문적 자질은 보육교사의 역할을 수행하는 데 필요한 전문적 능력을 말한다. 보육교사로서의 전문적 능력은 영유아를 안전하게 보호하고 교육하는 데 필요한 지식과 기술이다. 첫째, 보육교사는 영유아의 기본적인 건강과 안전에 대한 지식과 기술을 갖추어야 한다. 보육시설은 많은 수의 교사와 영유아가 생활하기 때문에 청결한 위생 상태를 유지해야 하며, 전기기구나 놀이 시설 등을 영유아가 안전하게 사용할 수 있도록 안전 조치를 취해야 한다. 또한 화재나 재해의 발생 가능성에 대해서도 각별히 유의해야 하고, 혹 사고가 발생했을 때를 대비하여 응급 처치 및 대피기술도 익히고 있어야 한다.

둘째, 보육교사는 영유아를 교육하기 위한 전문적 지식과 기술을 갖추어야 한다. 영유아의 발달에 대한 전문적인 지식을 습득하여야 하며, 이를 바탕으로 영유아의 발달을 돕기 위한 교육 활동을 제시할 수 있어야 한다. 보육교사는 발달적으로 적합한 유아교육 방법에 대한 인식을 충분히 가지고 있어야 하며, 직전 교육에서도 이에 대한 교육이 충분히 이루어져야 한다.

셋째, 보육교사는 학급을 운영하는 기술을 지니고 있어야 한다. 과다행동아나 우울한 영유아를 잘 다루고, 이들을 교육 활동과 또래들과의 일상적 상호작용에 참여시킬 수 있어야 한다. 또한 활동이 바뀌는 전이 활동시간이나 자유놀이 시간에도 전체적인 흐름이 끊어지지 않도록 학급을 잘 이끌어 나가야 한다.

넷째, 보육교사에게는 영유아와 상호작용하는 데 필요한 의사소통 능력이 필요하다. 영유아에게 수용적이기 위해서는 영유아의 욕구를 이해하고 영유아의 행동이나 언어에 민감하게 반응해 줄 수 있어야 한다. 영유아는 아직 언어적으로 충분히 발달하지 않아서 때로는 자신의 정서나 요구를 잘 표현할 수 없을 때도 있다. 보육교사는 표현되지 않은 영유아의 요구에 민감하게 반응해야 한다.

다섯째, 보육교사는 영유아를 위한 보육서비스가 가정생활과 연계되어 이루어져야 함을 이해하고 영유아의 가정생활에 대해서도 관심을 가져야 한다. 자녀교육에 대한 세세한 정보 제공 및 부모교육 프로그램을 마련하고 부모를 참여시키며 지역사회와 교류하려는 노력을 해야 한다. 먼저 부모에 대한 역할로, 영유아의 발달과 행동에 관한 관찰 평가 등의 정보를 부모에게 제공하여 부모로 하여금 영유아에 대한 바른 이해를 유도하고 교육에 대한 이해를 증진시킴으로써 시설과 가정에서 일관성 있는 지도가 이루어지게 해야 한다.

또한 지역사회 서비스 체계로서의 보육서비스의 위치를 파악하고, 지역사회와의 관계를 유지하는 것도 반드시 지녀야 할 보육교사의 전문적 자질이다. 예를 들어, 지역사회에 보육서비스를 소개하고 자원 봉사자 선정을 도우며, 지역사회로부터 지원을 얻는 일을 할 수도 있다. 영유아의 건강관리나 치료를 위해 필요한 경우에는 의사, 영유아 상담가, 특수아 지도 전문가 등의 도움을 구해야 할 것이다.

2) 보육교사의 역할

보육이 영유아에 대한 보호와 교육을 의미한다면 보육교사는 돌보는 역할과 가르치는 역할을 동시에 수행해야 한다. 이에 대해 사라코와 스포덱(1993)은 보육교사의 일반적인 역할로 의사결정자, 보육계획 수립자, 교수 조직자, 진단자, 학습관리자 그리고 상담가 등을 들고 있다. 그 외에도 보육교사는 양육자, 동일시의 대상, 관찰자 등의 역할을 수행하게 된다. 여기에서 보육교사의 일반적인 역할에 대해서 알아보기로 한다(김익균 외, 2002; 보건복지부, 1999; 이순형 외, 2009).

(1) 양육자로서의 역할

보육교사는 영유아를 신체적 · 정신적인 위험에서 안전하게 보호하고 정상적인 발달을 보조하여 주는 양육자의 역할을 수행해야 한다. 이러한 경향은 최근 영유아 교육 대상의 연령이 하향화되고, 보육시설의 운영시간이 늘어남에 따라 더욱 중요하게 부각되고 있다. 연령이 낮을수록 자신의 기본적인 욕구를 적절히 표현할 수 있는 능력이 부족하며, 학기 초에는 영유아들이 생활환경의 변화로 불안감을 느끼므로 교사의 양육적인 역할이 더욱 요구된다. 특히 종일반의 경우에는 영유아들이 하루 종일 보육시설에서 지내게 되므로, 특히 영유아의 건강이나 안전 등에 더욱 유의하여야 한다.

양육자로서의 역할을 수행하기 위하여 교사는 가정과 같은 편안한 물리적 환경을 구성하고, 유아를 있는 그대로 수용해 주는 태도를 가져야 한다. 또한 교사는 영유아가 생활하는 환경에 위험요소는 없는지 사전에 관찰하고 점검함으로써 안전한 환경에서 활동할 수 있게 해야 한다.

(2) 가르치는 역할

보육교사는 가르치는 역할 외에도 영유아의 발달에 적합한 교육내용을 인식하고 이를 전달하고 평가하며, 영유아의 생활을 관찰하여 바람직한 행동의 문제해결을 도와주고 영유아의 욕구에 맞는 프로그램을 개발하는 역할을 수행하여야 한다. 이를 위해서 교사는 영유아의 발달특성과 영유아교육에 관한 기본 지식을 갖추어야 하며 영유아에게 교육활동을 제시할 수 있는 기술이 필요하다. 또한 영유아의 발달수준에 맞는 시설과 교재를 선택하고 진행할 수 있는 기술을 가지고 영유아의 신체적, 인지적 능력을 향상시킬 수 있어야 한다.

(3) 동일시 대상으로서의 역할

영유아는 주변에 있는 성인들을 모방하므로 교사들은 돌보아 주고, 관심을 주는 사람으로서 자신을 표현한다. 영유아는 교사의 반응으로부터 도덕발달을 지각하며 자기가 자신의 행동에 대해 책임져야 한다는 것을 배운다. 또한 모든 사람이 권리가 있으며 그들의 권리를 존중해 주어야 한다는 것을 인식하기 시작한다. 그리고 영유아는 자기가 본 성인의 행동을 모방함으로써 타인의 긍정적 관심을 얻으려고 한다. 따라서 교사는 성인이든 영유아든 다른 사람을 대할 때 상대방을 존중하는 태도를 보여야 하며, 매사에 올바른 행동을 함으로써 영유아에게 좋은 본보기가 되어야 한다.

(4) 관찰자로서의 역할

효과적인 교육을 수행하기 위해서 교사는 무엇보다 먼저 유아의 발달수준 및 개인적 요구를 이해하고, 그에 따라 개별화된 교육을 수행해야 한다. 따라서 유아교사는 항상 유아의 건강 상태나 행동, 생각, 느낌을 유심히 관찰한 후 기록하고, 그 결과를 교육계획에 반영해야 한다. 관찰은 유아의 성장 · 발달에 대한 정보를 제공하여 줌으로써 발달에 적합한 활동을 계획하고, 유아의 발달과정에 있어서의 문제점을 밝혀내며, 학부모에게도 필요한 정보를 제공해 줄 수 있게 한다. 또한 관찰은 교사들로 하여금 자신의 교수-학습의 방법과 과정을 반성하여 보고 개선할 수 있는 기초 자료를 마련해 준다.

관찰을 할 때에 교사가 유의해야 할 점은 관찰로 인하여 교실에서 진행되고 있는 활동을 방해하지 않아야 하며, 유아의 행동을 정확하게 관찰해야 한다는 것이다. 이와 함께 교사는 관찰한 내용을 그때그때 반드시 기록으로 남기고, 자신의 선입견이나 주관을 최대한 배제하며, 영유아의 행동을 객관적으로 기술하여 이해하기 위한 노력을 기울여야 한다.

(5) 교육 프로그램 계획자로서의 역할

교육 프로그램 계획자로서의 교사의 역할은 교수의 가장 중요한 측면인 학습활동의 계획 및 조직, 평가에 이르는 일련의 과정을 계획하고 수행하는 것이다. 우선 교사는 영유아의 발달수준과 보육시설의 상황, 부모나 지역사회의 요구, 국가수준의 표준보육과정 등을 기초로 교육계획을 수립한다.

영유아를 위한 교육계획은 월간 교육계획을 포함하는 연간 교육계획, 주간 교육계획 및 일일 교육계획으로 나누어 세밀하게 구성해야 한다. 만일 교사가 면밀한 교육계획을 수립하지 않는다면, 각 영유아의 발달에 적합하고 효과적인 교육을 수행할 수 없게 된다. 아무리 좋은 물리적 환경과 시설 및 자료를 구비했다고 할지라도 치밀한 교육계획이 사전에 준비되지 않는다면, 우연한 상호관계만을 기대할 수 있을 뿐이다. 교사가 수립한 교육계획은 유아의 요구나 흥미, 상황에 따라 융통성 있게 운영되어야 하며 교육계획에 따라 활동을 수행하고 난 후, 교사는 반드시 활동에 대한 유아의 반응을 관찰하면서 그 결과를 다음 교육계획에 반영하도록 한다.

(6) 상호작용자로서의 역할

보육교사는 영유아의 개별성이 고려되는 교육을 위하여 상호작용자로서의 역할을 수행한다. 영유아들이 놀이나 활동을 하는 동안에 보이는 개별적인 요구와 흥미를 잘 관찰한 후에 적합한 교재 · 교구와 교육 활동을 마련해 주고 영유아와 상호작용을 하는 일은 보육교사의 중요한 역할이다.

즉, 보육교사의 바람직한 역할은 교사가 단순히 지시하고 통제하거나 반대로 방임하거나 방관하는 것이 아니라 풍부하고 다양한 자료를 준비하고 활동을 계획하여 영유아에게 선택권을 주며 하루 일과 중 계속해서 언어적, 교육적으로 상호작용을 하는 일이다.

(7) 의사결정자로서의 역할

의사결정은 행위 그 자체로 끝나는 것이 아니라 책임을 수반하는 일이므로 보육교사에게 상당한 부담이 된다. 보육의 현장은 끊임없이 일어나는 의사결정 상황의 연속이며 교사는 그 속에서 적절한 역할을 수행할 수 있어야 한다.

보육교사는 영유아를 가르치는 상황에서뿐만 아니라 보육시설의 운영방법이나 정책 마련에 있어서도 의사결정자의 역할을 해야 한다. 비록 교육계획, 교육내용, 교수방법은 미리 결정되어 있다 하더라도 실제적인 보육현장의 갖가지 문제에 융통성 있게 대처해야 교육적 효과를 거둘 수 있다. 이러한 상황에서 교사는 여러 가지 갈등을 경험하면서 시행착오를 거듭하기도 한다. 의사결정이 올바른가의 여부는 보육의 전반에 걸쳐 중요한 영향을 미치므로 교사는 항상 의사결정의 효과적 방법 모색에 힘써야 할 것이다.

3. 보육시설 종사자의 자격과 배치

보육 종사자의 자격과 배치는 법령에 의해서 이루어진다. 그것은 보육 종사자의 질과 역할 수행 능력에 따라 보육의 질이 결정된다고 해도 과언이 아니기 때문이다.

1) 보육 종사자의 자격

보육 종사자의 자격은 영유아보육법에 규정되어 있다. 2007년 10월 17일 개정된 영유아보육법과 2010년 9월 1일 개정된 영유아보육법 시행규칙에 명시되어 있는 보육시설장과 보육교사의 자격 기준을 살펴보면 다음과 같다.

(1) 보육시설장 자격 기준

① 일반보육시설

- 보육교사 1급 자격증을 취득한 후, 2년 이상의 보육 등 아동복지 업무 경력이 있는 자
- 교육법에 의해 유치원 정교사 2급 자격증을 취득한 후, 5년 이상의 보육 등 아동복지 업무 경력이 있는 자
- 교육법에 의한 초등학교 정교사 자격증 취득 후, 5년 이상의 보육 등 아동복지 업무 경력이 있는 자
- 사회복지사업법에 의한 사회복지사 1급 자격증을 취득한 후, 3년 이상의 아동복지 업무 경력이 있는 자
- 교육법에 의한 대학(전문대학을 포함한다.) 또는 이 법에 의한 교육훈련 시설, 보육시설 운영을 위탁받았거나 부설로 운영하는 경우, 그 대학 또는 교육훈련시설에 소속된 보육 관련 교과목의 전임교수로 3년 이상의 교육경력이 있는 자
- 의료법에 의한 의사 자격증을 취득한 후 5년 이상의 보육 등 아동복지 업무 경력이 있는 자
- 의료법에 의한 간호사 자격증을 취득한 후 7년 이상의 보육 등 아동복지 업무 경력이 있는 자
- 국가 또는 지방자치단체에서 7급 이상의 공무원으로 보육 등 아동복지 업무에 5년 이상 근무한 경력이 있는 자

② 가정보육시설

- 일반보육시설의 시설장 자격 기준에 해당하는 자
- 보육교사 2급 이상 자격을 취득한 후 2년 이상의 보육 업무 경력이 있는 자

③ 장애아 전담 보육시설

- 일반보육시설의 시설장 자격 기준에 해당하는 자로서 대학(전문대학 포함)에서 장애인 복지 및 재활 관련 학과를 전공한 자
- 일반보육시설의 시설장 자격 기준에 해당하는 자로서 장애 아동 보육시설에서 2년 이상의 보육 업무 경력이 있는 자

- 일반보육시설의 시설장 자격 기준에 해당하는 자로서 장애아 보육에 관한 직무교육을 받은 자

④ 영아 전담 보육시설
- 일반보육시설의 시설장 자격 기준에 해당하는 자
- 간호사 자격증을 가지고 5년 이상의 아동간호 업무 경력이 있는 자

(2) 보육교사 자격 기준

① 보육교사 1급
- 보육교사 2급 자격을 취득한 이후 3년 이상의 보육 업무 경력과 여성부 장관이 정하는 승급교육을 받은 자
- 보육교사 2급 자격과 대학원에서 석사학위를 취득한 자로서 1년 이상 보육 업무 경력과 여성부 장관이 정하는 승급교육을 받은 자

② 보육교사 2급
- 고등교육법에 의한 대학(전문대학 포함) 또는 동등한 학력이 있다고 교육인적자원부 장관이 인정하는 학교에서 여성부령이 정하는 보육 관련 교과목 및 학점을 12과목 이상, 35학점 이상을 이수하고 졸업한 자
- 고등교육법에 의한 대학원에서 석사학위 이상을 취득한 자로 대학원 또는 대학(전문대학 포함)에서 여성부령이 정하는 보육 관련 교과목 및 학점을 12과목 이상, 35학점 이상을 이수하고 졸업한 자
- 보육교사 3급 이상을 취득한 이후 1년 이상의 보육 업무 경력과 여성부 장관이 정하는 승급교육을 받은 자

③ 보육교사 3급
- 고등학교 또는 이와 동등 이상의 학교를 졸업한 자로서 여성부 장관이 지정하는 교육훈련시설에서 여성부 장관이 정하는 교육과정을 수료한 자

2) 보육 종사자의 배치

보육 종사자의 배치에 있어서 보육교사 대 영유아의 비율을 법적으로 규정하는 것은 영유아에 대해 양질의 보육서비스를 제공하기 위한 중요한 조치다. 특히 교사와 영아의 비율은 보육의 개별성을 고려할 때 더욱 그러하다. 이러한 관점에서 볼 때 유념해야 할 것은 보육 종사자의 자격과 비율은 어디까지나 최소의 법적 수준이므로 최대한의 전문성을 확보할 수 있도록 종사자를 배치하는 것이 무엇보다도 중요한 과제라 할 수 있다.

영유아보육법 시행규칙에 명시된 보육시설 종사자의 배치 기준은 다음 〈표 8-1〉과 같다.

〈표 8-1〉 보육시설 종사자의 배치 기준

구분	배치 기준	비고
시설장	보육시설의 장 1명	영유아 20명 이하를 보육하는 시설은 보육시설의 장이 보육교사를 겸임할 수 있음
보육교사	• 만 1세 미만의 영아 3명당 1명이 원칙 • 만 1세 이상 만 2세 미만의 영아 5명당 1명이 원칙 • 만 2세 이상 만 3세 미만의 영아 7명당 1명이 원칙 • 만 3세 이상 만 4세 미만의 유아 15명당 1명이 원칙 • 만 4세 이상 미취학 유아 20명당 1명이 원칙 • 취학 아동 20명당 1명이 원칙 • 장애아 보육은 장애아 3명당 1명이 원칙	• 이 경우 유아 40명당 1명은 보육교사 1급 자격을 가진 사람이어야 함 • 장애 9명당 1명은 특수교사 자격 소지자로 함
간호사	영유아 100명 이상을 보육하는 시설의 경우 간호사(간호조무사 포함) 1명	
영양사	영유아 100명 이상을 보육하는 시설의 경우 영양사 1명을 두는 것이 원칙	• 보육시설 단독으로 영양사를 두는 것이 곤란한 경우에는 동일한 시 · 군 · 구의 5개 이내 보육시설이 공동으로 영양사를 둘 수 있음 • 보육시설의 장이 간호사 또는 영양사 자격이 있는 경우에는 간호사 또는 영양사를 겸직하게 할 수 있음
취사부	영유아 40명 이상 80명 이하를 보육하는 시설의 경우 취사부 1명	영유아가 80명을 초과할 때마다 1명씩 증원
그 밖의 종사자	시설의 규모와 특성에 따라 의사(또는 촉탁의사), 사회복지사, 사무원, 관리인, 위생원, 운전기사, 치료사 등의 종사자를 둘 수 있음	

4. 보육교사의 양성과 현직 연수

보육서비스를 원활하게 추진하기 위해서는 필요한 전문인을 양성하여 충원하고, 현직 종사자에게는 사회 변천에 따라 요구되는 새로운 전문 지식과 기술을 터득시켜 자질 향상을 꾀할 수 있는 교육훈련이 필요하다(이소희, 2005). 이러한 취지에서 영유아보육법에는 보육 종사자의 양성과 자질 향상을 위한 교육훈련을 실시해야 한다고 규정하고 있다.

1) 보육 종사자의 양성

좁은 의미에서의 보육 종사자라 하더라도 그 종류가 다양한 만큼 이들은 여러 기관에서 양성되고 있으며, 보육 종사자가 지니는 역할의 중요성을 고려하여 이들 양성에 대한 전반적인 과정은 법적인 조치에 의하고 있다. 보육 종사자의 양성은 대체로 전문대학 이상의 대학 수준에서 이루어지지만, 보육교사 및 관련 종사자를 위하여 특별하게 설립된 사회교육기관(예: 보육교사교육원)에서도 양성되고 있다. 물론 이러한 시설도 양성의 전 과정에서 관계법의 규정에 따라야 한다.

특별히 보육교사는 보육시간 동안 직접적으로 아동과 상호작용을 하므로 가장 많은 영향을 미친다고 볼 수 있다. 따라서 보육교사의 경우는 자격 취득을 위한 교과목 및 이수 학점을 법적으로 규정하고 있다.

2) 보육교사 교육과정

(1) 대학 교육과정

대학에서 보육교사 2급 자격을 취득하기 위해서는 보육관련 교과목 및 학점을 12과목 35학점 이상 이수하여야 한다(영유아보육법 시행규칙, 2010). 보육관련 교과목 및 학점을 정리하면 다음 〈표 8-2〉와 같다.

〈표 8-2〉 보육관련 교과목 및 학점

영역	교과목	이수과목(학점)
보육기초	아동복지(론), 보육학개론, 아동발달(론), 보육과정	4과목(12학점) 필수
발달 및 지도	인간행동과 사회환경, 아동관찰 및 행동연구, 아동생활지도, 아동상담(론), 특수아동지도	1과목(3학점) 이상 선택
영유아교육	놀이지도, 언어지도, 아동문학, 아동음악과 동작, 아동미술, 아동 수 · 과학지도, 영유아프로그램 개발과 평가, 영유아교수방법(론)	3과목(9학점) 이상 선택
건강 · 영양 및 안전	아동건강교육, 아동간호학, 아동안전관리, 아동영양학, 정신건강(론)	2과목(6학점) 이상 선택
가족 및 지역사회 협력 등	부모교육(론), 가족복지(론), 가족관계(론), 지역사회복지(론), 자원봉사(론), 보육정책(론), 보육교사(론), 보육시설운영과 관리	1과목(3학점) 이상 선택
보육실습	보육실습	1과목(2학점) 필수
전체	12과목(35학점) 이상	

출처: 영유아보육법 시행규칙(2010).

(2) 교육훈련시설의 교육과정

영유아보육법 제21조에 의하면 보육교사 자격을 취득하기 위하여 교육훈련시설에서 이수하여야 하는 교육과정을 별도로 제시하고 있으며 〈표 8-3〉과 같다.

〈표 8-3〉 교육훈련시설의 교육과정

영역	교과목	이수과목(학점)
보육기초	아동복지(론)[3], 보육학개론[3],보육과정[3]	3과목(9학점) 필수
발달 및 지도	아동발달(론)[3], 인간행동과 사회환경[3], 아동생활지도[3], 아동상담(론)[3], 특수아동지도(특수교육학)[3], 영유아보육의 실제[3], 방과후아동지도[2]	7과목(20학점) 필수

영유아교육	놀이지도[3], 언어지도[2], 아동음악과 동작[2], 아동미술[2], 아동 수 · 과학지도[2], 교재교구개발[3], 영유아교수방법(론)[3]	7과목(17학점) 필수
건강 · 영양 및 안전	아동간호학[2], 아동안전관리[2], 아동영양학[2]	2과목(4학점) 이상 선택
가족 및 지역사회 협력 등	부모교육[3], 지역사회복지[3], 보육정책[2], 보육시설운영과 관리[3], 정보화교육[2]	5과목(13학점) 필수
보육실습	보육실습[2]	1과목(2학점) 필수
전체	25과목(65학점) 이상	

출처: 영유아보육법 시행규칙(2010).

(3) 보육실습에 관한 기준

보육실습은 법적으로 인가받은 정원 15인 이상의 보육시설 및 종일제 유치원(교육청에서 종일제 유치원으로 등록된 시설에 한함)에 한해 보육실습기관으로 인정한다. 실습기관에서는 시설장(보육교사 1급 자격 소지자)이나 보육교사 1급 자격 소지자 또는 유치원 정교사 1급 자격을 가진 자가 실습을 지도하여야 한다. 실습기간은 4주 160시간을 원칙으로 하되, 야간대학 등의 경우에는 실습을 2회에 나누어 실시할 수 있다.

보육실습은 명칭과 무관하게 실습기관과 실습기간의 조건을 만족하는 경우 보육실습으로 인정한다. 실습의 평가서는 실습계획서에 근거하여 작성하되 평가점수가 80점 이상인 경우에만 실습을 이수한 것으로 인정하고 자격증 교부 시 실습 이수 여부를 확인받기 위해서는 보육실습확인서를 제출해야 한다.

3) 보육 종사자의 현직 연수

현직 연수는 현재 보육시설에 종사하고 있는 종사자에 대한 연수를 말하며, 현임 훈련 또는 보수 교육이라고도 한다. 영유아보육법에 의한 보수 교육은 직무 교육과 승급 교육으로 구분된다.

(1) 직무 교육

직무 교육은 보육서비스에 필요한 지식과 기술을 유지, 개발하기 위하여 보육시설의 장 및 보육교사가 최초 자격 취득 또는 승급 후 매 3년마다 받는 교육을 의미한다. 직무 교육은 보육대상자에 따라 일반 직무 교육과 특별 직무 교육으로 나누어지며, 특별 직무 교육을 이수한 경우에는 일반 직무 교육을 이수한 것으로 본다. 직무 교육의 구분 및 대상자는 다음과 같다(영유아보육법 시행규칙, 2010).

① 일반 직무 교육

- 보육교사: 직무 교육 현직에 종사하고 있는 보육교사로서 보육 업무 경력이 만 2년이 경과한 사람과 보육교사 직무 교육(승급 교육 포함)을 받은 해부터 만 2년이 지난 사람
- 보육시설의 장: 직무 교육 현직에 종사하고 있는 보육시설의 장으로서 보육시설의 장의 직무를 담당하는 첫해와 보육시설의 장 직무 교육을 받은 해부터 2년이 지난 사람

② 특별 직무 교육

- 영아 보육 직무 교육: 영아 보육을 담당하고 있는 일반 직무 교육 대상자와 영아보육을 담당하려는 보육교사 및 보육시설의 장
- 장애아 보육 직무 교육: 장애아 보육을 담당하고 있는 일반 직무 교육 대상자와 장애아보육을 담당하려는 보육교사 및 보육시설의 장
- 방과 후 보육 직무 교육: 방과 후 보육을 담당하고 있는 일반 직무 교육 대상자와 방과 후 보육을 담당하려는 보육교사 및 보육시설의 장

(2) 승급 교육

승급 교육은 중앙 및 각 시 · 도의 보육시설연합회, 복지재단, 대학의 연구소 및 교육관련 민간단체에서 실시하고 있으며, 자율적 의사에 의해 참가하게 된다. 승급 교육은 보육교사가 승급하는 데 필요한 교육으로, 보육교사 3급 취득 후 보육교사 경력이 만 6개월이 경과한 자는 보육교사 2급 승급 교육을 이수하여야 하며, 보육

교사 1급으로 승급하기 위해서는 2급 보육교사 자격 취득 후 보육 업무 경력이 만 2년 이상이 경과하면 승급 교육을 받을 수 있다. 직무 교육은 총 7개 과정으로 과정별로 40시간 이상, 승급 교육은 80시간을 원칙으로 받아야 한다. 직무 교육과 승급 교육을 같은 해에 받아야 하는 경우에는 승급 교육을 받은 자는 직무 교육을 생략할 수 있다. 보수 교육과정과 승급 교육의 대상자 및 교육훈련기간을 정리하면 다음 〈표 8-4〉와 같다.

〈표 8-4〉 보수 교육과정 대상자 및 훈련기간

과정명			교육대상	교육훈련기간	비고
보수 교육과정	일반 직무 교육	보육교사	현직에 종사하고 있는 보육교사로서 보육 업무 경력이 만 2년을 경과한 자와 보육교사 직무 교육(승급 교육을 포함)을 받은 해부터 만 2년이 지난 사람	40시간	매 3년마다
		시설장	현직에 종사하고 있는 시설장으로서 보육시설의 장의 직무를 담당하는 첫해에 해당하는 자와 보육시설의 장 직무 교육을 받은 해부터 만 2년이 지난 사람	40시간	시설장 첫해 및 매 3년마다
보수 교육과정	특별 직무 교육	영아 보육	영아 보육을 담당하고 있는 일반 직무 교육대상자와 영아 보육을 담당하고자 하는 보육교사 및 보육시설의 장	40시간	이수하고자 하는 자
		장애아 보육	장애아 보육을 담당하고 있는 일반 직무 교육대상자와 장애아 보육을 담당하고자 하는 보육교사 및 보육시설의 장	40시간	이수하고자 하는 자
		방과 후 보육	방과 후 보육을 담당하고 있는 일반 직무 교육 대상자와 방과 후 보육을 담당하고자 하는 보육교사 및 보육시설의 장	40시간	이수하고자 하는 자
승급 교육	2급 승급 교육		보육교사 3급의 자격을 취득한 후 보육경력이 만 6개월이 지난 사람	80시간	이수하고자 하는 자
	1급 승급 교육		보육교사 2급의 자격을 취득한 후 보육경력이 만 2년이 경과한 자 및 석사학위 소지자로서 보육교사 2급의 자격을 취득한 후 보육경력이 만 6개월이 지난 사람	80시간	이수하고자 하는 자

출처: 영유아보육법 시행규칙(2010).

현직 연수를 실시하는 이유는 사회의 변천에 따라 보육대상 영유아의 성격도 변해서 보육 욕구나 요구가 다양하게 표출되어서 그에 대응한 대책이 필요하기 때문이다. 또한 보육 관련 이론이 수정되고, 보다 개선된 프로그램도 개발되어 있을 수도 있으므로 새로운 지식과 기술을 습득하기 위해 매우 필요하기 때문이다. 동시에 이러한 연수를 통해서 자신이 위치를 되돌아볼 수 있는 기회가 되며, 따라서 맡은 바 직무를 보다 의욕적으로 수행할 수 있는 계기를 제공하기 때문이다.

참고문헌

강문희, 문미옥, 박경자, 서영숙, 우남희, 이강이, 이숙재, 이순형, 이영, 이옥(2002). 21세기 유아교육. 서울: 학지사.

공인숙, 한미현, 김영주(2005). 보육학개론. 서울: 교육과학사.

기순신, 김경중(2006). 보육의 기초 보육학개론. 서울: 형설출판사.

김연진, 조건덕, 민광미, 현정희(2007). 보육학개론. 서울: 동문사.

김익균, 노은호, 박금희, 이미정, 이순영, 이행숙, 이혜숙, 정해은, 조미환, 조혜경(2002). 보육학개론. 서울: 교문사.

보건복지부 편(1999). 유아보육 프로그램의 기본모형. 서울: 한국보육시설연합회.

서영숙, 김경혜(2006). 보육학개론. 서울: 양서원.

성영혜, 김연진(1997). 아동복지. 서울: 동문사.

양승희, 공병호, 유지연, 조현정(2006). 보육과정(개정증보). 서울: 동문사.

영유아보육법 시행규칙(2010). 보건복지부령 제18호.

윤희경, 신혜영, 임미혜, 김애옥, 나은숙, 이분려, 장미아(2005). 발달에 적합한 영유아 교육과정. 서울: 양서원.

이성진 외(1990). 한국의 탁아사업 시행에 관한 기초연구. 행동과학연구, 23(1), 1-17.

이소희(2005). 보육학개론. 서울: 양서원.

이순형 외(2009). 보육학개론(3판). 서울: 학지사.

이은화, 배소연, 조부경(1995). 유아교사론. 서울: 양서원.

이현옥, 박정선(2007). 영유아교수방법론. 파주: 공동체.

임미혜, 이혜원(2007). 보육학개론. 파주: 학현사.

Abraham, M., Morris, L., & Wald, P. (1993). *Inclusive early Childhood Education-A Model Classroom*. Tucson, AZ: Communication Skill Builders.

Essa, E. (2003). *Introduction to Early Childhood Education*. NY: Thomson Delmar Learning Co.

Morrison, G. S. (2004). *Early Childhood Education Today* (9th ed.). NJ: Pearson Prentice-Hall.

Saracho, O. N., & Spodek, B. (1993). Professionalism and the preparation of early childhood education practitioners. *Early child development and care, 89,* 1-17.

Chapter 09

보육환경

산업사회의 발달로 아동보육환경의 특성과 그에 대한 요구가 다양하게 변화하고 있다. 환경에 대한 중요성이 날로 커져 가는 만큼 그 환경 속에서 아동이 성장하고 발달하게 되므로 보이는 또는 보이지 않는 환경에 내재되어 있는 환경의 잠재성을 보다 신중히 계획해야 할 필요가 있다. 단지 아동을 수용할 수 있는 공간의 크기를 확보한다는 생각에서 벗어나 공간도 아동을 보육하는 데 있어 훌륭한 자원이 될 수 있다는 생각의 전환이 필요하다.

보육시설에서 환경은 크게 인적 환경과 물리적 환경으로 구분될 수 있다. 인적 환경은 부모, 교사, 또래집단, 형제들과 같이 인적 요소를 포함하는 환경을 뜻하며, 물리적 환경은 건물, 교지, 실외 놀이시설, 실내 · 외의 각종설비, 교재 · 교구 등의 물리적 요소를 포함하는 환경을 의미한다.

이 장에서는 아동발달에서 물리적 환경이 어떠한 역할을 하는지, 아동의 기억에 남는 보육환경의 구성원리, 보육시설의 공간계획 등을 살펴봄으로써 아동발달과 보육에 기여할 수 있는 보육시설의 보육환경에 대해 제안하고자 한다.

1. 아동발달에서 환경의 역할

인간은 경험을 통하여 환경을 인식하고 행동으로 옮긴다. 따라서 물리적 환경과 인간행위, 경험 등에 대하여 관념적인 문제와 이에 관한 경험적 문제를 고찰하여 환경설계 과정에 인간들이 요구하고 원하는 바가 무엇인가를 알고 반영하는 것은 중요하다. 그러므로 환경과 아동과의 관계를 이해해 볼 필요가 있다.

인간의 성장과 발달은 인간과 환경과의 상호작용으로 이루어지므로 인간발달에 있어서 환경의 영향은 대단히 중요한 의의를 가진다. 특히 환경의 영향을 가장 많이 받는 유아기 아동은 단순히 환경의 영향을 받는 것이 아니라 능동적인 개체로서 환경과 역동적인 상호작용을 통해 성장해 간다(한임순, 1989). 아동은 성인에 비해 환경적 조건에 더 즉각적으로 반응하고, 그래서 아동은 특정한 환경적 문제에 부정적인 영향을 더 받게 되기 때문에 아동발달에서 환경의 역할은 중요하다.

아동이 생활하는 공간의 물리적 환경은 아동의 정서, 인지, 언어, 사회성 발달 측면에서 긍정적인 효과가 있다고 많은 연구들이 밝히고 있다. 즉, 아동발달의 주된 관심은 아동의 인지적, 사회적 발달에 미치는 초기 경험의 영향에 관한 것이었는데 가정환경과 보육시설의 환경은 초기 발달에서 중심적 역할을 하는 곳으로서 이런 맥락에서 그 의미가 크다.

따라서 아동발달에 적합하고 발달을 보다 바람직한 방향으로 이끌 수 있는 환경을 창조하기 위해서는 아동발달 및 심리, 보육에 관한 이론과 공간 간의 관계가 체계적으로 정립될 필요가 있다.

2. 아동과 보육환경

많은 연구자들이 아동을 위한 공간 환경의 계획 시 고려되어야 하는 중요 개념에 대해 제시할 때, 가장 기본적으로 밝히고 있는 것은 '아동지향적인(Child-Oriented)' 설계다. 이는 보육시설의 성격이나 추구하는 철학적 배경에 앞서 보육공간의 주 사용자인 아동의 발달수준, 흥미, 욕구 등을 전제로 설계가 이루어져야 함을 의미한다. 이 장에서는 보육시설 계획의 차원에서 올즈(Olds, 2001)의 『아동보육 설계 안내서(*Child Care Design Guide*)』에서 제시된 보육환경 설계를 위한 구성원리를 정리하였다.

보육환경 설계자로서의 목표는 어린 시절의 마법과 미스터리가 가득하게 표현된 자유와 기쁨의 장소를 만드는 것이다. 영혼이 깃든 설계는 아동의 정신을 만족시킨다. 이것은 단순히 아동의 요구를 제공하는 센터를 갖춘다는 것이 아니다. 영혼이 깃든 장소에는 마치 사람을 대할 때처럼 특유의 활기찬 품격이 직감적으로 느껴지는 무형의 어떤 것이 있다. 어떤 장소는 어둡고 나쁜 예감이 드는 반면에, '영혼이 깃든 장소' 란 사람들이 두려움 없이 더 생동감을 느끼는 데 도움을 주는 곳을 말한다. 즉, 온전함이 깃들어 있어서 노래하고 싶은 마음이 들고 영혼이 즐겁고 몸이 편안해져서 쉬게끔 만들어 준다.

아동은 감각을 통하여 세상의 풍요에 푹 빠지는 것을 즐거워한다. 아동 주위의 모든 것 — 예를 들어, 반짝거리는 것, 끈적거리는 것, 달라붙는 것, 미끄러운 것…… — 은 그들의 몸과 마음, 영혼을 발달시키는 양식이다. 영혼이 덜 깃든 건물은 아동발달에 나쁜 영향을 미친다. 즉, 이러한 장소는 아동이 추구하는 감성을 길러 주는 부분과 온전함이 부족하다.

영혼이 깃든 보육시설은 아동의 마음—독특한 호기심과 거리낌 없이 순간적인 감수성—을 배려하며, 아동을 돌봐 주는 어른도 배려한다. 불행하게도 장소에 대한 성인들의 감정적인 반응은 억눌려 있고 절제되어 있다.

편안한 상태에서 자신의 어린 시절을 기억해 보고 아래에 제시되어 있는 세 가지 다른 어린 시절의 장소들을 회상해 본다.

① 좋아하는 특별한 장소
② 싫어하거나 불편한 장소
③ 좋아하는 어른들과 함께한 특별한 장소

동심으로 돌아가 보기: 시각화

가능하다면, 누군가에게 다음 단락을 읽게 하고서 당신은 눈을 감고 앉아 있어 보라. 매 문장 사이에서 잠시 쉬고서 몽상에 잠겨 본다. 서서히 꿈결 같은 시간으로 빠져 본다. 동반자가 없다면 이 문장의 단락을 녹음시켜 두거나 스스로 바로 읽어 보라. 그러고 나서 눈을 감고 의자에 뒤로 기댄 채 이 단락의 문장이 무엇을 말하는지 마음속에 그려 보라. 이렇게 하여 자신의 내부에 있는 정보로 접근해 보라.

주목: 자신의 어린 시절에 접근할 수 없는 기억이 있다는 사실을 발견하게 되며 독자가 알고 있고 사랑하는 어린이의 관점에서 보는 경험을 고려하게 된다.

의자를 뒤로 젖히고 편안하게 앉아서 두 눈을 감고 상큼한 공기를 깊게 들이켜 보라. 오늘의 근심거리를 잊어버리고 평화롭게 2~3분간 앉아서 호흡에 집중하고 차분하게 긴장이 이완될 때까지 기다려 보라.

자, 이제는 자신을 어린이인 것처럼 상상해 보자. 어떤 연령대가 자신의 마음에 와 닿으면 완벽한 상태다. 이제 작은 손과 발이 보이는가. 자신이 얼마나 작고 가벼운가를 느껴 보자. 아마도 이름이나 별명도 있을 것이다. 당신이 어떤 옷을 입고 있는지, 머리는 어떻게 잘랐는지, 어떤 신발과 양말을 신었는지에 주목하자. 오늘 아침에 허리띠를 졸라매었는지, 신발 끈을 동여매었는지, 아님 누구의 도움을 받았는지, 어린이가 되어 보는 것을 철저히 느껴 보자.

자신을 다시 알아보는 시간을 가진 후에 **자신이 가장 좋아하던 장소로** 걸어서 이동해 보자. 이곳은 당신이 어렸을 때 자주 놀았던 장소다. 자, 이제 그곳에 있는가? 장소에 관하여 당신이 할 수 있는 모든 것에 주목하라. 장소의 크기, 모양, 빛, 당신이 중요하게 생각하던 소리, 특별한 촉감, 냄새, 소중하게 여기던 특징들을. 모든 기억이 넘쳐나도록 해 보라. 가장 좋아하던 곳에 자신을 둬 보자. 그곳에서 시간을 내서 놀아 보자. 자신이 가장 원하던 것을 해 보고, 만들어 보고, 창조하고 있는 것을 지켜보자. 마음껏 즐겨 보자. 그동안 죽 무엇이 그 장소를 특별하게 만드는지에 주목해 보자. 이런 좋아하는 장소에서 충분히 즐긴 후에 떠날 준비를 하자. 행복한 시간을 보낸 것과 추억에 대하여 감사하자.

이제 걸으면서 **어린 시절 가장 싫어했던 곳**으로 발걸음을 옮겨 보자. 이곳은 무서운 곳일 수도 있고 당신이 기분 나빠하거나 슬퍼했던 곳일 수도 있다. 당신이 좋아하던 곳과는 달리, 당신이 가려고 했던 곳이나 긴 시간을 보냈던 곳은 아니다. 일단 그곳에 가면 이것의 크기와 모양에 주목해 보자. 빛의 성질과 독특한 질감, 냄새, 색깔, 소리, 매력적이지 못한 본질에 기인한 듯한 사물에 주목하자. 용기를 내서 다시 한 번만 더 그곳에서 조금 더 시간을 보내 보면 독특한 성질과 당신 자신의 일부 감정과 그곳이 연관되어 있음을 경험할 것이다. 당신이 그렇게 해 봄으로써 당신의 감정에 기여하는 독특한 장소를 당신이 주목하는지를 알아보자. 잠시 동안 그곳에 있은 후에 떠날 준비를 하자. 고맙다는 말을 이 장소에도 마찬가지로 해 보자. 이 장소가 당신의 인생에 일어나지 않기를 바라는 일을 당신에게 가르쳐 준 사실에 대하여 고마워하자. 안녕하고 손을 흔들고 걸어가 보자.

자, 이제는 세 번째로 특별하고 좋아할 것 같은 느낌이 드는 곳으로 발길을 옮겨가 보자. 지금 말하는 장소란 **당신에게 지대한 영향을 미친 어른들에게 속한 장소**다. 이 어른들은 당신의 인생에 매우 중요한 사람이다. 당신은 좋아하는 어른들이 속한 곳으로 갈 수 있게 되었다는 것에 기뻐한다. 자, 이제 당신은 그곳에 있다. 이 사람은 누구이며 어디에 있는지 주목해 보자. 당신은 무엇을 함께하는 것이 특별한지, 그곳의 세계는 어떤 성질의 빛과 색깔, 촉감, 냄새, 소리와 공간을 가지고 있는지, 중요한 사물이나 행사는 있는지. 시간을 갖고서 이러한 훌륭한 어른과 연결되고 함께 그들의 장소에 서 있게 된 것을 즐겨 보자. 정말로 좋고 긴 방문이었다. 이제 가기 전에 어른들에게 당신의 인생에 공헌해 준 데 대하여 큰 포옹과 함께 감사해 보자. 항상 그들이 당신의 일부였음을, 가슴에 고이 간직되어 있음을 말해 보자. 당신은 상상 속에서 그들 곁으로 되돌아올 수 있을 것이라는 것을 알면서 이제 안녕하고 손을 흔든다.

자, 이제 어린이로 있는 자신을 보고 그에게 오랜 세월 동안 그대로 남아 있어 준 데 대하여 고마움을 표시하자. 당신이 어린이를 위한 영혼이 깃든 장소를 설계할 때 그들을 초대해서 더 자주 근방을 맴돌게 해 보자. 자, 이들과도 작별하고서 눈을 떠보자. 그러고 나서 커다란 종이와 크레용, 만년필을 가지고 당신이 마음속에 그리고 있는 세 가지 환경을 그려 보자. 이러한 간단한 스케치가 당신에게 더할 나위 없이 소중한 안내서가 될 것이다.

1) 좋아하는 장소의 본질

어린 시절 좋아했던 특별한 장소를 떠 올리는 프로젝트에 참석한 건축가, 설계자, 교사, 부모, 치료사, 심리학자, 행정가들은 그들의 나이, 성별, 사회경제적 배경에 상관없이 가장 좋아했던 장소는 독특한 특징을 지닌 나무들이었으며, 나무 아래에서 경치를 비밀스럽게 볼 수 있는 곳이기도 하였다. 여기서 아동들은 홀로 한가롭게 긴 시간을 보냈다. 그다음으로 물속이나 물가에서 놀던 기억이다. 시냇가, 강, 호수, 바다……. 일부는 바위, 초록이 우거진 언덕 비탈, 금빛 햇살, 탁 트인 평원, 정원, 그물침대, 그네, 동물 등이다. 가장 예사롭지 않은 장소는 뉴질랜드 여성이 언급한 장소로서 주택 내 헛간에서 젖소 아래로 세발자전거를 타던 곳이다.

이렇게 좋아하는 장소가 특이하더라도 일반적으로 모두 다음과 같은 특징들을 지니고 있다.

- 자연에 대한 관계
- 감각의 풍요
- 영역과 소유에 대한 감각
- 개인적인 공간과 침입의 통제
- 존재에 대한 강조, 무엇을 하지 않는 상태
- 규칙과 일정 없이 자유롭게 한없이 노는 장소
- 어른들이 안심하는 장소

2) 싫어하는 장소의 본질

싫어하는 장소의 공통된 특징은 좋아하는 장소가 지닌 본질과 반대되는 경향이다.

- 실내, 어둡고 낯설음
- 불편하고 예측 불가능함
- 개인적인 공간, 자유, 믿음, 탐색 혹은 이동성의 부족

일반적으로 싫어하는 장소에 대한 기억들에는 극단적인 수준의 감각적인 자극들이 연루되어 있다. 예를 들어, 너무 춥거나 크거나 작거나 밝거나 어두운 장소들은 감각을 포용하지 못한다. 이러한 극단성이 지루함, 박탈감, 과다각성을 부추긴다. 싫어하는 장소에 대한 기억은 일종의 무기력이다.

3) 아동이 좋아하는 어른과 함께한 장소의 본질

아동의 생애에서 좋아하는 어른들이란 흔히 친할아버지 혹은 친척이며, 때론 어머니와 아버지이기도 하다. 이 사람들에게 독특한 점은 아동에 대한 무조건적인 사랑과 깊은 개인적인 관심이며, 일대일로 시간을 보내면서 어떠한 값진 것을 함께 하고 싶어 한다는 점이다. 예를 들어, 요리, 목재 가공, 보트 만들기, 낚시, 정원 가꾸기, 하이킹 혹은 서로 이야기하는 것 등일 수 있다.

아동이 좋아하는 어른들은 아동을 동등하게 대해 준다. 일상적인 것과 규칙은 없고 더 많이 공유하고 감사해야 하는 것이 있다. 어른들은 아동들을 부서지기 쉽고, 제일 소중한 소유물이나 위험한 도구 또는 물건쯤으로 여긴다. 아동들은 어른들과 함께하는 시간을 갖거나 일상적인 활동에 참여하면서 어른들과 함께하는 자유를 가지게 된다. 어른들과 함께하는 작업의 세계는 매혹적이고 정보가 많다. 이를 공유하는 특권이 주어진다는 점에서 아동들은 특별하고 독특한 것을 느낀다.

아동들이 좋아하는 어른들의 장소가 지닌 특성들을 요약해 보면

- 평등
- 일상적인 일과 규칙들로부터 오는 자유
- 믿음
- 연결고리
- 특별하다는 감정

좋아하는 장소의 본질을 보면, '가정' 하면 연상되는 보호, 소속, 생동, 친밀, 안정, 예측 가능성, 안락, 억압이 덜한 곳, 선택, 자율, 휴식, 자기표현, 개인 공간 확보,

영역표시, 개인주의, 개인과 가족 역사의 추억과 상징들이다. 그러나 가정집을 구성하는 것들이 무엇인지, 가정집이 보육시설과는 어떠한 차이가 있는지를 알아내는 것도 어려운 일이고, 차이가 있어야 한다는 것을 인정하기도 쉽지 않은 일이다.

그럼에도 불구하고 아마도 우리는 대부분 가정집과 보육시설이 매우 다른 유형의 건축물일이라는 것에 동의할 것이다. 보육시설은 가정집 밖에서 아동을 돌보는 장소란 점에서 보통 가족보다 더 큰 구성원이 속해 있는 곳이며, 집과 거주지보다는 학교, 사설요양원, 작은 학원과 더 유사한 곳으로 여겨진다. 그러나 분만실, 노인들을 위한 장애인 개호시설, 병원과 같이 보살피는 장소의 시설 환경 설계에는 주거지 요소들을 더욱더 통합시키고 있다. 이는 사용자가 이러한 장소들이 더 집 같고 기관·시설의 분위기가 덜 나기를 원하기 때문이다. 수천 년 동안, 아동들은 바깥의 세속적인 세계에 대처할 수 있을 정도로 성숙할 때까지 가정이라는 신성한 은신처 내에서 보호받으며 지내 왔다. 이러한 보호기간은 정체성과 자아를 형성하는 데 중요하다고 여겨졌고, 정체성과 자아는 가족과의 관계에서 그리고 아동이 거주하는 건축물과 주위 환경 속에서 상호작용하며 발전된다. 실제로 서구사회에서 흔히들 가정을 자신의 거울이라 생각하고 있다. 역사적으로 볼 때 기초적인 믿음, 자율, 진취적인 마음이 배양되는 시기는 아동이 학교에 입학하기 전 가정에서 이루어진다.

출생 후 얼마 안 되는 몇 년의 시기 동안에 아동은 일관성 있고 애정 어린 어른들의 감시하에서 예측 가능하고 안전한 장소에 있을 필요가 있고, 영감이 이끄는 대로 창조적인 어떤 것에 가치를 부여할 필요가 있다. 즉, 보육시설들은 아동이 집에 있는 것처럼 느끼도록 편안할 필요가 있다는 것이다.

보육시설에서 성장한다는 것은 가정에서 성장하는 것과 똑같지는 않다. 연구에 의하면 아동들이 집에서 하는 놀이가 보육시설에서보다 더 생동감 있고 자기표현력이 풍부하고 더 복잡하다는 것이다. 아주 작은 집일지라도 아동들은 자신의 것이라고 주장하는 조용한 장소와 영역을 가지고 있으며 시간에 구속받지 않는다. 아동은 혼자만의 놀이를 위하여 일상의 활동(부엌, 목욕탕, 거실과 식당)과 연결된 방에 접근한다.

아무런 간섭을 받지 않고 사적인 공간을 더 많이 확보하고 자유를 누리면서 아동들은 주위에 널려 있는 다양한 사물과 소도구들을 놀이에 결합시킬 수 있다. 어른들이 소도구를 조달해 주는 것은 정체성을 향상시켜 주는 것으로 보이며 뚜렷한 목적의식을 갖고 시작한 활동은 종종 어떠한 것으로 천천히 바뀐다.

이와는 반대로 집단 보호환경은 아동이 개인적으로 선택할 여지가 없다. 보육시설은 우선적으로 인지학습과 단체 사교술을 위한 장소다. 보육시설에서의 대화는 짤막하며, 명명하고, 범주를 정하는 데 초점을 둔다. 집은 자발적인 행동이 일어날 수 있는 구조로서 방들이 서로 인접해 있지만 보육시설은 일치를 상징하는 복도가 있으며, 순서대로 한 장소에서 다른 장소로 이동한다. 집에서 행해지는 옷 입고 벗기, 화장실 사용과 몸 단장하기 같은 사적인 행동이 보육시설에서는 다른 사람들이 관찰할 수 있는 장소에서 일어난다. 더 나아가 아동들은 8명 내지 18명과 감정이나 물건들을 공유해야만 하기 때문에 단체 협동심을 기르지 못하면 힐책받을 수도 있다. 관찰에서 벗어나려는 아동, 예를 들면 지정된 야외로 나가거나 퇴행적인 행동으로 몽상에 젖는 아동은 행동장애가 있는 것으로 의심을 받을 수 있거나 부주의하고 무관심한 아동으로 생각될 수 있다. 한결같은 감시, 억지로 강요된 사회성, 사생활 부족은 집에서 얻는 경험과는 반대된다.

따라서 성장의 배경이 집에서부터 보육시설로 옮겨가게 되면 아동이 겪는 경험이 변한다는 것을 인식해야 한다. 보육시설이 모두 나쁜 것만은 아니며 현대 사회에서 어린 시절의 본성을 형성하는 데 관여한다고 평가하지만 우리는 아직도 이런 유형의 보호가 지닌 감정적인 결과를 알지 못한다. 하지만 보육시설이 지금은 집을 대신하여 신뢰, 자율, 창의력, 자아의 발달을 위한 장소라면, 우리가 해야 할 일은 성장과정에 필요한 아동보호환경에 관심을 갖는 것이다. 집처럼 설계할 때 아동의 성장을 위한 필수 요소를 더 잘 제공할 수 있다면 왜 보육시설의 설계를 회관 건물처럼 해야 하는가?

영혼이 깃든 장소는 프로그램화된 경영과 관리로 향하는 제도적인 경향성을 느슨하게 해 주는 데 도움을 준다. 보육시설을 학교보다는 더 집처럼 설계하고, 운동장보다는 규격화되지 않은 자연스러운 장소로 설계함으로써 어린 시절의 전형적인 경험을 제공하는 데 더 다가가게 될 것이다. 오늘날 우리가 설계하는 보육시설은, 즉 주거형 모델과 주거형 요소를 결합시킨 시설은, 보육시설에 다니던 아동들이 자라서 어른이 되었을 때 추억 속의 좋아하는 장소가 된다는 것을 명심해야 한다.

4) 보육환경 계획 시 고려할 개념

다섯 살 이하의 아동은 어른들과는 다르게 세상을 받아들인다. 아동의 타고난 직관력은 전체론적이고 폭넓고 동시성이라고 부르고 어른의 직관력은 집중하고 좁고 목표 지향적이라고 부른다. 아동은 환경의 질적인 모든 측면을 예민하게 수용하기 위하여 그들의 감각과 신체를 활짝 열고서 경험에 접근한다. 아동은 연속적으로 '여기(here)'와 '지금(now)'에 살면서 주위의 색깔, 빛, 소리, 냄새, 감촉, 질감, 부피, 움직임, 형태, 리듬의 미묘한 차이를 보고 듣고 느낀다. 아동의 놀이는 종종 장소와 감각의 미묘한 차이에도 반응하고 많은 부분이 깊고 길게 지속되는 인상을 남긴다.

아동은 환경을 사용해서 자신을 개선한다. 반면에 어른은 자신을 사용해서 환경을 개선한다. 아동은 과정을 위하여 일하고 어른들은 결과물을 쟁취하기 위하여 일한다.

연구결과에 따르면 아동은 사람을 기억하기보다는 장소와 감각을 더 잘 기억한다. 종종 아동은 어른이 지각하지 못하는 세세한 것에 영향을 깊이 받는다. 방, 장난감, 놀이 구조는 아동에게 무엇을 할 수 있는지를 말해 준다. 그러나 이것은 시설이 지닌 감각의 질로서 아동의 감정에 영향을 미치고 안정성, 자신의 가치와 표현의 자유에 대한 메시지를 전달한다.

(1) 자연채광

빛은 하루 중 시간에 따라, 계절에 따라 변하면서 장소의 모양새를 바꾼다. 다양하고 미묘한 아침햇살의 신호—빛이 조사되면서 그늘을 비추면서 광채, 온기, 색깔, 세기가 변하는 것—는 기반이 폭넓은 지각력에 의해서 끊임없이 가공된다. 이로 인하여 우리 자신을 시간과 공간에 순응시킬 뿐만 아니라 생체리듬에도 균형을 잡는다. 좋은 장소를 만들기 위하여 건물과 주변의 계절, 날씨, 채광 등에 대한 많은 정보가 필요하다. 이러한 것을 반영하기 위하여 건축할 때 종종 창문을 특이한 모양으로 만들어서 방의 동서남북으로부터 들어오는 빛의 성질이 다르다는 것을 드러내기도 한다.

(2) 동질성에 내포된 이질성

인간의 신경계통은 변화가 없는 일정한 상태보다도 환경에서 일어나는 변화를 더 주시한다. 획일성과 변화의 결핍은 부자연스러운 것이며 유지를 위하여 엄청난 에너지를 요구한다. 건축물에서 변형된 형태의 자극과 그 자극 안에서 미묘한 변화를 주는 것은 자연세계에서 느끼는 것과 유사하며, 아동의 성장발달에 큰 영향을 미친다. 설계자의 과업은 모든 수준의 경험을 동원하여 동일하면서도 서로 차이가 나는 세계를 건설하는 것이다.

(3) 안전성

아동은 자신의 안전에 지대한 관심을 가지지만 위험에 대처하는 방법은 제한적이다. 아동에게 오랫동안 신체를 한정된 공간에서 단체경험을 받도록 했을 때 아동은 너무나 이른 시기에 타인의 동태를 주시하고 방어하는 것을 배우게 된다. 개인적인 안전에 대하여 지속적인 관심을 가지면서 산다는 것은 사람의 면역체계, 긴장을 해소하는 능력, 그리고 건강 전반에 대한 신체기능을 저하시킬 수 있다. 하지만 영혼이 깃든 장소는 사생활과 소규모 집단화, 사적인 영역 확보 등을 제공함으로써 스트레스를 줄여 아동의 건강을 보호할 수 있다.

(4) 아름다움

영혼이 깃든 장소는 아름답다. 아름다운 장소의 물리적인 완벽성은 정신적인 완벽성과 평온으로 전이되어 활력과 복지(well-being)의 개인적인 공급원과 연결되고 더 친밀해지도록 도와준다. 현재로서는 보육시설이 안전하고 청결한 상태로 있는 한 기본적인 사항들을 넘어선 심미학적 고려사항들은 사치스런 것으로 생각된다. 하지만 오늘날 아동들이 심미학적으로 더 즐거운 놀이와 학습공간을 가질 수 없는지에 대한 의문을 항시 염두에 두어야 한다.

[그림 9-1]에 나타낸 바와 같이 설계 연속체의 두 말단은 보육시설 설계의 특징을 설명해 준다. 한 쪽의 말단은 예산에 의해 추진되는 설계로서 공간과 규칙의 필요 조건을 충족하는 것 외에는 자금의 여력이 없어서 결과적으로 영혼과 아름다움

이 결핍된 컨테이너와도 같은 보육시설을 설계하게 된다. 다른 쪽의 말단은 독단적인 심미학에 의해 추진된 설계다. 건축과 인테리어 설계자가 아동용 환경을 지레짐작하여 건설한 보육시설들에는 종종 정신 산만한 색깔, 이질적인 형태, 양식화된 건축물로서 건축하는 데도 어렵고 비용도 비싸다. 이런 보육시설들은 설계 참고문헌에서는 좋게 보일 수도 있지만 아동에게는 아름답게 보이거나 위안을 주는 경우가 드물다. 이런 두 가지 극단적인 사례 간에 균형을 유지함으로써 심미학과 기능을 상승시키는 장소를 창출할 수 있다.

때로는 직선을 곡선 형태로 변형하는 것과 같은 조그마한 시도로도 모든 것을 변화시킬 수 있다. 곡선은 사람 신체와 같은 모양이고 공간을 통과하는 방식이다. 곡선의 각도가 90도보다 크게 되면 사람들은 공간에 안주하려고 한다. 반면에 각도가 작아지면 차갑고 거부하는 듯한 인상을 받는다. 우리는 명령, 집중, 실천을 표현하기 위하여 직선을 필요로 하는 반면에 보호, 사회성, 존재를 표현하기 위해서는 곡선이 필요하기도 한다. 건축학적으로 곡선은 여성적인 부분을 대표하고 직선은 남성적인 부분을 대표한다. 평편한 천정은 직사각형 방을 생기 없는 상자로 바꾸어 버린다. 그러나 직선이 곡선으로 변하는 형태가 점진적으로 진행되고 잘 융합된다는 전제하에서 생명력을 주는 곡선을 천정과 벽의 접합부에 두게 되면 생기를 되찾을 수 있다.

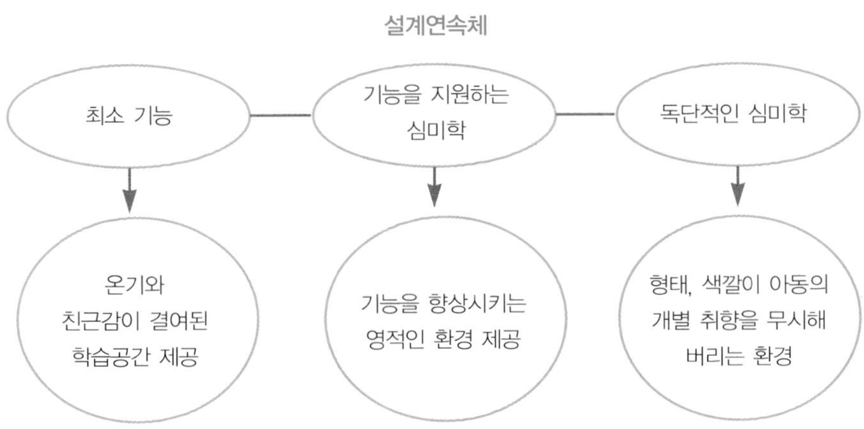

[그림 9-1] 보육시설이 최소 기능을 갖추기 위한 것을 목표로 한다면 적절한 예산이 필요한 것이지 독단적인 심미학이 필요한 것이 아니다

심미학적인 풍요로움을 설계하는 것은 모든 건물의 요소나 방의 요소에 관심을 기울이게 한다. 아동의 시각에서 본다면 모든 것은 상호작용하는 표면이고 표면은 예술적으로 조각되고, 그림이 그려지고, 우아하게 주름이 잡혀지고, 틀이 만들어질 수 있는 잠재력을 지니고 있다. 설계자, 상인, 장인, 보호자 간의 의견을 반영하여 예술적인 부분을 건물에 가미한다면 대량생산의 부족한 부분을 상쇄시켜 줄 수 있다. 이것이 원재료를 영혼과 아름다움이 깃든 물질로 변형시켜 줄 수 있다. 그러고 나면 공간은 살아 있게 되고 공간의 질은 감각을 유혹해서 놀고 싶게 만들고 반응하게 만든다.

(5) 자연과 장소의 통합

대부분의 문화에는 풍수의 전통이 있는데 이는 자연경관과의 관계에서 가장 길조이고 건강에 좋은 위치를 결정하기도 하고 건물의 방위와 설계의 관계에서 가구의 위치를 결정짓는다. 로마인들은 건물이 장소의 터주(genius loci, 고장의 수호신)에 경의를 표할 필요가 있으며 수호자와 영혼 안내서는 장소에 독특한 영혼이나 생식의 에너지를 준다고 믿었다. 중국의 풍수지리는 서양문화에서 신임을 얻고 있는데 사람, 사물, 방, 건물과 자연경관 속에서 '기'라는 생명력의 조화로운 흐름이 만들어진다는 이념에 기반을 두고 있다.

건물이 위치한 장소를 숭배하고 개선하고 건물에 융합됨으로써 성스러운 건물은 늘 자연세계와 뗄 수 없는 연결고리를 가지고 있다. 편견에 따라 건물이 설계되기보다는 그 지역의 토착 재료를 사용하면서 독특한 위치의 특징과 연관 지어 건물이 건축된다. 건물의 장소와 서로 경쟁하는 대신에 융합되어 마치 식물처럼 생명력을 갖는 구조물이 되고, 최소한의 장애를 받게 될 것이다.

실증적인 연구에 의하면, 영혼이 깃든 장소는 바람의 경로, 미스터리한 감각, 가로수 길, 피난처, 가시영역의 확보(사람이 지나가는 것을 볼 수 있을 만큼의 개방성), 영상화(이정표를 이용해 세부적으로 잘 규정된 지역), 바위나 꽃 등 선호하는 사물, 안에서 밖을 볼 수 있는 틈 그리고 사람들이 상호작용할 수 있는 많은 길과 같은 요소들이 연루되어 있어야 한다. 비록 미묘할지라도 이런 성질들이 더 많이 도처에 깔려 있고 더 많이 다양화되어 있는 장소에서 더 좋은 기분을 느낀다.

현행의 표준화된 설계와 건축과정은 많은 옛 구조물에 담겨 있는 고유한 영혼의 성질을 동시대 건물과 장소에다 부여하는 것을 매우 어렵게 만든다.

(6) 개인과 장소의 정체성

건물은 공간에 위치를 남긴다. 건물과 주변 환경이 함께 모여서 독특한 정체성을 가진 장소를 창출한다. 한 장소에서 성장하면서 반복되는 경험은 거주자에게 독특한 영혼을 준다. 그러나 진정한 영혼이 있는 장소는 물리적인 매개변수뿐만 아니라 상징적 의미에도 깃들어 있다. 상직적 의미는 건물과 주변 환경을 사용하는 사람들의 역사, 참여, 전유물의 결과로서 성장해 왔다. 이것이 바로 사람이 살지 않는 폐허가 우리를 감동시키는 힘을 여전히 가지고 있는 이유다.

아동들은 그들이 노는 영역의 모든 경계를 알게 되고 정확하게 독특한 경로를 걷는 기분이 어떠한지, 독특한 무리를 형성한 나무들 사이에 서 있는 기분이 어떠한지, 비, 눈, 안개, 얼음, 열, 차가움 등을 한 위치에서 경험하는 기분이 어떠한지를 알게 된다. 아동은 영역을 자신의 전유물로 만들고 개인적인 표시를 남김으로써 자신의 기호에 따라 이러한 요소들의 틀을 만든다. 특징이 많은 예측 가능한 환경 속에서 터득한 경험은 개인의 정체성, 감정적인 보안, 밀접한 개인의 정체성과 서로 묶여 있는 장소의 정체성을 창출한다. 그러한 기억은 어린 시절 장소에 대한 생생한 이미지로서 지워질 수 없다.

건축형태와 연관된 상징적인 의미는 어린 시절 동안 터득된다. 마루는 지원과 감정적인 안전성을, 벽은 분리와 차폐를 대표하고, 창문은 확장과 생명이 깃들게 하고, 지붕은 피난처를 대표한다. 아동들은 소유권, 배제, 접근과 통제와 같은 개념을 독특한 장소와의 관계에서 학습하면서 아동 정체성의 일부가 된다.

모든 공간과 사물은 물리적 세계의 속성을 아동에게 가르치고 아동의 사고와 감정 속으로 편입된다. 계단을 걸을 때 나는 삐걱거림, 휘어진 캐비닛 문, 초승달 모양을 한 문고리, 빗장이 있는 대문, 지하에 있는 거실, A자형 틀 구조의 지붕—이것들은 건축자에 의하여 모양이 만들어지고 날씨 때문에 닳고 거주자에 의해 사용되고 시간이 경과하면서 역사의 흔적이 쌓이게 된다. 그다음으로는 이것을 경험하는 아동들의 일부가 된다. 특정한 건축물 세계와 아동의 역사는 하나다. 따라서 보육시설은 장소의 정체성과 개인의 정체성이 풍부하도록 설계되어 아동발달을 도와주어야 한다.

(7) 대조

좋은 보육시설을 계획하는 데에는 6개의 대조 개념에 의존하고 있는데 내부/외부(In/Out), 상부/하부(Up/Down), 빛/어둠(Light/Dark), 노출/완화(Exposed/Tempered), 유/무(Something/Nothing), 질서/미스터리(Order/Mistery)다. 대조는 흥미로운 것을 만들기 위한 시발점이다. 설계는 뚜렷하게 한 쌍의 극단적인 대조를 나란히 놓을 수 있다. 예를 들어, 실내의 방(내부)은 단단한 건물 벽 때문에 안뜰(외부)로부터 분리된다. 대안으로 대조는 어떠한 형태의 연결고리를 갖는다. 예를 들어, 현관으로 인하여 내부 방과 외부의 안뜰을 동시에 드나들 수 있다. 반대되는 대조 사이의 전이과정으로서 역할을 하는 연결고리는 사실상 대조를 최소화하기보다는 오히려 생기를 불어넣는다. 이럴 때 보육시설 건물은 사용자의 변화하는 요구에 가장 부응하는 장소가 될 수 있다. 영혼이 깃든 구조는 연결된 대조가 장소선정, 건축계획, 방들, 방 내부의 영역, 방의 건축학적인 요소들(가령 창, 문, 바닥형태, 벽 마감) 등에서 일어날 때 깊이를 더 한다. 따라서 설계자는 대조되는 부분들 사이에 연결고리를 제공하고 이런 처리를 대·소규모로 하면서 어느 곳에 두 요소들 사이에 더 많은 대조를 필요로 하는지를 인식해야만 한다.

대조는 예산이 적은 보육시설, 독단적인 심미학을 지니거나 연결고리가 없는 보육시설에서는 잘 눈에 띄지 않는다. 연결된 대조가 다양한 규모의 보육시설에서 사용되어 공간의 변화를 변화무쌍하게 만들 수 있기 때문에 아래에 6가지 원칙에 의한 대조를 간략하게 소개한다.

① 내부/외부

내·외부 차원은 건축물의 요소 때문에 일어나는 차폐와 노출의 정도를 말하고 또한 내부와 외부의 관계를 말하기도 한다. 우리에게 더 가깝거나 움푹 들어간 정도에 따라 더 많은 내부를 표현하는 공간은 잘 규정된 모서리와 테두리, 증가된 무게 혹은 벽의 불투명성, 층을 통한 접근성을 가지고 있다. 창과 문의 치수, 모양과 분포 또한 차폐의 감각에 영향을 미친다. 외부에 대한 느낌은 투명성에 의하여 증가되거나 어느 요소가 더 커지고 더 멀어지고 방과 건물의 벽을 넘어서는 정도에 따라 증가된다.

내부와 외부 사이의 일부 매개공간으로는 현관, 발코니, 데크, 앞뒤 뜰, 울타리, 아케이드, 지붕보다 더 많이 튀어나온 돌출부, 폭이 넓은 문과 창 틀, 주위 경관까지 뻗어 있는 건물의 벽 등이다.

아동은 구석진 곳, 은신처, 피난처, 숨을 곳을 좋아하고 자신의 신체크기에 맞는 규모의 공간이 더 많이 있는 것을 좋아한다. 그러한 곳에서 통제를 받고 보호받고 있으며 안전하다고 느낀다. 더 많은 내부를 가진 공간은 사생활을 제공하고, 개인을 더 큰 집단으로부터 보호해 준다. 다른 한편으로 아동의 표현 본능은 방대한 양의 외부를 요구한다. 여기서 아동은 자유롭고 광범위하게 공간을 움직일 수 있다. 또한 끊임없이 내부와 외부 사이의 경계를 건너 다니고 조작할 것이다. 거리에서나 내부에서 놀기보다는 현관에서 놀거나 집에 가까운 보도에서 노는 것을 더 좋아한다. 내부란 느낌은 안전한 장소에서 외부를 지켜볼 수 있다는 것이기 때문에 만약 외부와 연결되고 보호된 내부에 뚜렷한 탈출구가 있다면 외부가 있다는 것은 상당히 매력적이다. 따라서 내부와 외부 간의 매개공간은 보육시설에서 필수적이다.

[그림 9-2] 내부/외부(Olds, 2001)

② 상부/하부

상부/하부 차원은 높고 낮고, 건물이 몇 층까지 올라가는지, 땅과 하늘과의 관계에 대한 관심이다. 상부/하부는 우리 신체의 수직성을 반영한 것이다. 상부와 하부 간의 대조를 증가시키는 위해서 천장과 바닥의 높이를 변형시켜 볼 수 있고, 밑 판자, 방과 현관 벽의 판벽 대기, 벽난로 선반, 가구와 사진들을 다른 높이로 배치해 볼 수 있으며, 계단 참, 발코니, 좁은 통로를 설치하여 전망을 길거나 좁게 해 볼 수 있고, 급경사, 밝기, 상쾌함과 위험에 대한 느낌을 증가시켜 볼 수 있다.

상부와 하부 간의 연결고리는 둘 사이의 경계를 매우 확실하게 만들어 표현한다. 지하실 대 다락방이 그 예다. 또는 순환 공간에 한 가지 높이를 주고, 인근 방들에는 다른 높이의 천장을 만들거나 높이가 다른 건물을 잇는 경사로처럼 높이가 차이 나는 연결고리를 사용해 본다.

아동은 높이에 매혹되기도 하고 겁을 먹기도 하고 자신을 주위 세계와 비교하여 왜소하다는 것을 느끼면서도 힘과 프라이버시의 감각을 얻는다. 아동은 테이블, 계단, 헛간의 다락(건물의 맨 위층) 아래에 있는 것을 즐긴다. 그리고 숨는 것을 즐긴다. 강단, 건물 내의 수직 파이프, 건물의 맨 위층은 공간의 다양성을 창조하는 데 중요한 방식이고 아동에게 상부/하부의 변이를 절충하는 역량을 발달시킨다.

[그림 9-3] 상부/하부(Olds, 2001)

③ 빛/어둠

빛은 오직 어둠과의 관계에서 경험된다. 다시 말해, 빛은 물체들의 모양과 색깔에 반사되거나 흡수되어 다른 느낌을 갖게 만든다. 따라서 어두운 공간은 커다란 창문과 채광창으로부터 오는 빛과 대조되어 상쇄된다. 전반적으로 고른 빛보다는 한 무더기 빛이 들어오게 하거나 어둡던 영역을 줄어들게 하는 것이 중요하다.

빛과 어둠 사이의 경계에 도입된 어떠한 것이 연결고리 역할을 한다. 즉, 창문은 창살, 차양, 격자, 엷은 막의 커튼, 확장 처마, 안으로 움푹 들어간 창문틀, 천창, 이차적인 빛의 공급원이 되는 실내조명으로 세분화된다. 아동은 그림자놀이나 다른 재료의 조명에 매혹되기 때문에 설계자는 아동의 삶 속에서 존재의식을 키워 가는 것처럼 자연광을 사용하는 데 공동의 노력을 해야 한다. 소규모 과수원에 있는 나무에 달린 잎이 바깥에서 빛을 반사하여 실내로 보내는 광경, 반점 모양의 얼룩진 빛이 바닥에 드리우는 광경, 이에 관련된 인상은 일생 동안 지속된다.

④ 노출/완화

노출과 완화의 대조는 습한 것과 건조한 것, 따뜻한 것과 차가운 것, 바람이 몰아치는 것과 정적 등 일차적인 물리적 성질에 관심을 둔 것이다. 이러한 차원들 사이에 창출된 연결고리는 영혼에 꽤나 만족을 준다. 폭우가 쏟아지는 동안 깊은 처마를 갖춘 지붕 아래로 대피하여 보호받고 있다고 느끼는 것, 추운 밤 모닥불이 주는 안락함, 눈 뭉치를 만들고 난 후 난로에서 손을 녹이는 것, 뜨거운 날 야외에서 샤

[그림 9-4] 완전 노출/완화된 노출(Olds, 2001)

워하는 것, 현관, 야외 방들, 창가의 의자, 밀폐된 안뜰, 정원의 벽, 그늘받이 나무, 실내 수영장, 분수들 모두 막강한 연결 책략이다.

아동은 남쪽 방향이나 외부를 향한 의자, 아늑한 벽난로 주변에 끌리게 된다. 부분적으로 차폐된 안뜰, 보호를 제공하는 나무, 극단적인 경험을 상쇄하는 독특한 장소는 아동의 마음속에 오래 기억된다.

⑤ 유/무

유와 무의 대조는 무게, 형태, 장식 그리고 이런 것들의 부재에 관심을 두는 것이다. 유는 건물 벽의 견고함, 돌이나 두꺼운 목재와 같은 단단한 재료의 사용, 안쪽으로 깊숙이 들어간 창문틀에 의하여 표현된다. 보호받고 있다는 느낌을 쉽게 지각할 수 있는 것은 상부보다 하부에서이며, 이는 더 무겁고 두꺼운 건물의 기초 때문이다. 무는 장식이 없거나, 빛 또는 투명하고 잘 구부러지는 재료에 의해서 반영된다. 탁 트인 들녘(무)에 있는 바위(유)는 기준과 방위에 쓰일 수 있다.

유와 무의 연결고리는 내용물이 비교적 없는 영역과 내용물이 많은 영역을 연결하는 것이며, 조용함, 균형, 안심하기의 분위기를 조장한다. 중심부에 공용 영역이 있는 건물에는 사람들이 도착했을 때 관심을 집중시키고 대기하는 장소가 있거나 혹은 창가 좌석, 작은 반침과 같은 휴식장소가 있어서 집중된 에너지를 지닌 강렬한 어떠한 것(유)을 제공하여 주변의 것들은 없는 것(무)처럼 비춰진다. 지붕 난간, 장식을 한 서까래 말단, 창과 문의 두꺼운 가장자리는 유와 무를 구분지을 수 있다.

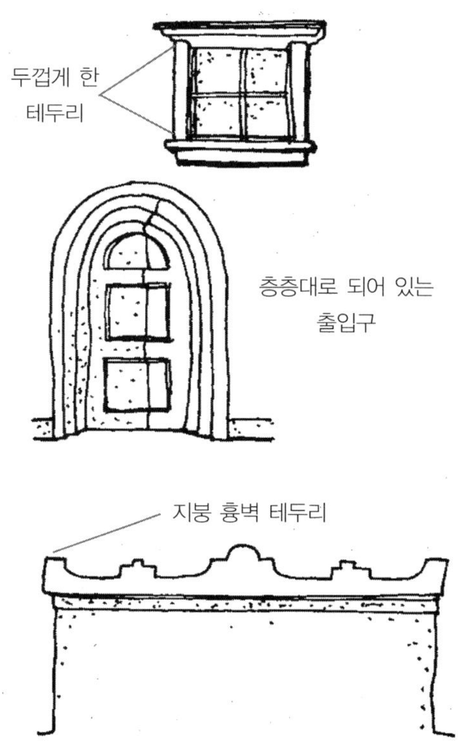

[그림 9-5] 유/무(Olds, 2001)

아동은 어떠한 것을 행하기도(유)하고 아무것도 하지 않기도(무) 하는 기회가 필요하다. 보육시설은 종종 텅 빈 공간이 없는 경우도 있다. 그러나 장난감을 쌓아 둔 벽(유)은 텅 빈 연단(무)과 접합해서 장난감만 채워진 공간(유)보다는, 근처에 어떠한 장난감도 없는 텅 빈 연단이 창의력에 도움을 준다. 상자 같은 획일화된 공간, 조립식 건물의 많은 요소들이 오늘날 보육시설에 사용되어 아동은 대부분 이러한 유/무의 차원을 경험하지 못하게 된다.

⑥ 질서/미스터리

질서는 새로운 것이 없는 거리, 건물의 설계, 기계가 만든 생산품, 보통의 고층건물에 있는 한결같은 창의 순서와 크기에서 두드러지게 나타난다. 반면에 미스터리는 수작업으로 하는 예측 불가능한 형태로 거리와 건물에 반영된다. 기능성과 사회성이 있는 공간으로 부엌을 설계하려면 기존의 질서정연한 부엌기능에 모호함을 부가함으로써 미스터리를 도입할 수 있고 이것으로 인해 부엌 공간이 화젯거리로 제공되어 사람들을 더 자유스럽게 하고, 다른 사람과의 관계를 형성하는 데도 도움을 준다.

질서와 미스터리를 연결하기 위하여 기계로 만들거나 손으로 만든 재료 둘 다를 사용할 수 있다. 인테리어 창, 절반 가량의 벽은 부분적으로 분리될 수 있고 방과 복도와 같은 뚜렷한 기능성 영역을 접합할 수 있다. 영구적인 벽에는 꽃과 예술품을 전시해 변화를 줘 보일 수도 있다.

아동들은 특정한 기능을 연결하는 애매모호한 공간에 끌린다. 왜냐하면 그러한 공간들은 사물의 관계를 설명하는 데 도움을 주고 아동들에게 표현의 자유를 허용하기 때문이다. 그렇지 않을 경우 예측이 가능한 뻔한 틀에 박

[그림 9-6] 질서/미스터리(Olds, 2001)

혀 버린다. 아동을 위한 공간은 보안을 위하여 질서가, 그리고 경이로움을 만족시키기 위해 미스터리가 필요하다.

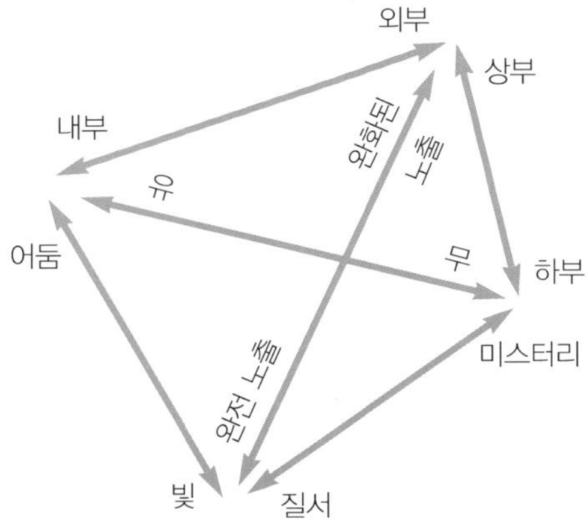

[그림 9-7] 6가지 상호 연관된 대조 특성: 각 특성의 극은 다른 것과 결합되어 있다

⑦ 여섯 가지 대조를 연결하는 것

여섯 가지의 대조가 서로 협조하여 보강될 때 보육시설의 설계는 꽤나 풍부해진다. 몇 가지 대조가 동시에 존재하게 되면 더 많은 영향을 미친다. 예를 들어, 작은 방에 다양한 모양의 천장을 설치하는 것, 축소된 바닥 면적은 조명과 색깔로 특별하게 만들 수 있다. 때론 직관에 의하여 어떠한 차원들이 자연스럽게 연결되기도 한다. 예를 들어, 밝으면서 위로 올라가는 것, 어두우면서 아래로 가는 것, 미스터리와 텅 빈 상태로 아래로 가는 것, 어두우면서 안에 있는 것 등등. 이러한 관계는 다이아몬드 형태로 [그림 9-7]처럼 표현된다.

(8) 영혼이 깃든 설계

영혼이 깃든 장소는 원래부터 자연스런 아름다움을 가지고 있는 장소다. 그러나 건축학적인 세계에서 영혼이 깃든 장소는 건축가, 설계자의 의도와 고객에 의하여 반영된다. 영혼이 깃든 장소를 창조한다는 것은 이 장에서 제시한 개방적인 견해에서처럼 이기심을 버리는 것이다. 새로운 시도에 대한 중압감이나 두려움을 버려야 한다. 영혼이 깃든 장소를 창조하는 것은 설계과정 시 오류와 애로사항을 수차례 거쳐야 한다. 우리가 깊은 애정을 가지고 아동을 위한 공간을 계획할 때, 아동의 영혼이 안주하고 자유로워지는 아름다운 장소를 창조하게 된다.

3. 보육시설의 공간 계획

1) 입지조건

보육시설은 보육 수요, 보건, 위생, 급수, 안전, 교통, 환경 및 교통편의 등을 충분히 고려하여 쾌적한 환경의 부지를 선정하여야 하므로, 아동의 신체적 · 사회적 안전에 위험하다고 판단되는 시설이 인근에 입지하지 않도록 하여야 한다.

주택건설기준 등에 관한 규정 제9조 제3항에서 규정하고 있는 위험시설로부터 수평거리 50m 이상 떨어진 곳에 배치되어야 하는데, 이때 보육시설의 범위는 건물뿐만 아니라 전용 부수 공간(놀이터, 주차장)을 포함하며, 위험시설의 범위는 충전 · 저장설비 등의 시설물만이 아닌 이들 시설이 설치되어 있는 장소를 포함한다.

2) 면적 산정 및 정원 책정 기준

보육시설 정원은 보육시설 전용으로 사용하는 시설(실내) 면적, 보육실 면적, 옥외놀이터(또는 대체놀이터) 면적을 기준으로 책정하는데, 보육시설 전용면적 산정은 아동보육과 직간접적 관련이 있다고 인정되는 실내 설비를 기준으로 이루어진다.

대부분의 전문가들은 보육시설의 공간 계획에서 무엇보다도 아동들의 활동에 적정한 공간 크기가 제시되어야 함을 지적하고 있는데, 무어(Moore, 1996)는 보육시설의 총면적으로 아동 1인당 $9m^2$가 필요하다고 하였으며, 우리나라는 적정 면적으로 아동 1인당 $6.9m^2$를 추천하고 있다.

보육실은 영유아의 주된 생활공간이므로 면적 산정 시 보육시설 자체현관, 복도, 통로로 사용되는 면적을 제외하며, 놀이터는 놀이터 설치기준에 의하여 설치한다.

<table>
<tr><th>면적 기준 / 시설규모</th><th>보육시설 전용 면적</th><th>보육실 면적</th><th>놀이터 면적</th><th>선정기준</th></tr>
<tr><td>50인 미만 시설</td><td rowspan="2">영유아 1인당 4.29m²</td><td rowspan="2">영유아 1인당 2.64m²</td><td></td><td rowspan="2">각 면적 산정 인원 중 가장 작은 수를 정원으로 함</td></tr>
<tr><td>50인 이상 시설</td><td>영유아 1인당 3.5m² 원칙</td></tr>
</table>

[그림 9-8] 면적 산정 및 정원 책정 기준

3) 놀이터 종류 및 면적 기준

정원 50인 이상의 보육시설은 영유아 1인당 3.5m^2 이상 규모의 옥외놀이터 설치를 원칙으로 하되, 정원 규모별 면적 기준은 달리 적용할 수 있는데 〈표 9-1〉에 제시된 바와 같다.

〈표 9-1〉 놀이터 면적 기준(산출면적의 소수점 이하는 절사)

정원	면적 산정 기준	비고
50~99인	정원×45%×3.5㎡	각 정원의 45%를 기준으로 1인당 3.5㎡ 이상으로 놀이터를 설치함
100~129인	100명×45%×3.5㎡	45명 기준
130~159인	130×40%×3.5㎡	52명 기준
160~199인	160×40%×3.5㎡	64명 기준
200~249인	200×35%×3.5㎡	70명 기준
200~300인	250×35%×3.5㎡	정원 250~300명의 시설인 경우, 87명 기준

놀이터의 종류는 옥외놀이터와 옥내놀이터, 인근놀이터로 구분되며, 옥내놀이터는 실내놀이터와 보육시설의 중간 옥상이나 베란다를 활용한 옥내중간놀이터로 나눌 수 있다.

보육시설 자체 부지가 있는 경우에는 옥외놀이터를 설치하여야 하며, 신축, 증·개축, 소재지 변경으로 면적 확보가 가능한 경우, 옥외놀이터를 확보하여야 한다.

놀이터는 건축법상 지하층에는 설치할 수 없으며, 보육시설의 2층 이상에 놀이터를 설치하는 경우, 영유아보육법령에서 정하는 비상재해대비시설 설치 기준에 준해야 한다.

실내놀이터를 제외하고는 놀이터의 바닥은 모래밭, 천연 및 인공 잔디, 고무매트, 폐타이어 블록으로 설치하여야 하며, 고정식 놀이기구가 설치된 부분에 대하여는 어린이놀이시설 안전관리법의 설치 검사로 인정받은 면적을 인정한다.

실외놀이터의 위치는 밝고 따뜻한 남향이 가장 좋으며 실내와 연결이 용이하도록 계획해야 한다. 대부분의 보육시설의 경우 실내외 공간을 배치할 때 실외 공간에 대한 사전 배려 없이 건물을 배치한 다음, 남는 공간에 놀이기구를 설치해서는 안 된다. 아동들은 실내외의 연결이 용이하여 물건을 안팎으로 쉽게 옮길 수 있고 화장실 사용이 편리해야 한다. 교사들은 실내외로의 이동 상황을 쉽게 지켜볼 수 있고, 감독이 용이하도록 실내에서 놀이터가 잘 보일 수 있어야 한다(최목화 외, 2002).

실외놀이터는 실내에서 할 수 없는 다양한 신체활동이나 물 · 모래놀이, 자연관찰 등이 이루어질 수 있도록 계획되어야 하며, 실외놀이터나 인근놀이터에 놀이시설의 종류와 수가 제한되어 있으면 아동 간 다툼이 일어날 수 있으므로 최소한 세 종류 이상 갖추는 것이 좋다. 실외 놀이시설의 종류로는 미끄럼틀, 그네, 탈 것, 시소, 모래밭 등이 있다.

4) 실내의 공간 계획

보육시설 내부 공간은 크게 세 영역, 즉 시설의 운영 사무행정을 위한 행정관리 영역, 아동을 보육하는 보육영역 그리고 위의 두 영역은 아니지만 실내의 각종 프로그램을 지원하는 서비스 영역으로 나눌 수 있다.

(1) 행정관리 영역

① 원장실

원장실은 원장이 시설의 운영 및 관리를 위하여 사무를 보는 곳으로 교사회의, 부모상담을 위한 장소로도 활용된다. 대규모 보육환경에서는 원장실 옆에 업무를 보조하는 사무실을 분리하여 둘 수 있으나, 그렇지 않은 경우는 업무를 보조하는 사무직원이 원장실 공간을 함께 사용할 수도 있다(이연숙 외, 1997b).

원장실을 계획할 때 고려해야 할 사항으로는 첫째, 출입 및 접대영역과 인접 배치하여 방문객들의 접근이 용이하도록 하며, 출입자를 감독하기 위해 출입구 쪽으로 창을 두어 시각적으로 연결되도록 한다. 둘째, 시각적, 청각적 프라이버시와 영역성이 보장되도록 한다. 셋째, 사무직원과 원장실 공간을 공유하는 경우, 원장이 업무를 처리할 수 있도록 가구 또는 칸막이로 영역을 구획하여 시선이나 접근을 어느 정도 차단하도록 한다.

② 교사실

교사실은 교육활동을 위한 준비와 자료 검토, 교육과정에 대한 연구와 계획을 하며, 교육운영 전반에 관한 회의를 진행하고 행정적인 업무를 보는 공간이지만, 공간이 부족할 경우 제공되지 않아도 되거나 혹은 사무실, 보육실과 공유될 수 있는 독립성이 없는 공간으로 여겨지기 쉽다. 그러나 적절한 교사실의 제공은 교사의 피로 회복 및 업무 효율성을 높임으로써 교사의 보육활동 및 아동과의 상호작용을 보다 바람직한 방향으로 이끌 수 있다.

교사실을 계획할 때 고려해야 할 사항으로는 첫째, 교사가 편히 쉴 수 있게 편안한 공간이 마련되어 있으면서 쉽게 보육실로 갈 수 있도록 배려되어야 한다. 둘째, 교사들의 휴식, 간식, 회의, 독서, 연구, 자료 검토 및 학습자료 만들기를 할 수 있도록 작업공간 및 수납공간, 간이부엌, 휴식용 소파 등이 있는 공간으로 계획하는 것이 바람직하다. 셋째, 사무실, 통로, 부모 공간 및 성인 화장실로 쉽게 접근할 수 있도록 배치한다. 넷째, 시각적, 청각적 프라이버시를 제공받을 수 있도록 계획한다.

③ 자료실

자료실은 교육 활동을 위한 교재·교구나 학습자료를 보관하고 진열, 게시하는 장소로 연령, 주제, 계절, 재료에 따라 체계적으로 분류·정리·보관하여 효율적으로 사용할 수 있도록 한다.

자료실을 계획할 때 고려해야 할 사항으로는 첫째, 자료실 공간 한편에 교사들이 교육 활동으로 교재를 선택하기 전에 교재에 대한 탐색과 시험활동을 시연해 볼 수 있도록 교사용 의자와 테이블을 설치한다. 둘째, 다양한 시청각 기자재 정리함이 책꽂이 및 기기 수납장과 결합되어야 한다. 만일 교사의 연구·학술영역과 결합된다면 성인이 앉아서 필기할 수 있는 공간이 확보되어야 한다.

(2) 보육 영역

① 영아를 위한 보육실

보육실은 정서적으로 편안하고 안락하여 가정과 같은 분위기가 나도록 꾸며 주어 영아들이 심리적으로 안정감을 느낄 수 있도록 해 주어야 한다. 특히, 출생에서 3세까지의 시기는 모든 면에서 발달의 기초가 이루어지는 단계로서 이때 이루어지는 신체, 인지, 사회, 정서의 발달이 거의 일생을 좌우한다. 따라서 영아실은 영아가 주로 활동하고 생활하는 곳으로 환경구성이 영아에게 적합하려면 영아의 세 가지 기본 욕구, 즉 움직이려는 욕구, 안정감을 느끼려는 욕구, 자신감을 느끼려는 욕구를 만족시켜야 한다(이은해 외, 1995).

영아를 위한 보육실을 계획할 때 고려해야 할 사항으로는 첫째, 기저귀 갈기, 낮잠 자기, 음식 먹기 영역 및 놀이 영역을 서로 분리하여 배치한다. 이는 위생을 고려하고 조용하게 쉴 수 있는 공간을 확보하기 위해서다. 둘째, 영아가 필요시 잠을 잘 수 있는 조용하고 쾌적한 분리 공간이 있어야 한다. 교사는 잠자는 곳에 시각적, 청각적으로 접근할 수 있어야 하며, 잠자는 곳은 활동영역과 떨어져 간이벽으로 분리되는 것이 바람직하다. 셋째, 바닥에서 통로를 보거나 외부를 볼 수 있도록 영아 눈높이에 창문을 설치해 준다. 넷째, 영아를 위한 개방활동 공간은 아이들이 교사와 접촉하고 움직이고 탐색할 수 있도록 안전하고 부드러우며 자극적인 환경이 되도록 한다. 다섯째, 영아가 자신과 다른 사물의 반영을 볼 수 있도록 바닥에 접한 거울이 있어야 하며, 거울은 안전유리, 아크릴, 반사 금속재로 된 것이어야 한다. 여섯째, 층계를 구성하거나 이동 가능한 부드러운 구조물을 이용하여 높낮이를 변화시킬 수 있어야 한다. 일곱째, 잠자는 곳의 조명은 조도 조절이 되어야 하며, 외부 창으로부터 직사광선이 들어오지 않도록 창문 처리를 해야 한다. 또한 천장에는 장식요소가 있어야 한다. 여덟째, 보육실에는 부드러운 요소(베개, 쿠션을 넣은 벽)와 딱딱한 요소(흔들의자, 거울)가 골고루 포함되도록 한다.

② 유아를 위한 보육실

보육실은 아동이 작업과 놀이를 하면서 하루의 대부분을 보내는 곳으로서 보육시설에서 가장 핵심적이고 중요한 공간이다. 보육실을 어떻게 구성하고 각종 설비나 비품을 어떻게 배열하느냐에 따라 유아교육 활동의 성격과 질이 결정될 수 있으므로(임재택, 1995), 아동의 수뿐만 아니라 연령, 발달수준 등을 고려하여 보육실 환경을 구성하는 것이 중요하다. 또한 보육실에서는 교육과 더불어 일상적인 생활이 이루어지므로 교육적인 환경의 구성은 물론, 가정과 같은 분위기를 갖는 것이 아동의 정서적 안정을 위해 중요하다.

유아를 위한 보육실을 계획할 때 고려해야 할 사항으로는 첫째, 남향이나 동향에 위치하도록 하며, 가능한 한 1층에 두도록 한다. 둘째, 보육실의 형태는 정사각형보다는 직사각형으로 된 것이 편리하며, L자 형의 불규칙한 모양은 공간 구성을 용이하게 해 주므로 바람직하다(Moore, 1996). 셋째, 보육실은 포복실, 유희실을 포함하여 영유아 1인당 2.64m^2 이상이 되어야 하며, 바닥 난방시설을 비롯하여 환기 · 채광 · 조명 · 온습도가 적절히 유지, 관리되도록 하여야 한다. 넷째, 놀이 특성에 따라 보육공간을 구획하여 자료를 영역별로 배치하면 유아의 놀이가 서로 방해받지 않고 지속될 수 있다. 시끄러운 놀이와 조용한 놀이, 움직임이 많은 놀이와 움직임이 적은 놀이, 물이 사용되는 놀이와 그렇지 않은 놀이들은 서로 분리되도록 놀이공간을 배치하는 것이 좋다. 예를 들어, 조용하고 움직임이 적은 놀이(책 읽기, 수 활동이나 과학 활동 등) 공간을 보육실 한쪽에 배치하였다면, 그 반대쪽 공간에는 시끄럽고 움직임이 많은 놀이영역(음률활동, 쌓기놀이영역 등)을 배치하면 서로 놀이에 방해가 안 된다. 다섯째, 보육실에는 복도 쪽으로 연결된 출입문, 실내활동에서 실외활동으로의 원활한 이동을 돕고 비상구 역할을 하는 출입문을 설치해야 한다. 여섯째, 창문높이는 아동이 바닥에 서서 밖을 내다보기 편한 높이인 60~70cm 정도에 설치하도록 한다(김주건, 1994). 일곱째, 벽면의 마감재는 부드러우면서도 방수성, 방음성, 내연성이 좋아야 하며, 벽의 색채는 빛의 50%를 반사할 수 있는 연한 초록색이나 연한 미색 등의 밝은 색이 좋다. 여덟째, 유아실의 전체조도를 일정하게 하기 위해 기본조명과 특수목적을 위한 부분조명을 적절하게 이용하며, 부분조명의 밝기는 전체조명보다 약 3배가 되도록 한다(Osmon, 1971). 아홉째, 영역 간의 시각적 차단이 되도록 하되, 서서 활동하는 아동의 시각적 차단을 위해서는 120cm 높이의 칸막이가 적당하며, 앉아서 활동하는 경우에는 60cm 높이가 적당하다 (Decker & Decker, 1992).

(3) 서비스 영역

① 현관

현관은 보육시설을 찾아오는 사람을 환영하고, 보육시설의 여러 면들을 소개하기 위한 영역이며, 또한 아동들이 아침에 부모와 헤어져 교사와 놀이친구를 만나는 곳이며, 오후에는 다시 부모를 만나 집으로 돌아가는 곳이다. 현관의 인상은 보육시설에 처음 오는 아동들에게 매우 중요한데, 집과 같이 편안하고 안전하며 재미있는 곳이라는 느낌을 확실하게 전달할 수 있어야 한다(이연숙, 1997b).

현관 계획 시 고려해야 할 사항으로는 첫째, 부모가 아동의 활동공간을 자연스럽게 볼 수 있도록 투명유리 등과 같은 재료를 사용하는 것이 바람직하다. 둘째, 낯선 사람의 출입을 효율적으로 통제하고, 아동 혼자서 문을 열지 못하도록 잠금장치를 설치해야 한다. 셋째, 식물, 그림이나 장식물 등을 설치하여 흥미롭고 시각적으로 아름답게 설계한다. 넷째, 건물에 있는 직원이 출입구를 볼 수 있도록 하여 전담직원이 없어도 사람의 출입을 쉽게 감시할 수 있도록 계획한다. 다섯째, 많은 사람이 드나드는 곳이므로 벽에 페인트칠을 하거나 비닐 벽으로 마감처리하는 것이 좋으며, 바닥은 유지관리가 용이하며 미끄러지지 않는 재료를 사용해야 한다.

② 양호실

양호실은 아동이 아플 경우나 감염이 우려되는 경우 쉽게 격리되어 쉴 수 있으며, 보호자가 올 때까지 간호를 받는 곳이다. 대규모의 보육시설은 건강관리 프로그램에 의해 전문교사와 양호시설을 갖추고 있는데, 일부 작은 시설에서는 관리자의 사무실 등에 간이침대를 갖추어 보호하고 있다.

양호실을 계획할 때 고려해야 할 사항으로는 첫째, 사용자의 프라이버시를 확보하여 휴식을 취할 수 있도록 분위기를 조성해야 하며, 격리하되 아동들이 고립감을 느끼지 않도록 다른 아동의 활동공간과 시각적 연계성을 유지해야 한다(Sanoff,

1989). 둘째, 아픈 아동이 화장실 가는 동안 생길 수 있는 사고의 위험을 최소화하기 위해 양호실 내에 변기를 두거나 양호실을 아동 화장실 근처에 배치한다(이연숙, 1997b). 셋째, 구급약, 담요, 기타 물품을 보관할 수 있는 잠금장치가 있는 수납장을 비치해야 한다.

③ 화장실 및 욕실

화장실과 욕실은 아동들의 건강과 청결을 지키고, 위생습관을 배우는 곳이며, 화장실 사용 훈련은 유아들에게 매우 기본적이고 중요한 교육 중의 하나다. 화장실에서 아동은 규칙적인 시간 간격을 두고 앉아 시간을 보내고 스스로 씻는 것을 배운다. 아동이 화장실에서 보내는 시간을 특별하고 즐겁게 여긴다면 이러한 훈련은 훨씬 쉽게 이루어질 수 있기 때문에(Moore, 1994), 화장실에 가는 것을 즐거운 경험으로 만들기 위해서 사교적이고 재미있는 분위기로 만들어주는 것이 바람직하다.

화장실 및 욕실을 계획할 때 고려해야 할 사항으로는 첫째, 화장실은 보육실과 실외놀이 영역 양쪽에서 출입이 가능한 곳에 있어야 한다. 둘째, 아동이 화장실에 갈 때 교사가 따라가 도와줄 수 있는 공간이 확보되어야 하며, 아동의 프라이버시를 보호하되 살펴볼 수 있게끔 문 대신 칸막이를 설치한다. 셋째, 화장실 면적은 최소한 유아당 $0.46m^2$ 정도를 필요로 하며(김주건, 1994), 변기의 수 및 세면기 수의 비율은 유아 8~10명당 1개 정도(임재택, 1995)다. 넷째, 보육시설의 화장실은 샤워실의 기능도 겸하도록 하며 바닥은 미끄럼을 방지하는 소재여야 한다. 다섯째, 손 씻는 뜨거운 물의 최대 온도는 섭씨 44도가 되게끔 하여 화상으로부터 아동을 보호할 수 있어야 한다.

④ 조리실 및 식당

음식을 준비하고 섭취하는 일련의 과정은 아동이 사물을 인지하는 데 중요한 영향을 미친다. 피아제(Piaget, 1976)는 모든 아동은 완성된 형태의 모든 것에 대한 재료나 부속물에 대해 호기심을 보인다고 한다. 만일 아동에게 이미 만들어진 음식물만 보여 준다면, 본래의 재료가 어떻게 음식물로 전환되는가를 이해하지 못할 것이다(최목화 외, 2002). 또한 아동은 식사준비와 설거지를 통해 책임감과 틀에 박힌 성역할에 대한 편견을 해소하며 스스로 간단한 음식을 만드는 과정에서 관찰력과 만족감을 충족시켜 줄 수 있다.

보육시설의 경우 간식과 점심이 제공되어야 하므로 매일 식사시간을 계획해야 한다. 아동의 초기 생활경험은 성인이 된 후 식습관에 큰 영향을 미친다. 아동은 식사 중에 상대방과의 음식과 대화를 나누는 경험을 하면서 즐거움을 느끼게 한다. 보육시설에서 식사활동의 목적은 식탁 중앙에 꽃을 꽂거나 음식물을 배열하는 등 식사공간을 흥미롭게 꾸미는 것에서부터 식사 중 이야기를 하며 즐거운 식사 분위기를 조성하는 법, 그리고 식사도구를 사용하는 방법을 배우는 것까지를 포함한다(Moore, 1994).

조리실 및 식당을 계획할 때 고려해야 할 사항으로는 첫째, 9개월 이하 영아의 경우 큰 아동과 분리되어 식사할 수 있는 조용한 공간이 필요하며, 9~18개월, 18~30개월, 30~60개월 등 각각의 연령대별 식사공간을 서로 구분하는 것이 좋으나 시각적으로는 연결시키도록 한다. 둘째, 아동의 신체크기에 적합한 식탁과 의자를 제공해야 하며, 영아의 식사를 돌보는 교사를 위한 의자와 영아가 사용할 수 있는 키가 큰 의자에 식탁이 딸린 의자를 설치한다. 18~30개월 사이의 아동에게는 아동용 낮은 의자와 식탁을 제공한다. 셋째, 각 식탁에는 4~5명의 아동과 한 명의 어른이 앉을 수 있도록 계획한다.

참고문헌

건강과 영양, 안전(2009). 2009 평가인증조력프로그램. 서울: 중앙보육정보센터.

김주건(1994). 유아교육기관의 경영관리. 서울: 창지사.

보건복지가족부(2010). 2010 보육사업안내. 서울: 보건복지가족부.

보육환경(2009). 2009 평가인증조력프로그램. 서울: 중앙보육정보센터.

이연숙(1997a). 어린이집 실내공간 디자인 이론. 서울: 교육과학사.

이연숙(1997b). 어린이집 실내환경디자인 지침. 서울: 교육과학사.

이연숙(1997c). 외국 어린이집 실내환경 디자인 지침의 체계화. 서울: 교육과학사.

이은해, 김온기, 이미화, 이재선(1995). 어린이집 영아반 운영의 실제. 서울: 동문사.

임재택(1995). 유아교육기관 운영관리-유치원과 보육시설. 서울: 양서원.

장미경, 이상희, 윤미원, 정민정, 손금옥, 신현정(2006). 보육학개론. 서울: 태영출판사.

조복희, 공인숙, 권희경, 김혜선, 박은미, 서소정, 오연주, 정정희, 한세영(2007). 보육과정. 파주: 교육과학사.

최목화, 최병숙, 유옥순, 박선희, 이정희, 박경옥(2002). 보육시설 공간 디자인. 서울: 창지사.

한임순(1989). 유아교육개론. 서울: 동명사.

Decker, C. A., & Decker, J. R. (1992). *Planning and Administering Early Childhood Program.* Bell & Howell Co.

Moore, G. T. (1994). *Child Care Design: Strategies for Providing Developmentally Appropriate Child Care Facilities.* International Yearof the Family Conference on the UN Convention on the Rights of the Child.

Moore, G. T. (1996). *Addressing Center Size: A Village of Interconnected House for Very Large Centers.* Child Care Information Exchange.

Olds, A. R. (2001). *Child Care Design Guide.* McGraw-Hill.

Osmon, F. L. (1971). Patterns for Designing Children' s Centers, Educational Facilities.

Sanoff, H. (1989). *Creating Environments for Young Children.* North Carolina State University.

Chapter 10

부모교육 및 지역사회와의 협력

"부모 되기는 쉬워도 부모 노릇하기는 어렵다."라는 말이 있듯이, 자녀가 하나든 여럿이든, 예나 지금이나 부모역할을 제대로 하는 것은 힘이 들고 어려운 것이다. 그러나 대부분의 부모들은 체계적인 교육이나 훈련을 받지 못한 채 부모가 되고 있다. 부모역할을 제대로 하기 위해서는 지속적이고 체계적인 부모교육을 받아야 한다. 부모교육은 영유아를 위해서나 부모 자신을 위해서나 국가와 사회를 위해서나 꼭 필요한 과업이기 때문이다.

이 장에서는 부모교육이란 무엇이며, 왜 필요한가를 생각해 보고, 부모교육의 내용, 부모참여의 방법 그리고 지역사회와의 협력 등에 대해 살펴보고자 한다.

1. 부모교육의 의미 및 필요성

1) 부모교육의 의미

자녀를 양육하는 데 있어서 부모역할의 중요성과 필요성에 대해서는 어느 시대, 어느 사회를 막론하고 공감하고 있다. 사회가 점차 다원화되고 지식과 정보가 폭발적으로 증가하면서 자녀의 양육 및 교육에 관련된 전문적인 정보와 다양한 지식이 넘쳐나고 있지만 부모의 역할은 일반적으로 생각하는 것처럼 쉬운 것이 아니며, 이에 따라 부모를 위한 체계적인 교육의 필요성에 대한 인식이 점차 증대되고 있다. 그럼에도 불구하고 이에 대해 특별히 준비하거나 무엇인가를 배울 필요가 있다고 생각하는 사람은 많지 않다.

특히 최근 들어 나타나는 여성의 사회진출 기회 증가, 자녀 수의 감소, 자녀 양육 및 교육에 대한 관심 증대, 가족형태의 다양화 등은 바람직한 부모역할의 수행을 어렵게 하는 요인들이라 할 수 있다. 요즘의 대다수 젊은 부모들은 자녀 양육 및 교육에 대한 구체적 경험이나 정규 학교 교육을 통해 훈련받을 수 있는 기회가 전무하다고 해도 과언이 아니다. 따라서 자녀양육의 중요성을 인식하고, 이들을 양육하는 부모를 교육하는 것은 인간발달의 잠재력을 키우기 위해 가장 우선되는 과제이며, 현대 사회에서는 더욱 절실하게 요구되는 문제다. 또한 부모들이 자신에게는 물론이고 사회문화적으로도 의미 있는 부모역할에 대한 모델과 이미지를 정립할 수 있도록 하기 위하여 부모교육이 필요하다.

우리나라에서 부모교육이라는 용어는 광복 직후부터 사용하였는데, 1960년 이후 여성단체를 통한 여성의 사회교육 내용에도 부모교육이 많이 강조되고, 대중 여성잡지나 매스미디어 등에서도 부모교육의 내용을 많이 다루기 시작하였다. 또한 유치원이나 보육시설에서도 이 분야에 많은 관심을 기울여 색다른 프로그램들이 많이 개발되었으며, 오늘날까지 양적, 질적으로 발전되어 오고 있다.

부모교육은 부모훈련, 부모참여, 부모지지, 부모역할하기 등의 다양한 용어로 불리는데 각 용어들은 약간씩 다른 개념으로 사용되고 있으며, 이를 위한 프로그램

역시 부모교육 프로그램, 부모참여 프로그램, 부모역할 프로그램, 부모역할 훈련 프로그램 등 다양하게 사용되고 있다.

부모교육 관련 용어들의 의미를 정리해 보면 다음 〈표 10-1〉과 같다.

〈표 10-1〉 부모교육 관련 용어

개념	내용
부모교육 (parent education)	• 우리나라에서 가장 일반적으로 사용되고 있는 개념이다. • 부모가 부모로서의 역할 기능을 원활히 수행하고, 유아 교육 및 발달에 적극적으로 참여할 수 있도록 부모에게 지식 및 정보를 전달하거나 기술을 가르치는 것이다.
부모훈련 (parent training)	• 부모교육과 비슷한 의미로 사용되는데 구체적 절차와 개입이 있을 때 '훈련'이라는 용어를 사용한다. • 개개인의 부모 됨에 있어서 특정하게 부족한 자질 및 역량을 고도로 전문화된 단기 과정을 통해 숙련시키는 것으로 좋은 부모 됨을 위해서는 체계화, 전문화된 교육을 통해 부족한 자질을 훈련받아야 된다는 것을 전제로 한다.
부모개입 (parent involvement)	• 부모가 유아교육기관과의 긴밀한 유대를 통하여 아동을 바르게 이해하고 교육의 질을 높이기 위하여 부모 자신이 아동의 학습현장에 직접 개입하는 것을 뜻한다. • 부모개입은 유아교육기관에서 중요한 자원으로 활용되며 다양한 방법으로 교사를 보조하는 역할을 하게 된다.
부모참여 (parent participation)	• 부모가 유아교육 프로그램 구성 및 운영에 직접 참여하는 것을 의미한다. • 부모가 자녀의 교육에 대해서 수동적이고 소극적인 수준에서 벗어나 교사 및 교육행정가와 대등한 입장에서 서로 상호작용하고 교육에 관련된 의사결정에 참여하는 적극적인 방법이다. • 부모가 가족생활에 영향을 주는 특정 프로그램의 구성 및 운영에 직접 참여하는 것으로 부모와 교사가 동반자로서 동등한 입장에서 상호 유대관계를 가지는 보다 포괄적이고 적극적인 개념이다.
부모지지 (parent support)	• 친지로부터의 도움을 포함하여 교회, 지역사회 내의 각종 학부모회, 지방단체, 아동복지시설, 병원, 교육기관, 기업체, 기타 사회사업기관으로부터의 지원 및 지지를 의미한다.
부모역할하기 (parenting)	• 자녀를 양육하고 보호하며 지도하는 과정에서 부모와 자녀 사이의 계속적인 상호작용이며 부모와 자녀를 변화시키는 것으로 어머니 역할하기(mothering)와 아버지 역할하기(fathering)를 포함한 양육활동을 의미한다.

출처: 송정애, 정해은, 김미영(2008), p. 30의 내용을 수정 · 보완함.

이상의 용어들은 조금씩 다르게 표현되고 있기는 하지만 부모가 보다 나은 역할 수행을 하며 부모-자녀관계를 긍정적으로 유지하고 발전시킬 수 있도록 도울 뿐만 아니라 부모의 다양한 협력과 지원을 이끌어 내어 교육의 효과를 높이기 위해 부모를 대상으로 실시되는 교육이라는 의미를 공유하고 있다.

2) 유아교육에 있어서 부모의 역할

자녀의 성장과 발달에 따라 부모의 역할은 상이하나 부모-자녀관계는 직계 혈연관계이고 정적 유대관계이기 때문에 유아기 자녀의 부모역할에는 생리적 보호기능, 애정기능, 학습기능, 사회화기능 등 부모가 자녀의 발달을 위해서 해 주어야 하는 복합적인 행위가 포함된다.

영아기와 유아기에는 기본적인 신뢰감이 형성되어야 하므로 부모는 생리적 욕구를 적절히 충족시켜 줌으로써 자녀가 신체적인 안정감을 가지며 부모와 안정된 애착을 형성하도록 도와주어야 한다. 또한 부모는 자녀가 신체활동을 스스로 할 수 있게 되면 행동의 자유와 선택의 기회를 주어 자녀가 하고자 하는 것을 스스로 하도록 격려해야 한다. 또한 영유아기는 감각운동을 통해 외부 세계를 탐색함으로써 지능이 발달되는 시기이므로 풍부한 감각적 경험을 할 수 있는 기회와 환경을 조성해 주어야 한다.

유아기는 대근육 운동에 의해 활발한 신체적 발달이 이루어지며, 왕성한 호기심과 상상력으로 언어와 지능이 발달하는 시기다. 주도성이 발달하여 신체, 지능, 언어 발달에 종합적으로 작용한다. 친사회적 행동이 발달되어 또래관계를 포함한 다른 사람들과의 관계도 확대 발전한다. 따라서 유아기 자녀의 부모는 자녀가 주변 환경과 세상에 적극적으로 도전하여 자기 세계를 구성하면서 포부를 키우도록 격려하고 환경 조성을 해 주어야 한다. 또한 사회적 존재로서 필요한 기초적인 인격을 형성하도록 훈육해야 한다. 즉, 해도 되는 일과 해서는 안 될 일을 분명하게 구분해 주어 사회문화적으로 용납될 수 없는 행동에 대해선 엄격한 훈육이 필요하다.

환경에 대한 유아의 시도와 도전은 부모의 훈육을 통해 유기체의 발달적 요구와 사회의 적응적 요구가 조화와 균형이 이루어져야 하는데 이러한 조화와 균형을 적절히 돕는 것이 부모의 역할이다. 지적으로 우수하고 건전한 성격을 가진 유아로 기르기 위해 부모로서 반드시 해야 할 역할을 요약하면 다음과 같다(유안진, 김연진, 2005).

(1) 언어적 상호작용

인간의 활동과 사고는 대부분 언어라는 매개체를 통하여 이루어진다. 언어능력은 지적 능력의 중요한 지표가 되며 언어발달이 지능발달에 미치는 영향도 크다. 유아는 부모로부터 언어를 배우는데 이러한 점에서 유아기 자녀의 교육을 위하여 어머니는 자녀와 많은 시간 동안 같이 놀아 주며 끊임없이 말을 주고받는 등 언어 학습의 기회를 충분히 마련해 주어야 한다.

유아들은 질문을 많이 하는데 이때 부모는 귀찮더라도 그 질문에 적절한 대답을 해 주어야 한다. 질문에 대답을 하지 않는다든지, 귀찮다는 식의 부정적인 반응을 보이면 유아의 지적 호기심은 점차 줄어든다.

유아와 대화할 때 부모는 유아에게 말할 수 있는 기회를 많이 주어 가능한 새로운 낱말을 가르쳐 주고 그 낱말을 올바로 사용하도록 도와주어야 한다. 유아의 발음이 정확하지 않거나 잘못 사용하는 말들은 그때그때 고쳐 주어야 하며 짧은 단어로 의사를 표시할 때는 완전한 문장으로 표현하도록 이끌어 주고, 손짓이나 몸짓 등 동작으로 표현할 경우에는 말로 표현하도록 지도해 주어야 한다. 부모와 유아 간의 대화는 지적인 면뿐 아니라 정서적인 면에서도 많은 영향을 미친다.

(2) 성취 기대와 보상

자아개념은 개인 행동의 많은 부분을 지배한다. 자아개념은 아주 어릴 때부터 생기기 시작하며 한 번 형성된 자아개념은 쉽게 변하지 않는다.

부모는 자녀가 잘될 것이라는 확신을 가지고 유아로 하여금 자신의 능력을 신뢰하고 자신도 무엇인가 해낼 수 있다는 자신감을 갖도록 도와주어야 한다. 따라서 부모는 유아가 어떤 일을 성공적으로 성취했을 때 그냥 지나치지 말고 적절한 보상을 해 주어야 한다. 유아에게 물질적인 보상뿐만 아니라 애정과 관심을 표현해 주는 등 사회적인 보상을 줌으로써 바람직한 행동을 강화시켜 줄 수 있다.

(3) 풍부한 학습경험의 제공

유아의 발달을 촉진하기 위해서는 풍부한 학습경험을 할 수 있는 환경을 조성해 주어야 한다. 그림책이나 장난감을 제공해 주고, 학습도구나 문화시설을 마련해 주거나, 유아와 함께 공원이나 시장, 동물원 등에 함께 가서 새로운 사물과 사건에 접해 볼 기회를 마련해 주어야 한다.

그러나 기회를 제공해 주는 것만으로는 불충분하며, 유아가 그러한 다양한 기회를 이용하여 여러 가지 유익한 학습경험을 하도록 도와주고 지도해 주어야 한다. 비록 새로운 환경이 아니더라도 그 환경 속에서 유아가 무엇인가를 배울 수 있는 기회를 마련해 주는 것이 중요하다. 가정의 일상적인 생활 장면도 유아교육적 측면에서 다시 한 번 살펴보면 얼마든지 좋은 교육장면으로 활용될 수 있다. 부모가 유아와 함께 여러 가지 재료를 가지고 놀이와 대화를 하는 가운데 유아는 풍부한 학습경험을 쌓아 가게 된다.

(4) 보육시설과의 긴밀한 협조

가정교육과 보육시설에서 이루어지는 교육이 조화를 이룰 때 효율적인 유아교육이 이루어질 수 있다. 부모는 유아교육기관의 교육목표, 교육내용, 교육방법 등을 잘 알고 가정에서 이를 적용하고 보완한다. 교사는 각 유아들이 어떤 가정환경에서 자라고 있는가를 파악하여 이를 교육 실제에 반영해 가정교육과 유아교육이 조화를 이루도록 해야 한다.

또한 부모는 보육시설에서 유아가 무엇을, 어떻게, 왜, 배우는가에 대하여 끊임없이 관심을 가져야 한다. 보육시설에서 가르칠 수 없는 내용은 가정교육을 통하여 보충해 주어야 한다. 또한 교사 혼자만의 힘으로 할 수 없는 사항들을 부모가 협조해 주고 필요할 때에는 보조교사로서의 역할도 담당하는 부모참여를 통해 유아기 자녀의 교육효과를 극대화할 수 있다.

3) 부모교육의 필요성

오늘날 사회는 그 변화의 가속화로 인해 나타나는 다양한 사회현상들, 예를 들면 물질문명의 발달로 인한 인간성 상실, 전통적 가치와 새로운 가치의 충돌로 빚어지는 가치관의 혼란 등으로 인해 가히 혼돈의 시대라 할 수 있다. 특히 문명화된 사회

속에서 삶의 양식 변화로 인한 가족 형태의 다양화, 가족 구성원 간의 유대와 기능의 약화 등 가정이나 가족과 관련된 문제들은 부모와 자녀와의 관계 정립에도 영향을 끼치게 되어 부모가 그 역할을 수행하는 데 어려움을 가중시키고 있다. 따라서 올바른 자녀 양육 및 교육을 위해서는 체계적이고 조직적인 부모교육이 필요하며, 이는 부모와 자녀뿐만 아니라 어린이집, 지역사회, 나아가 국가 전체의 발전과 유익을 위해서도 부모교육이 필요하다.

햄너와 터너(Hamner & Turner, 1985)는 부모교육의 필요성을 다음의 10가지로 요약하고 있다.

첫째, 대부분의 사람들은 이미 부모가 되어 있거나 미래에 부모가 된다. 그러므로 부모기에 대한 훈련이 필요하다.

둘째, 부모기를 위한 교육이 가정에서뿐만 아니라 교육기관에서도 등한시되고 있다.

셋째, 성공적인 부모가 되기 위한 지침이 충분치 못하기 때문에 혼란과 두려움을 유발한다.

넷째, 효과적인 부모역할은 초기 아동기의 전반적인 발달에 매우 중요하다. 가정은 인간의 생애에 있어서 최초의 보금자리이자 가장 중요한 생활의 장으로 가장 지속적인 영향을 준다.

다섯째, 부모역할은 어렵고, 자녀양육과정에는 상당한 스트레스가 따르며, 부모가 자녀에게 충분한 역할을 해 줄 수 없기 때문에 죄책감이 따르기도 한다. 따라서 효과적인 부모역할을 수행하기 위해서는 부모역할에 대한 지식이 필요하다.

여섯째, 부모들은 자녀양육을 위해 도움이 필요하고 도움받기를 원한다. 광범위한 부모교육 참여와 관심은 부모가 도움받기를 원한다는 것을 입증한다.

일곱째, 급속한 사회변화는 가족생활과 가족 전체에 스트레스를 준다. 특히 사회변화 중 빈곤과 열악한 주거환경, 건강문제, 아동학대, 이혼 등이 이것의 원인이다. 가정생활 형태가 다양해짐에 따라 혼합가정, 한부모, 10대 부모 등의 독특한 욕구가 발생하고 이러한 욕구에 대처해야 한다. 부모는 스트레스를 극복하는 데뿐만 아니라 지원체제를 파악하고 유지하는 데 도움이 필요하다.

여덟째, 어머니가 직장을 갖게 됨에 따라 자녀를 보살피는 시간이 감소하게 된다. 따라서 부모들은 수준 높은 부모-자녀 간의 상호작용을 하고 자녀와의 시간을 잘 보내기 위해 도움이 필요하다. 특히 자녀를 양육하는 훌륭한 기법을 파악하고 확인하는 데 도움이 필요하다.

아홉째, 자녀양육에 아버지가 좀 더 참여해야 할 필요가 있다. 아버지도 부모역할을 효과적으로 할 수 있다는 연구결과들이 있다.

열째, 부모기에 잘못된 통념을 근절시킬 필요가 있다.

부모교육과 관련한 많은 연구들에서 제시하고 있는 부모교육의 필요성을 정리하면 다음과 같다(김현주 외, 2007; 송정애 외, 2008; 유안진 외, 1997).

(1) 유아의 건전한 성장과 사회적응

유아의 건전한 성장과 발달을 위한 유아교육이 성공하기 위해서는 교사의 노력뿐만 아니라 보육시설에 대한 부모들의 관심과 협조가 필요하다. 부모들은 유아교육이 충실히 이루어질 수 있도록 부모교육에 참여함으로써 자녀의 건전한 성장과 발달을 도울 수 있다.

또한 급변하는 현대 사회에서 미래를 살아갈 자녀들을 삶에 필요한 가치, 태도, 기술, 능력을 습득하여 사회에 잘 적응할 수 있는 사람으로 양육하기 위해서는 부모교육이 필요하다.

(2) 가정과 보육시설의 일관성 유지 및 연계성 확립

유아에게 가장 강력한 영향을 미치는 성인은 부모와 교사일 것이다. 유아들은 가정에서 부모를 통해 모국어를 습득하고 부모의 언행을 모방하면서 많은 것을 배우게 된다. 보육시설에서 유아교사가 아무리 잘 가르치더라도 가정에서 부모가 보육시설과 전혀 다른 방향으로 가르친다면, 유아들이 바르게 배우고 성장하기를 기대하기는 어려울 것이다. 이러한 측면에서 볼 때 가정교육과 유아교육은 서로 일관성 있게 이루어져야 하며, 이를 위해 부모들은 보육시설과 긴밀한 관계를 유지하여 가정에서 발생하는 여러 가지 문제를 함께 해결해 나가기 위해서 부모교육이 필요하다.

(3) 자녀교육에 필요한 지식이나 기술의 습득

부모들은 보육시설을 직접 방문하여 유아지도 상황을 관찰하거나 유아지도활동에 보조교사로서 참여해 봄으로써 자녀교육에 필요한 지식이나 기술을 습득할 수 있다. 또한 부모들은 보육기관에서 실시하는 여러 형태의 부모교육에 참여하여 강의를 듣거나 실습해 봄으로써 자녀들의 발달특성과 지도방법에 관한 지식이나 기술을 습득할 수 있다.

(4) 부모역할 기술의 습득

현대 사회는 다양한 형태의 가족이 존재하고 각기 다른 형태의 가족 구조에서 요구되는 부모의 역할은 다를 수밖에 없다. 그러나 이러한 다양한 요구에 효율적으로 대처하기 위해서 부모역할을 원활하게 수행할 수 있는 기술의 습득이 필요하며, 부모교육을 통해서 이러한 기술을 습득할 수 있다.

(5) 부모의 성장 기회

부모교육을 통해 부모들이 인간으로서 성장할 기회를 얻을 수 있기 때문에 부모교육이 필요하다. 부모역할은 일생을 통해 이루어지는 성인교육의 한 측면으로도 생각할 수 있다. 성인이 담당하는 다른 역할과는 달리 부모역할은 자녀들이 성장함에 따라 함께 변하여 자녀의 성장에 따른 다양한 요구에 적절히 적응하고 반응해 주어야 한다. 부모교육을 통해서 부모는 부모로서 성장할 기회를 얻을 수 있을 뿐만 아니라 인간으로서도 성장하고 발달할 기회를 얻을 수 있기 때문에 부모교육이 필요하다.

2. 부모교육의 내용

부모교육의 주요 내용은 유아발달 및 그에 따른 양육 및 지도방법을 다루는 것으로서 부모에게 올바른 자녀교육에 필요한 지식을 제공하고 바람직한 유아교육 태도를 고취시키기 위한 내용으로 구성된다.

또한 부모교육의 내용은 부모 자신의 발전 및 향상을 통해 자기를 실현해 보는 기회를 제공하고 부모들이 원하는 여러 분야에 대한 지식과 정보 및 기술습득의 기회를 만들어 주는 데 필요한 내용들로 채워진다.

이를 보다 세분화해서 살펴보면 다음과 같다.

1) 유아교육과 부모의 역할

유아기는 인간발달의 결정기이기 때문에 어느 시기보다 중요한 시기다. 유아교육은 발달의 결정기에 있는 유아의 발달을 촉진시키는 것이 주요 목적이다. 이러한 유아교육의 주역은 부모가 맡게 된다. 다시 말해서 부모는 유아의 성장과 발달에 중요한 영향을 미칠 수 있는 위치에 있다. 이와 관련된 부모교육의 내용은 자녀의 성장과 발달을 돕기 위한 부모의 역할이 무엇이며, 또 그 중요성을 부모에게 인식시키는 것과 관련된 내용들이 포함된다.

2) 유아발달의 특징과 그 지도방법

부모가 유아의 발달을 촉진시키는 데 필요한 가정환경을 조성하고 또 그들 자신의 역할을 다하기 위해서는 우선 유아의 신체적, 사회적, 정서적, 지적 그리고 언어적 발달의 특징을 알고 있어야 한다. 유아가 말을 하고 수를 헤아릴 수 있는 시기는 언제이며, 분류 능력이 나타나는 시기가 언제인지를 아는 부모는 이를 모르는 부모보다 유아의 언어나 인지 발달에 대한 기대를 더 현실화하고 또 그 지도를 더 효과적으로 할 수 있을 것이다. 이와 관련된 부모교육의 내용은 유아의 발달에 관한 지식과 그 지도방법을 익히는 데 필요한 내용들을 유아의 발달특성과 연관 지어 다룬다.

3) 유아의 문제행동과 그 지도방법

부모교육의 중요 내용 중의 하나는 유아에게서 나타나는 다양한 문제행동에 대해 그 원인과 대처방안을 모색하는 것이다. 유아에게서 나타나는 문제행동들은 모방이나 학습에 의해 습득된 것들이 대부분이다. 예를 들면, 원하는 대로 되지 않을 때 떼를 쓰거나 공격적 행동이 나타나는 것 등은 본성에 의한 행동이라기보다는 주변의 또래나 보다 큰 아동의 행동을 보고 따라하는 경우가 많다. 이러한 유아의 문제행동을 사회적 학습의 결과로 보고 부모가 가정에서 그 문제행동을 고쳐 줄 수 있는 지도방법에 관한 내용들을 다룬다.

4) 자녀와의 대화기법

부모는 자녀양육을 하는 동안 효과적인 의사소통에 어려움을 느낀다. 부모는 많은 경우에 자녀의 말뜻을 이해하지 못하거나 잘못 이해하며 또한 부모 자신들이 자녀에게 전하고자 하는 바를 제대로 전달하지 못하거나 잘못 전달하기도 한다. 이러한 부모와 유아 간의 대화의 문제는 바로 양육문제와 직결된다. 이와 관련된 부모교육은 부모-유아 사이의 효과적인 대화기법에 관한 내용을 다룬다.

5) 가정에서의 학습 환경 조성

유아가 매일 접촉하는 가정환경은 유아의 발달에 많은 영향을 준다. 풍부한 환경은 유아의 발달을 촉진하는 다양한 학습경험의 기회를 제공해 준다. 풍부한 가정환경이란 값비싼 교구나 장난감 등이 많다는 것을 의미하는 것이 아니다. 주어진 그대로의 환경을 교육적으로 어떻게 활용하느냐에 따라 풍부한 환경이 되기도 하고 빈약한 환경이 될 수도 있다. 이와 관련된 부모교육은 유아의 발달을 촉진시켜 주기 위한 학습 환경을 조성해 주는 방법에 관한 내용을 다룬다.

6) 보육시설에서의 부모참여

부모가 보육시설의 교육 프로그램에 참여하는 것은 그 교육의 지속적인 효과에 많은 영향을 미친다. 더욱이 한 교사가 맡은 유아의 수가 많은 학급일수록 부모의 참여는 매우 중요하다. 부모참여의 정도나 방법은 여러 가지가 있을 수 있다. 가장 대표적인 것은 부모가 보조교사의 역할을 담당하는 것으로 부모는 교사가 유아들을 가르칠 때에 교사의 손이 미치지 못하는 유아를 도와줄 수 있다. 이와 관련한 부모교육의 내용은 부모가 보육시설의 보육활동에 적극적으로 참여하여 지원해 주는 구체적인 방법이 다룬다.

3. 부모참여의 실제

유아교육의 중심은 물론 유아이지만 유아가 속한 가정 또한 똑같이 중요하다. 이는 유아 자신이 가족체계의 구성원이고 그 가족의 가치와 문화는 유아와 분리될 수 없기 때문이다. 뿐만 아니라 가족과 교사 등 유아 주변의 모든 이가 유아의 사회화에 대한 책임을 공유하기 때문이기도 하다. 가정은 유아가 태어나서 처음 경험하게 되는 사회 환경이며 부모가 제공하는 환경은 유아발달 전반에 중추적인 역할을 하기 때문에 효율적인 부모역할 수행은 유아의 성장과 발달에 크게 영향을 미친다. 이와 같이 유아의 삶에서 부모가 차지하는 비중이 매우 크기 때문에 유아교육 프로그램이 성공하기 위해서는 부모의 지원과 참여가 필요하다.

1) 부모참여의 의미

보육시설에서의 부모참여는 다양하게 정의될 수 있는데 교육자들 사이에서 종종 협력관계, 부모참여, 학교 · 부모 · 지역사회 협력 등의 용어와 동의어로 사용되기도 한다. 일반적으로 말하는 부모참여는 정책결정, 부모교육, 기금(재원) 마련, 자원봉사, 교사와 부모 그리고 보육시설 간의 상호작용을 의미한다.

불과 얼마 전까지만 해도 부모와 보육시설의 협력관계에서 오는 이점에 대한 인식이 부족하여 부모가 보육시설의 교육 활동에 직접 참여하는 방안은 전혀 고려되지 않았다. 보육시설에서는 주로 부모를 피교육자로 생각하여 양육방법에 대한 이해나 지식을 증진시키는 교육을 제공하는 부모교육에만 초점을 맞추었다. 이처럼 초기에는 부모가 전문가로부터 교육을 받는 소극적이고 수동적인 부모교육의 개념만을 포함하였으나, 최근에는 부모가 보육시설의 유아를 가르치거나 교사의 교육 활동을 도와주고 보육시설의 정책이나 인사채용 등 운영까지도 참여하는 보다 포괄적인 의미의 부모참여로 점차 확대되어 가고 있다.

따라서 부모참여란 영유아를 대상으로 하는 교육의 질을 높이기 위하여 부모가 교육 활동과 운영에 참여하는 일체의 교육적 활동으로 정의할 수 있다. 즉, 부모가 보육시설의 동반자로서 협력관계를 유지하며 자녀의 교육에 대한 책임을 분담하고 유아의 교육과 발달을 위해 노력하는 모든 과정이라고 할 수 있다(강문희 외, 2002).

엡스타인(Epstein, 1997)은 성공적인 교육기관, 가정, 지역사회의 동반자 관계형성을 위한 부모참여와 관련하여 교육기관의 역할을 제안하고 있다.

① 부모역할하기: 부모가 유아의 학습에 적절한 가정환경을 준비하고 부모역할기술을 익힐 수 있도록 부모에게 도움을 주고, 교육기관은 유아의 가정을 이해할 수 있도록 노력한다.
② 의사소통하기: 기관의 프로그램과 유아의 진보 상황에 대해 기관에서 가정으로, 가정에서 기관으로 의사소통을 가능하게 한다.
③ 자원봉사하기: 기관과 유아들을 지원할 수 있는 자원봉사자들을 조직한다.
④ 가정에서 학습하기: 가정에서의 학습과 활동에 부모가 유아들과 적극적으로 참여할 수 있도록 한다.
⑤ 의사결정하기: 기관의 의사결정과정에 부모를 참여시키고 부모 지도자를 훈련한다.
⑥ 지역사회와 협동하기: 가정, 유아, 기관을 위하여 지역사회 자원과 서비스를 활용하고 지역사회에 서비스를 제공한다.

한편, 굿슨 등(Goodson et al., 1975; 이현섭 외, 2006에서 재인용)은 보육시설에서 부모가 참여할 수 있는 수준을 다섯 단계로 나누어 설명하였다.

첫째, 수동적인 교육정보의 수혜자로서의 참여 단계다. 학부모 회의, 전화나 통신문 받기, 학급 방문 관찰, 부모교육 강연회 참가 등 수동적 참여가 이에 속한다.

둘째, 자녀교육으로서의 참여 단계다. 가정에서 유아를 키우는 데 필요한 교육을 직접 훈련받은 부모들이 할 수 있는 활동에 상호작용자로서 참여한다.

셋째, 자원봉사자나 보조자로서의 참여 단계다. 보수를 받지 않으면서 교사를 돕는 인적 자원으로서 참여한다.

넷째, 훈련된 보조자로서의 참여 단계다. 교사는 아니지만 보조자로서 훈련을 받아 집단 지도자로서 참여한다.

다섯째, 의사결정자로서의 참여 단계다. 유아를 위한 중요한 교육정책, 교육내용, 교육 활동, 교사교육 등을 결정하고 이에 대한 부모의 입장을 제시한다.

2) 부모참여의 필요성

보육시설과 부모와의 협력은 가정과 보육시설과의 연계성과 보육의 효율성을 높일 수 있다는 면에서 매우 중요하다. 즉, 보육시설과 부모의 협력은 부모의 의견이 반영된 과정을 유아에게 제공하여 유아가 보다 더 적절하게 보육될 수 있게 한다. 동시에 이는 부모가 유아에 대한 바른 정보와 양육기술 등을 알게 함으로써 자녀의 발달에 긍정적으로 기여할 수 있게 도와준다.

이러한 측면에서 부모참여의 필요성을 살펴보면 다음과 같다.

첫째, 영유아의 바람직한 성장과 발달은 지속적이고 일관성 있는 총체적 접근에 의해야 한다. 영유아의 신체적, 정신적, 인지적, 사회적 발달욕구에 대한 지속적인 양육과 안정적 정서 함양 등을 위해서는 가정에서의 부모참여와 협력이 필수적이다. 부모와의 협력 없이는 보육의 효율적 목표 달성이 어렵다. 전인적 인격형성과 양질의 보육을 위해서는 가족과의 협력이 반드시 필요하다.

둘째, 영유아기는 발달의 결정적인 시기이므로 부모의 애정과 상호작용이 필요한 시기다. 영유아기는 발달의 민감기이므로 이 시기 동안 부모와 보육시설과의 밀접한 관계는 일관성 있는 보육을 위해서도 중요하다.

셋째, 부모참여는 부모 자신을 위해서도 필요하다. 가족제도의 변화, 성 역할 개념의 변화, 도시화, 세계화 등의 급격한 사회변화 속에서 자녀양육의 기본방향 그리고 자녀양육을 위한 부모 자신의 역량을 키워 나가기 위해 부모참여는 필요하다.

넷째, 보육시설의 바람직한 운영을 위해서 필요하다. 보육시설의 운영과 교육과정에 부모들을 참여시킴으로써 투명한 시설운영을 통해 상호 신뢰관계를 형성할 수 있다. 교육과정에 참여함으로써 부모들은 보육 전반에 대한 이해와 통찰력을 갖게 되고 교사에 대한 이해력도 증진될 뿐 아니라 교육 파트너로서의 그들의 역할을 좀 더 활용할 수 있게 된다. 따라서 보육시설과 교육 파트너로서 상호 발전을 위해서도 부모교육은 필요하다.

3) 부모참여의 형태

(1) 부모 오리엔테이션

부모 오리엔테이션은 대체로 학기 초에 보육시설에 대한 주요 정보를 체계적으로 제공함을 목적으로 하며, 신입 원아의 학부모에게 보육시설의 교육과 운영방침을 소개하는 형태다. 보육시설을 소개하기 위한 안내 소책자, 복사물, 리플릿 등을 배부하거나, 홈페이지, 인터넷 커뮤니티 등을 이용하기도 하고, 보육시설 내의 시설이나 활동내용을 사진이나 동영상으로 제작하여 프레젠테이션하기도 한다.

보통 시설의 장이 시설 소개를 하고 각 반으로 나누어서 교사와 부모가 인사를 나누는 시간을 갖기도 한다. 대부분 신학기 시작 전에 기관의 사정에 따라 실시하고 이날 기관에 대한 안내 책자, 행사 계획표, 원아조사서, 스쿨버스 안내 등의 유인물을 나누어 줄 수도 있다.

부모 오리엔테이션은 보육교사의 전문성과 숙련성을 부각시키고, 자녀가 유능한 교사의 지도를 받게 될 것임을 알릴 수 있는 기회로 삼을 수 있다. 각 학급별로 전문성 있는 유용한 정보를 제공하기 위한 프레젠테이션 자료를 만들 경우에는 교사의 교육철학, 학급 운영방식, 교실에서 일어나는 일상적인 일과, 부모-교사의 의사소통 방법, 부모참여의 가치 등을 계획성 있게 제공한다. 오리엔테이션을 할 때에는 시각적 자료를 제공하는 것이 좋으며, 시각적 자료는 파워포인트나 OHP, 포스터 등을 사용한다.

(2) 부모교육 강연회

부모교육 강연회는 부모들에게 자녀교육에 유익한 여러 가지 지식이나 정보를 제공해 주는 모임이다. 부모교육 강연회는 보육시설과 부모들의 형편에 따라 매달, 격월 또는 연 1～2회 정도 강의 형태로 진행한다. 교사나 원장이 진행하거나 부모교육 전문가를 초빙하여 유아와 부모에 관련된 주제에 대해 대집단으로 진행되는데, 사전에 어떤 내용이 좋을지에 관한 조사와 사후에 평가를 하는 것이 일반적이다.

강연회의 내용은 기관의 특성과 교육철학, 부모의 요구 등에 따라 다양한 주제가 선정되기도 하지만 특히 부모들의 생활문제, 관심과 흥미가 있는 문제, 유아들의 교육문제 등 부모들에게 당면한 문제가 무엇인지를 파악하여 반영하는 것이 중요하다. 강연의 주제는 부모의 특성에 맞도록 내용을 구성하여야 하며 자녀양육의 여러 요인을 고려해서 선정한다. 또한 유아기 자녀를 둔 부모는 자녀를 키운 경험과 생활 경험으로 신체적 · 심리적 · 사회적으로 성숙단계에 있으며, 비교적 자아개념이 잘 발달되어 있는 특징을 고려하여 책임감, 자율성을 키워 유능감과 확신을 갖도록 하는 내용으로 구성한다(박진옥, 2004).

(3) 부모모임

부모모임의 목적은 유아에 대한 정보나 지식을 주고받고, 여러 사람의 생각과 의견을 나누고, 문제와 요구사항을 제시하며, 사회적 친밀감이나 소속감을 길러 주는 것이다. 우리나라에서는 부모모임만으로 별도로 진행되기보다는 오리엔테이션 후나 부모교육 강연회, 워크숍 등의 개최 전 · 후에 부모모임을 연결해서 진행하는 경우가 많다.

보육시설에서는 부모모임을 통해 부모에게 보육시설의 철학, 정책, 행사일정에 대한 정보를 제공하며, 부모는 보육시설에서 실시하는 프로그램에 대한 정보를 알 수 있고, 자녀의 작품을 볼 수도 있고, 자녀가 하고 있는 것에 대한 질문도

할 수 있으며, 토론회로 이어지기도 한다.

대집단 부모모임은 짧은 시간에 많은 부모들에게 정보를 제공할 수 있어서 효과적이지만, 구성원이 너무 많은 경우에는 대부분의 부모가 자신의 의사표현을 할 기회가 적으며, 상호 간에 친밀감을 형성하기가 어려울 수도 있다. 따라서 부모들끼리 더 친근하고 잘 알기를 원할 경우에는 학급별로 부모모임을 갖는 것이 효과적이다. 이때 소집단 모임은 8～12명이 적합하다.

(4) 가정통신문

가정통신문은 보육시설과 부모와의 정보전달 및 의사소통에 사용되는 일반적인 방법이다. 보육시설과 가정 사이에 의사소통의 통로 역할을 하며 보육시설의 활동을 계속적으로 부모에게 알려 주게 된다. 가정통신문은 보육시설이나 부모교육의 계획이나 운영을 부모들에게 전달하기 위해 월별, 주별 및 매일 발간되는 것 그리고 보육시설이나 부모들의 필요에 의해 수시로 발간되는 것 등 다양하다.

가정통신문은 보육시설의 교육활동에 대한 최근의 정보를 제공하기 위하여 일주일간 이행되었거나 앞으로 학습될 주 내용에 관한 활동을 기술한다. 각 가정에서 자녀들과 함께 이행할 수 있는 활동 및 교육내용들을 구체적이면서 정확하게 기술한다. 또한 다음 주 활동에 필요한 교구 및 자료들을 사전에 구체적으로 명시해 주어 부모들의 참여를 촉진할 수 있으며, 부모들의 흥미와 관심을 끌 수 있는 활동이나 지역사회 자원들에 관해서도 정보를 줄 수 있다. 예를 들면, 견학, 소풍, 운동회, 창작놀이 자료수집에 관한 안내서, 공개수업 활동, 교구제작을 위한 워크숍 안내서, 교육비, 특별활동, 부모회 등에 관한 정보를 제공하기 위한 통신문이 이에 속한다.

(5) 부모면담

부모면담이란 바람직한 유아 지도를 위해 교사와 부모가 서로 대면하여 유아의 생활과 문제행동에 대해 의견을 교환하기 위한 활동이다. 부모면담에서 부모는 자녀가 여러 가지 활동들 가운데서 무엇을 가장 즐기는지를 교사로부터 듣게 되고, 교사는 부모로부터 유아가 가정에서 어떻게 생활하고 반응하는지에 대해 이야기를 듣게 됨으로써 유아가 문제에 직면해 대처하는 과정을 더 잘 계획하고 도와줄 수 있다.

부모면담은 교사와 부모의 가장 적극적인 의사소통이라고 할 수 있다. 대화를 통해 교사는 유아의 가정환경을 알 수 있고 부모는 기관에서의 유아의 모습을 알 수 있다. 코흐와 맥도너(Koch & Mcdonough, 1999)는 유아의 문제행동을 해결하기 위해서 부모와 교사의 협동적인 대화가 가장 중요한 시작점임을 강조한다.

부모면담의 유형은 보육시설의 일정과 계획에 따라 이루어지는 공식적인 정기면담과 필요에 따라 이루어지는 비정기적 면담이 있다. 공식적인 면담은 부모-자녀 모두에게 편리한 장소와 시간에 이루어지도록 계획하여야 한다. 보육실에서 방과후에 이루어지거나 상담실 또는 교사실과 같은 방해받지 않고 조용한 공간에서 실시하는 것이 좋다.

부모면담의 방식으로는 개별면담, 전화면담, 집단면담 등이 있다. 개별면담은 부모와 교사가 자유롭게 이야기하면서 상호 친밀감을 형성할 수 있지만, 교사는 전문가다운 태도와 자세를 갖추고 유아의 개인 생활기록부나 관찰기록 등 관련 자료를 준비하여 면담에 임해야 한다. 전화면담은 부모와 교사가 면담시간을 정하기 어렵거나 긴급한 사안일 경우 주로 사용하는 방법으로서, 부모의 말에 주의 깊게 귀를 기울여야 하며, 교사의 말투가 너무 사무적으로 느껴지지 않도록 유의해야 한다. 집단면담은 면담하고자 하는 내용이 동일한 경우에 이용되며, 유사한 행동을 보이는 5~6명의 유아들의 부모를 대상으로 할 수도 있다. 일반적으로는 10명 정도의 부모들과 교사가 같이 만나는 것이 효과적이며, 보통 학기 초나 학기 말 또는 연말에 이루어진다.

(6) 수업참관

수업참관은 유아의 바람직한 인격형성을 원하는 보육시설과 가정이 바람직한 협력관계를 만들 수 있는 가장 기본적인 단계이면서 효율적인 방법이다. 교사가 유아의 능력 및 흥미 그리고 발달단계를 파악하기 위한 첫걸음이 유아관찰이듯이 효율적인 부모참여를 성취하는 데 있어서 가장 필수적인 단계는 수업을 참관하는 것이다.

수업참관은 가능한 한 많은 부모들이 참가할 수 있도록 계획되어야 하며, 참관을 보다 교육적으로 이끌어 가기 위해서 참관의 목적, 내용 및 주의사항 등을 미리 인쇄물로 나누어 주는 것이 좋다. 수업참관은 매월 정해진 시간에 부모들이 참관실에서 자유롭게 관찰하도록 한다. 한 학기에 1회씩 교사는 수업참관 전에 부모들에게 사전교육을 실시하여 참관 시 주의할 점과 무엇을 어떻게 관찰하며 또한 기록하여야 하는가를 지도한다. 보육시설에서 준비한 목록에 부모들이 기록해 보는 기회를 제공할 수도 있다. 보육시설에서 나타나는 자녀행동에 대한 수업참관 체크리스트 양식의 예는 다음 〈표 10-2〉와 같다.

〈표 10-2〉 자녀행동에 대한 수업참관 체크리스트 양식

항목	예	아니요	관찰 못함
1. 친구들과 어울려 논다.			
2. 놀잇감을 친구들에게 양보한다.			
3. 친구들과 놀 때 앞장서서 논다.			
4. 놀잇감을 거칠게 다룬다.			
5. 유아교육기관에서의 규칙을 지킨다.			
6. 흥미영역에 골고루 참여한다.			
7. 이야기 나누기 등 집단 활동 시 주의를 집중한다.			
8. 도움이 필요할 때 교사에게 요청한다.			
9. 다른 사람의 말에 귀를 기울인다.			
10. 여러 사람 앞에서 자신의 의견을 발표한다.			
11. 한 가지 놀잇감에 몰두하여 논다.			
12. 교사의 지시를 따른다.			
13. 교사의 주의를 끌려고 한다.			
14. 가지고 놀던 장난감을 사용 후 제자리에 놓는다.			
15. 스스로 작업을 완성한다.			
16. 새로운 자료에 호기심을 보인다.			
17. 교사의 질문에 적절히 반응한다.			

참관대상 유아__________ 연령 _______ (남 · 여)
참관자 _________ 참관일 ____________

출처: 이은해(2006).

(7) 부모의 교사 도우미 및 일일교사

부모의 교사 도우미란 부모가 보육시설에서 교사의 업무를 보조하는 역할로 참여하는 것을 말한다. 부모의 교사 도우미는 주 단위로 해야 하는 것이 기본이다. 교실에서 유아들과 같이 지내면서 책을 읽어 주거나 또는 소집단 게임을 같이하거나, 프로젝트를 도와주거나, 학습활동을 지도하거나 하는 등의 일을 하게 된다. 도우미 활동을 오전에 하는지 오후에 하는지에 따라서도 어떤 것을 도와주어야 할지가 달라진다(Prior & Gerard, 2007).

일일교사란 부모들 중에서 유아교육과 관련된 분야에서 활동을 한 경험이 있거나 전문적인 기술이 있는 경우 지도교사와 사전에 상의를 한 후 일일교사로 참여할 수 있다. 예를 들면, 음악이나 미술을 전공했거나 의사나 과학자 혹은 경찰관이나 방송인 등의 특별한 전문직에 종사할 경우 일일교사로 참여하여 도와줄 수 있다.

(8) 운영위원회 참여

보육시설은 부모와 주변 지역사회와 긴밀하게 협력하여 동반자적인 관계를 유지할 때 유아교육에서 최선의 효과를 거둘 수 있다. 전문적 지식을 갖춘 기관, 자녀에 대해 구체적인 정보를 많이 알고 있는 부모, 그리고 기관이 속한 주변 지역사회가 함께 협력적인 관계를 유지할 때 가장 효과적일 수 있다. 보육시설에서는 운영위원회를 구성하고 정기적으로 회의를 개최함으로써 보육시설의 운영 및 프로그램에 대한 의견이나 요구를 수렴하여 보육시설 운영에 반영할 수 있도록 한다.

보육시설 평가인증제도에 명시된 보육시설 운영위원회의 구성과 활동에 대한 항목에서 보육시설은 시설장, 교사, 지역사회 인사를 포함한 5명 이상의 운영위원회를 구성해야 하고, 시설 운영 및 프로그램 전반에 대한 회의를 적어도 연 1회 이상 정기적으로 개최하고 있는 경우에 우수한 수준으로 평가되고 있다. 보육시설 운영위원회에서는 보육시설 운영과 관련된 주요사항과 방침의 변경 등에 대해 함께 의논할 수 있고, 구성원들의 다양한 의견이나 요구를 수렴하여 보육시설 운영에 반영할 수 있다(여성가족부, 2007).

(9) 소집단 공부모임

소집단 공부모임은 교육목표, 교육내용, 교육방법 등이 하나의 패키지로 몇 주간 연속적으로 같은 집단에서 이루어지는 것이 보통이다. 동일 집단이 하나의 주제나 프로그램을 가지고 10~15주 동안 일주일에 1회 2시간 정도의 모임을 계속적으로 갖는 것이다. 이것은 토론, 강의, 질의 · 응답, 저널 쓰기, 전문가의 피드백과 격려 등의 활동으로 이루어진다.

4. 지역사회와의 협력

1) 지역사회와의 협력의 필요성

영유아는 다양한 종류의 환경 속에서 살아가고 있고, 그들의 삶은 부모, 가족, 보육시설, 이웃, 지역사회, 국가 등의 구조적 환경에 영향을 받아 형성된다. 따라서 영유아를 위한 보육의 효과를 극대화하여 영유아들의 사회, 인지, 정서, 신체 발달을 도모하기 위해서는 보육시설과 지역사회가 협력적인 동반자 관계를 형성하는 것이 필수적이다. 지역사회는 가족, 보육전문가, 영유아, 보육시설과 더불어 보육의 효과를 높이기 위하여 가장 중요하게 고려되어야 할 보육의 주체다. 지역사회의 다양하고 풍부한 자원을 보육현장에 적극적으로 활용하는 것은 보육효과를 높이는 데 효율적인 방법이 될 수 있을 것이다.

또한 보육시설이 지역사회와 협력하여 보육을 실시한다면, 영유아는 시설에서 보다 안정감을 느끼고 부모는 시설과 보육교사를 더욱 신뢰하게 된다. 보육시설 주변의 환경과 자원을 적극 활용하여 영유아가 지역사회에서 잘 적응할 수 있도록 가정 및 지역사회기관과의 협력과 다양한 교류를 형성할 필요가 있다(서영숙 외, 2007).

이러한 지역사회와 가족의 협력은 핵가족 구조와 보육기관에 의한 대리양육이 빈번한 현대 사회에서도 '공유된 부모역할(shared parenting)' 이라는 개념으로 동일하게 요구된다(Wright & Stegelin, 2003). 영유아를 대리양육하는 보육기관은 가족과의 협력뿐만 아니라 보육기관이 속한 지역사회와의 협력을 통하여 양질의 보육과정을 구성하고 실천할 수 있다.

보육시설과 지역사회 간의 협력은 영유아의 성장에서 환경의 중요성과 환경 안의 다양한 체계 간의 상호 영향을 강조한 브론펜브레너의 생태체계이론에서 이론적 근거를 찾을 수 있다. 영유아에게 직접적 영향을 미치는 가족 및 보육기관과 같은 요소로 구성되는 미시체계 다음에는 미시체계 요소들 간의 상호작용으로 구성되는 중간체계가 있다. 즉, 가족과 보육시설과의 상호작용, 또래와 보육시설과의 상호작용에 의한 체계가 중간체계다. 또한 각 유아에게 직접적인 영향을 미치지는 않으나 여전히 이들의 발달과 성장에 영향을 미치는 부모의 직업환경, 보육위원회, 정부기관 및 지역사회의 여러 기관들이 포함되는 외체계가 있다(고문숙 외, 2008).

지역사회는 어린이, 가정 및 보육기관에 영향을 미치는 정책의 수립과 실행을 하는 정책 결정자 및 집행자의 역할을 하며, 구성원들에게 삶의 자원들을 제공하며, 유아 발달을 촉진하는 각종 시설과 서비스를 제공한다. 유아의 건전한 성장을 목표로 하는 부모 및 보육시설은 지역사회의 물리적 및 인적 자원 환경 안에서 기능하게 된다.

2) 지역사회 협력체계의 유형과 실제

보육시설과, 지역사회 연계의 중요성이 강조되는 가운데 그 기능을 강화하기 위해서는 이러한 연계를 적극적으로 모색할 수 있는 다양한 프로그램들을 개발해 실시할 필요가 있다. 성공적인 보육시설, 지역사회 연계 프로그램의 특징을 살펴보면 다음과 같다(Schorr, 1997).

- 포괄적이고 융통성이 있으며 반응적이고 지속적이어야 한다.
- 영유아의 가족을 이웃과 지역사회의 한 부분으로 이해해야 한다.
- 장기적이고 예방적인 차원에서 접근해야 하며, 나아갈 방향에 관한 명확한 목표를 가지고 있어야 하고, 오랜 기간에 걸쳐 서서히 지속적으로 발전되어야 한다.
- 유용하게 활용할 수 있는 기술을 소지하고 있는 유능하고 헌신적인 자원에 의해 관리되어야 한다.

- 성공적인 프로그램은 보육시설의 교사를 비롯한 지역사회 간에 신뢰관계를 형성할 수 있도록 보육시설에서 격려하며 효율적으로 운영되어야 한다.

(1) 지역사회 협력체계의 유형

미국의 가족, 보육시설 및 지역사회 협력에 대한 연구소(The national Center for Family and Community Connections with Schools at Southwest Educational Development Laboratory)는 160개에 달하는 가정, 보육기관 및 지역사회 협력에 대해 효과 있는 프로그램의 탐색결과, 다음과 같이 7가지 유형으로 분류하였다(Wright & Segelin, 2003).

① 가정환경에 대한 지원

이 유형은 자녀의 학업성취를 향상시킬 수 있는 부모 기술 및 가정환경 조성에 대한 전략으로 가정에서의 학습활동에 대한 지원을 보육시설과 지역사회로부터 받기 때문에 자녀의 학습성취를 높일 수 있다. 또한 자녀의 학습능력 향상뿐만 아니라 신체 및 정서(사회성) 발달을 향상시킬 수 있는 지식과 지원방법을 가족 구성원에게 알려 줄 수 있다.

② 공동 의사결정의 촉진

이 유형은 보육시설의 의사결정과정에 가정과 지역사회 구성원을 파트너로서 참여시키는 전략을 의미한다. 보육시설의 교육과정 구성 및 운영에 대한 가정과 보육시설 간의 상호작용을 증진시키며 시설 운영에 있어서 인적 자원을 추가할 수 있는 효과가 있다.

③ 가정, 지역사회 및 보육시설 간의 의사소통 확장

이 유형은 보육시설, 가정 및 지역사회 구성원 간의 양방향적 효율적 의사소통 전략을 추구하는 것을 의미한다. 유아와 가정을 지원하고, 보육시설 및 지역사회의 필요에 대한 지식과 접근이 가능하며 보육시설 및 지역사회 프로그램에 대한 참여도를 높일 수 있는 효과가 있다.

④ 자원과 서비스의 조정

가정, 유아, 보육시설 및 지역사회에 대한 지원 노력 및 자원을 통합하는 전략을 뜻한다. 이를 통해 이용 가능한 지역사회의 프로그램과 시설을 활용하며 유아의 필요를 채울 수 있는 자원을 활용할 수 있다.

⑤ 자원봉사자 지원(fostering volunteer support)

보육시설과 유아에게 봉사하려는 자들을 조직하고 지원하는 전략을 뜻한다. 보육시설 교직원 및 운영자의 노력과 프로그램에 대해 긍정적 인식을 낳고 유아들의 학습성취 및 보육 수준을 향상시킬 수 있다.

⑥ 보육시설 밖 학습의 지원

보육시설 밖의 다양한 현장에서 학습을 지원할 수 있는 가정 및 지원자를 포함시키는 전략이다. 유아들의 학업능력을 향상시키는 효과가 있다.

⑦ 지역사회 발달의 확장

지역사회가 보육시설의 자원을 활용하는 것뿐만 아니라 지역의 기관 및 시설에 대한 계획과 의사결정에 보육시설을 포함시키는 전략이다. 보육시설의 수준이 향상되며 보육시설들 간의 긍정적 관계, 추가 시설과 지원을 활용할 수 있다.

위와 같이 가정, 보육시설 및 지역사회의 협력에는 다양한 유형이 있을 수 있으며 가정, 보육시설 및 지역사회가 함께 일할 때 건전한 유아발달 및 관련된 구성원을 지원할 수 있다.

(2) 인적 자원의 협력

보육시설은 부모를 지원하여 유아의 발달과 성장을 도울 수 있도록 지역사회에 활용 가능한 인적 자원을 연계시켜 주는 허브 역할을 할 수 있다. 지역사회의 전문가, 행정가 및 정책 실천가 등의 인적 자원을 발굴하여 보육과정과 연계할 수 있어야 한다. 보육시설은 지역사회의 인사들이 보육과정에 참여하는 자원봉사 활동의 장으로 기능할 수 있다. 자원봉사활동이란 개인이나 단체가 사회의 건전한 발달과 개개인의 행복한 삶을 위하여 스스로 도와주고 위로해 주는 일로 정의할 수 있다

(고문숙 외, 2008). 자원봉사활동은 다음과 같은 가치를 갖는다.

- 국가나 지방조직의 행정이 하지 못하는 부분에 대해 보충하는 역할을 함으로써 완벽한 조직으로서의 역할을 하도록 한다.
- 공동체 의식과 참여의식을 높인다.
- 잉여 에너지를 건전한 방향으로 사용함으로써 사회와 개인 발전에 기여한다.
- 여가선용의 건전한 방법이 된다.
- 계층 간, 지역 간, 개인 간 화합으로 건전한 사회발전에 기여한다.
- 사회 구성원들이 가지고 있는 공동의 문제를 해결하려는 의지를 가지게 한다.

우리 사회가 고령화되면서 노인 유휴인력을 보육시설에서 자원봉사자로 활용하면 유아가 어른을 만나고 상호작용하며 어른들로부터 지역사회의 전통문화 및 역사, 풍습, 예절을 익힐 수 있는 좋은 기회가 될 수 있다. 자원봉사자는 보육과정 운영에서 다음과 같은 역할을 수행할 수 있다.

- 보조교사로서의 역할
- 사무 보조 역할
- 특수 영역에 대한 특강 및 훈련(요리사, 공예가, 소방관 등)

(3) 물적 자원의 협력

지역사회의 여러 기관과 시설들은 유아들의 학습효과를 높이고 경험을 풍부하게 할 수 있는 훌륭한 교육의 장이 된다. 유아들은 지역사회 내의 여러 시설들을 방문하여 기능과 역할을 직접 체험하여 자신이 속한 지역사회를 이해하게 되며 공동체 의식을 높일 수 있다.

보육시설에서는 경찰서, 우체국, 시청 및 도청과 같은 공공기관과 전시장, 박물관 및 방송국과 같은 문화시설을 견학할 수 있다. 또한 일상에 필요한 서비스와 물자를 제공해 주는 우리 동네의 가게, 마트, 서점, 약국, 병원, 음식점 등을 견학할 수 있다.

지역사회 기관 방문 및 견학활동은 연간 계획을 세워서 실행하는 것이 바람직하다. 방문할 기관을 결정하면 방문기관으로부터 허락을 얻고, 부모에게 미리 알려주며 견학에 관한 동의서를 부모에게 받아 두는 것이 좋다. 또한 차량 및 유아의 이동에 따른 안전지도 등 세심한 준비가 필요하다.

참고문헌

강문희, 문미옥, 박경자, 서영숙, 우남희, 이강이, 이숙재, 이순형, 이영, 이옥(2002). **21세기 유아교육**. 서울: 학지사.

고문숙, 권민균, 김수영, 김수향, 임영심, 임춘금, 정정희(2008). **보육과정**. 파주: 양서원.

김현주, 손은경, 신혜영(2007). **부모교육**. 파주: 양서원.

박진옥(2004). 인터넷 커뮤니티 활동을 병행한 체계적 영유아 부모교육 프로그램 적용 연구. 숙명여자대학교 대학원 박사학위논문.

서영숙, 서혜전, 정영희, 양영아, 안소영, 이종현, 남미선(2007). **보육과정**. 파주: 공동체.

송정애, 정해은, 김미영(2008). **부모교육**. 파주: 학현사.

여성가족부(2007). **보육시설 평가인증 지침서**. 서울: 여성가족부.

유안진, 김연진(1997). **부모교육**. 서울: 동문사.

유안진, 김연진(2005). **부모교육의 이론과 실제**. 서울: 동문사.

이은해(2006). **아동 연구방법의 이해**. 서울: 학지사.

이현섭, 조옥희, 정정숙, 박현숙, 석은조(2006). **보육학개론**. 서울: 학지사.

한국어린이육영회(1991). **한국어린이육영회 10년**. 서울: 한국어린이육영회.

Hammer, T. J., & Turner, P. H. (1985). *Parenting In contemporay Society*. Englewood Cliffs, NJ: Prentice-Hall.

Koch, P. K., & McDonough, M (1999). Improving Parent-Teacher Conferences through Collaborative Conversation. *Young Child, 54*(2), 11-15.

Wright, K., & Stegelin, D. A. (2003). *Building school and community partnerships through parent involvement*. Merrill Prentice Hall.

Chapter 11

영재유아 지도

최근 교육의 수월성과 경쟁력을 제고하기 위한 영재교육의 중요성에 대한 인식이 높아짐에 따라 우리나라에서는 1999년 12월에 영재교육진흥법이 제정되었으며 2002년 3월부터 시행되고 있으며, 이로써 본격적인 영재교육이 이제 막 걸음마를 시작했다고 할 수 있다.

특히 영재유아의 경우 초 · 중등학교 및 고등교육의 영재들과는 발달적 관점에서 큰 격차가 있으며, 영재유아들의 성격적, 발달적 특성을 잘 살피고 그에 적합한 차별화된 교육이 필요하다. 또한 영재유아들이 많은 영역적 특성에서 일반 유아들과 다르기 때문에 이러한 유아에 대한 보육지도는 일반 유아를 대상으로 하는 것과 달라야 할 것이다.

이 장에서는 영재유아를 지도하기 위해 영재의 개념을 살펴보고, 영재유아의 특성, 판별 그리고 그에 따른 지도방법 등에 대해 살펴본다.

1. 영재의 개념과 유아기 영재성

1) 영재의 정의와 영재성의 구성요소

특별히 뛰어난 사람을 지칭하는 용어는 '천재' '수재' '신동' '영재' '특수재능아' 등으로 다양하다. '천재' 또는 '신동'은 과거에 주로 많이 쓰였으며, 각각 '하늘이 내린 재능' 또는 '신이 주신 아이'라는 뜻으로 타고난 능력이 대단히 뛰어난 점을 함축하는 말이다. '수재'는 '갈고 닦은 재능'의 뜻으로 '열심히 노력하여 이룬 뛰어난 성취'의 뜻을 담고 있는 말이며, '영재'는 '꽃을 피운 재능'이라는 의미로서 환경을 통해 타고난 잠재력을 계발해야 한다는 의미를 함축하고 있는 용어라고 할 수 있다(박성익 외, 2003).

영재에 관한 정의는 세상에 존재하는 영재의 수만큼이나 그 종류와 내용이 다양하고 많다고 할 수 있다. 이에 따라 지금까지 영재와 영재성에 대해 다양한 의견과 정의가 내려져서 사용되어 오고 있지만 그 사회의 가치관이나 문화, 시대의 흐름에 따라 영재를 보는 관점과 영재성을 규정하는 기준이 다르게 때문에 한마디로 명쾌한 정의를 내리기는 어렵다. 영재에 대한 대표적인 정의들과 영재성을 규정하는 요소들에 대해 정리하면 다음과 같다.

(1) 우리나라 영재교육진흥법의 정의

2000년 1월 28일에 제정, 공포된 우리나라 영재교육진흥법상의 영재의 정의를 살펴보면, '영재'라 함은 재능이 뛰어난 사람으로서 타고난 잠재력을 계발하기 위하여 특별한 교육을 필요로 하는 자를 말한다. 이에 따라 영재교육 대상자를 선정하는 것에 대해 고등학교 과정 이하의 각급 학교에 취학한 자 중에서 다음의 사항에 대하여 뛰어나거나 잠재력이 우수한 사람 중 영재판별 기준에 의해 판별된 사람을 영재교육 대상자로 선정한다.

- 일반 지능
- 특수 학문 적성
- 창의적 사고능력
- 예술적 재능
- 신체적 재능
- 기타 특별한 재능

또한 우리나라의 영재교육시행령(2000)은 영재성에 관한 여러 의견을 종합하여 영재를 "일반 능력 및 특수 능력이 평균 이상인 자로, 특수 분야의 과제 집착력, 흥미, 호기심이 높고, 창의성이 뛰어나며, 장래 그 분야에서 뛰어난 업적을 이룰 것으로 예상되는 자로 이들의 잠재 능력을 계발하기 위하여 특별한 프로그램을 필요로 하는 자"로 정의하고 있다.

(2) 미국 문부성의 정의

미국 문부성(United States of Office of Education: USOE)에서는 1972년 말랜드(Marland)가 의회에 제출한 보고서를 바탕으로 1978년에 내린 영재의 정의는 다음과 같다.

영재아/재능아란 뛰어난 능력을 갖고 있어서 탁월한 성취를 보일 가능성이 있다고 판별된 아동으로서 그들이 자아실현을 하고 사회에 공헌하기 위하여 정규 교육과정이 제공하는 것 이상의 특별한 교육 프로그램이나 지원을 필요로 하는 아동이다. 뛰어난 성취를 할 수 있는 아동들은 다음의 한 분야 또는 여러 분야에서 이미 성취를 나타내거나 성취할 잠재 능력이 있는 아동들이다.

- 일반 지적 능력
- 특수 학문 적성
- 창의적이고 생산적인 사고
- 지도력
- 시각 및 공연 예술
- 정신운동 능력

이상의 기준을 사용하여 판별하면 영재는 전체 학생의 3~5%를 포함할 것으로 보인다. 이후 미국 문부성은 1988년에 영재에 대한 정의에서 정신운동능력을 제외하였는데, 이것은 무용이나 마임과 같은 예술적인 심리운동능력이 공연예술에 포함될 수 있고 신체적으로 재능이 있는 학생들은 일반적으로 영재 프로그램 이외의 특별교육이 잘 제공되고 있다는 것에 근거하고 있다.

(3) 렌줄리의 세 고리 개념 정의

미국 문부성의 정의 다음으로 널리 사용되고 있는 영재아의 개념은 미국 코네티컷 대학 교수이자 미국 연방 정부의 국립 영재교육 연구소 소장인 렌줄리에 의한 정의다(Renzulli, 1987). 렌줄리는 실제로 사회에서 뛰어난 공헌을 한 사람들은 공통적으로 다음의 세 가지 특성을 지니고 있다고 했다. 즉, '평균 이상의 능력' '높은 창의성' 그리고 '높은 과제 집착력' 등이 그것이다.

영재아와 재능아는 이러한 특성들을 소유하고 있거나 장차 발달시킬 가능성이 있는 아동으로서, 인간이 수행하는 잠재적으로 가치 있는 분야에 이러한 특성들을 적용하는 아동이다.

렌줄리는 영재가 이 세 요소를 모두 갖추고 있어야 하지만 이 세 가지 특성에서 모두 대단히 뛰어나야 할 필요는 없다고 강조한다. 한 특성에서는 적어도 상위 2% 이내에 속해야 하지만 나머지 특성에서는 상위 15% 이내면 된다는 것이다. 이상 영재성의 세 가지 요소들의 관계를 그림으로 나타내면 다음 [그림 11-1]과 같다.

[그림 11-1] 렌줄리의 세 고리 모형

(4) 가드너의 다중지능이론 정의

미국 하버드 대학교 교수인 가드너(Howard Gardner)는 1983년 출판한 그의 저서 『마음의 틀(*Frames of Mind*)』에서 '다중지능이론(Multiple Intelligences Theory)'을 발표했다. 이 책에서 가드너는 인간의 지능을 일반적 지능으로 이해하기보다는 실제 생활에 필요한 기술과 개념에 관한 다양한 지능으로 이해해야 한다고 주장하면서 지능을 기존의 지능검사에서 강조한 언어와 수리 능력보다는 '문제해결 능력' 또는 '가치 있는 결과를 만들어 내는 능력'으로 정의한다(Gardner, 1983). 또한 그는 '지능'과 '재능'을 같은 개념으로 간주하며, 지능을 지적 활동의 내용이며 형태이고 동시에 과정이자 산출물이라고 보았다.

가드너는 정상인의 지적 발달과정뿐 아니라 뇌상해자, 자폐증 환자, 학습장애아, 바보 천재(idiot savant) 등에서 나타나는 특수 재능들이나, 서로 다른 인종과 종족에게 나타나는 재능들을 분석한 결과 일곱 가지 서로 다른 지능, 즉 언어지능, 논리-수학지능, 공간지능, 음악지능, 신체운동지능, 대인관계지능 그리고 자기성찰 지능이 존재함을 발견하였다. 이 각각의 지능은 또한 서로 다른 경로를 거쳐 발달하게 된다고 가드너는 주장한다. 예를 들어, 언어의 정보처리 체계는 음악 분야의 정보처리 체계와는 별개의 것이므로 음악을 못해도 언어는 잘할 수 있다(Gardner, 1983).

가드너의 지능이론은 외형상 기존의 재능이론과 비슷하나, 기존의 재능(talent)은 지능 또는 영재성 등의 잠재력이 성격적, 환경적 요인과 상호작용하여 특정 영역에서 발현된 결과물이었던 반면, 가드너의 지능은 잠재력과 구별될 수 없으며 영재성은 이러한 지능의 분야마다 별도로 존재한다고 보았다. 가드너의 다중지능이론으로 그동안 영재교육 분야에서 상대적으로 등한시되었던 비학문적 영역의 재능을 발굴하고 계발하는 프로그램이 널리 시행되었다.

이후 가드너는 이러한 일곱 가지 지능 이외에 자연지능, 실존지능, 영성지능을 추가하여 열 가지의 지능으로 그의 이론을 발전시켰다. 가드너가 제시한 서로 독립적인 열 가지 지능에 대해 정리하면 다음과 같다.

〈표 11-1〉 다중지능의 영역

지능	이 영역의 지력이 최고 수준으로 발휘된 상태	핵심적인 구성요인
논리-수학지능	과학자, 수학자(예: 퀴리 부인, 파스칼), PC 과학자, 건축 설계자, 엔지니어, 회계사	수학 · 과학에 있어서 논리적 · 수리적 도안을 식별하는 능력과 민감성, 추리력에 대한 긴 연속물을 다루는 능력, 컴퓨터 언어, 관찰된 현상에 관하여 가설을 검증하고 구안하는 능력
언어지능	시인, 언론인, 작가(예: 버지니아 울프, 톨스토이, 셰익스피어, 킹 목사), 명강의자, 법률가, 정치적 토론자	소리, 음률과 단어의 의미에 대한 민감성, 언어의 상이한 기능에 대해 민감하고 효과적으로 언어를 활용하는 능력
음악지능	작곡자, 바이올리니스트, 음악가(예: 모차르트, 베토벤, 장한나), 악기 제작자와 연주자, 음악 교수, 음악 평론가	리듬의 가락, 음색을 식별하고 연출하는 능력, 음악적 표현의 형식을 식별하는 능력, 음악을 감상, 이해, 창작하는 능력, 미성으로 성악, 악기 연주 능력
공간지능	항해사, 조각가, 건축가(예: 프리다 칼로, 피카소), 사진사, 비디오 그래퍼	시각 · 공간의 세계를 정확하게 지각하고, 그리며, 최초의 지각 변형을 시도하는 능력, 마음속으로 시각적 대상을 조작하고 상상하며 자세한 것까지 헤아리고 주목하는 능력
신체운동지능	무용가, 운동 경기자, 연기자, 외과의사, 건축 기술자	신체 움직임을 제어하고 숙련된 몸짓으로 대상을 다루는 능력
대인관계능력	치료사(정신과 의사), 세일즈맨, 교사, 전문 상담 치료사, 목사, 사회사업가, 매우, 정치가, 간호사	상대방의 기분, 동기유발, 기질, 긴장, 생각, 영향력, 다른 사람의 욕구에 적합하게 대응하고 식별하는 능력
자기성찰지능	심리치료사, 종교지도사, 작은 부분까지 세밀하게 정확한 자기인식을 하는 사람(예: 프로이트), 철학자	"너 자신은 알라."는 격언의 기초가 되는 능력, 자신의 강 · 약점, 욕구, 지능, 동기, 느낌, 감상에 관한 지식이 행동을 지도, 자신을 변화시키는 능력
자연지능	자연환경 보호자, 식물학자. 동물학자, 기상학자	자연 세계의 오묘하고 위대한 섭리, 양태를 이해, 보호, 이용하는 능력
영성지능	설교자, 수도자, 목사, 승려, 신부, 수녀	인간 생명의 기원, 내세, 영혼의 세계에 관심
실존지능	철학자, 신학, 종교학자, 심리학자	실존(존재, 있음)의 의미 발전과 목적에 많은 관심과 탐구, 민감성

출처: 김정휘 외(2004), p. 106.

이상에서 살펴본 바와 같이 영재성이 무엇인가에 대한 여러 학자들의 의견들은 그 각각의 이론이 강조하거나 포함하는 능력의 범위가 다양하고 광범위하다는 것을 알 수 있으며, 동시에 아직 공통적으로 합의된 바가 없다는 점을 알 수 있다. 그럼에도 불구하고 영재성에 대한 여러 학자들의 정의 간에는 공통점도 많이 있는데 이 공통점들을 종합하면 다음과 같다.

대부분의 학자들은 영재성을 '뛰어난 능력'으로 지칭한다는 점이다. 여러 학자들의 정의가 각기 조금씩 다르긴 해도 '사회적으로 가치 있는 여러 능력 중에서 어느 하나라도 뛰어나면' 영재로 보아야 한다고 주장하는 점은 공통적이다. 나아가 렌줄리를 비롯한 많은 학자들은 타고난 능력 외에 높은 과제 집착력, 긍정적 자아개념과 같은 비지적인 요소를 영재성의 주요 요소로 포함시키고 있다. 일부 학자들은 영재성의 개념 속에 적절한 기회, 체계적인 훈련, 행운 등도 포함시키지만, 이러한 환경적인 요소들은 영재성 개념의 주요 요소로 포함되기보다는 그 영재성이 계발되는 데 필요한 요소로 보아야 할 것이다.

이상과 관련하여 최근에는 영재성에 대한 정의를 내리는 데 있어 다음과 같은 경향으로 점차 변화해 가고 있다.

첫째, 높은 지능에서 다양한 재능으로의 변화다. 초기에는 터먼의 연구에서 보듯이 단순히 일반 지능이 매우 높은 사람을 영재라 정의하였으나 점차적으로 확대되어 일반 지능이나 학문적 재능뿐만이 아니라, 그 밖의 다양한 재능에서 우수성을 보이는 사람들로 확대되었다. 최근 가드너의 다중지능이론에서의 영재관이 그 대표적이다.

둘째, 영재의 개념에 비지적 요인들이 포함된다. 이것은 우수한 결과나 수행을 산출하기 위해서는 단순히 지능만 높아서는 어렵다는 것이다. 높은 지능이외에 동기나 자아개념, 의지, 대인관계능력, 리더십 등의 비지적 요인까지 포함하는 정의들이 늘어나고 있다.

셋째, 잠재 능력을 고려하여 영재의 범위를 보다 폭넓게 잡는다. 렌줄리는 평균 이상의 지능(상위 20%)이면 가능하다고 보고 있으며, 그 외에도 많은 정의들은 현재의 드러나는 능력보다는 잠재 능력을 계발하는 데 주안점을 두고 이를 위한 교육의 중요성을 강조하고 있다.

2) 유아기 영재성

대체로 어떤 분야에서든지 간에 의미 있게 탁월한 능력을 보여 주는 유아를 유아 영재로 간주한다. 또한 또래 유아보다 발달속도가 훨씬 빠른 유아도 여기에 포함될 수 있다(송인섭 외, 2009). 그러나 일반적으로 영재 분야에서 유아기는 다른 연령대에 비해 비교적 소홀히 취급되었으며 그에 대한 연구 또한 미진하다고 할 수 있다.

이는 유아의 경우 영재성을 확인하는 데 현실적으로 어려움이 있을 뿐만 아니라 유아기의 특정 시기에 나타나는 탁월한 능력이 이후의 발달단계까지 지속된다고 보장하기 어렵기 때문이라고 할 수 있다. 그러나 유아기에도 영재성을 확인할 수 있는 근거가 결코 적다고 할 수 없다.

유아영재란 전체 유아들의 10~20%가 포함될 수 있는데, 이에는 빈곤한 가정환경이나 장애로 인해 영재성은 갖고 있으나 영재로 판별되지 않은 경우까지도 포함된 잠재적, 기능적 영재를 포함하여 일컫는다(이경화, 박숙희, 2010). 이와 같은 유아기 영재성을 인식할 수 있는 몇 가지 근거는 〈표 11-2〉와 같다.

〈표 11-2〉 영재아의 특성

영재아로 인식할 수 있는 단서들	
• 풍부한 어휘력과 빠른 '읽고 쓰기' 학습	• 강한 정의감과 권위에 대항
• 한 영역에서 두드러진 지식을 보임	• 비판적 검토 없이는 권위 수용 안 함
• 뛰어난 관찰력	• 현저하게 개인적이며, 독립적으로 활동
• 자신의 나이를 능가하는 독서	• 철학, 환경, 정의 등 성인 주제에 흥미
• 비인습적 방식으로 과제해결	• 자기비판적이며 완벽성 추구
• 일상적인 과제에 싫증을 냄	• 또래보다 손위 사람과 친구로 지냄
• 인간관계에 대한 정확한 통찰	• 감정이입을 잘하고 매우 예민함

출처: DGhK(Deutsche Fesellschaft fuer das hochbegabte Kind, 이경화, 박숙희, 2010에서 재인용)

유아들이 나타내는 이러한 단서들을 바탕으로 유아의 행동에 대해 민감하게 대응하지 못한다면 가능성이 있는 유능한 유아들을 교육시킬 수 있는 소중한 기회를 놓치게 된다. 따라서 유아의 영재성을 찾아내어 적절한 교육 프로그램을 제공하고 타고난 잠재력을 충분히 발현할 수 있는 풍부한 환경을 마련해 줄 필요가 있다.

2. 영재유아의 특성

영재유아들은 일반 유아들과는 다른 특성을 나타낸다. 일반 유아들이 각 영역별로 서로 다른 특성을 가지고 있는 것처럼 많은 영재유아들은 같은 영재아의 범주에 든다고 해도 개별적으로 나름대로의 독특한 특성을 나타내 보인다. 그러나 대부분의 영재유아들이 나타내는 공통적인 특성은 있다.

1970년대 중반 일리노이 대학교에서 개발한 영재교육 프로그램인 RAPYHT와 영재유아에 대한 문헌 및 행정가 그리고 교사들의 경험을 바탕으로 영재유아의 특성을 정리해 보면 다음과 같이 크게 6가지 영역으로 구분된다. 이 중에서 학문적인 특성은 읽기, 산수, 과학의 세 영역으로, 시각예술적 특성은 예술과 음악 두 영역으로 대별되어 총 9가지 종류의 특성으로 세분화될 수 있으며, 그 구체적인 내용은 다음과 같다(전경원, 2000).

1) 지적인 특성

영재유아는 관찰력이 매우 뛰어나고 기민하고 자료를 기억하는 능력이 뛰어나며 삼라만상에 호기심이 강하고 활동에 몰두하고 쉽게 학습한다. 아이디어를 이해하는 능력이 뛰어나고 고급 수준의 지식을 실제 상황에 적응하며 다른 동년배들이 인식하지 못하는 것을 이해하고 문제해결하는 능력이 월등하게 뛰어나다.

2) 학문적인 특성

- 읽기: 영재유아는 선택활동으로 책 읽기를 택하고 고급 수준의 어휘와 문장 구조를 사용하며 독서를 할 때 장시간 집중을 한다. 읽고 들은 것을 쉽게 이해하고 놀랄 정도로 잘 기억하며 다양한 상징, 문자, 단어를 잘 기억하고 이름, 편지, 단어 등의 인쇄물에 많은 흥미를 느낀다.
- 산수: 영재유아는 숫자 세기, 측정하기, 무게 달기, 사물을 순서대로 배열하는

것에 홍미를 느끼고 산수와 관련된 활동을 할 때 장시간 집중하며 수학적인 관계를 이해한다. 또한 산수기호를 잘 이해하고 오래 기억하며, 더하기, 빼기 등의 간단한 계산은 쉽게 하고 시간 또는 돈과 관련된 개념에 대해 관심이 있고 잘 이해하며 산수 능력과 개념을 다른 활동에 응용한다.

- 과학: 영재유아는 사물을 주의 깊게 조사하거나 사건을 유심히 관찰하고 사물을 분류하는 능력이 뛰어나다. 과학 또는 자연과 관련된 활동을 하는 경우 오랫동안 주의집중을 하고 자연과 사물의 기능에 대해서 질문하며 과학 과제와 실험에 강한 홍미를 느끼고 원인과 결과 관계 그리고 추상적인 개념의 이해가 뛰어나다.

3) 창의적인 특성

영재유아는 호기심이 많아 사물을 자세히 조사하거나 많은 질문을 하고 유머 감각이 뛰어나며 관심이 많은 일에는 열심히 관여한다. 생산성이 높은 것이나 여러 가지 사물에 대한 홍미가 아주 정력적이고 종종 자기 방식대로 일을 하며 예술 활동, 놀이, 생각의 활용 등에 있어 상상력이 뛰어나다. 주어진 상황들에 대해 많은 생각들을 하고 다양한 방법으로 문제를 공략하고 재료를 사용하며 종종 독창적인 생각을 하거나 독특한 산출물을 만들어 낸다.

4) 지도자적 특성

영재유아는 새로운 상황들에 빨리 적응하고 친구들이 놀이 동료와 학습 동료로서 그를 자주 선택하며 자기를 믿는 마음이 있고 그와 관련된 행동에 있어 지시를 내리는 경향이 있다. 다른 아이들이나 어른들과 쉽게 친해지고 문제해결에 있어 주도적이기 때문에 다른 아이들이 자주 그에게 의지한다.

5) 시각 예술적 특성

- 예술: 영재유아는 시각과 관련된 것에는 무엇이든 강한 홍미를 나타내고 본 것

에 대해 아주 세부적인 것까지도 기억하며 그림을 그리고 색칠하는 데 많은 시간을 보낸다. 예술작품에 열중하고 그것으로부터 만족을 얻고 예술작품을 만드는 데 기술적으로 진보된 발전을 보인다. 예술매체를 독창적인 방법으로 사용하고, 예술 자료를 대안적이거나 혁신적으로 사용하여 실현을 하고, 그림에 중요한 요소를 사용하고 배치하는 것을 미리미리 계획한다. 그림을 그릴 때에 세부사항을 정교하게 많이 채워 넣고 구상 도안, 색의 사용이 뛰어나며 독창적이고 개성이 강한 예술작품을 제작한다.

- 음악: 영재유아는 음악적 활동에 강한 관심을 표명하고 음악적인 분위기나 성격에 민감하게 반응하며 짧은 리듬의 형태는 쉽게 반복한다. 음정을 정확하게 맞추어 노래하고 짧은 리듬 형태 두 개를 유사한지 상이한지 구별하며 음의 높낮이와 멜로디를 잘 구별한다.

6) 정신운동능력 특성

영재유아는 소근육 활동에 강한 관심을 보이고 눈과 손의 효율성의 진보된 발달을 보이며 뛰고, 점프하고, 기어오르며, 움직이는 것에 많은 관심을 나타낸다. 움직임을 다양하게 표현할 수 있고, 정신운동능력이 필요로 하는 과제를 하는 동안 균형을 잡을 수 있으며 신체를 움직이는 데 아주 기민하고 나이에 비해 강인함을 보인다. 기본적인 운동기술이 발달되어 있고 과거에 학습한 운동기술을 잘 복합하는 능력을 보이며 목적 지향적인 기술을 조화시키거나 기본적인 기술을 적용하는 기술을 가지고 있다.

3. 유아 영재성의 판별

1) 영재판별의 의미와 원리

영재판별이란 영재성의 정의에 비추어 적절한 영재를 선별하는 것이다(이신동 외, 2009). 만약 영재판별이 잘못될 경우, 주어진 영재교육 프로그램의 효과 달성에 어려움이 생기는 것은 물론이고 선발된 당사자에게도 치명적인 불행을 초래할 수 있게 된다.

영재판별은 판별하는 것으로 끝나는 것이 아니라 영재교육과의 연계가 전제되어야 한다. 판별은 영재교육의 방향을 모색하기 위해 실시되는 것이지 그 자체가 목적이 아니다. 다시 말하면, 영재성 판별 검사는 개별 아동의 특성에 알맞은 교육적 서비스를 제공하기 위해서 각 개인의 특성을 파악하려는 의도로 이루어진다. 또한 영재성은 타고난 능력을 바탕으로 계속적인 도전과 자극을 받아 길러지는 것이므로, 한번 영재로 판별되었다고 해서 지속적으로 영재성의 발휘가 보장되는 것은 아니다. 따라서 영재판별은 영재를 조기에 발견하고 이에 적절한 교육적 조치를 취함으로써 아동의 잠재성을 최대로 계발한다는 목적하에 이루어져야 한다.

영재판별은 여러 가지 원리와 원칙 속에서 진행되는데, 펠듀슨과 자윈(Feldhusen & Jarwin, 2000)은 영재판별의 원칙을 다음과 같이 제시하고 있다.

첫째, 영재교육에서의 판별의 절차는 인간 기질, 재능, 능력에 대한 가장 최근의 개념과 이론에 근거를 두어야 한다.

둘째, 신뢰도와 타당도가 확증된 검사도구와 등급척도를 선택해 판별 절차에서 사용한다.

셋째, 판별은 진행 중인 절차로 간주되어야 한다.

넷째, 영재로 명명된 아동은 보호되어야 한다.

다섯째, 판별은 본성, 강도, 기질 확인, 재능뿐만 아니라 문제, 약점 그리고 필요에 대해서도 항상 진단적이어야 한다.

한편, 영재판별의 절차와 방법에 있어서 고려해야 할 사항들을 정리하면 다음과 같다(박성익 외, 2003).

첫째, 여러 가지 정보를 수집한다.

둘째, 여러 단계에 걸쳐 판별한다.

셋째, 지속적으로 수행하여야 한다.

넷째, 판별 대상에 따라 적합한 방법을 사용한다.

다섯째, 가급적 조기에 실시한다.

여섯째, 충분히 높은 검사를 사용한다.

일곱째, 나이에 따라 판별의 초점이 달라져야 한다.

여덟째, 배타성의 철학보다는 포괄성의 철학에 입각하여 판별을 실시한다.

아홉째, 영재판별 검사에서 얻은 정보는 지속적으로 활용되어야 한다.

2) 유아 영재성 판별의 유의사항

(1) 영재성 개념에 적합한 판별

영재성 판별에 있어서는 무엇보다도 영재의 정의 및 개념에 의한 판별이 중요하다. 따라서 판별에 앞서 영재를 어떻게 정의할 것인지, 영재의 개념은 무엇인지를 명확히 할 필요가 있다. 영재를 어떻게 정의하는가에 따라서 상위 1% 정도가 영재로 간주될 수도 있고, 15%까지로 확대될 수도 있는 것이다. 또한 이에 따라 판별의 기준과 판별 방법 그리고 사용하는 검사도구가 달라지게 된다.

(2) 다양한 판별 접근

최근에 개발된 영재판별 방법들은 어느 한 가지 측정도구를 사용한 단일판별보다는 다양한 판별 접근방식을 취하고 있다. 영재성은 다양한 영역에서 나타나므로 다양한 검사방법과 검사도구지를 사용하여 다양한 정보를 수집한다. 예컨대, 어떤 유아는 미술 영역에서, 어떤 유아는 음악 영역에서, 어떤 유아는 과학 분야에서, 어떤 유아는 언어에서 영재성을 나타내기도 하고, 지도자적인 영재성을 보이기도 한다. 그러므로 한 가지 영역에서만 자료를 수집할 것이 아니라 다양한 분야에서 여러 가지 자료를 수집해야 한다(전경원, 2000).

유아의 영재성을 판별하기 위해 자료를 수집할 때에는 판별 대상 유아들의 집중시간과 언어적인 발달 상태를 고려하여 적절한 검사도구를 선정하고, 놀이를 통한 관찰 자료들을 활용하도록 한다. 또한 영역별 특성이 잘 나타날 수 있는 도구를 선정하도록 한다.

(3) 조기 영재판별

영재성의 조기 발견은 아동의 성장과 함께 영재성의 사장을 막을 수 있는 가장 중요한 접근 중의 하나다(이신동 외, 2009). 따라서 판별의 시기는 가능한 한 빠를수록 좋다. 아동의 영재성이 조기에 발견되어 적절한 교육적 서비스를 제공받아야 영재성이 지속되고 계발된다. 만약 이 시기를 놓치게 되어 적절한 교육적인 자극을 받지 못하게 되면 이러한 영재성이 발현되기 어렵다.

조기 판별에 대한 부정적인 시각도 있으나 조기 판별의 목적은 아동들이 지니고 있는 영재성을 조기에 발굴하여 이에 적절한 교육을 제공함으로써 최대한으로 잠재능력을 키워 주는 데 있다. 그러나 특수한 재능 분야별 영재판별은 초등학교 시기보다는 중학교 이후 시기에 실시하는 것이 좋다. 그 이유는 나이가 어린 아동의 분야별 영재판별은 정확하게 이루어지기 어렵기 때문이며, 중학교 시기 이전에는 융통성 있고 조심스럽게 판별 방법을 선택하여 사용하도록 한다(전경원, 2000).

(4) 지속적 판별

영재판별을 위한 검사는 일회성으로 끝나서는 안 되고 지속적으로 이루어져야 한다. 아동에 대하여 지속적인 검사와 다양한 검사방법을 적용하고, 또 가능한 모든 정보와 자료를 수집하여 이를 근거로 영재성을 판별하여야 한다. 이러한 지속적인 판별 자료들은 나중에 프로그램을 평가하는 데도 유용한 자료로 활용될 수 있다. 특히 유아기는 발달적 변화속도가 빠르고 영역별 발달에 있어서 개인차가 크기 때문에 지속적인 관찰과 평가를 통해서 판별이 이루어져야 한다.

(5) 다차원적인 판별 정보원

다차원적 판별 정보원이란 영재판별에 기여할 수 있는 모든 사람과 방법을 일컫는다. 교사와 아동 자신은 물론 동료, 부모, 조부모, 가족 구성원, 지역사회 구성원, 다른 교사와 교장(원장), 교감(원감) 등을 판별의 정보원으로 활용하고 가정 배경, 생활기록부, 검사결과 등 다양한 자료를 수집해야 한다.

특히 부모로부터 얻을 수 있는 정보는 매우 귀중한 정보로 활용될 때가 많다. 부모들은 아동과 함께 대부분의 시간을 가정에서 보내기 때문에 보육시설이나 학교에서 관찰할 수 없는 아동의 영재성에 관한 정보를 수집할 수 있다.

4. 영재유아 지도방법

영재 교수–학습에 대해 갤러거(Gallagher, 1975)는 교육내용 측면(교육과정의 내용, 학습 내용), 교수–학습과정 측면(적용되는 교수–학습방법, 학생들이 활용할 사고기법 등), 학습 환경(심리적 · 물리적 환경 등) 측면으로 구분할 것을 제안하였다. 이에 렌줄리(1978)는 학생 산출물(학습활동 결과로 기대되는 것 등) 측면을 추가하였다. 메이커 등(Maker & Neilson, 1995, 1996)은 이 4개 요소의 하위 내용들을 정의하여 영재 교수–학습방법으로 제안하였다(김정휘 외, 2004에서 재인용).

이들 4개 요소에 대해 영재유아의 지도 관점에서 정리하면 다음과 같다.

1) 교육내용의 측면

유아를 위한 영재 교수–학습방법에 있어서 고려해야 할 교육내용은 추상성, 복잡성, 내용의 구성, 주제의 범위, 탐구 내용 등이며, 이에 대해 살펴보면 다음과 같다.

첫째, 추상성을 고려해야 한다. 유아를 위한 영재교육에서는 탐구, 발표, 독서 등의 교수–학습방법을 적용하고 내용으로서는 추상적인 개념, 주제, 이론이 포함되어야 한다. 확실한 정보 및 사실적 자료들을 제시하고 이를 토대로 추상적 아이디어의 예시나 표현을 사용함으로써 유아들의 확산적 사고력을 유도하거나 동기를 유발할 수 있을 것이다.

둘째, 복잡성을 고려해야 한다. 추상적인 아이디어는 보통 복잡하게 마련이다. 유아들에게는 쉽거나 단순한 것에서 시작하여 점차 복잡한 아이디어를 제안하도록 하고, 실험하고 도전할 수 있는 기회를 제공하는 것이 필요하다.

셋째, 다양성을 고려해야 한다. 유아들의 수준을 고려해 교육내용을 다양하게 구성해야 한다. 즉, 평균 이상의 상위집단 유아들들에게는 더욱 심화할 수 있는 내용을, 평균 이하의 하위집단 유아들들에게는 기초 수준의 내용을 제공한다. 교육과정의 내용을 다양하게 구성하기 위해서는 정규 교육과정에서 가르치지 않는 개념이나 내용들도 포함시키고, 광범위한 주제에 대해 서로 다른 측면의 탐구나 다양한 재능과 능력을 포함시키는 것이 바람직하다. 이러한 교육과정의 내용의 다양성은 아동들에게 일반 지식이나 특정 영역의 지식을 자유롭게 선택하게 함으로써 흥미를 유발시킬 수 있고, 지식과 탐구에 대한 열정을 끌어낼 수도 있다.

넷째, 유아에게 의미를 부여하는 주제를 중심으로 구성해야 한다. 유아들이 학습한 내용을 통해 진정한 가치를 추구하도록 하기 위해서는 유아들이 관심을 가지는 주제를 도입해야 할 것이다. 학습내용이 주요 아이디어나 주요 개념을 중심으로 조직될 때 그 효과가 더욱 크다. 유아들은 자신이 관심을 가지는 주제라면 학습에 더욱 집중할 뿐만 아니라 열정과 헌신으로 매진할 것이기 때문이다.

다섯째, 창의적인 인물을 탐구하는 방법도 바람직하다. 영재성이 뛰어난 유아들은 학자나 지도자, 창의적이고 생산적인 인물로 성장할 가능성이 높다. 따라서 자신들이 가진 능력을 이해하고 이를 계발하기 위해서는 자신이 선호하는 위대한 인물의 전기를 읽거나 탐구하는 것이 큰 도움이 된다.

2) 교수-학습과정의 측면

교수-학습과정은 교사의 교수활동으로서 새로운 내용을 도입하는 방법, 질문기법, 다양한 지도 방법 등과 유아의 학습활동, 사고기법 등에 관한 것들이 포괄적으로 포함되어야 한다. 또한 유아들의 개인적 성향을 자극하고, 영재성을 발휘할 수 있는 최선의 수업환경을 제공해야 하는 데 중점을 두어야 할 것이다.

첫째, 교수-학습활동 측면에서 고차원적 사고력을 강조해야 할 것이다. 유아들은 학습활동을 통해 단순한 정보를 인식하기보다는 정보를 적용하고 이를 바탕으로 한 새로운 아이디어를 창출하고 평가하는 과정을 거치는 것이 바람직하다. 유아들이 흥미를 느끼고 의미가 있는 실생활 관련 주제나 아이디어를 탐색하는 과정에서 확산적 사고력, 분석적 사고력 등이 적용되며 이를 지원하는 교수-학습활동이 제시되어야 한다.

둘째, 개방성이 강조되어야 한다. 질문과 활동은 폐쇄적이지 않고 개방적이어야 한다. 개방성은 정답이 미리 결정되어 있지 않은 것을 원칙으로 해야 한다. 단 한 개의 답이 아니라 다양하게 답을 내릴 수 있는 질문을 제시하는 교수활동이 바람직하다.

셋째, 교수-학습활동은 패턴, 아이디어, 내재된 원리 등을 발견할 수 있도록 유도해야 한다. 이러한 활동의 과정은 유아들의 학습에 대한 흥미를 증가시키고, '왜' '어떻게' 등 알려고 하는 욕구를 자극한다. 또한 발견을 독려하는 교수-학습활동은 유아들이 스스로 학습할 내용을 구성하고 전체적 구조를 제안하도록 격려하며, 이를 통해서 유아들은 자아개념과 자신감을 신장시키게 된다.

넷째, 유아들에게 선택할 수 있는 자유를 제공하여 유아들이 자기 주도적으로 참여할 수 있는 교수-학습활동이어야 한다. 이러한 과정에서 교사들은 유아들에게 필요하다면 조언과 지원을 아끼지 않아야 할 뿐만 아니라 그들이 올바른 선택을 하도록 유도해야 할 것이다. 이러한 학습활동에서 유아들은 자율성을 신장시키고 활동을 즐기거나 여유를 가질 수 있으며, 선택하는 능력 등을 진작시킬 수 있다.

다섯째, 집단구성원 간의 상호작용을 격려하는 교수-학습활동이어야 한다. 집단 내에서 일어나는 역동적인 상호작용을 통해서 유아들은 가치 있는 창의성을 인정해 주는 사회적 · 문화적 맥락을 고려하게 되고 사회 구성원으로서 기여할 수 있는 기능과 역할을 훈련할 수 있다. 규칙에 따르는 게임이나, 개방적으로 실시되는 집단평가, 동료에 의한 평가, 자기평가 등은 이러한 학습활동의 방법으로 제공될 수 있다.

여섯째, 다양한 활동을 적합한 시간 간격을 두고 제공해야 한다. 학습의 내용을 제공하는 시간 간격을 다양하게 조절함으로써 유아들의 흥미와 도전 정신을 자극한다. 다양성이란 교사가 유아들의 흥미를 유발하기 위해 얼마나 다양한 방법을 사용하고 얼마나 다양한 교수기법을 사용하는가를 의미한다. 다양한 활동과 시간에 대한 긴장감은 아동들의 호기심이나 적극성 등을 유발시킬 수 있다.

3) 학습 환경 측면

학습 환경이란 학습이 이루어지는 물리적 환경뿐만 아니라 심리적 환경을 포함한다. 유아 개인별로 선호하는 학습 환경이 다르기 때문에 다양한 차원으로 학습 환경을 제공해야 한다. 영재 교수-학습방법은 영재유아들이 즐길 수 있는 환경을 고려하고, 교육과정 내용, 교수-학습활동, 산출물을 필요할 때마다 조정 · 수정하며 개별 유아의 특성에 부합시켜야 한다.

첫째, 유아 중심의 학습 환경을 조성해야 한다. 교사들의 생각이나 관심보다는 유아의 아이디어와 흥미를 강조하는 학습 환경이 조성되어야 한다. 교사들이 설명하기보다는 유아들이 활발히 토론하며, 의사를 교류하는 기회를 제공한다.

둘째, 유아들이 독립적으로 학습할 수 있는 환경을 허용해야 한다. 다시 말해서, 유아들이 자신의 생각을 발표하고 이를 적극적으로 받아들이는 환경을 의미한다. 유아 스스로 원하는 문제를 선택하여 해결하고, 마지막으로 결정을 내리도록 격려하는 학습 환경이어야 한다.

셋째, 학습 환경을 개방적으로 조성해야 한다. 물리적 측면에서는 새로운 학습 자료, 기기, 인적 자원 등을 개방적으로 수용하고 모색해야 한다. 뿐만 아니라 새로운 아이디어, 가치, 방향 전환 등 심리적인 측면에서도 개방적인 학습 환경을 제공해야 한다.

넷째, 유아들의 생각에 대한 판단을 수용하는 학습 환경을 조성해야 한다. 유아들의 의견이나 생각에 대해서 옳고 그름이나 우수하고 부진한 것을 즉시 판단하기보다는 그것들을 수용하는 학습 환경을 제공해야 한다. 따라서 교사의 역할과 태도를 다음의 세 가지 측면에서 고려할 수 있다. 먼저 교사는 유아의 의견이나 생각을 평가하기 전에 이해하려고 노력해야 한다. 유아의 의견을 듣고 참여하며 수용하려는 태도를 보여 주어야 한다. 둘째, 평가를 할 때 적절한 시점을 선택해야 한다. 평가 시점이란 창의적 산출물이나 문제해결 능력을 평가하는 시점을 의미한다. 셋째, 옳고 그름이나 우수하고 부진한 면을 판단하기보다는 우선 처음 시작했던 의도부터 평가를 해야 한다. 이때의 평가는 유아들의 산출물을 가지고 강점과 한계점을 측정하는 것을 의미한다. 교사뿐만 아니라 유아들 또한 서로에게 심판이 아닌 객관적인 평가자로서 의견을 제시할 수 있도록 지도해야 한다.

다섯째, 복잡성을 독려하는 학습 환경을 조성해야 한다. 획일적이고 단순한 학습 환경을 탈피한 물리적 환경은 풍부한 학습 재료와 참고자료, 그리고 실험기기 및 교구들이 다양하고 세련된 것을 의미한다. 복잡한 심리적 환경은 도전적인 과제, 복잡한 아이디어, 세련된 방법 등을 의미한다. 물리적 · 심리적으로 단순하지 않은 학습 환경은 유아들의 영재성을 계발하는 데 필수적 요소다.

여섯째, 다양한 집단을 편성하는 학습 환경이어야 한다. 영재성을 계발하려는 학습 환경은 집단 편성이 정적이거나 동질적이지 않아야 한다. 유아들은 다양한 유형의 과제와 다양한 학습목표 등을 성취하기 위하여 집단을 선택적으로 조직, 편성할 수 있어야 한다.

일곱째, 학습 환경을 유연하게 운영할 수 있어야 한다. 영재성 계발을 효율적으로 실천할 수 있는 학습 환경에서는 시간표 구성, 학습 요구 조건, 평가 준거, 교사들의 가치 척도 등에서 유연성이 요구된다. 유아들의 관심을 유발하기 위해서 또는 유아들이 문제를 인식하기 위해서는, 평소보다 긴 시간이 필요할 수도 있고 어떤 특정 과제를 준비하기 위해 별도의 시간을 활용할 수도 있다. 수업시간표가 부동적이며 고정적이라면 유아들의 자율성이나 내적 동기유발에 부정적 영향을 미칠 것이다.

여덟째, 유아들이 자유롭게 이동하도록 허락하고 그들을 고무시키는 학습 환경을 조성해야 한다. 유아들은 교실을 자유롭게 출입하고 필요한 자료를 얻기 위해 자료실이나 도서실 등을 자유롭게 방문할 수 있어야 한다.

4) 유아 산출물의 측면

산출물이란 교수-학습활동의 마지막 단계에서 유아들이 독창적으로 만들어 낸 보고서, 작품, 이야기, 연극, 무용, 아이디어, 그림, 삽화 등 다양한 형태의 결과물을 일컫는다. 유아들의 산출물은 학습활동 초기에 문제를 인식하고 다양한 학습활동을 거쳐 문제를 해결한 결과물로서 다음과 같은 특징이 있다.

첫째, 유아들의 산출물은 실제 문제로부터 얻어진 결과여야 한다. 유아들은 실제 상황에서 발견한 문제나 실생활의 문제를 다루어서 산출물을 만들어야 한다. 따라서 교수-학습활동은 유아들이 흥미를 보이는 특정 영역과 관련된 문제를 선택하여 탐구하고 조사하도록 격려해야 한다.

둘째, 실제로 청중을 대상으로 만들어 낸 산출물이어야 한다. 유아들이 자신의 학습활동 결과물을 발표하는 대상은 실제 존재하는 현실적인 대상이어야 한다. 한 학기 혹은 1년의 과정을 마무리할 때 부모나 지역사회 인사들을 초청하여 발표회나 전시회를 하는 것이 그 대표적인 예라고 할 수 있다.

셋째, 산출물은 다양하게 산출될 수 있어야 한다. 유아들은 어떤 내용을 어떤 형태의 산출물로 만들어서 어떤 대상을 설정하고 발표할 것인가에 대하여 다양한 선택을 할 수 있어야 한다. 개별 유아들은 다양한 수준의 지적 능력과 창의적 문제해결 능력을 활용하여 산출물을 만들고 이를 자신 있게 발표할 수 있도록 허용한 학습활동을 제공받아야 한다.

다섯째, 산출물을 발표·연출하는 방법을 개별유아 스스로 선택할 수 있어야 한다. 즉, 유아들이 산출물을 어떤 방식으로 발표하고 연출할 것인가를 스스로 결정해야 한다. 교사는 도움을 줄 수도 있고, 새로운 방법을 소개할 수도 있지만 유아들이 스스로 최종 결정을 내릴 수 있어야 한다.

여섯째, 산출물은 적절하게 평가되어야 한다. 유아들이 만들어 낸 산출물은 교사 한 사람에 의해 평가되는 경우가 빈번하다. 그러나 이보다는 산출물의 적용대상이 되는 청중이 평가하는 것이 좋다. 이를테면 교사뿐만 아니라 부모나, 동료 유아들이 산출물을 평가하고, 유아 스스로 자신이 만든 산출물을 심층적으로 평가하도록 격려하는 것이 바람직하다.

5. 영재유아 지도교사의 중요성과 특성

1) 영재유아 지도교사의 중요성

영재들의 타고난 잠재능력에 대하여 특별한 교육 서비스를 제공하기 위해 필요한 선결조건은 영재들의 교육을 담당할 전문적 능력과 자질을 갖춘 교사의 양성이다(이신동 외, 2009). 왜냐하면 영재교육을 위해 설정된 교육의 목적을 달성하기 위해서는 적합한 교육내용과 그러한 교육내용이 교육 현장에서 실천되고 적용어야 하는데, 여기에는 여러 가지 요인들이 영향을 미치지만 그 요인들 중에서 영재교육의 성패를 가름하는 데 가장 중요한 역할을 하는 것이 교사라고 할 수 있기 때문이다.

이에 대해 렌줄리(1968)는 영재교육 담당교사가 영재유아의 학습 환경에 아주 중요한 영향을 미치며 영재교육 프로그램의 성공에 결정적인 역할을 담당한다고 하였다(이신동 외, 2009에서 재인용). 따라서 영재교육이 이루어지는 전 과정에서 교사의 역할과 기능은 매우 중요하다고 할 수 있다. 특히 영재유아의 경우에는 초·중등학생에 비해 학습의 과정에서 교사에게 의존하는 비중과 교사에 의해 영향을 받는 부분이 상대적으로 높고, 또 발달의 특성상 그 변화의 속도가 매우 빠르기 때문에 영재유아의 일과 속에서 이루어지는 행동을 근거리에서 관찰하고 지도하는 교사의 역할이 더더욱 중요하다고 할 수 있다.

일반교육과 마찬가지로 영재교육의 질도 영재교육을 담당하는 교사에 의해 좌우된다고 해도 과언이 아니다. 영재교육을 담당하는 교사는 일반교육을 담당하는 교사보다 더 높은 전문성을 가지고 있어야 수준 높은 영재교육을 실천할 수 있다고 알려지고 있다(박경희 외, 2007). 교육의 질은 교사의 질을 넘지 못한다는 말은 영재교육에서도 예외가 아니다.

2) 영재유아 지도교사의 특성

그동안 영재교육을 담당하는 교사에게 필요하다고 판단되는 특별한 자질에 관한 많은 연구가 이루어져 왔다. 연구에 의해 제시된 많은 특성은 어떠한 교사에게도 나타날 수 있으며 또 실제 많은 교사가 지니고 있는 것이기도 하다.

다음에 제시한 조건들은 적격자가 되려면 영재교사가 갖추어야 할 필요·충분조건의 여러 가지 특성을 예시한 것이다(김정휘 외, 2004).

(1) 재능 또는 지능의 우수성

선택의 기회가 주어진다면, 지적 능력이 가장 높은 범위에 있는 교사들 중에서 선발하는 것이 가장 현명할 것이다. 음악이나 미술과 같은 예술 수업에 있어서는 전문가를 찾아내도록 해야 한다. 어떤 교육과정 영역에 있어서는 영재유아에게 전문가에 의한 교육을 너무 일찍 시작할 수가 없는 경우가 있다.

유아들이 전문가들과 함께 생활할 때 더욱더 많이 배웠으며, 또 전문가가 그들을 가르쳤을 때, 그들은 더욱더 호의적으로 그 내용을 배우려 했다는 것에 대해서는 의심의 여지가 없었다.

(2) 공감과 동정

또 다른 매우 중요한 특성은 지도교사가 영재유아를 진실로 좋아해 주고 이해해 주는 것이다. 이러한 특성을 지닌 교사는 영재유아들이 생각하는 방식과 환경에 반응하는 방식에 대한 통찰력을 가지고 있을 것이며, 또 상이한 학습방법을 이해할 수 있을 것이다.

(3) 용인

영재유아의 행동을 공감하고 수용해 주는 능력과 연결되는 것은 유아의 우수성과 탁월함을 증오, 노여움, 적의 또는 질투 없이 교사가 받아들여 주는 것이다. 유아의 능력을 인정해 주기 위한 준비, 그리고 존중과 이해의 태도는 교사와 유아 간의 생산적인 공감을 형성하는 데 있어서 절대적으로 중요한 것들이다. 이것은 모든 교육경험을 통해서, 특히 어린 시절의 교육에 있어서 중요한 것이다.

(4) 준비

영재유아를 지도하고 있는 교사는 항상 가르칠 내용을 충분히 준비해 두어야 한다. 영재유아들은 대개 자기 나름의 지식 자원을 가지고 있어서 얕은 생각이나 틀린 정보 또는 미약한 논리를 매우 재빠르게 감지해 낸다. 영재유아를 가르치는 일은 매우 도전적이며 다양하고 풍부한 경험을 요하는 것이다.

(5) 다재 다능성

교사의 다재 다능은 흥미, 능력 그리고 기능에 적용된다. 이것은 교사가 자신의 전문영역에 대해 해박한 지식을 보유하고, 현재의 동향과 발전에 민감해야 함을 의미한다. 또한 일상적인 학습과정이나 미리 설정된 내용들의 주제를 넘어서서 교육과정의 범위를 심화하고 확대시킬 수 있는 다양하고 특별한 기술을 가져야 한다는 것이다.

(6) 수용성

영재유아의 교육을 담당하는 교사들은 아동의 아이디어에 대해 평가적이고 비판적으로 접근하는 것도 필요하지만 동시에 새롭고 때로는 엉뚱한 관점과 아이디어에 대해서도 수용해 주고 지지해 주는 개방적인 태도가 필요하다.

(7) 자아 통찰

영재유아를 지도하는 자신들의 지식과 능력의 한계를 스스럼없이 인정해야 하며 유아들에게 가능한 최선의 교육을 제공해 주기 위하여 다른 사람들이나 자료 또는 훈련 등을 통하여 얻을 수 있는 모든 자원을 기꺼이 활용해야 한다.

(8) 통찰력

교사는 호의적이든 비호의적이든 편견을 가지지 않고, 영재유아의 요구를 개개인으로서 인정해 주어야 한다. 영재성에 관한 어떠한 선입관도 교실에서 허용되어서는 안 된다. 영재유아에 관해 널리 퍼진 신화가 매우 많이 있지만, 이런 것들은 흔히 개인의 요구와 행동의 객관적 평가에 방해가 된다.

(9) 융통성

영재유아 교육을 담당하는 교사들이 그날의 계획을 수정할 수 있고 한 가지 활동에서 다른 활동으로 변화를 쉽게 도모할 수 있으며, 계획된 수업을 특별한 사정에 따라 더욱 요령 있고 적절하게 조절하고 확대할 수 있는 능력을 갖추는 것은 중요한 일이다. 교사의 전체적인 계획이나 주간 계획표는 규범적이고 고정적이기보다는 상황에 따라 유연하게 활용되어야 한다.

영재유아들은 지식을 추구하는 데 있어서 상상력이 풍부하고, 창의적이고, 매우 쾌활하다. 따라서 교사는 유아들의 학습 속도에 맞추어서 그리고 그들이 흔히 학습을 이끌어 가는 매우 다양하고 흥미 있는 방향으로 수업을 운영해 나가야 한다.

(10) 창의성

영재유아의 창의성을 잘 처리해 주기 위해서 교사도 창의적인 능력을 가져야만 한다. 창의적인 유아들 사이에는 유사성이 있다. 그들은 다른 사람의 생각에서 확산적 사고력을 인지해 내고, 문제를 해결하는 데 있어서 새로운 접근방법의 타당성을 인지해 낸다. 만일 교사가 이런 능력을 가지고 있지 않다면, 영재유아들 사이에서 그런 특성이 육성될 수 없을지도 모른다.

(11) 인내심

모든 교사에게 인내심은 필요하다. 그러나 영재유아들에게는 이런 특성에 대한 요구가 특별한 중요성을 갖는다. 영재유아들에게 질문을 하면 그들은 문제에 대해 깊이 생각하느라 대답이 늦어지는 경우가 있다. 생각하는 데에는 시간이 많이 필요하지만 교사들은 흔히 즉각적이고 신속한 대답을 기대한다. 특히 영리한 유아들에게는 더욱 그렇다. 교사의 인내심은 아동의 열의를 해치지 않고서 그들의 능력을 인지하는 데 도움을 줄 것이다.

(12) 유머 감각

영재유아들은 유쾌한 유머 감각을 가지고 있다. 그것은 때때로 매우 미묘해서 오직 교사만이 그 의미를 파악할 수 있다. 이때 교사는 유아의 유머에 적절히 대응해 주고 함께 즐거워해 줄 수 있어야 한다.

(13) 능률성

영재유아들을 지도하는 교사들은 매우 잘 훈련되어야 한다. 그리고 그들의 시간과 자원을 효율적으로 사용할 수 있어야만 한다. 교사는 영재유아가 요구하는 매일매일의 지식과 정보 자료를 충족시켜 줄 수 있도록 준비하기 위해서 많은 양의 계획을 미리 마련해 둘 필요가 있다. 그런데 그것은 대부분의 경우 학급의 다른 유아들을 위한 준비보다도 훨씬 더 많은 준비를 요한다.

참고문헌

교육인적자원부(2000). 영재교육진흥법 영재교육진흥법시행령.

김정휘 외 4인(2004). 영재학생을 위한 교육. 서울: 박학사.

박경희, 서혜애(2007). 영재교육 교사 전문성의 구성요소 탐색 연구. 영재교육연구, 17(1), 77-98.

박성익, 조석희, 김홍원, 이지현, 윤여홍, 진석언, 한기순(2003). 영재교육학원론. 서울: 교육과학사.

송인섭, 이신동, 이경화, 김정희, 문은식, 박숙희, 박춘성, 성은현, 유경훈, 이희현, 최병연, 최지영, 한순미 공역(2009). 영재교육의 주요 이슈와 실제. 서울: 시그마프레스.

이경화, 김혜진, 김옥분 공역(2008). 경험연구에 기초한 영재교육-가정, 교실, 학교에서의 전략-. 서울: 시그마프레스.

이경화, 박숙희(2010). 유아영재교육. 서울: 동문사.

이경화, 최병연, 박숙희 공역(2004). 창의성 계발과 교육. 서울: 학지사.

이신동, 박명순, 박춘성 공역(2008). 영재 판별의 동향. 서울: 학지사.

이신동, 이정규, 박춘성(2009). 최신영재교육학개론. 서울: 학지사.

전경원(2000). 영재교육학. 서울: 학문사.

Feldhusen, J. F., & Jarwin, F. A. (2000). Identification of Gifted and Talented Youth for Education Programs. In K. A. Heller, F. J. Monks, R. J. Sternberg, R. F. Subotnik, (Eds.), *International Handbook of Gifted & Talent*. Elsevier Science LTD.

Gallagher, J. J. (1991). Educational reform, values, and gifted students. *Gifted Child Quarterly, 35*, 12-19.

Gardner, H. (1983). *Frames of mind: The theory of multiple intelligence*. New York: Basic Books.

Heller, K. A., et al. (2000). *Giftedness and Talent*. Pergamon.

Renzulli, J. S. (1978). What Makes Giftedness? Reexamining a Definition. *Phi Delta Kappan, 60*(3), 180-184.

Renzulli, J. S. (1987). The triad/revolving door model. Workshop presented in Madison, Wisconsin.

Renzulli, J. S. (1991). The National Research Center on the Gifted and Talented: The dream, the design, and the destination. *Gifted Child Quarterly, 35,* 73-80.

Sternberg, R. J. (1999). *Handbook of creativity.* Cambridge University Press.

Torrance, E. P. (1988). The nature of creativity as manifest in its testing. In R. J. Sternberg (ED.), *The nature of creativity* (pp. 43-75). New York: Cambridge University Press.

Chapter 12

보육평가 및 평가인증제

보육평가란 질적인 보육을 실현하기 위해서 보육 대상자인 영유아와 보육시설 종사자, 보육 프로그램, 시설, 설비 등 인적 · 물적 환경 전반에 대한 타당하고 객관적인 기준에 근거하여 평가를 하는 것이다. 타당하고 객관적인 평가는 보육운영 전반에 걸쳐서 지속적인 관찰과 검토를 통해 이루어진다. 보육시설의 인적 · 물적 환경 전반에 대한 지속적인 평가는 영유아와 보육시설 모두에게 도움이 된다. 영유아는 평가과정을 통해 질적 수준이 향상된 보육환경에서 발달에 적합한 교육을 받을 수 있다. 보육시설은 평가를 통해 보육시설에서 실시하고 있는 프로그램과 환경에 대해 스스로 되돌아보고 평가하여 좀 더 나은 보육시설로 발전할 수 있는 기회를 가질 수 있다.

이 장에서는 보육시설 전반에 걸쳐 운영계획을 잘 구성하고 효율적으로 수행했는지를 분석하는 보육시설 평가의 개념과 목적, 내용, 방법, 평가인증지표 등에 대해 살펴보고자 한다.

1. 보육평가의 개념 및 의의

교육평가에 관해서는 다양한 정의를 내릴 수 있다. 교육평가에 대한 개념은 크게 교육목표 달성 정도의 확인에 초점을 두고 교육과정 및 수업의 프로그램에 의하여 교육목표가 어느 정도 달성되었는가를 규명하는 과정이라고 보는 견해와, 교육평가를 교육 프로그램에 관한 의사결정을 내리기 위하여 필요한 정보를 수집하고 사용하는 과정이라고 보는 또 다른 견해(Cronbach, 1963; 황해익, 2004 재인용)가 있다. 이상을 종합해서 볼 때, 교육평가란 교육목표를 실현하기 위하여 행하는 교육 활동으로 교육의 인적 · 물적 조건 등에 관한 정보를 수집하고 정리 · 분석하여, 피드백하는 전반적인 과정이라고 볼 수 있다.

보육평가란 어린이집의 교사, 아동, 프로그램 등에 관한 다양한 자료들을 수집, 정리, 분석하여 현재의 상태를 평가하고 다음의 보육계획에 피드백을 주어 어린이집 운영 전반에 걸쳐 발전적인 방향을 도모하고자 하는 활동이다. 영유아 보육에서 영유아에 대한 평가는 영유아의 활동, 기술, 행동 등을 관찰, 기록해서 문서화하는 과정이며, 영유아의 긍정적인 발달과 프로그램의 적합성을 알아보기 위해 필수적으로 요구되는 과정이다. 영유아와 프로그램에 대한 체계적이고 지속적인 평가는 영유아에 대한 이해를 더욱 깊이 해 주고 실시하고 있는 프로그램이 적합한지에 대한 정보를 준다.

따라서 보육에서의 평가는 영유아의 현재 발달에 관한 정보뿐만 아니라 보육 프로그램의 궁극적 목적인 영유아의 전인적 성장과 발달을 도모하기 위해 프로그램이 적절한지, 의도한 보육목표가 어느 정도 실현되고 있는지, 또한 환경이 영유아의 발달적 특성에 얼마나 적합한지 등 보육활동의 전반에 관한 정보를 수집하여 분석하고 판단하는 체계적인 과정이므로, 반드시 필요한 활동이라고 할 수 있다(황해익, 2004).

보육 선진국들은 정부 주도로 영유아와 시설 종사자, 프로그램과 제반 시설 등에 대해 다양한 차원의 평가를 하여 보육의 질적 수준을 높이기 위해 노력하고 있다. 대표적인 예로 미국의 경우 NAEYC(1991)에서 0~8세의 발달에 적합한 보육환경을 측정하기 위해서 교사-아동 상호작용, 교육과정, 교사-부모 상호작용, 교사 자격 및 발달, 운영, 교사편제, 물리적 환경, 건강 및 안정, 영양 및 급식 등 9개 영역에 걸쳐 프로그램의 전반적인 측면을 평가하는 프로그램 인증기준을 제시, 평가함으로써 보육서비스의 질을 관리하고 있다. 또한 미국의 NAFCC(1998)에서도 가정 보육인증기준을 제시하면서 물리적 환경, 상호관계, 보육활동, 발달 학습목표, 안전과 건강, 전문성 및 사업 등 6개 영역을 평가하여 질적인 관리에 중점을 두고 있다.

미국유아교육협회(NAEYC: National Association for the Education Young Children)와 미국유아교육전문가협회(NAECS: Nation Association for Early Childhood Specialists)는 3~8세 유아를 위한 프로그램을 적절히 평가하기 위한 지침을 공동으로 개발하였다. 평가 전략을 개발하는 데 있어 이 지침은 반드시 고려되어야 하며, 주요 지침의 예는 다음과 같다(NAEYC, 1991).

- 평가결과가 단순히 영유아의 행동을 추적하고 순위를 매기는 것이 아니라, 영유아의 개성을 고려한 학습계획을 수립하고, 교육방향을 개선하며, 영유아의 특정한 관심사와 요구를 규명하고, 개별화된 교육을 수행할 수 있도록 도와주어야 한다.
- 평가과정이 영유아의 학습태도 및 특성뿐만 아니라 사회적, 정서적, 신체적, 인지적, 언어적 발달과정을 다루고 있어야 한다.
- 평가를 수행하는 데 있어서 교사가 영유아의 일상적 행동을 지속적으로 관찰해서 정보를 수집함으로써 시간의 변화에 따른 영유아의 행동을 알 수 있어야 한다.
- 평가를 함으로써 영유아의 단점이나 장점 및 숨겨진 능력을 발견할 수 있어야 한다.
- 부모와 학습계획을 세우고 상담하는 데 필요한 정보를 수집하게 해 주어야 한다.

평가는 다음과 같은 점에서 그 의의를 찾을 수 있다(양승희 외, 2006).

첫째, 보육활동을 위한 기초자료를 제공한다. 즉, 교사는 평가된 자료를 참고하여 영유아 보육을 위한 계획을 세우고, 다음 학습을 진행시킨다. 둘째, 영유아의 발달을 평가하고, 평가한 결과에 의하여 영유아의 발달수준에 맞는 학습속도, 준비정도, 수준별 개별학습을 시킬 수 있다. 셋째, 보육환경 구성과 보육활동에 참고할 수 있는 자료를 제공한다. 넷째, 부모들에게 참고자료를 제공하여 가족과 보육시설과의 연계성이 이루어지게 한다.

그레이스와 쇼어(Grace & Shores, 1998)는 영유아 평가를 위해서는 다음의 5가지 내용을 고려하여 평가해야 한다고 제시하였다.

① 평가는 타당하게 이루어져야 한다. 정확하게 본래의 평가목적을 반영한 정보를 제공해야 한다.
② 평가는 영유아 발달의 전 과정을 포함해야 한다. 영유아의 신체적, 인지적, 사회적, 정서적, 언어적 발달과정을 모두 반영해야 한다.
③ 평가는 반복된 관찰을 통하여 이루어져야 한다. 한 번의 일시적 관찰이 아닌 여러 번의 반복된 관찰에 의하여 영유아 행동을 분석하고 평가한다. 몇 차례의 관찰내용으로 성급하게 결론을 내리면 정확하고 공정한 평가를 할 수 없다.
④ 평가는 연속적이어야 한다. 영유아의 특정 능력을 평균적 영유아와 비교하기 위해 비교기준 및 각 발달과정에서 일반적으로 나타나는 특성을 수집하는 것이 도움이 된다. 그러나 시간이 지나면서 이루어지는 영유아의 개인적인 발달과정을 공정하게 평가하려면 영유아 자신의 변화내용을 비교하는 것이 중요하다.
⑤ 평가할 때 다양한 방법을 활용해야 한다. 확실하고 정확한 영유아의 능력을 평가하기 위하여 다양한 방법으로 정보를 수집해야 한다.

2. 보육평가의 목적 및 필요성

영유아 보육에서 평가의 목적은 교육의 효과를 과학적으로 측정하고, 그 결과를 해석, 처리함으로써 궁극적으로 영유아 보육계획 수립에 필요한 귀중한 자료를 얻을 때 그 의의가 있다고 할 수 있다. 즉, 보육시설이 위치한 환경이 영유아 보육에 적합한지, 실내 · 외 구성이나 시설, 설비가 영유아 발달에 유용하고 프로그램이 그들의 전인적 발달을 도모할 수 있도록 수립, 운영되고 있는지, 교사의 행동과 역할이 적절한지, 부모교육이 잘 이루어지고 있는지의 여부를 수시로 또는 정기적으로 분석, 측정하고, 만일 그 성과가 기대되는 수준에 미치지 못할 경우에는 이를 개선, 보완함으로써 보육의 질을 높여 나가는 데 그 목적이 있다고 할 수 있다(이현섭 외, 2006).

우리나라에서도 양질의 보육서비스를 제공하기 위해서 영유아 평가, 영유아 관련 종사자 평가, 프로그램 평가로 대별하여 평가를 하고 있으며, 각각의 평가목적을 서술하면 다음과 같다(김경회 외, 2008).

첫째, 영유아의 영역별 발달 상황을 기술하고 연령에 맞게 접근할 수 있도록 하며, 영유아의 전인적 성장 · 발달에 기여한다.

둘째, 보육교사에게 영유아와의 상호작용, 학급운영 전반에 관한 지속적인 피드백을 줌으로써 더 나은 교수를 위한 정보를 제공한다.

셋째, 부모에게 자녀의 발달수준 및 변화를 보고함으로써 자녀에 대한 부모의 이해를 증진시키고, 또한 자녀양육 태도, 부모역할 수행에 대한 정보를 제공함으로써 보다 나은 부모-자녀 관계를 형성하여 영유아의 발달을 도모한다.

넷째, 보육시설에서 각 시설이 정하고 있는 교육목표가 제대로 달성되고 있는지를 파악할 뿐 아니라, 시대적 변화 및 대상의 요구에 부합될 수 있게 시설운영에 필요한 합리적이고 객관적인 정보를 제공한다.

이러한 영유아 보육평가의 목적을 대상별로 나누어 살펴보면 다음과 같다(강문희, 2007).

① 영유아를 위한 목적

- 영유아의 현재 발달 상태를 이해하고 학급배치를 적합하게 한다. 도움이 필요한 영유아에게 적절한 교육적 배려를 한다.
- 영유아에게 적합한 학습목표를 제공한다.
- 영유아의 흥미와 발달단계를 이해하여 학습의 동기유발 수준을 높인다.
- 시간이 경과함에 따라 영유아에게 일어난 변화와 진보의 정도 및 영역을 알아본다.

② 교사를 위한 목적

- 학급 전체의 현재 상태를 이해한다.
- 교육과정을 계획하고 의사결정에 필요한 정보를 얻는다.
- 교육과정과 교수방법의 효율성을 결정하고 측정한다.
- 교육 프로그램의 수정, 교수방법의 결정, 학습성취 전략을 수정하도록 피드백을 얻는다.

③ 부모를 위한 목적

- 자녀의 발전과 성취의 정도에 대한 정보를 얻는다.
- 자녀의 학습목적을 지원하는 데 부모가 참여한다.
- 가정에서 자녀의 능력에 맞는 지도를 실시한다.

내실 있는 보육 프로그램의 질적 관리 체계의 확립과 변화하는 사회의 다양한 보육 수요에 대한 욕구를 충족시키기 위해서 보육시설의 질적 수준 향상은 반드시 이루어져야 한다. 따라서 보육에서의 평가는 보육정책의 효율성 측면에서도 실시되어야 하는 필수적인 활동이다. 이러한 보육평가의 필요성을 구체적으로 살펴보면 다음과 같다(조성연 외, 2006).

첫째, 평가를 통하여 영유아들의 현 발달 상황을 제대로 이해하고 그들에 대한 바람직한 지식, 성격, 태도 등을 형성할 수 있다. 즉, 평가는 영유아의 현재 발달 상황에 대한 정확한 정보를 얻어 그들의 전인적 성장과 발달을 도와주는 과정이다.

둘째, 보육의 목표가 제대로 성취되었는지를 밝혀 보육 프로그램의 전반적인 과정을 더욱 발전시킨다. 보육목표의 성취 여부를 확인하기 위해서는 그 목표에 의해 선정된 보육의 내용, 보육 계획과 방법, 환경구성, 교사와 영유아들의 상호작용 형태 등 보육 프로그램의 전반적인 영역을 평가해야 한다.

셋째, 영유아들의 발달 상황에 대한 정보는 보육교사뿐 아니라 부모도 알아야 하며, 이는 보육의 효과를 높일 수 있는 요인 중의 하나인 보육시설과 가정의 연계성 측면에서 중요하다. 따라서 영유아들의 발달 상황에 대해 과학적이고 실증적인 자료를 수집하기 위한 평가는 반드시 필요한 과정이다.

이순형 등(2009)은 보육평가의 필요성을 다음과 같이 서술하였다.

첫째, 평가를 통하여 영유아들의 현재 발달 상황을 바로 이해하고 바람직한 지식, 태도, 성격 등을 형성하는 데 필요한 정확한 정보를 얻는 과정으로서 필요하다.

둘째, 보육의 목표가 제대로 성취되었는지를 확인하고, 프로그램의 전반적인 과정을 발전시키기 위해 필요하다. 보육목표의 성취 정도를 측정하기 위해서는 그 목표에 의해 선정된 보육의 내용, 보육 계획과 방법, 환경구성, 교사와 영유아들의 상호작용 형태 등 보육 프로그램의 전반적 영역들이 평가되어야 한다.

셋째, 보육교사와 부모가 영유아들의 발달 상황에 대해 인지하고 있어야 하며 이는 보육시설과 가정을 연계해 보육의 질을 높이는 데 기여한다. 따라서 영유아들의 발달 상황에 대한 체계적이고 객관적인 자료를 수집하기 위해 평가가 필요하다.

3. 보육평가의 영역

1) 영유아 평가

영유아에 대한 평가란 영유아가 무엇을 알고, 행동하고, 어떻게 하는지에 관심을 두고, 영유아의 발달과 학습과정을 관찰, 기록, 문서화하는 과정이다(Fleege, 1997; Hills, 1992). 영유아 평가는 영유아의 개별적 특성에 따라 여러 목적으로 실행할 수 있으며, 영유아를 위한 의사결정 및 계획에 필요한 영유아의 발달과 학습을 수정하는 모든 전략을 포함한다(Wortham, 1996). 평가는 영유아와 가족에게 도움을 주어야 하며, 기관의 입장에서도 자연스럽게 받아들일 수 있도록 배려하는 것이 중요하다.

평가는 개별 영유아의 발달 상황을 이해하고 영유아를 도와주는 긍정적이고 발전적인 방향으로 이루어져야 한다. 평가의 방법은 영유아의 발달에 적절해야 하고, 그 결과는 영유아의 보육활동에 긍정적으로 활용되어야 한다. 이를 위해서 관찰내용은 영유아의 하루 일과와 발달상의 모든 영역이 포함되며, 평가목적에 맞는 평가내용이 선정되고, 평가방법도 적절해야 한다. 영유아를 왜 관찰하고 무엇을 관찰할 것인지 결정한 후, 평가의 구체적인 범주를 정하고, 관찰방법을 선택하고, 관찰을 한다.

영유아에 대한 객관적인 자료를 얻기 위해서는 다양한 상황 속에서 상세하게 관찰해야 한다. 영유아는 언어능력이 제한되어 있어서 필답식 검사를 하는 것은 어려우므로, 관찰은 영유아를 대상으로 하는 연구방법 중에서 가장 적절한 방법이라고 할 수 있다.

(1) 영유아 평가의 필요성

영유아 평가가 필요한 이유는 다음과 같다(이현섭 외, 2006).

첫째, 영유아가 보육시설에 입학하기 전 실시하는 평가로 영유아의 현재 발달 상황이나 특성을 살펴보는 진단평가가 필요하다. 이때는 간단한 부모용 가정환경 조사서를 통해 영유아의 질병상태, 연령에 맞는 예방접종 유무, 알레르기 유무와 종류, 좋아하는 놀이 등 영유아와 관련된 인적 · 물적 환경 등을 포함하는 다양한 측면에 대해 조사한다.

둘째, 영유아가 보육시설에서 보이는 교사나 다른 영유아와의 상호작용, 개인적 특성 등을 파악하기 위한 발달 상황에 대한 수시평가가 필요하다. 이는 개별 영유아의 현재 발달 상황을 평가함으로써 영유아의 생활지도와 학습지도에 있어 기초가 되는 자료를 제공해 준다.

셋째, 부모들은 자녀들을 기관에 보낸 후 자기 자녀의 교육성과에 대해 알고 싶어 한다. 지속적이고 체계적인 평가를 통해 수집된 자료를 바탕으로 부모와의 개별면담을 하고 가정에서도 영유아의 능력에 맞는 지도를 실시함으로써 보육시설-가정의 연계 교육을 통해 보육의 효과를 증대시킬 수 있다.

(2) 영유아 평가의 방법

① 부모와의 수시면담

교사는 부모로부터 영유아의 여러 측면에 대한 다양한 정보를 수시로 수집할 수 있다. 이러한 정보는 등 · 하원 시의 짧은 대화, 정기적인 부모모임, 부모면담, 전화를 통해 얻을 수 있다.

② 관찰

관찰법은 시간이 다소 많이 걸리지만 영유아에 대한 정보를 가장 적절하고 손쉽게 얻을 수 있는 평가방법이다. 다양한 상황 속에서 영유아를 세밀하게 관찰하는 것은 영유아에 대한 객관적인 자료를 얻을 수 있는 가장 확실한 방법이다. 특히 영유아는 언어능력의 제한으로 지필식 검사가 어려우므로, 관찰법은 영유아 대상 연구방법으로 가장 적절하고, 바람직한 방법이 될 수 있다.

영유아에 대한 관찰은 체계적인 방법 및 절차를 통해 이루어지는데, 일반적으로 영유아를 관찰하는 데 있어 주로 많이 사용되는 방법으로는 일화기록법, 시간표집법, 사건표집법, 평정척도법, 행동목록법(체크리스트), 흥미영역 평가, 영유아 작품 수집, 포트폴리오 평가 등이 있다.

▶ 일화기록법

일화기록은 일어난 사건이나 행동에 관한 짧은 이야기식 기록이다. 일화기록 시에는 영유아의 발달과 행동에서 진보한 부분과 미진한 부분을 알 수 있게 하기 위해 반드시 날짜를 기록하여 두는 것이 중요하다. 또한 관찰자는 영유아의 행동 특징과 사건 중에서 발달상으로 중요하고 특징이 있다고 생각되는 것들을 객관적으로 기록한다. 어떤 상황이 언제, 어디서, 어떻게, 왜 일어났으며 그 상황에서 영유아가 무슨 말을 하고 어떤 행동을 했는지를 자세히 기록한다.

일화기록법은 현장에서 가장 빈번하게 사용되는 방법으로 특별하게 정해진 양식 없이 어떤 한순간에 발생한 영유아의 행동을 순서대로 사실적이고 객관적으로 관찰하여 기록하는 방법이다. 일화기록은 이처럼 가장 손쉬운 형태의 관찰기록이지만 일화기록을 작성할 때는 다음과 같은 유의할 점이 있다(황해익, 2004).

- 발달상의 중요한 사건을 기록하기 원할 때 일화기록을 사용할 수 있다.
- 핵심단어를 사용하여 관찰한 후 가능한 한 빨리 간결하게 기록하거나 녹음한다.
- 관찰시간, 장면, 진행 중인 활동 등 상황적인 자료가 기록에 포함되어 있다.
- 관찰 아동의 주 행동이 적혀있다. 즉, 한 가지 행동에만 초점이 맞추어져 있다.
- 유아가 한 말이 그대로 인용부호안에 적혀 있다.
- 관찰 아동의 말과 행동뿐 아니라 그와 상호작용하는 다른 유아나 교사의 말과

행동도 기록되어 있다.

- 발달상 중요 포인트를 정어 놓는다.
- 기록이 객관적이고 사실적이며, 추론과 해석이 배제되어 있다.
- 각 유아의 발달상의 다양한 일화들을 모으기 위해 정기적으로 포트폴리오를 체크한다.

카트라이트와 카트라이트(Cartwright & Cartwright, 1974)는 어떤 행동을 기록할 때 관찰자가 분명히 확인할 기회를 갖기 위해서 그 행동이 처음 나타날 때 기록하지 말고 다시 한 번 나타날 때 기록하는 것이 바람직하다고 하였다.

관찰 영유아:	생년월일:
관찰자:	관찰일:
관찰시간:	관찰일 현재 영유아의 연령:
관찰행동, 사건	
기록:	
발달영역:	
해석:	

출처: 전남련 외, 2004.

[그림 12-1] 일화기록법 관찰양식

▶ 시간표집법

관찰자가 일정한 시간을 정하고, 이 시간을 일정한 간격으로 나누어 이 기간 동안 관찰하고자 하는 행동이 발생되었는지 여부, 즉 일정 시간 동안 보고자 하는 행동이 얼마나 자주 발생되었는지의 행동 출현빈도를 기록하는 방법이다. 이것은 결국 시간을 표집해서 그 시간 동안 특정 행동의 발생유무를 관찰하는 방법이다. 즉, 시간표집법은 정해진 관찰기간 동안 계속해서 관찰하는 것이 아니라 일정한 시간 간격을 두고 행동의 발생빈도를 기록하는 것이다.

▶ 사건표집법

측정 단위가 시간 간격이 아니라 측정하고자 하는 행동이며, 하나의 특정한 사건이나 행동이 생길 때에만 관찰하는 방법이다. 사건표집법에서는 관찰자가 특정 행동이 나타날 때까지 기다렸다가 그 행동이 발생하면 관찰하고 기록한다. 따라서 언제 관찰해야 한다는 시간적 제약은 없으며 관찰의 초점이 되는 행동의 특성에 따라 행동을 관찰하는 시간에는 융통성이 있다.

▶ 평정척도법

평정척도법은 어떤 특성이나 성격을 미리 정해진 범주에 따라 평가할 때 사용되는 관찰도구다. 이 방법은 어떤 행동의 출현 유무를 표시하는 데에서 더 나아가 행동의 질적인 특성을 알고자 할 때 유용하다.

이 방법은 영유아들의 특정한 성격이나 행동의 정도를 표시하는 관찰도구다. 각각의 행동은 척도에 따라 판단이 내려져서 가장 낮은 단계부터 가장 높은 단계까지 등급이 정해진다. 관찰도구로서 평정척도법은 특정 행동에 대해서 각 단계마다 그 정도가 잘 정의되어 있어 관찰자가 잘 이해하고 있을 때, 척도에 따라 행동이 뚜렷하게 구분될 경우에 가장 효과적으로 이용할 수 있다.

이 방법은 한 명의 영유아에게 나타나는 몇 가지 행동들을 동시에 측정하는 데 사용된다. 관찰자는 영유아를 관찰하고 영유아의 행동이나 능력에 해당하는 척도에 표시한다. 행동에 대해서 간단히 진술할 수도 있다.

일반적으로 개개 영유아의 특징에 대하여 다른 대상과 비교하여 그 정도를 3단계, 5단계 또는 7단계로 평정하며, 척도의 표시는 숫자, 그림, 언어 등의 형태로 나타낸다. 평정척도법은 다음과 같은 지침들을 유의해서 사용해야 한다(전남련 외, 2004).

- 첫째, 평정대상이 되는 특성은 가능한 한 명확하고 간결하게, 관찰 가능한 용어로 기술되어야 한다.
- 둘째, 가치판단적인 용어 사용은 피해야 하며 지나치게 극단적인 수준의 특성

은 제시하지 않는 것이 좋다.

- 셋째, 여러 척도에서 의미가 중복되지 않는 단어를 사용하여야 하며, 사용되는 단어가 평정하고자 하는 특성과 일치해야 한다.

▶ 행동목록법

행동목록법(체크리스트)은 특정 행동이 존재하는지 아닌지를 표시하는 기록방법이다. 사전에 영유아의 발달이나 행동의 특성 목록을 미리 정해 관찰자의 주관적 평가를 가능한 한 배재한다. 관찰자는 그 항목이 발견되었는지 아닌지를 해당 항목 앞에 '예' '아니요' 로 표시할 수 있다.

행동목록법은 그 행동의 표출 여부를 체크하는 방법으로 영유아의 행동 발생 여부를 매우 빠르고 효과적으로 기록할 수 있지만 행동의 질적인 수준에 대한 정보는 제공해 주지 못한다. 행동목록을 작성하는 데 있어 유의할 점은 다음과 같다(이은해, 1995).

- 행동목록에 포함될 문항은 관찰 가능한 구체적 행동을 나타내는 것이어야 한다.
- 행동목록은 관찰하려는 특정 영역에 관해서 포괄적이고 대표적인 목록으로 구성되어야 하며, 문항 간 서로 중복이 없어야 한다.
- 행동목록표를 논리적으로 조직해야 한다.

황해익(2004)은 행동목록을 사용하는 데 있어 유의할 점을 다음과 같이 서술하였다.

- 행동목록은 관찰 전에 준비되어야 한다.
- 행동목록에 포함된 문항은 가능한 한 관찰 가능한 구체적인 행동을 나타내는 것이어야 한다. 예를 들면, '수개념을 안다' 라는 문항을 가지고 영유아의 행동을 관찰한다면 너무 포괄적이고 모호할 것이다. 따라서 '1에서 10까지의 숫자를 셀 수 있다' 등으로 구체적으로 기술해야 한다.
- 행동목록의 문항은 포괄적이고 대표적인 것으로 구성되어야 하며 문항 간 서로 중복이 없이 일정한 체계에 맞게 논리적으로 조직되어야 한다.

- 관찰행동의 출현 유무의 표기와 함께 처음 그 행동이 나타난 날짜를 기록하게 만드는 것이 좋다.

▶ 흥미영역 평가

영유아 활동은 흥미영역—언어 영역, 역할놀이 영역, 쌓기 영역, 수놀이 영역, 과학 영역, 조작놀이 영역 등—내에서 일어나므로 이러한 흥미영역에서 활동하는 영유아를 관찰함으로써 영유아의 발달 상태를 평가할 수 있다.

각 흥미영역에서 영유아가 선택하는 활동을 관찰하고 지속시간, 흥미영역의 종류, 영유아가 가장 흥미 있어 하는 활동의 종류를 수집한다. 예를 들어, 쌓기 영역에서 새롭게 사용하는 어휘는 무엇인지, 현재의 수 개념은 어느 정도인지, 어떤 것에 관심을 갖는지, 얼마 동안 집중해서 쌓기놀이를 하는지, 자신이 만든 작품에 가치를 두는지, 쌓기놀이를 하면서 자신의 생각이나 창의적인 발상에 대해 토의하는지, 이전에 구성한 것보다 복잡해지고 극놀이로 연결되는지, 누구와 함께 놀이하는지 등을 평가할 수 있다(이기숙, 2000).

▶ 영유아 작품 수집

영유아 작품 수집은 영유아가 작업한 작품을 날짜별로, 체계적으로 수집하는 것이다. 그 작품으로는 그림 그리기, 색칠하기, 이야기하기, 그림책 만들기, 생각 적기 등이 있다. 교사는 이러한 작품 수집을 통해 자신이 필요에 의해 보고자 하는 관점으로 영유아들의 작품을 판단하고 진보한 부분과 미진한 부분을 재조명할 수 있다. 영유아 작품 수집은 체계적이어야 하며, 작품의 이름, 날짜, 주변 상황, 영유아가 작품에 대해 한 말 등을 기록하여야 한다.

▶ 포트폴리오 평가

포트폴리오란 영유아의 작업결과나 작품 또는 어떤 수행의 결과를 모아 놓은 자료집이나 서류철을 의미한다. 포트폴리오를 이용한 평가라 함은 포트폴리오에 담긴 자료를 기초로 여러 가지 능력을 평가하는 것을 의미한다. 포트폴리오에는 영유아의 수행 결과물, 수행과정에 대한 사진과 동영상, 체계적 관찰을 위한 체크리스트와 일화기록, 교사와 영유아의 개별면담 및 부모와의 면담 자료 등 포괄적이고 다양한 자료들이 포함될 수 있다. 따라서 포트폴리오 평가는 영유아를 단편적이고 일회적으로 평가하지 않고 시간의 흐름에 따른 영유아의 변화, 발달 과정을 지속적, 종합적으로 평가하는 방법이다.

포트폴리오에 어떤 구성물들이 포함될 수 있는지에 대해 겔퍼와 퍼킨스(Gelfer & Perkins, 1991)는 다음과 같이 제안하고 있다(김경철, 1997에서 재인용).

- 영유아 활동작품의 표본

(작품의 선정은 영유아 혼자서 선정하거나 교사의 도움을 받아서 할 수 있다.)
  - 쓰기 활동의 표본
  - 이야기 나누기, 자신이 만든 작품을 친구들에게 설명한 내용에 대한 오디오테이프
  - 실험이나 프로젝트에 관한 사진
  - 이야기에 관한 사진
  - 그림이나 콜라주
  - 자신을 표현한 프로젝트
  - 글로 쓴 단어들 목록
  - 프로젝트의 비디오테이프
- 교사의 관찰
  - 일화기록
  - 행동목록법
- 교사가 보고하는 영유아 자신의 정기적인 자기평가
  - 태도 항목: 취미, 좋아하는 책, 집에 가서 제일 하고 싶은 것, 좋아하는 음식, 좋아하는 텔레비전 프로그램, 좋아하는 인형 등
  - 흥미 항목: '교실에 오는 것(등원)이 좋니?' '블록놀이가 재미있니?' '집에서 만화영화 보는 것을 좋아하니?' '선생님에 대해 어떻게 생각하니?' '낮잠 시간은 어떠니?' 등
- 영유아와 교사가 함께 작성한 학습발달 진행 노트
- 내 단어 책
  - 주제와 관련된 단어를 적은 책, 알고 싶은 단어, 어휘를 소책자 형태로 만든 책

- 부모 관찰
  - 보육실적을 부모가 영유아의 행동발달을 관찰하도록 시설을 개방하며, 가정 내외에서도 관찰을 하도록 유도해야 한다.
- 부모와 교사의 면담
  - 보고서 요약
- 부모와 교사의 의사소통
  - 전화 대화나 간략한 논의, 노트 보고서 등의 목록이나 내용

진정한 포트폴리오 평가는 관찰, 면담, 작품 수집, 검사 등 다양한 방법으로 교사, 유아 자신, 부모, 또래 평가자가 능동적으로 참여하는 총체적 평가방법이다. 따라서 이 방법은 영유아의 행동특성과 발달수준을 포괄적으로 평가할 수 있는 좋은 방법이다. 영유아의 작품 분석을 위해서는 작품의 이름, 날짜, 당시 상황적 맥락 등을 기록하여 체계적으로 수집해야 한다. 보존할 수 없는 것들은 사진이나 동영상을 찍어 놓을 수 있다. 체계적인 작품 분석은 영유아의 계속적이고 누적적인 발달 상황을 알 수 있게 한다.

포트폴리오는 시각예술 및 문학을 하는 사람들이 자신의 최고 작품을 선별해 놓은 수집철을 의미했으나, 오늘날 보육에서는 영유아의 학습과 발달을 평가하는 관점에서 활용된다.

포트폴리오란 영유아의 작품 또는 수행의 결과를 모아 놓은 서류철이나 자료집을 말한다. 포트폴리오를 이용한 평가라 함은 포트폴리오에 담긴 내용과 자료를 기초로 평가하는 것을 의미한다. 포트폴리오 수집과 포트폴리오 평가를 구분하는 것은 중요하다. 포트폴리오 수집은 개별 파일에 영유아의 작품 및 기록물을 단지 모으는 것이며, 포트폴리오 평가란 수집된 작품 및 기록물들을 근거로 영유아는 자신의 변화과정을 알 수 있고 교사는 영유아의 계속적인 발달 상태를 파악함으로써 앞으로의 발전에 기여할 수 있다.

포트폴리오에는 영유아의 수행 결과물, 활동 사진과 동영상, 체크리스트와 일화기록, 행동목록 등의 관찰자료, 교사와 영유아의 개별면담 및 부모와의 면담자료, 검사자료 등 다양한 자료가 포함될 수 있다. 따라서 포트폴리오 평가과정에는 교사

와 영유아, 또래, 학부모등 모두가 적극적으로 참여해야 한다.

③ 표준화 검사

표준화 검사는 신뢰도와 타당성이 검증되었고, 대집단이 규준이 되어 만들어졌으므로 객관적인 자료를 얻을 수 있다. 표준화 검사를 바탕으로 개별 영유아의 행동이나 성취를 비교할 수는 있다. 그러나 영유아들은 경험 중심으로 평가되는 것이 가장 적절하므로 사용할 때는 신중할 필요가 있다. 따라서 영유아의 표준화 검사는 영유아 발달을 이해하기 위한 하나의 보조 자료로서 다른 평가도구와 함께 사용되는 것이 바람직하다.

(3) 영유아 평가 시 주의할 점

① 영유아의 행동이나 발달 상황을 여러 상황에서의 다양한 자료를 바탕으로 객관적이고 타당하게 평가해야 한다. 한 가지 방법으로 영유아를 평가하는 것보다는 다양한 방법들을 병행 실시하여 자료를 수집하고 이해한다.

② 상대평가보다는 영유아 개인 내의 평가가 이루어져야 한다. 평가의 목적이 영유아들을 상호 비교하거나 점수를 매기는 것이 아니므로, 교사는 개별적인 평가를 통해 개별 영유아의 현재 발달 상황과 진보한 부분, 미진한 부분이 무엇이지에 초점을 두고 관찰하거나 평가해야 한다.

③ 영유아에 대한 평가는 활동의 결과보다는 과정에 초점을 둔다. 영유아의 건강, 기본생활습관, 대 · 소근육의 발달, 정서적인 안정감, 의사소통 능력, 대인관계, 창의성, 탐구능력 등 전반적인 발달에 중점을 두고 실시한다.

④ 영유아 개인별 파일을 만들어 체계적으로 볼 수 있도록 정리해 두어야 한다. 모든 자료에는 날짜, 관찰자(또는 검사자), 당시의 상황적 맥락, 영유아의 태도 등에 관한 간략한 정보를 기록해 두어야 한다.

⑤ 영유아에 대한 평가는 지속적으로 자료가 수집될 수 있도록 연간 교육을 통해 계획함으로써, 어느 한 시기에만 집중되지 않도록 한다. 영유아 개인별로 발달 영역이나 생활영역별 평가에 대한 요약과 해석을 정기적으로 해 두도록 한다.

2) 시설장 평가

보육시설장의 중요한 임무 중 하나는 어린이집을 합리적으로 운영하여 영유아 보육의 목표를 최대한 달성하는 데 있다. 이를 위해 시설장은 교직원 인사 및 재정 관리, 프로그램의 효율적인 운영, 원만한 대외관계의 유지 등에서 충분한 능력을 갖추어야 하며, 보육시설 운영과 관련된 중앙이나 지방자치단체의 정책방향 및 관계법령, 법 규정에 대해서도 자세하게 이해하고 있는 등 자질을 갖추어야 한다. 따라서 시설장은 끊임없는 재교육과 자기연수를 통하여 영유아 보육의 이론과 실제에 대한 충분한 지식과 능력을 터득하려고 노력해야 한다. 더불어 보육의 실제 운영과 관련된 제반 사항과 시설장의 인성적, 전문적 자질에 대해서도 지속적인 평가가 이루어져야 한다.

시설장의 자기평가를 위해 최근에 개발된 척도로는 황해익(2004)의 유치원 원장의 자기평가 척도를 들 수 있다. 이 척도는 원장의 특성을 일반적 특성, 전문적 특성, 관리적 특성 등 3개 영역으로 구분하고 있다. 일반적 특성에는 신체, 인성, 지도력, 교육 및 지적 능력이, 전문적 특성에는 교직에 대한 태도, 전문적 지식, 장학능력이 그리고 관리적 특성에는 행정실무 능력과 안전관리 능력이 하위요인으로 포함되어 있으며 총 88문항으로 이루어져 있다(이순형 외, 2009).

3) 교사 평가

보육시설에서 교사는 영유아들에게 영향력을 가장 크게 미치는 인적 요인이므로 교사에 대한 평가는 필수적이라고 할 수 있다. 아무리 좋은 프로그램과 보육자료를 가지고 보육을 한다고 하더라도, 보육의 성과를 높이기 위해서는 무엇보다도 자질 있는 우수한 보육교사를 확보하는 것이 우선 과제다(이현섭 외, 2006).

교사 평가는 보육을 계획하고, 실제 수업을 하는 것과 같은 교사의 보육방법 및 행동, 교사와 영유아 간의 상호작용의 적절성, 영유아의 욕구에 대한 교사의 적합한 반응 정도 등의 평가를 말한다. 따라서 교사 평가에는 교사의 보육계획, 학습내용 선정 및 조직, 교수-학습과정, 교재 · 교구 선정 및 활용, 영유아와의 적절한 상호작용 등이 포함된다.

(1) 교사 평가의 필요성

교사의 자질이 교육의 질을 좌우한다는 말이 있다. 교사 평가는 교사가 하는 일의 가치를 판단하기 위해 교수활동에 관한 정보를 수집하고, 수집된 정보에 의해 해석해서 가치를 매기는 행위다(임승렬, 2001).

교사가 스스로 교사로서의 활동을 평가하는 것은 영유아 보육의 질적 수준을 향상시키는 길이며 교사의 자기발전에 필요한 활동이다. 일반적으로 교사의 자기평가는 6개월에 1회씩, 1학기 말과 2학기 말에 실시하며 매번 그 평가결과를 비교 분석하여 자기발전의 계기로 삼는다.

교사의 자기평가는 크게 교사의 일반적 특성 부분과 전문적 특성 부문으로 구분될 수 있다. 일반적 특성은 신체, 인성, 교양 및 지적 능력에 관해 평가하며, 전문적 특성은 교직에 대한 태도, 교육기술 그리고 전문적인 지식에 관해 평가한다. 이러한 교사의 자기평가를 통해 스스로 자신의 교수활동을 평가함으로써 교사 개인의 성장을 촉진하고, 교수방법을 향상시키며, 보육의 질적 향상뿐만 아니라 보육교사의 자율성과 전문성 확보를 도모할 수 있다(조성연 외, 2006).

(2) 교사 평가의 방법

교사 평가를 위해서 행동목록법에 의한 방법이 가장 널리 사용되고 있으나 이 방법은 주관성의 개입 우려가 많기 때문에 보다 객관성을 유지하기 위해 동료교사나 시설장 혹은 외부 관찰자에 의해 이루어지기도 한다(조성연 외, 2006; 황해익, 2004). 보육현장에서 가장 빈번하게 이루어지는 상급자, 동료 또는 외부 관찰자에 의한 교사 평가가 공평하고 객관적으로 이루어지기 위해서는 다음과 같은 점에 유의하여야 한다(이은해, 1995; 황해익, 2004).

첫째, 한 번의 막연한 인상에 의존하기보다는 되도록 한 번 이상의 직접적인 관찰을 통해 교사 평가가 이루어져야 한다.

둘째, 평가 준거 및 양식에 대해 사전에 교사와 협의함으로써 교사에게 어떤 기준에 의해 자신이 평가되는지를 알려 주어야 한다.

셋째, 프로그램에 적합한 평가양식을 선정하고 필요하면 목적에 부합될 수 있도록 수정한다.

〈표 12-1〉 보육교사의 자기평가 척도의 예

일반적 특성		전문적 특성	
신체	- 신체적 건강상태는 어떠한가? - 활동성 정도는 어떠한가? - 예의 바른 태도의 정도는 어떠한가? - 바른 자세 정도는 어떠한가?	교직에 대한 태도	- 교직에 대한 사명감 정도는? - 교육 활동에 대한 열의 정도는? - 전문성 신장을 위한 열의 정도는? - 책임감 정도는 어떠한가? - 영유아에 대한 수용적 태도는 어떠한가? - 교사로서의 적합성 정도는 어떠한가? - 교직에 대한 신념 정도는 어떠한가? - 직업윤리 정도는 어떠한가?
인성	- 적극성 정도는 어떠한가? - 정서적인 안정감 정도는 어떠한가? - 자제력 정도는 어떠한가? - 협동심 정도는 어떠한가? - 융통성 정도는 어떠한가? - 성실성 정도는 어떠한가? - 사려성 정도는 어떠한가? - 긍정적인 인간관 정도는 어떠한가? - 공정성 정도는 어떠한가? - 정직성 정도는 어떠한가? - 부모, 동료교사와의 관계 정도는? - 자신에 대한 긍지 정도는?	교육기술	- 보육과정 재구성 능력 정도는? - 보육과정 실천 능력 정도는? - 부모와 관계 전문가를 참여시키는 능력 정도는? - 보육내용, 보육자료, 교수방법 및 영유아의 발달에 대한 평가 능력 및 활용 정도는 어떠한가? - 활동에 대한 적절한 자극 및 개입 정도는 어떠한가? - 교재 · 교구 제작 및 다양한 활용능력 정도는 어떠한가? - 보육활동을 다양하고 균형 있게 제공하는 능력 정도는 어떠한가? - 보육활동을 융통성 있게 운영하는 능력 정도는 어떠한가?
교양 및 지적 능력	- 다방면에 걸친 지적 능력 정도는? - 순발력 정도는? - 유창하고 명료한 언어사용 정도는? - 창의력 정도는?	전문적 기술	- 소속 기관의 교육철학에 대한 이해 정도는 어떠한가? - 보육과정에 대한 지식 정도는 어떠한가? - 생활지도 및 상담 지식 정도는 어떠한가? - 개별 유아에 대한 지식 정도는 어떠한가? - 영유아의 발달단계와 특성에 대한 지식 정도는 어떠한가? - 보육활동을 위한 다양한 교수-학습방법에 대한 지식은 어떠한가? - 실내 · 외 환경구성에 대한 지식 정도는 어떠한가? - 평가에 대한 지식 정도는 어떠한가?

출처: 황해익(2004).

4) 부모에 대한 평가

영유아 보육에서 일차적인 양육책임은 기본적으로 부모에게 있다. 따라서 효율적인 보육을 위하여 부모의 역할을 잘할 수 있도록 지원해 주고 영유아 보육에 필요한 지식과 실제를 알 수 있는 기회를 부모에게 제공하는 것은 매우 중요하다.

부모에 대한 평가는 부모가 습득한 지식, 기술, 태도, 역할수행, 영유아와의 상호작용 등에 관해 다양한 방법으로 평가될 수 있다. 면접이나 질문지, 관찰, 가정환경자극검사(HOME) 등 다양한 검사들을 사용하여 자료를 수집하고 평가할 수 있다. 이외에도 부모교육 시에 부모의 영유아에 대한 태도, 부모가 먼저 요구한 교사면담 등의 자료를 사용하여 평가할 수도 있다.

5) 보육 프로그램 평가

보육현장에서 프로그램의 질적 수준과 효과를 평가하기 위해서 프로그램 평가는 필수적이다. 프로그램 평가를 정기적으로 실시하고 그 결과를 다음의 교육활동 계획 수립에 참고가 되도록 하여 질적인 보육과정 운영에 도움이 되도록 하고 보육 프로그램의 효율성을 높여야 한다.

프로그램 평가에는 개별 프로그램 운영의 적절성을 평가하는 것과 여러 프로그램의 효과에 대한 비교 평가를 실시하는 것, 두 가지 종류가 있다. 개별 프로그램 운영의 적절성 평가는 영유아의 전인적 성장과 발달을 돕기 위한 보육과정이나 프로그램 계획이 얼마나 적절하며(교육계획의 적절성), 수업과정을 통해 어느 정도 실현되었는지(교수-학습과정의 효율성), 그리고 유아교육과정 전반에 걸쳐 이루어지는 과정이다(임재택, 2001). 또 여러 프로그램 효과에 대한 비교 평가는 여러 가지 교육 프로그램 중 어떤 것이 교육적 효과가 높은가를 알아보는 평가로서 프로그램의 개선 및 보완, 그리고 어떤 유형의 프로그램을 선정하고 활용하는 것이 좋은가에 대한 정보를 얻기 위하여 실시한다(이은해, 이기숙, 1987).

보육 프로그램의 질적 수준을 평가한 연구들은 집단의 크기, 교사 대 영유아의 비율, 교사자격 등을 가장 중요한 변인으로 보았다.

보육 프로그램에 대한 평가는 다음과 같은 목적을 위해 시행된다(조성연 외, 2006).

- 포괄적인 보육서비스를 제공하기 위해서 효율적인 질 관리 시스템을 마련한다.
- 보육사업의 전문성 제고 및 자율성을 신장한다.
- 보육시설을 보다 효율적으로 운영하게 한다.
- 보육시설의 다양한 물리적 환경, 인적 자원 그리고 프로그램의 질적 수준에 대한 정보를 제공함으로써 보육 수요자인 부모들이 보육시설 선정 시 합리적인 의사결정을 할 수 있도록 도와준다.
- 보다 우수한 보육시설의 질적 수준을 유지함으로써 보육시설의 재원을 확충하여, 보육서비스의 질적 수준 향상으로 이어질 수 있도록 제도적 기반을 마련한다.
- 보육시설에 대한 평가인증 결과를 정부나 지방자치단체의 예산지원 기준으로 활용하여 보육시설의 질적 향상을 도모한다.

6) 보육환경 평가

(1) 실내외 환경

영유아보육법에서는 보육환경 조사를 위해 5년마다 보육실태 조사를 하도록 법적으로 명시하고 있다. 실태조사 내용은 보육시설의 환경 및 설비, 보육시설 종사자의 실태, 보육시설의 지역별 · 유형별 분포, 보육시설의 정 · 현원에 관한 사항, 보육내용 및 보육비용, 보육시설 영유아의 건강, 영양 및 안전 관리 등을 포함하고 있다. 보육시설 실내외 환경평가의 평가대상은 법적으로 명시된 시설 · 설비, 환경이며, 이들이 영유아의 발달에 적합하도록 적절히 관리되고 비치되어 있는가를 평가한다.

장애아 전담시설과 장애아 통합시설에는 휠체어의 접근이 용이하도록 턱을 없애고 경사로를 설치하고, 복도와 계단에 손잡이를 설치하며, 복도 · 문 · 화장실이 휠체어 출입에 장애가 되지 않도록 해야 한다. 2층 이상의 시설에는 반드시 엘리베이터를 설치해야 한다. 재난 대피를 위해 출입구는 복도나 넓은 공간과 연결이 되도록 하여 비상시 쉽게 대피할 수 있도록 한다. 시각장애아를 위해서 점자 블록이나 유도장치를 갖추어야 하며, 옥외 피난계단의 유효 폭이 0.9m 이상 확보되어야 한다. 자동문의 개폐시간은 3초 이상 유지되어야 하고, 문의 손잡이는 휠체어에 앉은 영유아가 잡을 수 있어야 한다. 시설 내의 복도 폭은 130cm를 유지하도록 하여 유아용 휠체어의 통행을 고려하여 한다. 장애아 통합시설이 2층 이상에 위치한 경우 수직형 휠체어 리프트를 설치하여 층 간 이동을 용이하게 하고, 이러한 설치가 불가능할 경우 이동형 휠체어 리프트를 사용할 수 있도록 설계해야 한다. 휠체어 이동에 불편함이 없도록 엘리베이터를 설치하고 기울기 1/12 이하의 경사로를 설치해야 한다.

보육실의 공간은 영유아의 활동 폭을 고려하여 영아, 유아, 장애아 순으로 넓어야 한다. 보육실에는 놀이기구 및 쌓기놀이, 역할놀이, 조형, 언어, 수 · 과학, 음률활동 등에 필요한 시설 · 설비, 교재 · 교구 그리고 침구를 갖추어야 한다. 바닥 난방을 하고, 환기, 채광, 조명, 온도, 습도를 적절하게 유지하여야 한다.

소화용 기구를 비치하고 유도등이 부착된 비상구를 설치하여 비상재해에 대비해야 한다. 또한 응급 조치를 위한 비상약품과 간이 의료 기구는 안전한 곳에 비치한다. 출입문과 창문 가장자리는 손 끼임 방지 고무 패킹이나 완충장치를 설치해야 하고, 돌출형 방열기에도 안전장치를 설치한다. 책걸상 및 가구의 모서리는 둥글고 부드럽게 다듬거나 보호장치를 설치하여 영유아를 보호해야 한다.

조리실은 채광이 잘 되고 창문에 방충망이 설치되어야 하며, 식기 소독을 할 수 있는 설비가 마련되고, 취사 · 조리를 위생적으로 할 수 있는 설비도 갖추어야 한다. 목욕실은 난방이 되고 보육실과 인접한 곳에 두어야 하고, 미끄럼방지 바닥재를 사용하여 안전에 만전을 기해야 한다. 그리고 냉온수가 공급되어야 하고, 샤워 및 세면 설비가 갖추어져야 하며 화상 위험방지용 온수고정장치를 설치해야 한다. 화장실은 보육실과 같은 층에 미끄럼방지 바닥재를 사용하여 설치하고 변기는 유아 10～15명당 1개 이상 설치하되 유아용 수세식 변기를 하여야 한다.

[그림 12-2] 보육실

(2) 건강과 영양 및 안전

영유아의 건강관리는 건강기록부를 작성하여 체계적으로 관리한다. 건강기록부에는 연령별로 정기 신체검사의 실시횟수, 입소 시 점검할 사항, 일일점검, 건강증진방법 등을 기록해야 한다. 응급처치용 구급약품을 비치하여 응급상황에 대비한다. 응급 처치를 위한 구급약품은 항목별로 필요한 내용물을 비치하는데 의료용 재료, 외용재, 내용재, 구급물품으로 내용물을 나눌 수 있다. 특히 음용용 구급약품은 물약, 가루약, 알약 등으로 나누어 구비하고 유통기한이 경과하지 않도록 항상 점검, 교체해야 한다.

시설 안점점검은 실내외 안전점검과 소방대피훈련, 방화관리 등으로 구분된다. 보육시설의 안전관리를 정기적으로 하기 위하여 안전점검표를 작성한다. 기본적으로 영유아 안전을 위해서 보육실 시설 · 설비와 놀잇감을 안전점검표의 기준에 의해 매일 점검한다. 관련규정에 따라 보육실을 제외한 실내 시설 · 설비 안전점검은 18개 항목에 걸쳐서, 실외 시설 · 설비 안전점검은 21개 항목에 걸쳐 시설 · 설비가 안전한지, 정기적인 안전점검을 통해 안전하게 유지되고 있는지를 평가해야 한다.

(3) 운영관리

보육시설의 운영관리는 효과적인 보육서비스 제공이라는 목표 아래 이를 위해 필요한 인적, 물적 자원과 프로그램 및 기타 필요한 조건 등을 계획, 실행, 평가하는 일련의 순환과정(이원선, 유미숙, 2003)을 말한다.

평가인증지표(이은해 외, 2005)에 명시된 보육시설의 운영관리 평가는 시설의 운영관리(7항목)와 보육인력(6항목)으로 구분되어 있다. 시설의 운영관리 부분에는 보육실의 교사 대 영유아 비율, 재정관리 체계, 신입원아 적응을 위한 절차, 원아에 대한 문서관리가 있다. 구체적으로 예산서 및 결산서 등 재정관리가 체계적이고 투명한지, 신입원아의 적응을 위해서 최소 일주일 이상의 단축보육을 하는지, 신입원아에 대한 보육교사의 집중배려가 있는지, 보호자와 함께 있기가 체계적인 절차를 통해 진행되는지를 평가한다. 그리고 원아에 대한 문서로서 생활기록부, 발달기록, 건강관리 서류, 영유아 관찰기록 등을 비치하여 지속적이고 체계적으로 관리하는지를 평가한다.

보육시설장은 보육시설의 효율적인 운영관리를 위해 보육시설 종사자, 보호자 대표, 지역사회 인사 등으로 구성된 보육시설 운영위원회를 구성해야 한다. 운영위원회에서는 보육시설 운영규정의 제·개정, 보육시설의 예산 및 결산, 영유아의 건강, 영양, 안전, 보육시간과 같은 보육시설 운영 전반에 관한 사항 등 행정적인 측면을 심의하고 부모들의 의견수렴도 한다.

7) 평가결과의 적용 및 활용

보육활동을 다양한 방법과 절차로 평가한 결과는 그 자체가 의미가 있다기보다는 그 결과가 바르게 해석되고, 유용하게 이용되는 것이 중요하다. 영유아 보육에 대한 관심을 높이고 보육의 효과를 높이기 위해서 평가결과를 부모나 지역사회에 알리는 것은 중요하다. 또한 평가결과를 가지고 부모와 상담하는 것은 부모와 교사 간에 친밀한 의사소통의 기회를 제공해 준다. 그리고 평가결과를 토대로 부모들이나 지역사회로부터 지원과 협조를 얻을 수도 있다. 이것은 보육 프로그램의 개선과 질적 향상을 위해 바람직하다.

중요한 것은 평가결과를 해석할 때는 신중을 기해야 하며, 잘못된 해석을 한다거나 평가 본래의 목적 이외에 다른 목적으로 평가결과가 이용되는 일이 없도록 유의해야 한다.

보건복지부(1990)에서 제시한 평가결과의 유용한 활용방법은 다음과 같다.

첫째, 평가결과는 영유아의 장점과 단점을 파악하게 하여 영유아의 욕구를 만족시키며, 동시에 발달을 자극할 수 있는 보육 경험을 계획하는 지침을 마련하게 한다.

둘째, 교사는 각 영유아의 여러 자료를 기록, 정리하면서 개개 영유아에 대해 보다 깊이 생각해 볼 기회를 가지게 된다.

셋째, 문제가 있는 영유아를 전문가에게 의뢰할 때 문제해결 방안의 기초자료로 활용할 수 있다.

넷째, 기록을 통해 각 영유아의 향상 정보를 확인할 수 있다.

다섯째, 부모와의 면담 시 활용할 수 있다.

조성연 외(2006)가 제시한 보육평가 활용방법은 다음과 같다.

첫째, 평가결과는 영유아의 장단점을 파악하게 해 주고, 이들의 욕구를 만족시키며, 동시에 영유아의 전인적인 발달을 자극할 수 있는 교육경험, 즉 영유아의 잠재력을 최대한 개발시킴과 동시에 이들의 능력이나 행동특성, 관심 분야에 따른 프로그램과 교수-학습활동 및 다양한 교수방법을 개발하고 계획하는 데 기초가 된다. 이를 통해 개별 영유아에 대한 개인별 발달 상황과 향상 정도를 확인함으로써 개별화된 학습을 가능하게 해 준다.

둘째, 평가결과는 보육시설 단위의 자체 연수와 자율장학을 체계화할 뿐 아니라 보육 프로그램과 가족지원 서비스 체계를 개발하기 위한 기초자료로 활용할 수 있다.

셋째, 보육 프로그램 운영에 대한 평가결과는 교사로 하여금 질적으로 향상된 역할 수행을 가능하게 함으로써 보육 프로그램의 개선에 도움을 준다.

넷째, 보육시설에 대한 평가결과를 통해 환경을 개선을 개선하고 시설을 효과적으로 운영하기 위한 기초자료로 활용할 수 있다.

다섯째, 정기적이고 체계적인 평가결과를 지역사회에 알림으로써 신뢰받는 보육기관으로서의 위상을 구축할 수 있다.

여섯째, 영유아 평가결과는 부모와의 면담자료로 활용할 수 있다.

일곱째, 문제가 있는 영유아를 전문가에게 의뢰할 때 문제해결 방안의 기초자료로 활용할 수 있다.

4. 보육시설 평가인증제

2005년 시범 실시되었고, 2006년부터 전국적으로 실시 중인 보육시설 평가인증제는 사실상 필수사항으로 진행되고 있다. 영유아에게 제공되는 보육의 질을 높이기 위한 평가인증제를 통해 보육 프로그램과 시설의 질이 규제되고 관리된다.

1) 외국의 보육평가인증제

보육시설 평가인증제란 보육계와 일반사회에서 공히 인정을 받는 대표기관에 의하여 보육서비스의 표준을 수립하고, 개별 보육시설이 자발적으로 지원하여 서비스의 질을 평가받으며, 인증기관이 설정한 표준이 요구하는 수준을 충족시키거나 그 이상의 수준에 있으면 그 사실을 인정하는 증서를 부여하는 제도를 말한다(Doherty-Derkowski, 1995; 이옥, 2002 재인용). 보육시설 평가인증제의 목적은 보육시설의 질적인 수준에 대한 평가를 통해 보육서비스의 질을 향상시키고 개선시키는 데 있다.

미국과 호주의 인증제가 평가인증제가 시행되는 외국의 대표적인 사례다. 미국에서는 NAEYC가 1981년부터 유아교육 프로그램에 대한 인증제를 최초로 실시하였다. NAEYC의 인증제의 목적은 첫째, 유아 프로그램 제공자가 보육시설의 질을 실질적이고 지속적으로 개선하는 과정을 거치도록 하고, 둘째, 양질의 수준에 도달한 보육시설을 인증하여 부모와 지역사회로 하여금 좋은 보육시설을 선택하는 데 도움을 주기 위한 것에 두고 있다.

호주에서는 정부 차원에서 1994년부터 국립보육인증위원회(NCAC: National Childcare Accreditation Council)를 설치하고 인증을 실시하고 있다. 호주는 정부 주도의 보육시설 인증제도와 아동에게 제공되는 보육지원료(Child Care Benefit: CCB)를 연계시켜 강력한 질 관리 시스템을 유지한다. 자녀양육지원료인 CCB는 부모가 집에서 자녀를 직접 키울 때는 부모에게 주고, 부모가 자녀를 보육시설에 보낼 때는

CCB를 지원하지 않는다. 따라서 이때 부모는 보육료를 전액 부담하여야 한다. 대부분의 부모는 그 비용 차이가 매우 크기 때문에 인증을 받은 보육시설을 선택하게 된다. 따라서 강제로 인증을 받는 것은 아니지만 모든 보육시설은 인증에 적극 참여하려고 한다.

호주의 인증제도 목적도 양질의 보육시설을 만드는 것이다. NCAC에서 정의하는 양질의 보육시설이란 첫째, 보육시설과 부모들이 합의하여 보육시설의 모든 활동을 결정하고 명백한 철학과 목표를 가지며, 둘째, 모든 영유아의 개별성을 존중하고 증진시키며, 셋째, 모든 활동 구성과 활동 실행에 있어서 영유아의 발달수준의 적절성을 고려하고, 넷째, 부모와 교사의 관계를 증진시키고 부모의 참여를 이끌어내어 상호 보완적인 역할을 잘 수행할 수 있도록 하는 것이다.

2) 평가인증의 도입 및 필요성

보육시설 평가인증제는 평가인증지표를 기준으로 보육시설의 현재 수준을 점검하여 영유아에게 질적인 보호와 수준 높은 보육서비스를 제공하기 위한 것이다. 이 제도는 각 보육시설이 미비한 영역을 자체적으로 점검하고 개선하게 한 후, 국가가 보육시설을 평가하고 인증을 부여하는 제도다. 평가인증제 도입의 역사를 살펴보면, 2002년 3월 보건복지부가 보육시설에 대한 평가인증제 도입을 발표하면서, 2002년 '보육시설 평가인증제도 실시모형 개발' 에 대한 연구를 실시하였다. 2004년 개정된 영유아보육법에 평가인증제 관련 문항을 삽입하여 평가인증제 도입에 대한 법적 근거를 마련하였고, 2004년 '보육시설 평가인증사무국' 을 한국여성개발원 내에 위탁하였다. 2005년에는 전국 627개의 보육시설을 대상으로 시범 운영하였고 2006년 1월부터 보육시설 평가인증을 전국적으로 확대 실시하였다. 2009년 1월에는 전국의 보육시설 30,856개소 중 63.6%가 평가인증에 참여하였다.

보육시설 평가인증사무국은 2005년부터 2008년 3기까지 평가인증제도를 운영하면서 보육현장의 상황을 고려하여 평가인증지표 적용에 부분적으로 변화를 주어 보다 많은 보육시설들이 평가인증에 참여할 수 있도록 하였다. 기존의 평가인증지표는 영유아 20인이 기준이 되어 보육시설의 영유아 수에 따라 다르게 적용되었다.

그러나 우리나라의 민간보육시설은 대부분 영유아 40인 미만의 시설이기 때문에 지표의 기준을 다소 변경한 것이다. 즉, 2008년 4기부터 과거 영유아 21인 이상의 시설에 적용했던 평가인증지표는 영유아 40인 이상의 시설에 적용되었고, 과거 영유아 20인 이하의 시설에 적용했던 평가인증지표는 대상을 확대하여 영유아 39인 이하의 시설에 적용하게 되었다(보육시설 평가인증사무국, 2009).

보육시설 평가인증사무국에서는 홈페이지에 평가인증을 통과한 보육시설을 공개하여 부모들의 선택에 도움을 주고 있다.

영유아가 미래 국가 경쟁력의 주역이고, 영유아기는 전 생애 발달 중 가장 중요한 시기이기 때문에 영유아에게 질적 수준이 높은 보육서비스를 제공해야 한다. 평가인증은 영유아에게 질적 수준이 높은 보육서비스를 제공하기 위한 기본적 요건이고, 아동에게 적절한 보호 및 교육을 받을 권리를 보장해야 한다는 UN 어린이권리조약의 조항과도 일치하므로 반드시 필요하고 의미 있는 일이라고 할 수 있다(보육시설 평가인증사무국, 2009).

따라서 보육 프로그램에 대한 평가를 통해 보육 프로그램의 질적 수준과 그 효과를 확인할 수 있고, 정기적으로 실시함으로써 프로그램의 효율성을 높일 수 있다. 우리나라에서도 2005년 정부 주도로 평가인증제가 실시되면서 보육시설과 프로그램의 평가 개발 및 적용이 표준화되어 이루어지고 있다.

보육시설 평가인증사무국(2005)이 제시한 보육시설 평가인증제의 목적을 살펴보면 첫째, 보육서비스에 대한 효과적인 질 관리 시스템을 마련한다. 둘째, 보육시설의 환경 · 인력 프로그램의 질적 수준에 대한 정보를 제공하여 보육 수요자가 합리적인 선택을 하도록 돕는다. 셋째, 장기적으로 인증결과를 예산지원 기준으로 활용하여 정부지원이 보육서비스의 질적 수준 향상으로 이어질 수 있는 제도적 기반을 마련하는 것이다.

3) 보육시설 평가인증절차

평가인증제는 인증신청, 자체점검, 현장관찰, 인증심의, 사후관리의 과정을 거쳐 총 6~7개월 동안 진행된다.

제1단계는 인증신청 단계다. 평가인증을 받고자 하는 보육시설은 평가인증사무국에 신청을 하고 지자체는 신청자격에 대한 적합판정을 한다. 그리고 보육시설은 평가인증 설명회에 참여하여 평가인증지표 및 지침서, 조력안내, 자체점검과 관련된 교육과 자료를 받는다.

평가인증의 신청자격은 영유아보육법, 동법 시행령, 동법 시행규칙 및 보육사업지침 등 보육과 관련된 법령사항을 준수한 보육시설로, 평가인증 접수마감일 기준으로 인가(대표자, 소재지 변경 포함)한 날로부터 1년 이상 경과한 보육시설, 원장 근무 1년 이상의 시설만 신청할 수 있다. 참여를 희망하는 보육시설은 평가인증사무국 홈페이지에 접속하여 신청서와 서약서를 작성하고 인터넷에 접수하면 된다.

제2단계는 자체점검 단계다. 보육시설은 시설장, 보육교사, 학부모 각 1인 이상씩을 포함하여 7인 이내의 자체점검위원회를 구성하여 평가지표 및 지침서에 의거, 자체점검을 한다. 점검 후 개선사항을 점검하고 개선한 후 평가인증사무국 홈페이지(http://www.kcac21.or.kr)에서 자체점검 보고서를 전산상으로 입력한다. 이 단계에서 평가인증지표 및 지침 등에 대하여 보육시설은 보육정보센터에 조력을 요청할 수 있다.

제3단계는 현장관찰 단계다. 평가인증사무국에서 파견된 2명의 관찰자들이 시설을 방문하고 보육시설 실내외 관찰, 시설장 및 보육교사 면담, 관련서류 등을 검토, 평가하며 현장관찰 결과보고서를 작성하고 제출한다.

제4단계는 인증심의 단계다. 평가인증사무국에서는 보육시설 자체점검보고서와 현장관찰보고서, 평가인증심의위원회 의견서를 토대로 하여 평가인증심의를 한다.

제5단계는 사후관리 단계다. 인증결정 후 인증시설에 대해 이루어지는 과정이다. 평가인증에 통과된 시설은 인증서 및 인증현판을 발급받고 이 인증은 3년간 유효하다. 보육시설은 인증유효기간 동안 보육시설의 질적 수준을 유지하고 향상시켜야 한다. 그리고 인증 후 매년 1회 연차별 자체점검보고서를 제출해야 한다. 연차별 자체점검보고서란 평가인증에 통과한 이후에 보육의 질적 수준을 지속적으로 점검하여 그 결과를 제출하는 보고서다.

재참여신청 단계는 평가인증에 참여한 보육시설 중 인증유보로 통보된 시설이 별도의 과정 선정이나 참여 설명회 없이 바로 재참여하여 단기간에 인증받을 수 있는 과정이다. 이것은 4개월 정도의 기간이 소요된다.

4) 보육시설 평가인증지표

보육시설 평가인증지표는 시설규모 및 유형에 따라 40인 이상, 39인 이하, 장애아 전담 보육시설용 등 모두 3종으로 구성되어 있다. 40인 이상 보육시설의 평가인증지표는 7영역 80항목, 39인 이하 보육시설 평가인증지표는 5영역 60항목, 장애아 전담 보육시설의 경우 7영역 85항목으로 구성되어 있다. 각 평가인증지표는 자체점검점수 25점, 현장관찰점수 50점, 인증위원회 점수 25점으로 문서점검, 관찰, 면담 등의 방법으로 평가된다.

보육의 질은 보육시설 평가인증지표의 토대가 되는데 이것은 영유아의 건강한 발달과 안전을 위한 환경, 영유아가 보육시설에서 직접 경험하는 보호와 교육의 발달적 적합성, 그리고 이를 지원하는 종사자의 전문성, 가족 및 지역사회와의 협력, 합리적인 운영체계 등을 모두 고려해 평가된다. 평가인증지표의 영역은 시설의 규모나 유형에 따라 그 항목에서 다소 차이가 있다.

항목별 평가는 3단계 기술평정척도로 하는데, 3점은 '우수한 수준', 2점은 '부분적으로 우수한 수준'으로 최소한의 기준에 부합되는 수준, 1점은 '부적절한 수준'이다.

평가인증심의는 인증과 불인증으로 나뉜다. 평가인증을 받은 보육시설은 보건복지부 장관 명의의 인증서를 교부받으며 보건복지부, 보육정보센터, 평가인증사무국 등의 홈페이지를 통해 인증시설임이 공개된다. 인증유보인 경우, 시설의 동의 여부에 따라 다음 해에 우선적으로 참여 가능하다. 이때 이미 통과된 영역은 인정되고 유보 영역에 한해 자체점검과 현장관찰 보고를 거쳐 재심의를 받는다. 인증결과에 이의가 있는 경우에는 15일 이내에 평가인증결과 이의 신청서를 제출하여 재심의를 받을 수 있다.

〈표 12-2〉 평가인증지표의 내용 구성

39인 이하 보육시설(5개 영역 60항목)
영역 1. 보육환경 및 운영관리(12항목) 가. 보육시설 환경(3항목) 나. 시설운영 및 가족과의 협력(6항목) 다. 보육인력(3항목)
영역 2. 보육과정(13항목) 가. 보육활동 계획과 구성(4항목) 나. 보육활동과 자료(9항목)
영역 3. 상호작용(11항목) 가. 일상적 양육(4항목) 나. 교사의 상호작용(7항목)
영역 4. 건강과 영양(14항목) 가. 청결과 위생(8항목) 나. 질병관리(3항목) 다. 급식과 간식(3항목)
영역 5. 안전(10항목) 가. 실내외 시설의 안전(4항목) 나. 영유아의 안전보호(6항목)

장애아 전담 보육시설 평가인증지표(7개 영역 85항목)	
영역	하위영역
영역 1. 보육환경(14항목)	가. 보육시설 환경(7항목) 나. 보육활동 자료(7항목)
영역 2. 운영관리(13항목)	가. 시설의 운영관리(7항목) 나. 보육인력(6항목)
영역 3. 보육과정(15항목)	가. 보육활동 계획과 구성(7항목) 나. 보육활동(8항목)
영역 4. 상호작용(11항목)	가. 일상적 양육(3항목) 나. 교사의 상호작용(8항목)
영역 5. 건강과 영양(14항목)	가. 청결과 위생(8항목) 나. 질병관리(3항목) 다. 급식과 간식(3항목)
영역 6. 안전(10항목)	가. 실내외 시설의 안전(4항목) 나. 장애 영유아의 안전보호(6항목)
영역 7. 가족 및 지역사회와의 협력(8항목)	가. 가족과의 협력(6항목) 나. 지역사회와의 협조(2항목)

5) 보육시설 평가결과의 활용

보건복지부(1999)는 보육평가 결과의 활용에 대해 다음과 같이 제시하고 있다. 첫째, 평가결과를 토대로 영유아의 장단점을 파악하여 영유아의 욕구를 만족시키며, 동시에 발달을 자극할 수 있는 보육경험을 계획하는 지침을 마련하게 한다. 둘째, 교사는 각 영유아의 여러 자료를 기록, 정리하면서 개개 영유아에 대해 보다 깊이 생각해 볼 기회를 가지게 된다. 셋째, 문제가 있는 영유아를 전문가에게 의뢰할 때 문제해결 방안의 기초자료로 활용할 수 있다. 넷째, 기록을 통해 각 영유아의 향상 정보를 확인할 수 있다. 다섯째, 부모와의 면담 시 활용할 수 있다. 여섯째, 초등학교에서 교육자료로 활용할 수 있다.

이처럼 영유아, 교사, 보육 프로그램, 보육시설에 대한 평가결과는 영유아 보육의 질적인 향상에 도움을 줄 수 있어야 한다.

영유아에 대한 평가자료는 영유아의 발달수준과 관심, 흥미가 반영되므로 보육내용을 계획하고 의사결정을 하는 데 유용하게 쓰인다. 또한 평가자료는 부모와 교사가 유아에 대해 깊이 이해할 수 있도록 하여 부모와의 면담 시에 좋은 자료를 제공한다.

교사 평가결과는 교사의 자질 함양을 위해서 필요한데 평가결과를 토대로 기관의 자체연수와 장학을 통해 보육교사의 전문성을 함양할 수 있다. 또한 보육 프로그램 및 보육시설에 대한 평가결과는 보육환경 개선과 효과적인 시설 운영에 도움을 줄 수 있는 자료가 된다.

보육시설에서는 영유아에 대한 평가결과를 토대로 적절한 부모면담이 이루어질 수 있다. 평가결과의 활용 중 효과적인 부모면담을 하기 위한 과정은 다음과 같다(황해익 외, 2008).

(1) 부모면담

'부모면담' 은 교사와 가족 구성원이 영유아의 성장에 관한 지원과 관심을 공유하기 위해 계획하는 것이다. 보육시설에서의 부모면담은 봄, 가을의 정기적인 부모교육 행사로 열리기도 하고 혹은 영유아의 구체적인 문제를 논의하려고 보육시설이 특별히 요청할 수도 있다.

부모면담을 진행할 때 교사는 부모와 보육시설 간의 협력적 관계를 도모하는 핵심적인 역할을 하게 되는데, 긍정적인 분위기를 유지하고 통솔력 있게 부모면담을 이끌어 가는 것은 준비되고 훈련된 교사에 의해 이루어진다. 따라서 교사는 영유아의 학습을 도와주기 위해서 부모면담의 목적과 준비, 진행과정 및 면담평가에 대한 이론적 관점을 가지고, 부모면담을 하기 전에 포괄적인 관찰기록을 하고 그 기록물들을 효율적인 방식으로 정리 보관하며 또한 부모면담 시에 활용해야 한다. 그리고 교사는 면담 시 의사소통 과정에 보다 신경을 써야 한다. 부정적인 인상을 남기는 표현 대신에 보다 긍정적인 분위기를 주는 표현을 하도록 노력해야 한다. 예를 들면, '비협조적' 이라는 표현 대신에 '다른 아이와 함께 활동하는 법을 배울 필요가 있다.' 라는 표현으로 바꾸어 사용할 필요가 있다. 면담이 이루어지는 과정에 대한 세부사항은 다음과 같다.

① 면담에 대한 계획을 한다

집단면담은 학기 초에 하는 것이 보통이나, 개별면담은 학기 중간, 학기 말 혹은 방학 중에 실시하게 된다. 방학 중에 개별면담을 실시한다면, 교사가 다소 여유 있게 집중적으로 면담내용을 다룰 수 있으며, 학기 중에 실시한다면 당면문제를 다룰 수는 있으나 다소 여유 없이 면담이 진행될 수도 있다. 무엇보다도 중요한 점은 부모들이 많이 참여할 수 있도록 실시 시기를 배려해야 한다는 것이다.

② 면담에 필요한 준비를 한다

▶ 영유아에 대한 교사의 기록 정리 및 면담자료 준비

면담을 하기 위해서는 교사가 미리 그 영유아에 대해 이해하고 있어야 하며 부모에 대해 사전지식을 갖는 것이 필요하다. 면담이 이루어지기 전에 각종 개인적인 기록물들, 즉 환경조사서, 건강기록부, 종합생활기록부 및 관찰일지 등을 미리 읽어 보고 이러한 정보를 면담에서 어떻게 활용할 것인지를 생각해 보는 것이 필요하다.

한 학기 또는 1년 동안 다양한 방식으로 관찰되었던 기록들, 일화기록, 체크리스트, 평정척도, 사건표집, 작품표본 등을 검토함으로써, 방대한 자료 중 각 영유아의 발달과정의 중요한 이정표를 알려 주는 정보들이나 영유아의 발달을 도모하기 위해 교사가 준비했던 활동자료들이 영유아의 성장과 발달을 보여 주는 중요한 보고자료가 될 수 있도록 교사는 체계화하고 분석할 필요가 있다. 관찰기록이 정리되고 나면 영유아의 발달을 종합 평가한 후, 영유아 포트폴리오 안에 체계적으로 보관되어 있던 교사에 의한 기록물들과 영유아의 작품표본들을 정리하고 첨부한다.

▶ 면담시간과 장소 정하기

개별면담은 매우 사적인 상황이므로 면담장소가 중요하다. 그러므로 면담장소는 조용하고 다른 사람이 왕래하지 않는 장소를 선택하고, 서로 부드러운 분위기에서 대화할 수 있는 환경을 조성하도록 한다. 가정통신문을 통하여 면담 시간과 장소를 2주 전에 부모에게 알려 주며, 면담시간은 짧게는 10~30분 정도로 계획하며, 특정 문제로 인해 면담을 하는 경우도 1시간을 넘지 않도록 하는 것이 좋다. 더 논의할 것이 있거나 다시 만날 필요가 있으면 다음 만날 약속을 정하는 것이 바람직하다.

▶ 면담일지기록

기록은 즉시하고 다음에 만나서 토의해야 할 내용도 기록하며 다음에 만날 날짜 그리고 서로가 지켜야 할 사항들을 기록한다.

③ 면담을 실시한다

면담 시 교사는 먼저 부모의 마음을 이해해야 한다. 부모는 누구나 자기 자녀에게 각별한 관심을 가지고 있기 때문에 부모가 자기 자녀에 대해서 어떻게 생각하고 느끼는지를 이해하는 것이 중요하다.

이를 위해 교사는 무엇보다도 적극적으로 들어 주는 자세를 가져야 하며, 긴장을 풀고 안심하고 이야기할 수 있는 분위기를 조성해야 한다. 아늑한 장소에서 간단한 차를 준비하는 것도 편안한 분위기를 유지하는 데 도움이 된다. 그리고 비판적이고 지시적인 발언은 삼가며 가능한 한 단정한 자세와 따뜻한 인상을 주도록 노력한다. 면담교사의 신뢰를 주는 말씨와 단정한 자세는 부모로 하여금 편안하게 이야기할 수 있도록 해 준다. 이러한 점을 염두에 두고 교사는 실제 면담에 임하는데 면담의 과정은 다음과 같다.

- 면담 10분 전 면담할 장소인 교실의 상태와 관찰 요약서를 점검한다.
- 차는 미리 준비해 놓는다.
- 부모가 오면 인사를 나누고 교실로 안내한다.
- 이번 면담은 어린이집에서 자녀가 어떻게 생활하고 성장했는지 알리기 위한 것이라고 말해 면담의 목적을 알린다.
- 먼저 자녀의 장점을 몇 가지 일화를 곁들여 말한다.
- 부모용 관찰 요약서를 보여 주고 읽어 보게 한다. 중간 중간 이해를 돕기 위해 간단히 설명한다.
- 집에서의 생활에 대해 부모의 의견을 듣는다.
- 궁금한 사항에 대해 질문을 받고 답변해 준다.
- 자녀의 문제점에 대한 질문에는 먼저 학부모의 생각을 들어 보고 필요한 사항을 긍정적인 느낌으로 제시한다.
- 전체 면담시간이 30분을 넘지 않게 하고, 다른 의논할 사항이 있으면 따로 시간을 정하자고 말한 후 면담을 마친다.
- 인사를 하고 배웅을 한다.
- 면담지에 면담내용을 기록 보관한다.

④ 기타 유의사항

보육교사들 혹은 면담에 참여한 사람들이 정기적으로 면담 사례를 연구하고 토론하는 모임을 갖는 것이 바람직하다. 그리고 필요한 경우에는 교사가 개인적으로 상담에 관련된 서적을 읽거나 상담훈련 프로그램에 참여하는 등 전문적인 소양을 길러 나가도록 한다. 교사의 면담으로는 해결이 어렵다고 판단되거나 면담교사의 한계를 벗어나는 문제는 개인적으로 해결하려고 하지 말고 다른 전문기관에 의뢰하도록 한다. 각종 전문 상담기관의 연락처 등 관련된 정보를 준비해서 필요한 경우에 제공한다.

면담에 있어서 교사가 주의할 점은 다음과 같다(보건복지부, 1999).

첫째, 풍부한 경험을 가진 선배교사의 조언을 구한다. 부모면담 경험이 적은 교사는 당황하기도 하고 면담에서 다루어지는 문제에 대해 잘 알지 못하는 경우도 있다. 이때 수시로 선배교사의 경험과 의견을 들어 보는 것도 좋다. 둘째, 면담한 내용은 기록하되 다른 사람에게 그 내용을 이야기해서는 안 된다. 셋째, 면담 시 영유아의 장점부터 이야기하기 시작하고 단점을 이야기할 때는 조심스럽게 사견임을 밝힌다. 넷째, 너무 훈육식으로 말을 많이 하지 않도록 하고, 부모의 의견을 충분히 듣고 대답하도록 한다. 다섯째, 필요한 경우 다른 전문기관의 도움을 받도록 한다.

6) 보육시설 평가인증제의 개선점

보육시설 평가인증제는 2005년 시범운영 이후 전국적으로 확대되어 운영 중에 있으나 평가인증과정에 대해 다음과 같은 논의가 제기되고 있다(정옥분 외, 2008).

첫째, 평가인증과정 중 인증심의 및 결정과정은 자체점검보고서(25%), 현장관찰결과보고서(50%), 평가인증심의위원회 의견서(25%)로 구성되어 있다. 그러나 인증심의를 결정하는 자료에 자체평가점수가 포함되어 있다는 것은 스스로에게 높은 점수를 줄 수 있어서 객관적인 평가가 이루어지기 어려우므로 적절하지 못하다는 논의가 제기되고 있다.

둘째, 현장관찰보고서는 평가심의 과정에서 차지하는 비중이 50%로 매우 높다. 그러나 현장관찰이 현장관찰자 2인에 의해 진행되고 관찰보고서가 하루 동안의 방문과 관찰로 작성되는 것에는 다소 무리가 있다. 따라서 현장관찰보고서가 보다 더가 객관적인 자료가 될 수 있도록 현장관찰자를 증원하고 관찰시간 또한 늘려야 한다는 의견이 제기되고 있다.

셋째, 평가인증의 평가지표로 3단계 기술평정척도가 사용되고 있는데 3단계 평가는 성인이 평가하기에 변별력이 다소 낮다. 따라서 5단계 척도를 사용해야 한다는 의견이 제기되고 있다.

넷째, 평가인증결과는 일정 점수(100점 만점에 70점 이상이면 인증)로 인증 유무를 알 수 있다. 인증 유무만을 결정지을 경우, 보육시설이 질적 보육을 위한 최소한의 기반을 갖추고 있는지에 대한 정보를 줄 수 있지만, 우수한 시설을 구분하지 못할 수도 있다. 평가인증제도가 어느 정도 정착되고 나면 겨우 평가인증을 통과한 시설과 우수한 성적으로 평가인증을 통과한 시설을 변별하여 차별화된 지원을 할 수 있도록 질적으로 우수한 시설을 판별하는 평가가 연계되어야 한다.

참고문헌

강문희, 윤애희, 이경희, 정정옥(2007). 유치원 · 보육시설 운영관리(2판). 서울: 학지사.

김경철(1997). 유아교육평가의 새로운 대안: 포트폴리오. 열린유아교육연구, 2(2), 109-122.

김경회, 김선영, 김신영, 김지은, 김혜금, 문혁준, 서소정, 안선희, 안효진, 이희경, 정선아, 황혜원(2008). 보육학개론. 서울: 창지사.

보건복지가족부(2009). 보육통계.

보건복지부(1999). 유아보육 욕구와 보육프로그램 평가. 서울: 한국보육시설연합회.

양승희, 공병호, 유지연, 조현정(2006). 보육과정. 서울: 동문사.

이기숙(2000). 유아교육과정. 서울: 교문사.

이순형, 이성옥, 권혜진, 이소은, 황혜신, 이혜승, 한유진, 정윤주, 이영미, 이옥경, 성미영, 권기남, 김지현(2009). 보육과정(3판). 서울: 학지사.

이옥(2002). 보육시설 평가인증제 도입과 보육의 질. 사회과학연구, 8, 213-229.

이원선, 유미숙(2003). 국공립보육시설 시설장의 운영관리 수행 실태 및 직무만족도에 관한 연구. 아동연구, 16(2), 117-141.

이은해(1995). 아동발달의 평가 및 측정. 서울: 교문사.

이은해(2002). 보육시설 프로그램 평가도구의 개발과 타당화. 이화여자대학교 BK21 핵심사업팀.

이은해, 이기숙(1987). 유치원 교육의 효과에 관한 종단적 연구. 교육학연구, 25(2), 119-137.

이은해, 이옥, 김명순, 이완경, 유희정, 이윤경(2005). 평가지표 및 지침서 개발. 여성부 보육지원과.

이현섭, 조옥희, 정정숙, 박현숙, 석은조(2006). 보육학개론. 서울: 학지사.

임승렬(2001). 유아교사평가의 새로운 접근. 유아교육연구, 21(2), 87-116.

임재택(2001). 유아교육기관 운영관리. 서울: 양서원.

전남련, 김재환, 김혜금(2004). 영유아보육개론. 서울: 형설출판사.

정옥분, 권민균, 김경은, 김미진, 노성향, 박연정, 손화희, 엄세진, 윤정진, 이경희, 임정하, 정순화, 정현희, 최형성, 황현주(2008). 보육학개론(3판). 서울: 학지사.

조성연, 이정희, 김온기, 제경숙, 황혜정, 나유미, 박진재, 송혜린, 임연진, 나종혜, 권연희(2006). 영유아보육의 이해. 서울: 학지사.

황해익(2004). 유아교육평가. 서울: 양서원.

황해익, 송연숙, 정혜영(2008). 개정 유치원교육과정에 따른 유아행동 관찰법. 서울: 창지사.

보육시설평가인증사무국(2005a). 〈www.kcac21.or.kr〉

보육시설평가인증사무국(2009b). 〈www.kcac21.or.kr〉

서울대학교 생활과학대학 어린이집 〈http://kidshome.snu.ac.kr〉

여성부 보육지원과(2005). 평가인증지침서 〈http://www.kcac21.or.kr〉

Cartwright, C. A. R., & Cartwright, G. P. (1974). *Developing observation skills.* NY: McGraw-Hill Book Co.

Fleege, P. O. (1997). Assement in an integrated curriculum. In Craig. H. Hart, Diane. C. Burt, and Rosalind Charlesworth (Eds.), *Integrated Curriculum and developmentally appropriate practice.* Albany, NY: State University of New York Press.

Grace, C., & Shores, E. (1998). *The portfolio and its use.* Little Rock, AR: Southern Early Childhood Association.

Hills, T. W. (1992). Reaching potentials through appropriate assessment. In S. baedekamp & T. Rosegrant (Eds.), *Reaching potential: Appropriate curriculum and assessment for young children* (pp. 43-61). Washington, DC: National for the Education of Young Children.

NAFCC (1998). Quality standards for NAFCC accreditation.

National Association for the Education of Young Children(NAEYC) & National Association of Early Childhood Specialists in State Departments of Education(NAECS/SED) (1991). Guidelines for appropriate curriculum content and assessment in programs serving children age 3 through 8. *Young Children, 46*(3), 21-38.

Wortham, S. C. (2006). *Early childhood curriculum* (4th ed.). Upper Saddle River, NJ: Merrill/Prentice Hill.

Chapter 13

보육실습

영유아의 보육환경은 영유아의 전인적 발달과 복지를 향상시킨다는 면에서 상당히 중요하다. 현대 사회에서는 아주 어린 영아부터 보육의 대상이 되므로 수준 높은 보육환경의 필요성이 높아지고 이에 따라 보육현장에서의 보육교사의 질에 대한 논의가 활발해지고 있다.

보육의 질은 보육교사의 질에 달려 있다. 따라서 질 높은 보육교사를 배출하기 위해서는 사회적 요구에 부응하는 보육실습이 강조된다. 때문에 이미 보육관련 학과에서는 '보육실습'을 보육교사 자격 취득의 조건으로 제도화하였다. 즉, '보육실습'을 통하여 보육교사의 훈련과정을 강화시켜 보육교사상을 정립하도록 하였고, 현장교사가 되었을 때 우수한 보육교사가 될 수 있도록 준비하고 있다.

이러한 맥락에서 이 장에서는 예비교사들이 성공적으로 보육실습을 잘 수행하도록 하기 위한 보육실습의 과정 및 유의점과 보육실습 평가에 대한 내용들을 자세히 살펴보고자 한다.

1. 보육실습의 목적과 의의

1) 보육실습의 목적

보육실습이란 향후 보육교사가 되고자 준비하는 학생이 어린이집 현장에서 예비 보육교사의 역할을 직접 경험해 보는 과정이다. 보육실습은 국가가 발급하는 '보육교사 자격증' 을 취득하기 위해 필수적일 뿐 아니라 대학(교)에서 배운 이론과 지식을 보육현장에서 실제 적용해 보는 핵심적 과정이기도 하다.

보육실습의 목표를 구체적으로 정리하면 다음과 같다(한국보육진흥원, 2010).

- 보육교사로서 보육철학과 보육 목표를 발전시킨다.
- 보육교사의 역할과 책임, 태도를 직접 경험한다.
- 영유아에 대한 심화된 이해 및 생활지도를 경험한다.
- 보육교사로서 요구되는 전문적이고 실천적인 지식과 다양한 지도 방법을 경험한다.
- 보육실습생 스스로 보육교사로서의 장단점을 파악하고 향후 진로를 탐색한다.
- 보육시설의 지역사회에서의 역할, 보육시설 내 조직 문화 등을 이해한다.

2) 보육실습의 의의

보육실습은 예비 보육교사가 직접 보육현장에 참여함으로써 보육교사직에 대한 인식을 새롭게 하며, 보육교사로서 필요한 실제 지식과 기술을 획득하는 데 의의가 있다. 또한 기존에 습득한 전문 지식을 바탕으로 보육현장에서 직접 체험을 통하여 실천해 봄으로써 보육교사가 될 사람으로서 자신을 평가 · 점검하고 능력을 발휘하여 보육교사에 대한 적성 여부를 최종 점검해 보는 과정이다.

이에 이소희 등(1998)은 보육실습의 구체적인 의의를 다음과 같이 설명하고 있다.

첫째, 보육현장에 참여하여 직접 보육과정을 경험함으로써 보육교사직에 대한 인식을 새롭게 할 수 있다.

둘째, 보육교사로서 필요한 지식과 기술을 획득하는 과정을 알게 된다.

셋째, 현직교사의 교수법을 관찰하고 배우는 기회를 갖게 된다.

넷째, 영유아들과 직접 접촉하는 경험을 통해서 영유아에 대한 이해를 높이는 기회를 갖게 된다.

다섯째, 시설에서 정한 일정 기간의 직접적인 교수 경험을 통하여 교직의 단면을 체험하는 기회를 갖게 된다.

여섯째, 보육시설 내의 종사자들과의 역동적인 인간관계를 체험함으로써 인간관계의 중요성을 인식하게 된다.

일곱째, 보육시설의 운영에 필요한 관리기술을 관찰하고, 배우는 기회를 갖게 된다.

여덟째, 보육시설의 전반적인 운영과정을 파악할 수 있다.

아홉째, 보육시설과 지역사회의 연계에 대해 이해하게 된다.

열째, 예비교사로서의 자신을 평가해 보는 기회가 된다.

2. 보육실습의 법적 기준과 계획

1) 보육실습의 법적 기준

영유아보육법 시행규칙(2009. 7. 3. 개정) 제12조 제1항 관련 [별표 4] 및 보육사업안내(2010년)에 보육실습 기관 및 보육실습 지도교사, 보육실습 교과목 및 학점 기준, 보육실습 시기 및 기간에 대한 기준이 명시되어 있다.

(1) 보육실습 기관

보육실습은 보육정원 15인 이상의 법적으로 인가받은 어린이집 또는 종일제 유치원(교육청에 종일제 유치원으로 등록되어야 함)에서 해야 한다.

(2) 보육실습 지도교사

보육실습은 보육교사 1급 또는 유치원 정교사 1급 자격을 가진 자가 지도해야 한다.

(3) 보육실습 교과목 및 학점기준

보육실습은 '보육실습' 교과목으로 이수하는 것이 원칙이며, 성적증명서를 통하여 교과목 확인이 가능해야 한다. 다만, 교과목 명칭이 다르더라도 유사교과목인 '보육현장실습' 또는 '교육실습'을 이수한 경우로서 보육실습 기관 및 보육실습 기간의 조건을 만족하는 경우에 '보육실습' 교과목을 이수한 것으로 인정된다.

또한 '보육실습' 교과목은 반드시 2학점 이상으로 이수하여야 하고 평가점수가 80점(B학점) 이상인 경우에만 보육실습을 이수한 것으로 인정된다.

(4) 보육실습 이수시기 및 기간

보육실습은 '보육실습' 교과목이 개설된 학기(계절학기 포함, 전후 방학 포함)에 해야 한다. 가능한 한 일상적인 보육이 이루어지는 3~6월, 9~11월에 보육실습을 하는 것이 바람직하며 그 외 기간에 보육실습을 할 경우 체계적인 보육실습 지도 및 관리가 이루어지지 않을 수 있다.

또한 보육실습은 4주 160시간 이상 연속으로(월요일~금요일 또는 토요일까지) 해야 하며 1일 8시간 동안 하는 것이 원칙이다. 따라서 주 1회 보육실습 또는 주말실습 등 특정 요일에만 보육실습을 실시하여 그 시간이 160시간 이상이 되더라도 보육실습을 이수한 것으로 인정될 수 없다. 단, 야간대학(교), 한국방송통신대학교, 원격대학(교)의 경우에 한 해 2회로 나누어 실시할 수 있다. 2회로 나누어 실시하는 방법으로 하나의 보육실습 교과목을 개설한 경우 학기 내 2회로 나누어 실시할 수 있고, 학기를 달리하여 두 개의 보육실습 교과목을 개설한 경우 각 한 학기에 1회씩 실시할 수 있다. 마찬가지로 보육실습 교과목이 개설된 학기 중(전후 방학 포함)에 반드시 실시하여야 하므로 교과목이 개설된 학기에 각 1회씩 실시해야 한다. 보육실습 기간은 두 기간을 합산하여 4주 160시간 이상 이수한 경우에 한해 인정된다.

2) 보육실습 계획

보육실습을 하기 전에 보육실습에 관련된 법적 기준을 살펴보고, 면밀히 계획을 세워 보육실습이 차질 없이 이루어질 수 있도록 해야 한다. 보육실습을 계획할 때 고려해야 할 사항을 구체적으로 살펴보면 다음과 같다.

(1) 보육실습 기관 선정

보육실습 기관을 선정할 때는 다음과 같은 점에 유의한다.

- 보육실습 기관의 평가인증 여부, 보육정원을 파악한다.
- 보육실습 지도교사의 보육교사 1급 또는 유치원 정교사 1급 자격소지 여부를 파악한다.
- 보육실습 기관의 주소를 파악하여 보육실습생의 집과 너무 멀지 않은 기관으로 선정한다.

(2) 서류 준비

보육실습이 시작되기 전에 다음의 서류를 준비한다.

- 보육실습 신청서
- 보육실습 협조공문
- 보육실습 동의서
- 보육실습생 신상카드
- 보육실습생 서약서
- 보육실습생 상해보험(권장사항)

〈표 13-1〉 보육실습 신청서 예시

보육실습 신청서

학생정보			
성 명		학 과/ 학 번	/
보육실습 기간	년 월 일 ~ 년 월 일(연속 4주 160시간 이상)		
주 소	우편번호)		
개인 연락처		집/ (직장)	집: 직장:
이메일			

보육실습 기관정보			
보육실습 기관명	(정원:)	보육시설장	
보육실습 기관유형	① 국공립보육( ) ② 법인보육( ) ③ 직장보육( ) ④ 가정보육( ) ⑤ 부모협동( ) ⑥ 민간보육( ) ⑦ 종일제 유치원( )		
평가인증 여부	① 예( ) ② 아니요( )		
기관 주소	우편번호)		
전화번호		Fax	
보육실습 지도교사	이름:		보육교사 1급( ) 유치원정교사 1급( )

〈표 13-2〉 보육실습 협조공문 예시

○○대학교 ○○학과(○○보육교사교육원)

수신자 ○○○어린이집 보육시설장(보육실습 지도 담당자)
(경유)
제목 보육실습생 의뢰의 건

---

1. 귀 기관의 무궁한 발전을 기원합니다.

2. ○○○대학 ○○학과 학생들이 귀 기관에서 보육실습을 희망하고 있습니다.
이에 보육실습생을 의뢰하오니 보육실습에 대한 협조를 부탁드립니다.
가. 보육실습 기간: 20 년 월 일 ~ 20 년 월 일까지(160시간 이상)
나. 보육실습생: 보육실습생 명단 참조

3. 보육실습생 명단

연번	성명	학번	주소	연락처	비고

4. 보육실습 의뢰확인서 등 회신 협조
가. 보육실습 동의서(직인 또는 서명 요망), 시설인가증 사본, 보육실습 지도를 담당할 교사의 보육교사 1급자격증 사본을 20 . 0. 0.(요일)까지 회신 부탁드립니다.

별첨: 보육실습 동의서 1부. 끝.

○○○대학교 ○○학과장(○○보육교사교육원장) 직인 생략

기안자 ○○○ 학과장 ○○○(보육교사교육원장 ○○○)
협조자
시행 보육 – (20 . 00. 00) 접수 – (. .)
우 ○○○-○○○ ○○시 ○○구 ○○동 ○○번지 ○○○대학교 / www.○○○.ac
전화 (00)000-0000 전송 (00)000-0000 / ○○○○○@○○.○○ 공개

〈표 13-3〉 보육실습 동의서 예시

보육실습 동의서

학생정보			
성 명		학 과/ 학 번	/
보육실습 기간	년 월 일 ~ 년 월 일(연속 4주 160시간 이상)		
주 소	우편번호)		
개인 연락처		집/ (직장)	집: 직장:
이메일			

보육실습 기관정보			
보육실습 기관명	(정원:)	보육시설장	
기관 주소	우편번호)		
전화번호		Fax	
보육실습 지도교사			

위 학생이 본 기관에서 보육실습하는 것에 동의합니다.

20 년 월 일

보육실습 기관: (서명 또는 인)

〈표 13-4〉 보육실습생 신상카드 예시

보육실습생 신상카드

<table>
<tr><td rowspan="2">성 명</td><td>한 글</td><td colspan="4">(남, 여)</td><td rowspan="4">(사진)</td></tr>
<tr><td>한 자</td><td colspan="4"></td></tr>
<tr><td>주민등록번호</td><td colspan="5"></td></tr>
<tr><td>소속 대학(교)
(보육교사교육원)</td><td colspan="5"></td></tr>
<tr><td>집 주 소</td><td colspan="6"></td></tr>
<tr><td rowspan="3">학 력</td><td colspan="6"></td></tr>
<tr><td colspan="6"></td></tr>
<tr><td colspan="6"></td></tr>
<tr><td rowspan="6">가 족 사 항</td><td>성 명</td><td>연 령</td><td>관 계</td><td colspan="2">주 소</td><td>비 고</td></tr>
<tr><td></td><td></td><td></td><td colspan="2"></td><td></td></tr>
<tr><td></td><td></td><td></td><td colspan="2"></td><td></td></tr>
<tr><td></td><td></td><td></td><td colspan="2"></td><td></td></tr>
<tr><td></td><td></td><td></td><td colspan="2"></td><td></td></tr>
<tr><td></td><td></td><td></td><td colspan="2"></td><td></td></tr>
<tr><td>보육관련
이수 교과목</td><td colspan="6"></td></tr>
<tr><td>취 미</td><td colspan="3"></td><td>특 기</td><td colspan="2"></td></tr>
<tr><td colspan="4">보육관련 경험(예: 캠프교사, 종교시설 내 유치부 활동 등)</td><td colspan="3"></td></tr>
</table>

위의 사항이 틀림없음을 확인합니다.

년 월 일

본인 서명 (인)

보육시설장 귀 하

〈표 13-5〉 보육실습생 서약서 예시

보육실습생 서약서

대학(교) 학과(학부) 학년
보육교사교육원

상기 본인은 귀 어린이집의 보육실습생으로서 보육실습의 목적과 중요성을 충분히 이해하고 어린이집의 제반 규정을 성실히 준수하여 보육능력 향상에 최선을 다할 것을 서약합니다.

년 월 일

보육실습생: (인)

○○○ 어린이집 보육시설장 귀하

(3) 보육실습생 준비사항

보육실습을 통한 교육이 효과적으로 되기 위해서 보육실습생은 보육과 관련된 내용을 충분히 숙지함으로써 자신감을 갖고 실습에 임할 수 있게 된다. 구체적인 계획과 준비사항을 살펴보면 다음과 같다.

- 보육실습활동에 대해 평소의 일반 강의 및 학습에서부터 관심을 기울인다.
- 보육실습 전에 학습내용을 총 점검 및 정리하여 보육실습활동에 대비한다. 특히 영유아 보육과정, 영유아 교수법 등을 복습 정리한다.
- 보육실습활동에 대한 조직적이고 체계적인 계획을 세운다.
- 실제 보육현장에서의 보육실습활동이라는 변화된 활동에 대비하여 건강관리를 한다. 실습에 따른 긴장과 불안감이 생길 수 있으므로 이에 대비하여 건강관리에 신경을 쓴다.
- 보육실습에 관한 지침서나 계획서 등을 읽고 선배나 동료들과 의견을 나누어 구체적인 계획을 세운다.
- 보육실습 전에 실습기관을 사전 방문하여 보육실습기관에 대한 현황 및 실태 등을 파악한다(실습지와 자택과의 거리, 교통편, 실습기관 측의 보육실습지침, 하루 일과 등).
- 같은 어린이집에 배정된 보육실습생들끼리 구체적인 보육실습활동을 의논하고 준비한다.
- 실습 시에 필요한 서류와 준비물을 점검한다.
- 보육실습에 대비한 복장과 용모를 미리 정돈한다.
- 보육실습에 대한 목적의식을 분명히 한다. 무엇을, 왜, 어떻게 할 것인가의 문제의식을 갖는다.
- 실제 지도에 대한 보육실습을 해 본다. 동료를 대상으로 실제 수업활동과정을 모의수업으로 연습해 본다.

(4) 보육실습생의 역할 및 자세

보육실습생은 보육실습 기관의 보육목적과 보육방침을 이해하고 이를 달성하기 위해 적극 협력하고 참여해야 한다. 또한 보육실습 기관의 제반규정을 준수하고 보육실습생으로서의 역할과 자세를 숙지하여 보육실습의 목적을 이루어야 한다. 보육실습생의 역할 및 자세를 살펴보면 다음과 같다.

① 보육실습생의 일반적인 역할(윤기영 외, 2006)

- 관찰자의 역할
  - 보육시설의 실내 · 외 환경 시설 · 설비를 관찰한다.
  - 영유아들의 흥미, 특성, 발달 등을 관찰한다.
  - 지도교사의 교수행동 및 영유아와의 상호작용을 관찰한다.
  - 보육 프로그램의 전반에 대해서 관찰한다.
- 보조교사의 역할
  - 교수자료 및 교구 등의 자료 제작을 돕는다.
  - 실내 · 외 환경정리, 청결, 구성을 돕는다.
  - 보육활동의 진행을 돕는다.
  - 영유아 지도 및 상호작용을 돕는다.
  - 영유아들의 건강, 안전, 영양 지도를 돕는다.
  - 기타 교사의 행정업무를 돕는다.
- 교사의 역할
  - 보육과정을 계획한다.
  - 교수자료를 준비, 제작한다.
  - 보육환경을 구성한다.
  - 보육활동을 진행한다.
  - 영유아를 지도하고 상호작용한다.
  - 영유아들의 건강, 안전, 영양을 관리하고 지도한다.
  - 교사로서의 역할을 평가하고 연구한다.
  - 행정업무를 실행한다.

② 보육실습생의 하루 일과 중의 역할(조운주, 2003)

- 영유아 등원 전
  - 교실의 정리 및 자료들의 위치를 확인한다.
  - 그날의 보육과정을 확인하고 필요한 자료를 파악한다.
- 영유아 등원 시
  - 각 영유아들과 부모를 따뜻하게 맞이한다.
  - 영유아들이 옷을 벗고 정리하는 것을 돕는다.
  - 영유아들이 출석 표시하는 것을 돕는다.
  - 영유아들이 활동을 시작하도록 돕는다.
- 자유선택활동
  - 맡은 흥미영역을 지도한다.
  - 영유아들과 상호작용하려고 노력하나 놀이에 방해되지 않도록 주의한다.
  - 놀이가 끝난 후에 영유아들이 자료를 정리하도록 격려한다.
  - 영유아들과 눈높이를 맞추기 위해서 의자 또는 바닥에 앉는다.
  - 정리시간을 알려 준다.
- 전이활동
  - 화장실 다녀오는 것을 돕는다.
  - 영유아들이 할 수 있는 일은 스스로 하게 격려한다.
- 소집단 활동
  - 영유아들이 정해진 집단으로 가게 한다.
  - 모든 영유아들이 적극 참여하게 한다.
- 대집단 활동
  - 지도교사가 수업을 진행할 때에는 수업 및 영유아들의 반응을 관찰한다.
  - 도움이 필요한 경우 도움을 제공한다.
- 간식 및 급식
  - 만약 보육실습생의 책임이라면 간식 및 급식을 위한 준비를 한다.
  - 지도교사와 다른 테이블에서 영유아들을 보살핀다.
  - 영유아들의 대화에 참여한다.

- 영유아들 스스로 하게 격려하고 꼭 필요한 경우에 도와준다.
- 영유아들이 음식을 골고루 다 먹을 수 있도록 격려한다.
- 간식 및 식사시간에 좋은 모델을 보여 준다.
- 엎지르면 닦는 것을 주고, 필요하면 돕는다.

• 바깥놀이
  - 날씨가 추울 때에는 영유아들에게 외투를 입게 한다.
  - 모든 실외 영역을 감독한다.
  - 영유아들이 놀잇감을 공유하게 한다.
  - 영유아들의 안전을 항상 살핀다.
  - 교사끼리 대화하지 말고 영유아들에게 관심을 갖는다.
  - 필요한 경우 수건이나 휴지를 가지고 나간다.
  - 영유아들에게 스스로 놀잇감을 정리하게 하고 도움이 필요한 경우 돕는다.

• 귀가
  - 영유아들이 옷 입고, 물건이나 유인물을 챙기는 것을 돕는다.
  - 영유아들의 안전한 귀가를 확인한다.
  - 영유아와 부모에게 인사한다.

③ 보육실습생의 근무태도

• 보육실습일지를 작성하며 보육실습 지도교사의 지도와 조언을 받는다.
• 보육활동계획안을 보육활동 전에 보육실습 지도교사에게 제출하여 지도를 받은 후 보육활동에 임한다.
• 보육실습 기관의 비품 및 기자재를 사용하고자 할 때는 보육실습 지도교사와 담당자의 허락을 받고 사용방법에 유의하여 조심스럽게 사용한다.
• 보육실습 지도교사와 반드시 사전에 협의하여 교재 · 교구를 제작하되 보육활동에 필요한 것을 제작한다.
• 보육실습 중 응급상황이 발생했을 때는 즉시 보육실습 지도교사에게 알리고 지도를 받는다.
• 각종 제출물은 기일을 엄수하여 제출한다.

- 학부모 질문 시 친절한 태도로 보육실습생임을 밝히고 보육실습 지도교사에게 안내한다.
- 종사자, 영유아, 부모는 물론이고 어린이집을 방문하는 방문객에게 공손하게 인사하며 항상 밝고 친절한 모습으로 대한다.
- 보육실습 기관에서의 흡연은 절대 금한다.
- 보육실습 중 휴대폰 사용을 금하고 보육실에 휴대폰을 가지고 들어가지 않는다.
- 커피 및 음료는 보육실 이외의 정해진 장소에서 음용한다.
- 동료 보육실습생들과 존대어를 사용하며 불필요한 이야기를 하지 않는다.

④ 근무시간

- 보육실습 기관의 출·퇴근 시간 규정을 따른다.
- 출근시간을 엄수하고 무단결근, 지각, 외출 및 조퇴를 금한다. 부득이한 경우에는 사전에 보육실습 기관에 사유서를 제출하여 허락을 받는다.
- 부득이한 사유로 보육실습 기관에서 결근 허락을 받은 경우, 결근 일수만큼 다른 날짜에 보육실습을 하여 보육실습 일수를 맞추도록 한다.
- 매일 정해진 시간에 출근하여 출근부에 날인하도록 하고, 퇴근 시 보육실습 지도교사와 보육시설장에게 허락을 받고 퇴근한다.

⑤ 복장 및 용모

- 복장과 용모는 청결, 단정하게 한다.
- 이름표는 왼쪽 가슴에 착용한다(단, 영아반의 경우 영아를 안아 줄 때 문제가 발생할 경우 보육활동 중에는 착용하지 않음).
- 지나치게 화려하거나 노출이 심한 복장은 피한다.
- 짙은 화장, 영유아의 안전상 문제가 되는 장신구 등은 피한다.
- 손톱은 짧게 깎고, 손은 언제나 청결하게 관리한다.
- 영유아의 안전과 위생을 위해 긴 머리카락의 경우 단정히 뒤로 묶는다.
- 실내에서는 실내화(덧신) 또는 양말을 꼭 신는다.
- 실내외에서 굽이 높은 신발이나 슬리퍼는 신지 않는다.

⑥ 언어사용

- 음성의 톤이 너무 높거나 빠르지 않도록 유의하며 부드럽게 이야기한다.
- 발음은 분명하게 하며 되도록 표준어를 사용한다.
- 종사자, 부모는 물론 영유아에게 예의에 어긋난 언어를 사용하지 않는다.
- 영유아를 부를 때는 이름을 부른다.

3. 보육실습의 유형

1) 사전실습

사전실습이란 정규실습 이전에 1회 또는 여러 차례에 걸쳐 단기간이나 일시적으로 현장경험을 하게 하는 실습과정을 의미한다. 이 과정을 통해 예비교사들은 어린이집 현장에서 직접 영유아들과 접촉함으로써 보육현장을 대략적으로 경험할 수 있게 된다.

사전실습의 목적을 구체적으로 정리하면 다음과 같다(박낭자, 2006).

- 어린이집의 하루 일과를 이해할 수 있도록 도와준다.
  야간 보육, 24시간 보육, 기관의 특성에 따른 일과 운영, 분위기에 적응할 수 있도록 도와준다.
- 어린이집의 하루 일과가 보호와 교육이 모두 중요하게 이루어진다는 것을 이해할 수 있도록 도와준다.
- 영유아 발달이론 및 영유아 발달특성에 대해 이해할 수 있도록 도와준다.
  이론적으로만 알고 있던 영유아 발달에 대해 영유아를 직접 관찰함으로써 발달이론을 어떻게 적용시킬지 연구하고 고민한다.
- 보육방법 및 가르치는 기술에 대해 이해할 수 있도록 도와준다.
- 구체적인 보육교사의 역할에 대해 이해할 수 있도록 도와준다.
  보육교사는 단순히 가르치는 역할뿐만 아니라 관찰자, 양육자, 환경 제공자 등의 다양한 역할을 수행해야 한다는 것을 알 수 있도록 도와준다. 특히 유치원과는 다른 어린이집의 특성상 행해지는 소변과 대변 후 도와주기, 투약하기, 안아 주기 등 양육자로서의 역할의 중요성과 교실 청소하기 등 보육현장에 따라 교사의 역할에 차이가 있음을 알 수 있도록 한다.

- 어린이집의 하루 일과에는 예측할 수 없는 많은 문제 상황이 일어날 수 있음을 이해하도록 도와준다.

다음 〈표 13-6〉은 사전실습 모형의 예다.

〈표 13-6〉 사전실습 모형

구분	내용
목표	• 보육현장의 전반적 이해 • 보육시설에서의 구체적 지도 방법 이해
형태 및 시기	• 단순 견학-1학년 • 관련 교과목시간 이용 관찰-2학년 1학기-3학년 1학기
실습장소 및 선정기준	• 부속 어린이집 및 협력 어린이집 • 어린이집 및 지도교사의 자질이 인정되는 곳
경험내용	• 보육시설의 특징 이해 • 보육교사의 역할 이해 • 영유아의 발달 이해 • 강의내용 이해 • 보육시설의 보육문제 이해
비 고	• 학점 없음 • 관련 과목에서 수시 실시

출처 윤기영 외(2006).

2) 정규실습

정규실습은 교사자격 획득을 위한 필수과정으로서, 정해진 기간 동안 지도교수와 지도교사의 지도 아래 직접 보육현장에서 교사로서의 직무수행을 전체적으로 경험해 보는 과정을 말한다. 즉, 학기에 4주 정도의 정해진 기간 동안 행해지는 실습으로 영유아보육법에는 160시간 이상으로 규정되어 있다. 연속된 기간 동안 보육시설에서 실제로 영유아를 대상으로 교수-학습활동을 진행하는 수업실습과 기타 업무를 직접 수행해 보는 실무실습을 병행하게 된다. 포스터(Poster, 1985)는 사전실습을 통해 예비교사들이 보육에 대한 전체적인 느낌을 파악한다면 정규실습을 통해서는 전체적이며 세부적인 교사의 책임까지 경험해 볼 수 있게 된다고 하였다(윤기영 외, 2006).

정규실습의 과정을 영아반(0, 1, 2세)과 유아반(3, 4, 5세)으로 구분하여 예시를 제시하면 다음 〈표 13-7〉과 같다.

〈표 13-7〉 주차별 보육실습 진행과정 예시

<table>
<tr><th rowspan="2">기간</th><th colspan="3">보육실습 내용</th></tr>
<tr><th>영아반</th><th>유아반</th><th>비고</th></tr>
<tr><td>1주</td><td>• 보육실습에 대한 오리엔테이션
• 보육실습 일정 협의
• 영아와 낯익히기
• 관찰 및 보육실습 지도교사 보조</td><td>• 보육실습에 대한 오리엔테이션
• 보육실습 일정 협의
• 유아와 친밀감 형성하기
• 관찰 및 보육실습 지도교사 보조</td><td rowspan="4">• 영아반
-대집단 보육활동 없음
-일상적 양육, 개별 지도 및 소집단 지도 중심
• 유아반
-개별, 소집단, 대집단 보육활동 모두 포함
-흥미영역의 세분화에 따른 다양한 보육활동 참여</td></tr>
<tr><td>2주</td><td>• 관찰 및 보육실습 지도교사 보조
• 단위 보육활동 실습: 일상적 양육 담당, 개별 활동지도
• 보육활동 관련 교재 · 교구 제작</td><td>• 관찰 및 보육실습 지도교사 보조
• 단위 보육활동 실습: 하루 일과 중의 특정 활동이나 특정 영역 지도
• 보육활동 관련 교재 · 교구 제작</td></tr>
<tr><td>3주</td><td>• 관찰 및 보육실습 지도교사 보조
• 단위 보육활동 실습: 하루 일과의 특정 시간 또는 특정 활동지도, 전이활동을 포함한 단위 보육활동들 간의 연계 지도
• 보육활동 관련 교재 · 교구 제작</td><td>• 관찰 및 보육실습 지도교사 보조
• 단위 보육활동 실습: 전이활동을 포함한 단위 보육활동들 간의 연계 지도
• 보육활동 관련 교재 · 교구 제작</td></tr>
<tr><td>4주</td><td>• 관찰 및 보육실습 지도교사 보조
• 반나절 또는 종일 보육활동 운영실습
• 보육활동 관련 교재 · 교구 제작
• 보육실습 총 평가</td><td>• 관찰 및 보육실습 지도교사 보조
• 반나절 또는 종일 보육활동 운영실습
• 보육활동 관련 교재 · 교구 제작
• 보육실습 총 평가</td></tr>
</table>

출처: 한국보육진흥원(2010).

위의 〈표 13-7〉에서 알 수 있듯이 영아반은 일상적 양육이 하루 일과의 중요한 부분이므로 영아반 보육실습과 유아반 보육실습의 차이를 이해하는 것이 필요하다.

- 0세반은 수유 및 이유, 기저귀 갈기, 잠 재우기, 안아 주기 등의 일상적 양육 그리고 사회 · 정서적인 상호작용과 안전이 중요한 보육내용이며, 개별적인 보살핌과 지도가 중심이 되므로 보육실습에 이에 대한 내용이 포함되도록 한다.
- 1, 2세반 영아들도 일상적 양육이 중요하므로 이를 포함한다.
- 1, 2세반 영아들은 대집단 형태가 아닌 소집단 놀이 활동 지도가 주된 보육실습이 되어야 한다.
- 유아반은 개별, 소집단, 대집단 활동을 모두 진행하며, 흥미영역도 세분화되므로 보육실습생이 다양한 유형의 활동들을 경험해 볼 수 있도록 한다.

다음 〈표 13-8〉, 〈표 13-9〉는 주차별 보육실습 진행과정에 기초하여 실제 보육실습 기관의 영아반 및 유아반에서 4주간의 보육실습을 어떻게 진행하는지를 보여주는 예시들이다.

〈표 13-8〉 ○○어린이집 영아반 보육실습 과정 예시

기간	주제	내용
1주	관찰 및 보육실습 지도교사 보조 영아와 친밀감 형성하기 2주 보육활동 계획 및 검토	• 하루 일과 및 영역구성, 영아 관찰 • 영아반의 일과 특성 이해하기 (예: 기저귀 갈기, 배변훈련, 급식지도 등) • 영아의 연령별, 개인별 발달특성 이해하기 (예: 흥미, 수준, 언어표현, 상호작용 등) • 2주 개별 보육활동 계획안 작성: 보육실습 지도교사의 검토 및 지도받기 • 보육활동에 필요한 교재 · 교구 준비
2주	관찰 및 보육실습 지도교사 보조 개별 영아 활동지도 3주 보육활동 계획 및 검토	• 영아와 보육교사 간의 상호작용 관찰 • 영아 개인에 맞는 보육활동 구성 및 지도 (예: 홍길동과의 놀이 활동 실행하기) • 일상적인 기본생활 지도방법 익히기 • 3주 소집단 활동 계획안 작성: 보육실습 지도교사의 검토 및 지도받기 • 보육활동에 필요한 교재 · 교구 준비
3주	관찰 및 보육실습 지도교사 보조 소집단 보육활동 실습 4주 보육활동 계획 및 검토	• 영아와 보육교사 간의 상호작용 관찰 • 소집단 영아 보육활동 구성 및 지도 • 4주 오전 또는 오후 보육활동 계획안 작성: 보육실습 지도교사의 검토 및 지도받기 • 보육활동에 필요한 교재 · 교구 준비

4주	관찰 및 보육실습 지도교사 보조 오전 보육활동 실습 오후 보육활동 실습 보육실습 총 평가	• 영아와 보육교사 간의 상호작용 관찰 • 오전/오후 보육활동 구성 및 실습 • 보육실습 최종 평가: 보육시설장, 보육실습 지도교사, 보육실습생

〈표 13-9〉 ○○어린이집 유아반 보육실습 과정 예시

기간	내용
1주	• 관찰(흥미영역 구성, 일과, 보육교사): 유아관찰 및 보육교사의 업무 파악 • 2주 보육활동 계획 및 검토 – 2주의 단위 보육활동에 대한 계획안 작성: 보육실습 지도교사의 검토 및 지도받기 – 보육활동에 필요한 자료 및 교재 · 교구 준비
2주	• 관찰(유아) • 단위 보육활동 실습 – 흥미영역 활동 2개(개별 1, 소집단 1) 진행 – 보육활동에 대한 평가: 보육실습 지도교사, 보육실습생 • 3주 보육활동 계획 및 검토 – 연계활동 및 대집단 보육활동에 대한 계획안 작성: 보육실습 지도교사의 검토 지도받기 – 보육활동에 필요한 자료 및 교재 · 교구 준비
3주	• 관찰(유아) • 단위 보육활동 실습 – 연계 보육활동 1회, 대집단 보육활동 1회 진행 – 보육활동에 대한 평가: 보육실습 지도교사, 보육실습생 • 4주 보육활동 계획 및 검토 – 종일 보육(흥미영역 활동 1개, 전이활동 1개, 대집단 활동 1개, 실외 자유선택활동 1개)에 대한 보육활동계획안 및 일일계획안 작성: 보육실습 지도교사 및 보육시설장의 검토 및 지도받기 – 보육활동에 필요한 자료 및 교재 · 교구 준비
4주	• 관찰(유아) • 종일 보육활동 실습 – 하루 일과와 활동을 보육실습생이 스스로 계획하고 준비하여 실행해 보는 과정 – 보육활동과 관련된 환경구성 – 보육활동에 대한 평가 및 보육실습 최종 평가: 보육시설장, 보육실습 지도교사, 보육실습생 • 보육실습 종료 – 보육실습생 평가표, 보육일지, 출근부 정리

출처: 한국보육진흥원(2010).

정규실습은 위에서 제시한 바와 같이 동일한 학급에서 4주 동안 실시하는 것이 바람직하다. 여러 연령 반을 돌아가면서 실습을 하는 경우 보육실습생이 다양한 연령대의 영유아를 접할 기회를 갖는 장점이 있으나 보육실습생이 해당 학급의 영유아와 친밀감을 형성할 시간이 부족하고, 개별 영유아를 파악할 수 있는 시간이 부족하므로 보육활동을 계획하고 실행하는 데 어려움을 겪을 수 있다. 또한 한 학급에서 보내는 시간이 짧으므로 부분 보육활동에서 시작하여 종일 보육활동까지 확장하기가 어려운 단점이 있다.

3) 추후실습

추후실습은 정규실습 이후에 갖게 되는 과정으로 정기적으로 현장에 나가 보조교사의 역할을 수행하거나 부분적으로 수업을 진행해 보면서 정규실습 과정을 심화시키거나 내용을 추가하는 보완적인 성격을 가진다. 추후실습은 대부분 실습기관과 실습생의 의사에 따라 자율적으로 진행되며 기간이나 방법 모두 실습생과 실습기관의 협의에 따라서 진행된다.

다음 〈표 13-10〉은 추후실습 모형의 예다.

〈표 13-10〉 추후실습 모형

구분	내용
목표	• 정규실습 보완 – 추가 또는 심화
형태 및 시기	• 정규실습 시와 다른 기관 또는 같은 기관에서 정규실습이 끝난 후 가능한 시기에 실시
실습장소	• 부속 어린이집, 협력 어린이집 또는 다른 보육시설
선정기준	• 어린이집 및 지도교사의 자질이 인정되는 곳 • 정규실습의 경험을 추가·보완할 수 있는 곳
경험내용	• 정규실습 경험내용에 덧붙여 실제 교수법, 발달이론, 교수–학습이론, 교사관, 인간관계론 등
비고	• 학점 없이 대학에서 권장사항으로 실시 • 일괄적으로나 개별적으로 실시할 수 있음

출처: 윤기영 외(2006).

4. 보육실습생의 보육활동 실습

보육실습생의 보육활동 실습은 보육실습 지도교사의 지도하에 보육활동을 계획, 실행 및 평가하는 과정을 말한다. 보육활동 실습경험은 보육실습생의 전문성을 향상시킬 수 있다. 보육실습생의 보육활동 실습과정에서 고려할 사항을 살펴보면 다음과 같다.

1) 보육실습 지도교사와 보육실습생의 협의

보육실습 지도교사와 보육실습생의 충실한 협의는 보육실습생의 보육활동 실습의 성공 여부에 중요한 열쇠가 된다. 보육실습 지도교사와 함께 협의할 사항은 다음과 같다.

- 보육실습생의 보육활동 실습 일시(일과 중 보육활동 실습시간, 예: 오전 09:20~10:00)
- 보육활동 유형 및 영역(조형, 언어, 수 · 조작, 쌓기놀이, 역할놀이, 음률, 과학영역 등의 흥미영역)
- 집단의 크기 및 집단 구성방법(대집단/소집단/자유선택)
- 보육활동 공간(보육실/유희실, 실내/실외)
- 보육활동 전개 방안(표준보육과정에 기초한 통합적 전개)
- 보육활동 자료 선정(연령 적합성, 보육활동 내용과의 적합성, 자료 준비의 용이성, 보관 · 유지의 편의성, 안전성 등을 고려)
- 보육활동 전개 시 바람직한 교수전략 및 발문
- 보육활동계획안 작성 및 보육실습 지도교사의 지도 일정 논의

2) 보육활동계획안의 작성

보육실습 지도교사는 학급 생활주제의 전개 양상, 소주제와 보육활동 간의 적합성, 영유아의 발달적 적합성, 주간 계획안과 영유아의 흥미, 행사 및 학급의 특별한 상황 등을 고려하여 보육실습생이 보육활동계획안을 작성할 수 있도록 지도한다. 아울러 보육실습생이 담당할 수 있는 활동인지 숙고하고 협의한다. 보육활동계획안은 단위 보육활동계획안으로 시작하여 두 가지 이상의 보육활동들이 연결된 반나절 보육활동계획안과 종일보육을 위한 일일 보육활동계획안으로 구분하며 작성 시 유의점은 다음과 같다.

(1) 단위 보육활동계획안

단위 보육활동이란 목표를 가지고 도입 · 전개 · 마무리의 구조로 진행되는 하나의 보육활동을 말한다. 단위 보육활동계획안에는 활동목표, 활동자료, 활동방법, 확장 활동, 주의사항 등이 포함되도록 작성한다. 다양한 교수방법을 잘 수행할 수 없는 보육실습생의 경우 보육실습 지도교사가 작성한 주간 보육계획안에 제시된 활동, 목표가 단순 명료한 활동, 영유아의 참여가 용이한 활동부터 시도하도록 제안한다.

① 활동목표

- 표준보육과정에 기초하여 통합적 전개가 되도록 진술한다.
- 보육활동을 통해 영유아에게 기대하는 바를 진술하거나 보육활동 시 영유아가 경험할 내용을 구체적으로 기술한다.

② 활동자료

- 보육실습 기관에서 기존에 사용하는 자료의 활용 여부를 밝힌다.
- 제작이 필요하면 자료, 제작 방법, 활용법을 구체적으로 기술한다.
- 필요 이상의 시간과 자료 낭비가 없도록 보육실습 지도교사와 충분한 사전 협의를 하여 꼭 필요한 것만 제작하도록 한다.

③ 활동방법

- 보육활동 목표의 성취를 위한 활동내용과 상호작용을 계획한다.
- 도입 · 전개 · 마무리 단계별 보육실습생의 말을 기록하고 영유아의 반응을 예상하면서 기록한다.
- 영유아의 연령, 흥미, 사전경험에 기초하여 활동시간을 계획한다.
- 보육실습생의 지도능력이 부족할 수 있으므로 구체적으로 계획을 하도록 한다. 즉, 영유아들이 흥미를 보이지 않았을 경우, 너무 과도한 흥미를 보였을 경우, 다른 대답이 나와 그것과 연결을 해야 할 경우 등 예상되는 상황을 사전에 계획한다.

④ 확장활동

- 심화 및 확장시킬 수 있는 연계 방안을 기록한다.
- 보육활동 자료나 결과물을 활용할 수 있는 방안을 기록한다.

⑤ 유의사항

- 보육활동 진행 시 예상되는 어려움을 진술한다.
- 이에 대한 예방 전략을 기술한다.

〈표 13-11〉 단위 보육활동계획안 작성의 예시(만 1세반)

<table>
<tr><td rowspan="2">제출일</td><td rowspan="2">6월 5일 금요일</td><td rowspan="2">결재</td><td>보육실습생</td><td>보육실습
지도교사</td><td>보육시설장</td></tr>
<tr><td></td><td></td><td></td></tr>
<tr><td>보육실습
학급</td><td>만 1세 새싹반</td><td colspan="2">보육실습 일시</td><td colspan="2">6월 12일 금
오전 09:00~10:30</td></tr>
<tr><td>보육실습생</td><td>○○○</td><td colspan="2">보육실습 지도교사</td><td colspan="2">○○○</td></tr>
<tr><td>주 제</td><td>활발한 움직임</td><td colspan="2">소주제</td><td colspan="2">올라가요 내려가요</td></tr>
<tr><td>활동일시</td><td>6월 12일</td><td colspan="2">활동시간</td><td colspan="2">오전 자유선택활동</td></tr>
<tr><td>활동명</td><td>두더지 상자(까꿍놀이)</td><td colspan="2">흥미영역/활동유형</td><td colspan="2">언어영역/언어활동</td></tr>
<tr><td>활동목표</td><td colspan="5">• 상자 안에서 자신을 부르는 소리를 들으면 고래를 내밀며 눈을 맞춘다(의사소통〉듣기〉경험과 관련된 말의 의미 알기).
• 상자 안과 밖으로 들고 날 수 있도록 몸의 크기와 방향을 조절한다(신체운동〉신체 조절과 기본운동〉대근육 조절하기).</td></tr>
</table>

<table>
<tr><th></th><th>활동방법</th><th>활동자료</th></tr>
<tr><td>도입</td><td>• 사전에 구멍 뚫린 상자를 뒤집어 놓고 영아와 함께 다양하고 쉽게 꾸밀 수 있는 재료로 상자를 꾸민다.
• 두더지 상자의 구멍을 제시하며 함께 탐색한다.
"상자에 이것(구멍을 가리키며)은 무엇일까?"<br>"구멍이 하나, 둘, 셋, 세 개가 있네!"<br>"이 상자에 이것을 붙이면 어떤 모습일까?"</td><td rowspan="3">• 영아가 들어갈 수 있는 큰 상자의 윗부분에 구멍 2~3개를 뚫는다.
• 구멍 주위를 테이핑한다.
• 상자의 겉면을 쉽게 붙일 수 있는 색상지, 시트지로 꾸민다.</td></tr>
<tr><td>전개</td><td>• 상자와 구멍에 관심을 보이면 상자 안으로 들어가 두더지 놀이의 시범을 보인다.
"선생님이 상자 속에 들어가 볼게. 선생님이 ㅇㅇ를 볼 수 있을까?"<br>"짠(상자 밖으로 얼굴을 내밀며) 까꿍! 선생님 얼굴이 구멍 밖으로 나왔네!"
• 영아가 상자 안으로 들어가면 이름을 부른다.
"ㅇㅇ도 상자 속으로 들어가 볼까?"<br>"(영아가 상자 안으로 들어가면) ㅇㅇ야, 어디로 갔니?"<br>"까꿍 ㅇㅇ가 여기 있었네!"</td></tr>
<tr><td>마무리</td><td>• 영아가 상자에서 나올 때 눈을 맞추며 까꿍놀이를 한다.
"밖에서 다른 친구와도 해 볼까? ㅇㅇ야, 어디 있니? 우리는 밖에 있다."
• 상자 밖의 영아들도 함께한다.
"까꿍- 우리 여기 있다."</td></tr>
<tr><td>확장활동</td><td colspan="2">• 상자 옆면에도 구멍을 뚫어 영아의 손과 발이 나오도록 하여 손을 잡아 주거나 몸도 만져 주도록 한다.</td></tr>
<tr><td>유의사항</td><td colspan="2">• 상자에 날카로운 면이 없도록 테이핑을 하여야 한다.</td></tr>
</table>

출처: 한국보육진흥원(2010).

(2) 반나절(오전 · 오후) 보육활동계획안

보육실습생이 하나의 단위 보육활동 실습의 경험에서 시작하여 하루 종일 보육을 수행할 수 있도록 보육활동 실습시간을 점진적으로 늘려 나가기 위해 일과 중 반나절 보육활동을 계획하고 실행해 보도록 한다. 보육실습생의 반나절(오전 · 오후) 보육활동 실습을 위한 보육활동계획안 작성 시 유의사항은 다음과 같다.

- 일과 시간대별로 계획하되 각각의 단위 보육활동계획안을 포함한다.
- 반나절 보육활동의 예는 다음과 같다.
  - 등원지도(출석 · 흥미영역 활동 소개), 오전 실내 자유선택활동, 집단활동
  - 등원 및 실내 자유선택활동, 간식, 실외 자유선택활동(집단활동)

- 점심식사지도, 오후 실내 자유선택활동, 집단활동(동화감상)
- 낮잠지도, 오후 간식, 실외 자유선택활동(산책), 귀가지도

• 한 가지 단위 보육활동을 마무리 짓고 다음 보육활동으로의 전이전략을 기술한다.

• 배변 및 손 씻기, 간식 · 식사 지도, 정리정돈, 낮잠지도와 같은 일상생활 지도전략을 함께 진술한다.

• 반나절(오전 · 오후) 보육활동계획안을 작성할 때 보육실습생 주도의 보육활동은 단위 보육활동계획안을 함께 작성하여 첨부한다.

〈표 13-12〉 반나절(오전) 보육활동계획안 작성의 예시(만 4세반)

제출일	10월 20일 금요일	결재	보육실습생	보육실습 지도교사	보육시설장
보육실습 학급	만 4세 줄기반	보육실습 일시		10월 27일 화 오전 08:40~12:20	
보육실습생	○○○	보육실습 지도교사		○○○	
주 제	가을	소주제		가을 생활	
활동유형	① 등원 지도(계절에 맞는 옷차림) ② 실내 자유선택활동(미술, 역할놀이, 언어영역) ③ 간식(고구마, 우유) ④ 실외 자유선택활동(게임-가을철 열매 나르기)				
일일목표	사람들의 가을철 생활에 대해 관심을 갖는다.				
	활동명 및 내용				활동자료
등원지도 (8:30~9:00)	• 날씨에 맞는 차림에 대해 이야기하며 옷을 정리한다. • 놀이 영역을 소개하며 놀이를 계획하도록 안내한다.				• 날짜, 요일 달력 • 출석표 • 놀이계획표
실내 자유선택활동 (9:00~10:15)	• 목표: 가을철의 주변 생물과 생활의 변화에 대해 안다. – 미술영역: 은행잎 찍기 놀이 은행나무 잎에 물감을 바르고 종이로 눌러 찍으며 판화의 원리를 경험한다. – 역할놀이영역: 미화원 놀이 낙엽을 쓸어 주시는 미화원의 역할을 하며 그 노고에 감사한다. – 언어영역: 가을에 조심할 것은? 불 · 감기 · 벌 · 교통안전 등에 대한 수수께끼를 맞힌다. • 정리정돈의 시간이 더 필요한 조형, 역할, 쌓기 영역에는 놀이 정리 시간이 얼마 남았는지 미리 예고한다.				• 은행잎, 롤러, 물감, 미화원 복장, 종이낙엽, 청소도구, 수수께끼 카드

정리정돈 (10:15~10:30)	• 또래와 함께 협력하여 정리한다. • 각 영역별로 4명씩 팀을 만들어 정리해 본다. • 팀별로 격려하며 화장실로 손 씻으러 간다.	• 팀별 정리모습 사진 촬영
오전간식 (10:30~10:50)	• 스스로 간식 접시를 정리한다. • 메뉴: 찐 고구마 1/2개, 우유 1컵 • 고구마의 좋은 점에 대해 간단히 이야기를 나눈다. "땅속에서 자라는 뿌리예요. 삶고 찌거나 구워 먹기도 해요. 감자보다 달콤한 맛이에요. 나는 누구일까요?" • 간식을 다 먹은 후에는 접시를 정리하고 손을 씻는다. • 또래들이 다 먹을 때까지 책을 보며 기다린다.	• 고구마
실외 자유 선택활동 · 게임	• 활동명: 가을철 열매 나르기(게임) – 목표: 규칙을 지키며 게임을 즐긴다. 열매를 활용한 놀이로 가을을 즐긴다. – 배열: 잔디밭에 두 줄 앉기 – 도입: 열매 탐색, 팀명 정하기 – 전개: 게임방법 정하기, 규칙 회상하기, 경기하기 – 마무리: 경기결과는 열매 바구니를 저울로 달아 보아 확인 – 이긴 팀, 약속 잘 지킨 팀, 응원 열심히 한 팀, 칭찬하기 – 실외놀잇감 정리를 한 후 손을 깨끗이 씻고 점심식사를 하도록 안내한다.	• 가을철 열매(밤, 도토리, 대추), 국자, 바구니, 스티커, 저울
유의사항	• 비가 오면 실외 자유선택활동 게임은 유희실에서 하도록 한다. • 게임을 마치고 나면 실외 자유선택활동을 자유롭게 하도록 한다. • 팀별로 정리할 때의 좋은 점을 발견하는 기회를 준다.	

출처: 한국보육진흥원(2010).

(3) 일일 보육활동계획안

일일 보육활동 실습은 보육실습 기간 동안 배우고 익힌 바를 하루 전반에 걸쳐 적용하는 과정이므로 계획안에는 보다 종합적인 내용들이 포함되도록 한다. 보육실습생이 학급의 주교사로서 하루 동안의 보육을 총체적으로 진행하는 경험은 매우 중요하지만, 보육실습 기관의 보육실습 지도 계획, 보육실습생의 여건, 보육실습 학급의 영유아 특성 등을 고려하여 일일 보육활동 실습 대신 반나절 보육활동 실습으로 대체할 수 있다.

일일 보육활동 계획 시에는 등원, 보육실 환경구성, 일과 운영, 보육활동지도, 생활지도 등 보육교사의 모든 직무를 충실히 해낼 수 있도록 보육실습 지도교사와의 사전 협의가 필요하다. 다음 사항을 고려하여 일일 보육활동계획안을 작성한다(〈표 13-13〉 참조).

- 일일목표는 생활주제와 소주제를 고려하여 진술하되 영유아의 전후 경험이 맥락적으로 연결되도록 고려한다.
- 일과 운영은 학급의 일과를 충분히 반영하여 일관성 있게 계획한다.
- 날씨 변화, 특별한 상황이 발생할 경우를 대비하여 대안을 준비한다.
- 일과 흐름을 안내하는 전이활동(정리정돈, 화장실 다녀오기, 실내외 이동하기 등)을 계획안에 반영한다.
- 영유아와 풍부한 상호작용을 할 수 있도록 계획한다.
- 자유선택활동 계획은 보육실습생이 준비한 보육활동만 '활동영역, 활동목표, 활동자료, 활동방법'의 순으로 간략히 진술한다.

〈표 13-13〉 일일 보육활동계획안 작성의 예시(만 5세반)

제출일	5월 20일 화요일	결재	보육실습생	보육실습 지도교사	보육시설장
보육실습 학급	만 5세 열매반	보육실습 일시		5월 27일 화 오전 08:40~18:00	
보육실습생	○○○	보육실습 지도교사		○○○	
주 제	세계 여러 나라	소주제		세계 여러 나라의 음식과 집	
활동유형	① 등원 지도(날씨에 대해 이야기하기) ② 실내 자유선택활동(역할, 요리, 수) ③ 간식(요리활동-월남쌈, 보리차) ④ 실외 자유선택활동(물모래-세계의 도시 꾸미기) ⑤ 점심식사 지도 ⑥ 낮잠 지도 ⑦ 산책 ⑧ 귀가 지도				
일일목표	세계 여러 나라의 음식에 대해 관심을 가진다.				
	활동명 및 내용			활동자료	
등원지도 (8:30~9:00)	• 이름을 부르며 유아를 맞이하며 날씨에 적합한 인사를 나눈다. • 놀이영역을 소개한다.			• 날짜, 요일 달력 • 출석표 • 놀이계획표	
실내 자유선택활동 (9:00~10:30)	• 목표: 세계 여러 나라 음식의 다양함과 특징에 대해 알아본다. 요리활동 전 · 후에 손을 깨끗이 씻어야 함을 알고 실천한다. – 역할놀이영역: 세계 여러 나라 국수 전문점 나라마다 다양한 면 요리를 즐겨 먹음을 알고, 각각의 고유한 특			• 다양한 면 요리 사진, 메뉴판, 주문서, 필기구	

실내 자유선택활동 (9:00~10:30)	징에 관심을 가진다. – 요리활동: 월남쌈 베트남의 월남쌈을 정해진 순서에 따라 만들어 오전 간식으로 먹는다. 1인당 3개씩 만들어 먹는다. 다음 친구를 위해 먹고 난 자리를 정리한다. – 수영역: 음식의 부분 보고 맞히기 음식의 세 부분을 보고 무엇인지 알아맞힐 수 있다.	• 요리순서도, 개인접시, 음식 재료(라이스페이퍼, 야채 · 계란 · 과일채, 소스) • 음식 사진으로 만든 교재 · 교구
정리정돈 (10:30~10:50)	• 또래와 함께 협력하여 정리한다. • 각 영역별로 4명씩 팀을 만들어 정리해 본다. • 팀별로 격려하며 화장실로 손 씻으러 간다.	
실외 자유선택활동 (10:50~11:50)	• 물모래놀이: 세계의 도시 꾸미기 – 목표: 세계의 유명한 건축물 사진을 이용해 도시의 길과 강을 구성한다. 또래와 놀이 규칙을 지키며 안전하게 놀이한다. – 도입: 여러 도시의 상징이 되는 건축물 사진이 부착된 물병을 놀잇감으로 소개한다. – 전개: 도시를 꾸며 보자, 그 도시의 유명한 음식을 파는 음식점도 만들어 보자. 강과 바다, 길, 건물들을 만들어 본다. – 마무리: 또래와 함께 어떤 역할을 맡아서 열심히 했는지 격려한다. – 또래들과 협력하여 만든 후 정리하기 전에 사진을 촬영한다.	• 페트병에 물을 담고 건축물 사진 코팅 자료를 붙여 제시함(에펠탑, 자유여신상, 런던탑, 로마경기장 등) • 배, 버스, 자동차 등의 미니 모형
실외 자유선택활동 정리, 화장실, 손 씻기	• 옷, 손, 신발의 흙과 먼지를 털고 실내로 들어간다. • 실외놀이터 놀잇감과 도구를 제자리에 정리한다. • 실외 자유선택활동 평가를 한다. • 화장실에서 용변을 보고 손을 깨끗이 씻는다.	• 정리를 알리는 악기
점심식사, 이 닦기 및 개별 휴식 (12:10~13:20)	• 즐겁고 편안한 분위기로 식사한다. • 식사 후 자기 자리를 정리한다. • 이 닦기 순서대로 꼼꼼히 닦는다. • 조용하고 휴식을 취할 수 있는 놀이(조작, 책 보기, 음률)를 한다.	• 점심 메뉴: 콩밥, 소고기무국, 버섯나물볶음, 전유어, 배추김치
낮잠 준비와 낮잠 (13:20~16:00)	• 자기 이불을 스스로 정리할 수 있다. • 개별 침구를 깔고 조명을 조절한다. • 잠이 올 때까지 자기 이불에서 또래의 낮잠과 휴식을 방해하지 않고 조용히 쉬도록 한다. • 낮잠을 재우고 깨울 때 부드럽게 토닥거려 준다.	• 조용한 음악, 조명, 개별 침구
오후간식 (16:00~16:30)	• 딸기가 제철 과일임을 안다. • 자기가 먹을 양만큼 덜어 먹고 남기지 않는다. • 간식을 다 먹으면 접시와 자리를 정리하고 책을 본다.	• 딸기, 우유
산책하기 (16:30~17:40)	• 정해진 산책로를 다니며 찾아볼 수 있는 표지판과 기호에 대해서 알아본다. 즐겁게 노래를 하며 산책한다.	• 카메라
실내 자유선택활동 및 귀가 지도 (17:40~18:30)	• 귀가 시 자기물건을 소지하고 단정하게 옷을 입는다. • 오전에 하지 못했던 놀이를 한다. • 오늘 일과 중 좋았던 점, 내일 하고 싶은 활동 등에 대해 이야기 나눈다. • 통합보육을 위해 보육실을 정리하고 공용공간으로 이동하여 놀이를 한다.	• 가정통신문
유의사항	• 비가 오면 실외 자유선택활동은 유희실 쌓기놀이영역에서 하도록 한다.	

출처: 한국보육진흥원(2010).

(3) 보육활동 실습 평가

보육실습생의 보육활동 실습에 대한 평가는 보육실습생의 자기평가와 보육실습 지도교사의 평가로 이루어진다. 보육실습생은 활동목표의 성취 여부와 보육활동 실습을 하면서 느낀 소감을 기록하고, 예상했던 바와 다르게 전개된 내용을 진술하되 반성적 사고를 통해 개선이 요구되는 사항을 구체적으로 진술한다. 보육실습 지도교사의 평가는 보육실습생의 보육활동 실습을 관찰하며 평가한 사항, 보육실습생의 자기평가에 대한 사항 및 추후 보육활동 계획 시 고려해야 할 점을 종합하여 평가한다.

보육실습생 및 보육실습 지도교사가 보육실습생의 보육활동 실습 내용을 평가할 때는 다음의 사항에 초점을 두어 평가하며 평가서는 다음 〈표 13-14〉와 같이 작성할 수도 있다.

- 보육활동의 목표가 적절하였는가?
- 보육활동 내용이 주제에 맞는 내용이었는가?
- 보육활동을 위한 자료가 적절하였는가?
- 보육활동을 위한 시간 운영이 적절하였는가?
- 보육활동의 전후와 보육활동 간 연계가 적절하였는가?
- 보육활동 공간의 배치가 적절하였는가?
- 보육활동 시 적절한 상호작용(동기유발, 영유아들의 참여 등)이 이루어졌는가?
- 보육활동의 마무리와 전이전략이 적절하였는가?

〈표 13-14〉 보육활동 실습 평가서 예시

작성일	10월 20일 화요일	결재	보육실습생	보육실습 지도교사	보육시설장
학급명	줄기반(만 4세)	보육실습 일시		10월 19일 08:40~12:20	
보육실습생	○○○	보육실습 지도교사		○○○	
보육실습생의 자기평가	• 등원 시 옷차림에 대해 이야기를 나누기 좋은 날씨였다. 옷의 이름에 대한 유아들의 지식을 알 수 있었다(스웨터, 겉옷, 점퍼 등)				

	• 고구마 인형을 활용해서 고구마의 좋은 점을 설명하고 간식을 먹으니 남기지 않고 먹는 것 같았다. • 실외 자유선택활동에서 열매 나르기 게임은 소리가 퍼지는 열린 공간에서 이루어져 영유아들의 주의집중이 어려웠다.
보육실습 지도교사의 평가	• 주제와의 연계, 영역별 통합적인 전개가 잘 이루어진 반나절 보육이었다. • 등원지도 시 몇 명과의 이야기가 길어져 맞이를 못한 유아가 있어 아쉽다. • 은행나뭇잎 찍기 활동에서 여러 번 해 보고 싶을 때의 규칙이 정해지지 않아 나중에는 재료가 부족해 못하는 영유아가 있었다. • 오전 간식은 껍질을 까는 메뉴여서 먹는 시간이 부족한 유아가 있었다. 급하게 서두르지 않도록 유의해야 한다. • 게임을 하면서 영유아들이 흥분을 하므로 중간 중간에 자기 자리와 역할을 인식하게 해 주는 교사의 지도가 필요하다.
추후지도 방안	• 학급 전체 유아를 조망하는 훈련이 요구된다. • 교수자료의 작동 여부, 적합성 여부 등을 미리 확인하는 것이 필요하다. • 보육활동 간 전이 시 영유아들이 다음 활동을 기다리며 심심해하지 않도록 하는 방법이 요구된다.

출처: 한국보육진흥원(2010).

5. 보육실습 평가

보육실습의 평가란 실습의 목표, 내용, 방법 및 과정을 객관적이고 과학적으로 점검하는 과정이다. 이러한 평가활동을 통해 실습생들은 학교에서 습득한 지식, 기술, 태도를 현장에 적합하게 적용하였는지 그 전문적 자질과 성취도를 파악할 수 있으며, 지도교수나 지도교사는 다음의 실습을 보다 효율적이고 성공적으로 수행할 수 있는 개선방안을 모색할 수 있게 된다.

보육실습 평가의 목적은 현장실습의 제반 과정을 개선하고 나아가 실습생으로 하여금 항상 노력하는 자세를 갖도록 하는 데 있다. 구체적인 내용은 다음과 같다(임재택 외, 1997).

- 현장실습의 목표를 달성하기 위해서다.
- 실습생들 간의 개인차를 발견하기 위해서다.
- 실습생의 자기발전의 정도를 확인시킨다.
- 실습생의 실습생활에 대한 동기를 유발시킨다.

- 실습활동에 대한 지도 원리의 타당성을 검토하게 된다.
- 실습의 효과와 능률을 확인하고 개선에 필요한 시사점을 얻는다.
- 관계기관의 협력을 구할 수 있고 자료를 얻을 수 있다.
- 실습을 마친 후 학교로 돌아가 학과목 이수 인정을 받기 위해서다.

보육실습생에 대한 평가는 보육실습 기관 측의 평가, 대학 측의 평가 그리고 실습생의 자기평가로 구분할 수 있다(이소희 외, 1998).

1) 보육실습 기관 측의 평가

보육실습 기관은 대학의 지도교수와의 긴밀한 협조를 바탕으로 자신의 기관에 배정된 보육실습생의 실습과정을 철저히 지도·감독하고, 시설장 및 지도교사가 '실습생 평가서'를 활용하여 실습결과 보고서를 작성한 후 대학에 송부한다.

보육실습 기관에서 실습생을 평가할 때 주의할 사항은 다음과 같다(윤기영, 정현숙, 1998).

- 평가자는 실습생을 주의 깊게 관찰하고 모든 기록물을 충실히 점검하여 충분한 근거자료를 확보하여 타당성 있고 신뢰성 있는 평가를 해야 한다.
- 평가의 관점과 규준을 명확히 해야 한다.
- 감정에 치우치거나 형식적인 평가에 그치지 말고 실습생의 자기 검증에도 도움을 줄 수 있는 합리적인 평가가 되도록 한다.
- 실습 시작부터 끝까지 지속적인 평가가 누적적으로 이루어지도록 하고 각종 보조기구를 활용하도록 한다.
- 실습생 자신의 평가나 실습생들 간의 상호 평가방법을 활용하는 것도 바람직하다.
- 실습생 평가서를 정확하게 작성하여야 한다.

다음 〈표 13-15〉는 보육실습생의 평가기준표의 예시다.

〈표 13-15〉 평가기준표

평가영역	평가내용	배점	총 배점비율	비고
근무태도	1. 근무상태(출 · 결석, 지각, 조퇴, 외출) 2. 근무의 성실성	5 5	/10%	결근 1일 2점, 지각, 외출, 조퇴 각 1점 감점
일반자질	1. 직무에 대한 책임감과 협동 2. 품위(용모, 언행 및 교양) 3. 원아에 대한 태도(원아와의 놀이, 원아지도)	5 5 5	/15%	
학습지도 능력	1. 학습지도 준비 및 계획(보육계획안, 교재 연구, 적절성) 2. 학습지도 기술면(발문, 자료 활용 능력) 3. 학습평가면(수업과정의 평가)	20 20 10	/50%	
연구조사 활동	1. 연구능력(연구적 태도) 2. 관찰(영유아 관찰 태도) 3. 실습일지 기재(내용의 적절성과 성실성)	5 5 5	/15%	
학급경영 및 사무처리능력	1. 학급 환경의 구성과 학급경영 기회 2. 영유아의 관리 및 지도력 3. 사무처리(신속성, 정확성)	4 3 3	/10%	
계			/100%	

2) 대학 측의 평가

대학에서는 실습생의 실습결과에 대한 최종적인 평가를 하게 된다. 실습지도교수는 실습이 끝난 후에 보육실습 기관에서 작성한 실습결과 보고서(실습생 평가서 포함)와 실습생들이 제출한 각종 과제물, 자료 그리고 지도교수 자신이 실습생을 평가 · 기록한 자료에 근거하여 최종적인 평가를 실시한다.

대학에서는 보육실습 기관 측의 실습생 평가기준을 동일하게 사용할 수도 있고, 실습과목을 실시하는 과정에서 다양한 평가 기준과 도구를 활용하여 보육실습생에 대한 종합적인 평가를 실시할 수도 있다.

3) 보육실습생의 자기평가

보육실습생의 자기평가는 무엇보다도 중요하다. 물론 보육실습의 성공 수행 여부는 대학과 보육실습 기관에서의 계획성 있고 효율적인 실습 실시에 따라 크게 좌우된다. 그러나 아무리 좋은 보육실습 프로그램으로 자질 있는 교사가 지도한다 하더라도 실습을 수행하는 실습생이 스스로 배우고자 하는 노력과 열의가 없다면 그 실효성을 거두기 어렵다. 따라서 보육실습생들은 자신의 실습과정과 결과를 객관적이고도 성실하게 평가해 볼 필요가 있다.

다음은 몇 가지 범주에 의하여 평가의 항목을 정리한 것이다(이선경, 이은정, 2007).

① 교육 활동에 대한 수행능력

- 교육 활동 목표에 적합한 계획을 수립하였는가?
- 정확하고 세밀한 교육 계획안을 작성하였는가?
- 필요한 교육자료와 교구를 충실히 준비하였는가?
- 도입-전개-마무리와 같은 체계적인 교육방법을 실행하였는가?
- 영유아의 반응에 맞게 적절하게 대응하였는가?
- 영유아의 관찰, 조사 결과를 실제 지도에 활용하였는가?
- 적당한 시기에 활동에 대한 평가방법을 사용하였는가?
- 교실 내의 정리정돈과 환경구성에 노력하였는가?

② 실습기관에 대한 준수사항

- 실습생으로서의 바른 자세와 품위를 유지했는가?
- 출퇴근에 관한 준수사항을 지켰는가?
- 원장 및 지도교사와의 관계가 원만하였는가?
- 실습기관의 보육방침을 이해하고 적극적으로 협력하였는가?
- 각 활동에 따른 지도교사의 평가를 숙지하고 지도에 따랐는가?
- 각종 문서를 정확히 기록하고 보관하였는가?

③ 영유아에 대한 준수사항

- 학급 내의 영유아를 잘 파악하고 영유아의 개성을 존중하며 사랑으로 대하였

는가?

- 영유아에게 공평하게 대하였는가?
- 영유아에게 모범이 되는 생활태도를 보였는가?

참고문헌

김영호, 전형미, 한성심(2001). 보육실습의 이해. 서울: 양서원.

류왕효(2005). 예비교사를 위한 보육실습. 서울: 신정.

박낭자(2006). 보육실습. 서울: 창지사.

박은혜, 이현옥, 임승렬 공역(1999). 교사의 발달에 적합한 장학의 이론과 실제(Reiman, A. J., & Theis-Sprinthall, L. 공저). 서울: 정민사.

박은혜, 조운주(2007). 반성적 실천을 위한 유아교육실습. 서울: 창지사.

보건복지부(2010). 보육사업 안내.

윤기영, 정현숙, 류칠선, 차미자, 신현주, 신은희(2006). 유아교육실습 지도서. 서울: 양서원.

이선경, 이은정(2007). 보육실습. 서울: 창지사.

이소희, 이숙희, 이정혜, 장명림, 도미향(1998). 보육실습. 서울: 양지사.

임재택, 고영인, 김정신(1997). 보육실습. 서울: 양서원.

전남련(2006). 보육실습의 이론과 실제. 서울: 양서원.

조운주(2003). 교육실습생과 지도교사를 위한 유아교육실습. 서울: 지누미디어.

한국보육진흥원(2010). 표준보육실습 지도지침.

찾아보기

인 명

내 용

저자 소개

박충일
동아대학교 대학원 교육학과(교육학박사)
현 경남과학기술대학교 아동가정복지학과 교수
경남과학기술대학교 아동교육연구소장

〈주요 논문〉

구성주의 교수방법에 의한 유아의 연령별 과학 개념변화 및 반응유형 분석
(한국영유아보육학, 2009)
유아의 과학적 오개념의 형성원인과 개념변화를 위한 구성주의적 교수모형 탐색
(진주산업대학교 논문집, 2006)
영재아 교육을 위한 프로젝트 접근법의 활용(한국영유아보육학, 2004)

고경필
대구가톨릭대학교 대학원 가정관리학과(가정학박사)
현 경남과학기술대학교 아동가정복지학과 교수

〈주요 저서 및 논문〉

건강가정을 위한 가족생활교육 프로그램(공저, 대왕사, 2008)
영아 문제행동에 대한 보육교사의 인식(한국영유아보육학, 2007)
평가인증제를 준비하는 교사의 어려움 분석-평가인증지표 7개 영역을 중심으로-
(한국영유아보육학, 2007)

김신곤
동아대학교 대학원 교육학과(교육학박사)
현 경남과학기술대학교 아동교육연구소 전임연구원

〈주요 저서 및 논문〉

교육방법 및 교육공학(공저, 학지사, 2009)
구성주의 교수방법이 유아의 과학적 개념변화에 미치는 효과(한국영유아보육학, 2009)
구성주의에 근거한 유아의 과학적 개념변화 교수모형 개발(한국영유아보육학, 2008)

김현주

전남대학교 대학원 유아교육학과(교육학박사)

현 경남과학기술대학교 보육교사교육원 전임교수

〈주요 논문〉

유아교육기관 일과운영에서 전이의 내용과 의미(유아교육연구, 2010)

유치원과 초등학교의 다문화교육 실태와 교사의 인식비교(유아교육학논집, 2006)

고정리

한국교원대학교 대학원 유아교육학과(박사수료)

현 계명문화대학 유아교육과 교수

〈주요 저서 및 논문〉

유아교과교육론(공저, 창지사, 2009)

유아교육에서의 통합교육과정 접근-전인교육에 터한 교육과정통합 실천방향-
(유아교육학논집, 2006)

유치원 교육과정 목표분석과 유아교육 방향(한국교원대학교 교육연구원 교원교육, 2005)

보육학개론

2011년 2월 28일 1판 1쇄 발행
2012년 4월 10일 1판 2쇄 발행

지은이 • 박충일 고경필 김신곤 김현주 고정리
펴낸이 • 김 진 환

펴낸곳 • ㈜학지사
121-837 서울시 마포구 서교동 352-29 마인드월드빌딩 5층

대표전화 • 02) 330-5114 팩스 • 02) 324-2345

등록번호 • 제313-2006-000265호

홈페이지 • http://www.hakjisa.co.kr
커뮤니티 • http://cafe.naver.com/hakjisa

ISBN 978-89-6330-611-7 93370

정가 17,000원

저자와의 협약으로 인지는 생략합니다.
파본은 구입처에서 교환하여 드립니다.